U0039451

唐代

民間借貸之研究

羅彤華 ● 著

臺灣商務印書館發行

謹以此書獻給最敬愛的母親

羅　謝　楨　女士

本書承國科會人文學研究中心補助出版

特此致謝

目錄

表格目錄

附表目錄

自 序

　　借貸現象普遍存於傳統社會，是歷史上極具爭議性的重大課題，人們一談到借貸，往往便與高利貸及惡狠狠的討債行為聯想在一起，總給人鮮明的負面印象。但是，借貸就一定高利剝削嗎？它沒有任何積極的意義，甚或消極的作用嗎？欠債者除了聽憑債主威逼、掣奪之外，就無任何保護自我的方式？對於這樣一個倍受爭議的問題，學界既少專著討論，關照的面向也嫌狹窄，因此很有必要做全面性的檢視，以釐清這個在社會、經濟、政治、司法上具有多重性質的歷史現象。

　　本書主要在研究唐代民間的借貸行為，但所謂的「唐代」，此處採取較廣義的解釋，凡地域上曾隸屬於唐政權，即使一度被他族侵占，或該地統治者與中原王朝只保持若即若離的關係，甚至是被唐政權所接收，只要有適當、珍貴的資料可以闡述唐代民間的借貸行為，便都可納入本書廣義的「唐代」範圍內。因為民間借貸行為通常依慣例為之，有延續性，受政權變動的影響不會太大，所以仍可反映唐政權統治下的情形，並與內地的借貸行為相互對照。在這樣的理解下，本書所運用的史料因此可包含吐蕃期與歸義軍期的敦煌文書，以及麴氏高昌期的吐魯番文書，而所論述的時間，遂以唐代為基調，相應的稍向前推溯，或略向後延長。

　　借貸做為一個研究課題，常受限於缺乏基層民眾的生活史料，若只從國家政令來看，又難免擔心實如具文，無法反映社會真象。幸好隨著敦煌吐魯番文書的陸續出土與刊印，彌補不

少這方面的缺憾,讓唐代借貸史的研究,在官府的政策宣示與統治階層的生活態樣之外,得以一窺社會底層最真切的一面,顯示出一般文獻資料難得一見的情狀。故本書所描繪的民間借貸圖像,有堅實的史料依據,絕非片段拼湊的空中樓閣。

在研究議題上,本書不只是從經濟角度,探討資金供需變化,及所衍生的高利貸問題,更要推尋社會上哪些人提供融資管道,與借貸者的身分特徵,同時還要從法制觀點,分析借貸的類型,追究債務不履行時民間與國法處理方式上的落差,並且從政治層面,評估借貸現象所代表的意義,與所產生的影響。這本專著嘗試從不同的視角去建構借貸的面向,讓借貸的特質與形貌,能更清晰而完整的呈現出來,並從而理解唐代民間借貸盛行的因由,及政府除了救恤、賑貸、給賜、糶糴之外,還對百姓提供什麼融資服務。

本書原是九年前的博士論文,部分篇章已單獨發表,嗣後又陸續做了其他相關研究,更深入的思索某些問題,並參考學界新出的資料與研究成果,而修改完成本書。期間有師長們的鼓勵勸勉,也有同學間的相互砥礪,都鞭策自己努力以赴,不敢懈怠。但我仍要特別向幾位師長致意,在指導老師高師明士的嚴厲督責下,讓我體會到一絲不苟的做事態度。因著鄭師阿財贈送的一本小書與幾次訪談,引領我進入敦煌學的大千世界。課後歸途與黃師源盛邊走邊談,為我開釋不少法學觀念。還有王師壽南、邱師添生、管師東貴、林師聰明、梁師庚堯等,在日常生活與研究工作上的關懷、協助與提供意見,我一直滿懷感激之情。

本書的修改工作在兩年前即已完成,其後因冗長的審查作業,拖延至今才出版,但仍要感謝國科會的補助,才得使這本沒有利潤可言的學術專著問市。本書在排版上有許多困難,改

採隨章註的方式或許增加閱讀上的不便，但相信仍無損於本書的價值。

　　我的學術生涯並不平順，長期困擾的眼疾，待業家中的尷尬，如果沒有母親的全心照顧，及對我能力、意向的信任與支持，或許學術這條路我會走得更艱辛而孤寂。即使到今天，我的眼疾已有改善，生活也安定下來，母親仍然是我最大的精神支柱，如果我在學術上有任何成就，也全是母親的愛心堆砌起來的。本書獻給扶持我走過困頓，一生為家人奉獻的母親。

　　　　　　　　　羅彤華
　　　　　　　　　誌於民國九十四年四月三十日

第一章

序論

　　借貸問題是國史上極具爭議性的一個歷史問題，它在人們明知其弊，而又不能否定其價值的矛盾狀況下存在。人情之常，大抵皆不欲看人臉色行事，更不欲受人高利剝削，然迫於形勢，逼於無奈，不如此，便不足以解燃眉之急時，縱使知其為坑人的陷阱，深邃的無底洞，也不得不縱身躍入，為眼前困境而一搏。在傳統農業社會中，借貸行為常非窮乏之因，而是其果，當愈來愈多的農民有此需要，或借貸之量與次數日益增大增多時，不僅意味著農村金融體系急待發揮功能，更透露出不尋常的社會警訊。這些經濟弱勢者，如果不能順利取得所需，得到合理的待遇，難免會使貧富差距現象持續惡化，整體生產力繼之萎縮，進而引發財政危機，甚至為政治投下不安的變數。故借貸問題不是單純的資金供需關係，它還是民生疾苦的風向球，是社會秩序的指標。

　　借貸不是貧民的專利，生活消費也不是借貸的唯一目的。城市裏的富商巨賈、王侯百官，照樣可能有借貸的需求，甚至同樣飽受高利貸之苦。只是當借貸非關經濟用途，尤其是沾染上政治色彩，或淪為賄賂的工具時，其影響所及，非僅吏治而已，恐怕也在磨蝕著人們對政府的信心，而危及統治權威的穩定。為了避免因借貸發生糾紛，當事雙方通常先有口頭或書面約定，以為規範。然而，如果此約定與法令牴觸，或某方不依

約行事，引起爭訟，則公權力之涉入程度與處理態度，無疑在考驗司法的公信力，及其維護法令尊嚴的能力。借貸問題牽涉的層面至廣，反映的現象至多，由此角度來觀察一時代之經濟、社會、政治、司法等在實際運作中各具之特色，與其交互影響下衍生之後果，應該是深具意義的。

借貸在金融體系中的價值無可否認，但令人困擾的高利率及苛刻的相關規定，則使其深受詬病。這個利弊參半的問題，至遲在周代即已出現，《周禮》中且多論及之，〈天官・小宰〉：「聽稱責以傅別。」指的就是借貸契約。〈秋官・朝士〉：「凡民同貨財者，令以國法行之，犯令者，刑罰之。」即是民間借貸財物，應依法定利息支付，違者處以刑罰①。借貸不只是民間行為，官府更有無可推卸的責任，〈地官・泉府〉：「凡賒者，祭祀無過旬日，喪紀無過三月。」又，「凡民之貸者，與其有司辨而授之，以國服為之息。」蓋均為政府放貸之信用業務②。

借貸之官民兩個系統，大抵為歷代所沿承，只是在形式上、手法上，因時而異，各有其發展。在官府方面，除了普遍實施倉糧賑貸，濟助貧困無依或受災農戶外，最值得注意的是王莽時代的三種放款，一是仿於周禮，供特定用途的賒貸，《漢書》卷 24 下〈食貨志〉：「民欲祭祀喪紀而無用者，錢府以所入工商之貢但賒之。」這是無息賒與，期限甚短，同於周禮。二是供投資治產用的生產性放款：「民或乏絕，欲貸以治產業者，均授之，除其費，計所得受息，毋過歲什一。」（同前書志）此乃扣除必要費用後，計年息一分。三是改良自常平歛散法的消費性放款：「又令市官收賤賣貴，賒貸予民，收息百月三。」（同前書卷 99 中〈王莽傳〉）這是市官以歛散所得，計月息 3%，貸與百姓③。可惜這幾種措施未見施行成

效，便隨王莽政權的瓦解而人亡政息。此後之官營放貸事業史多缺載，似仍以農民災困時之穀物賑貸為主，直到隋唐的公廨本錢出舉制度，才又帶起另一波官府放貸熱潮。

　　唐以前民間借貸風氣已相當盛行，各種類型的借貸因著客觀形勢的演變，陸續登場。先秦時孟子口中的「稱貸而益之」（《孟子‧滕文公上》），孟嘗君的放債於薛（《史記》卷75〈孟嘗君傳〉），或秦漢以還無鹽氏的貸子錢（同前書卷129〈貨殖列傳〉），晁錯所謂的「倍稱之息」（《漢書》卷24上〈食貨志〉）等耳熟能詳的事例或言論，大致皆屬消費借貸的範疇。魏晉以下出貸之風有增無已，王弘、顧覬之、李元忠等人皆以焚契免債而聞名於世④，可見息利舉貸之普遍性，以及為民所苦之情景。

　　質的概念雖然也萌生於先秦，但相較之下，所見有限，而且愈是早期，質用於人身擔保的機會，似乎比以物為質多。春秋時代國與國間為了保證友好或效忠，竟然產生索求人質的制度⑤。只是這種政治意涵的人質，大概要到戰國秦漢之際，才向民間轉化，衍伸為經濟性的債務擔保。《史記》卷126〈滑稽列傳〉：「淳于髡，齊之贅婿也。」《漢書》卷48〈賈誼傳〉：「秦俗日敗，……家貧子壯則出贅。」註曰：「贅，質也，家貧無有聘財，以身為質也。」同前書卷66〈嚴助傳〉：「數年歲比不登，民待賣爵贅子以接衣食。」如淳註：「淮南俗，賣子與人作奴婢，名為贅子，三年不能贖，遂為奴婢。」《淮南子》卷8：「贅妻鬻子，以給上求。」漢以前的經濟性人質慣以「贅」名之，其範圍自贅婿而及於一般家人，有擴大化、普及化之趨勢。惟許慎《說文解字》6下貝部訓「質」曰：「以物相贅。」訓「贅」曰：「以物質錢」，而非「以身為質」。可見至遲在東漢，擔保品不只可為人，還可為物，而

且用物擔保的情勢正在潛滋暗長中，許慎才會如此釋義。然《後漢書》卷73〈劉虞傳〉：「虞所賚賞典當胡夷」，是否指的就是「以物質錢」，頗有可疑，蓋「典當」一詞連用，唐宋都極罕見，不應是某些學者認為的質借的專門機構⑥，而劉虞之「典當胡夷」，可能指的是典理對胡夷的貿易，使財與貨相當，而全不與質借相干⑦。許慎「以物質錢」的「物」究為動產或不動產，因漢晉間未見其例，難以判斷，大概直到南北朝時，民間才真正用得普遍，而於史書中反映出來。

就今日所知例證言之，動產質最早確見於南朝初，《宋書》卷91〈孝義郭原平傳〉：「原平不欲使人慢其墳墓，乃販質家賞，貴買此田。」《南齊書》卷42〈蕭坦之傳〉：「（從兄翼宗）家赤貧，唯有質錢帖子數百。」《南史》卷70〈循吏甄法崇傳〉：「嘗以一束苧就長沙寺庫質錢。」南朝宋及齊梁間動產質的施行，及因緣於佛寺之專業性質庫的出現⑧，使人們在借貸方式上又多了一項選擇。不動產質則始見於南北朝中期，梁宗室臨川靖惠王宏，「每以田宅邸店懸上文券，期訖，便驅券主，奪其宅。」（《南史》卷51本傳）又，《通典》卷2〈食貨・田制〉引宋孝王《關東風俗傳》論北齊故事：「帖賣者，帖荒田七年，熟田五年，錢還地還，依令聽許。」民間不動產質之運作，大概是隨著取用較簡便的動產擔保品，推廣而及於價值較高的田宅等不動產。

在歷史流變中，官府於借貸問題上所扮演的角色，似乎相對地較民間黯淡。周禮的賒貸傳統，未能真正落實在漢魏南北朝時代，官府在災荒或物價大幅波動時的開倉賑貸，也只是消極地事後補救，並非積極地防制機先。王莽的構想雖具創意，頗能針對時弊，但卻是瞬間即逝，不具實效。政府在融通資金上，唐以前之各朝顯然未能恪盡其職，而這個重任，便自然順

勢落在民間放貸者的身上。即使高利貸的惡名自此歷久不衰，但這些民間貸主在資金供需上發揮的一定作用，仍不可忽視。民間借貸所以能在整個金融體系中占舉足輕重的分量，蓋因其不受時地侷限，不必有形式約束，較諸官府僵化的賑貸體制，靈活多變而易於應合實際需要。然而，唐以前官、民兩個借貸系統，由於資料貧乏，只能含混知其大略，無法深入了解其細節，是以該問題的研究，一直處在停滯狀態。唐代則不然，除了相關的律令制度較為完備，傳統文獻中討論較多外，大量的出土文書對借貸問題的細緻描述，使許多未得澄清的現象，隱而不顯的意義，得到充分說明，而帶來突破性進展。就此言之，國史上這個自古及今始終存在的議題，唐代實具承前啟後的關鍵地位。

　　唐代官府與民間俱盛行放貸，但特別的是，官方不再只扮演濟助貧困，傳統式慈善者的角色，它在各色本錢的運用上，不脫歛財本色，也不免具強制性，其苛刻處，較之民間高利貸主似猶過之。然官府之放貸，在目的、對象、方式、善後處理等方面，都與民間頗有差距，如官、民兩系統合併於本書中討論，則性質不一，易生蕪雜之感，且論點各自成立，缺乏一貫性，故此兩系統雖然互相關連，本書仍只先取民間借貸而論之，官府部分則俟諸來日。

　　研究唐代民間借貸問題的文章不少，成果也很可觀。早期中國學者如劉興唐、陶希聖、鞠清遠、楊蓮生（楊聯陞）等人，已注意到寺營事業在民間借貸的重要性，以及違法取利與至期不還之處分問題⑨。日本學者玉井是博、曾我部靜雄等，則從借貸的語義與類型分析著手，對澄清借貸的基本概念，頗有助益⑩。此外，加藤繁、宮崎道三郎分別就不動產質、動產質提出專論⑪。但在建立借貸之研究架構，樹立資料運用典範

上，貢獻最大的當推仁井田陞。仁井田氏憑藉深厚的法學素養，清楚勾勒各類型借貸之法律性質，並在印證出土文書與史料敘述上，也恰如其分，甚見功力，可謂是早期研究中最具代表性的人物⑫。

七〇年代以後的研究，大體仍延續上述之基本方向，只是研究者更期待於出土文書中得到解答，且多執借貸類型之一端立論，而尤以消費借貸最為各方矚目之焦點。如堀敏一就各種消費借貸文書，分別檢視之⑬。小口彥太、石田勇作都曾以吐魯番的舉錢契為研究對象，但小口氏意在申論不動產擔保，石田氏則重視時代演變中契約要項之異動⑭。在敦煌出土的便物曆方面，山本達郎就一件出便斛斗名目，對各相關事項進行了解。池田溫與筆者則試圖對當時可知之所有便物曆做綜合分析⑮。不過對消費借貸做最全面之研究的，應屬唐耕耦。唐氏跳脫個案研究方式，以豐富的借契與便物曆資料，推究唐五代時期的高利貸問題，並歸納出借貸的四大特色⑯。在質的研究方面，陳國燦從吐魯番出土的一批質庫帳，論述文書的來歷，及唐代典當業的經營方式⑰。筆者也曾專就動產質的性質、運作、管理與回贖等問題，剖析唐代的質借制度⑱。出土文書中之不動產質甚少，專文於今未見，稍觸及者如堀敏一探討租契與典地契間之諸形態⑲；池田溫於借契中，董理出負債不償，以田地抵當之情形⑳。除了上述個別類型之研究，陳國燦還以券契為例，就借貸之各種類型，從事多角度分析㉑。

借貸在寺院經濟中之分量頗不輕，亦民間借貸問題重要之一環。那波利貞根據敦煌文書，詳細介紹中晚唐寺院貸出錢穀布帛等之營運狀況㉒。道端良秀、塚本善隆、矢吹慶輝、黃敏枝與法國學者謝和耐等，都曾著力於無盡藏及寺院金融業之研究㉓。北原薰最具突破性的地方，在他將借貸帳歷與寺院會計

文書中的利潤入做了有機的聯繫，並審視利潤入在寺院經濟中之地位與動向㉔。謝重光除了考察晉唐寺院如何累積高利貸資本，還分析寺院借貸活躍的原因，與沙州寺院經濟的特點㉕。

借貸牽涉的面向很廣，如當事雙方的身分特徵、借貸的數量與利率，及債物不履行之處分等，大抵各研究者都已做了申述。但針對特定議題的專論，在利率方面有黃向陽、余欣與筆者之研究㉖；在違約條款方面有余欣、楊際平的議論㉗；另外，高橋芳郎特別注意「鄉原生利」的語義與作用㉘；筆者曾就債務保人的性質與法律責任做過檢討㉙；美國學者漢森（Valerie Hansen）以專書剖析契約在人們日常生活中的功能與意義㉚；法國學者童丕（Éric Trombert）亦以專著從敦煌契約觀照當地的物質生活與社會情狀㉛。

回顧歷來學者之研究，民間借貸問題至少在方法學上需有三項改進，才足以超越現有成果：（一）辨明借貸的類型。分類是了解借貸問題的基礎，惟有概念明確，才足以進窺問題之全貌。然而多數研究者，在分類上不是過於粗略，致有遺漏，就是類型界定不明，意義分疏不清，再不然就只單獨研究個別項目，而未意識性的整合入借貸問題中，所以唐人的借貸概念究竟如何，還有些混淆與模糊。（二）妥善運用傳統文獻與出土文書。傳統文獻在借貸的制度面與人民感受上，提供不少訊息；出土文書則在借貸的具體細節與違約處分上，有著精緻、大量的素材。這兩種資料各有其代表的層面，與說明上的侷限，如只專就其一論證，將大為縮小問題視野，使資料間無從發揮互補效果，亦不能由比較中見其異同。但二者間的配合論證，從現有業績看，似還有不少空間。（三）建立動態的、整體的研究觀念。借貸問題複雜多變，不是只從平面分析，或個案與單一類型的研究中，就能窺其全貌。研究者還需考慮地緣

特性，注入時間因素，洞見人性情理，才能於時空遞變與人事異動中，瞭然借貸問題的運作實況，從所建構的體系中，衡量其在金融界的作用，及其對政治、社會、司法等之影響。正因為既有的研究成果在方法學上不夠周延，立論自有未能盡意之處，其待解決之盲點也相當多，故借貸問題仍是一個值得投注心力的研究課題。

　　本書以《唐代民間借貸之研究》為題，即欲對這個普遍存於社會的現象，重新做一通盤理解。書中借貸指涉的涵義甚廣，凡有此目的者，不拘其形式如何，甚或在表面上看似為租、雇、買，但只要有其意圖，也都可納入本書的研究範圍。此處所謂的民間，包含宗教類與非宗教類的機構與個人。官府之貸出或官府強迫人民貸予者，不在本書討論之列。官人的借貸行為如與其職權相關，亦排除在外，需純屬私人性質者，才予以分析。

　　本書在研究資料上，主要有傳統文獻與出土文書兩大類。傳統文獻除《兩唐書》、《通鑑》、《冊府元龜》等史書外，也涉及《周禮》、《說文》等經部典籍，《唐律疏議》等律令文書，與諸家文集。書中還因論及寺院與僧人之放貸行為，故時而引證佛教典籍。出土文書以出自敦煌、吐魯番的寫本為主，另兼及和闐、庫車等地文書。因客觀環境所限，筆者無緣親睹原件，除了利用臺北國家圖書館的微捲外，還從各集成書之照片、圖版與釋文中取得資料。就台灣各圖書館現有收藏所及，吐魯番文書部分主要有武漢大學歷史系等編《吐魯番出土文書》圖錄本（4冊）與簡編本（10冊），小田義久編《大谷文書集成》（3冊），陳國燦編《斯坦因所獲吐魯番文書研究》，柳洪亮編《新出吐魯番文書及其研究》。敦煌文書部分主要有黃永武編《敦煌寶藏》（140冊），中國敦煌吐魯番學

會敦煌古文獻編輯委員會等編《英藏敦煌文獻》（14冊），法國國家圖書館等編《法國國家圖書館藏敦煌西域文獻》（30冊），俄羅斯科學院東方研究所聖彼得堡分所等編《俄藏敦煌文獻》（17冊），中國國家圖書館編《中國國家圖書館藏敦煌遺書》（7冊），甘肅藏敦煌文獻編委會編《甘肅藏敦煌文獻》（6冊），天津藝術博物館編《天津市藝術博物館藏敦煌文獻》（7冊），北京大學圖書館編《北京大學圖書館藏敦煌文獻》（2冊），浙藏敦煌文獻編委會編《浙藏敦煌文獻》（1冊）。兼收二地文書，或依類別排比者有上海博物館編《上海博物館藏敦煌吐魯番文獻》（2冊），上海圖書館編《上海圖書館藏敦煌吐魯番文獻》（4冊），唐耕耦編《敦煌社會經濟文獻真蹟釋錄》（5冊），山本達郎等編《敦煌吐魯番社會經濟資料》（5卷）（ *Tun-huang and Turfan Documents concerning Social and Economic History* ）。

上述各書中，兼有圖版和錄文，成績最可觀的，莫過於《敦煌社會經濟文獻真蹟釋錄》與《敦煌吐魯番社會經濟資料》。前者分類周全，搜羅宏富，但錄文時而有誤記或缺載，需據微捲或圖版補正之；後者考校精勤，比勘詳盡，引用參考文獻之多，則出諸書之右[32]。此外，沙知編《敦煌契約文書輯校》則收錄一些未公布的文書，有其重要價值。近幾年來，隨著圖版的陸續刊布，釋文的豐碩成果，以及目錄書如《英國圖書館藏（S.6981-S.13624）敦煌漢文非佛教文獻殘卷目錄》、《敦煌遺書總目索引新編》等的指引，給予借貸研究極大的方便。本書就是在這樣的資料基礎之上進行各項論證的。

為了解借貸的演變趨勢與特質，分期研究有其必要性。然傳統文獻有關民間借貸的資料不多，政府的政策又具一貫性，是否有足夠的分期條件，令人懷疑，故與其不顧現勢，強行畫

分時段，徒然造成各期內容空洞之窘狀，不如就有限資料，隨其發生之背景，做適當的分析處理，並說明影響層面，還更可呈現民間借貸之意義與風貌。

出土文書的情形則異於是，因其個案資料豐富，內容描述詳盡，時地區分明顯，充分具備分期研究的基礎，故本書將其分為麴氏高昌期、唐前期、吐蕃期與歸義軍期四階段以論述之。前兩期的資料以吐魯番文書為主，兼及庫車、和闐等地。麴氏高昌期（502～640）指的是唐平高昌以前的一個多世紀㉝，雖其時空範圍不盡符合唐代，但因此期資料留存不少，很可與唐前期的西州做比較，姑存之㉞。本書之唐前期，比一般概念裏以安史之亂為限，稍延後至代宗大曆、德宗建中年間，此因這段期間的庫車、和闐文書數量太少，不足以自成一期，且其仍奉唐朝正朔，未沾染吐蕃風格，故以附入唐前期為宜。後兩期的資料皆來自敦煌文書，吐蕃期約指德宗貞元二年（786）至宣宗大中二年（848）㉟，習慣上此時以地支或生肖紀年；歸義軍期指其後的張氏（851～914）、曹氏（914～1036）統治時代㊱，但各隨當時政情以干支紀年，或奉中原王朝正朔。敦煌文書的這兩期並不在唐政府直接控制下，或頂多間接臣屬之，嚴格說，在範圍上已逸出唐朝之時空定限。然而，民間借貸行為大體依慣例行之，有其延續性，受政權變動的影響不會太大㊲，因此經由這樣的資料，依然可反映唐政府掌控下，當地人民的借貸行為，甚或可為內地情形的參考。正因為出土文書有上述的功能與價值，故本書因應客觀形勢與資料特性，在研究範圍上略做彈性調整，期能更深入的解析借貸問題的每個細節，彌補傳統文獻只重政策宣示，偏於上層社會動向，忽略基層生活情態之缺憾。是以這兩種資料之妥善運用，互相補益，無疑更增本書之深度與說服力。

　　本書研究唐代之民間借貸問題，所用出土文書以漢文為主，唯沙州曾經陷蕃，是以部分漢譯藏文文書亦相當重要。書中用得最廣泛的資料是各類型借貸券契與便物曆。前者為個別契約，麴氏高昌期習用券，唐以後多改為契，本書所收各類型契約，包括擬自實物，具真本價值的草稿、習書等在內，共計212件（附表一、四、六）。但漢譯藏文文書中，借數用蕃制剋之各件，因不明其與石（碩）、馱之兌換關係，不在載錄之限。後者是保存於貸方的帳冊，其形式雖不一，卻同樣可視為有借貸目的與契約效果的會計簿籍㊳，總計102件（附表三）。其他如算會牒、入破曆中的利潤部分，以及各種請便牒、借貸糾紛訴狀等，也都是重要的佐證資料。為節省篇幅，書中所引附表各件均不再標著年代，只於其後加註附表號碼，方便讀者查檢。為了排版方便與閱讀清楚，引用出土文書時附加標點，且將其中之俗體字、異體字、武后新字及誤寫者，改從一般正體字，或於其後標注正體字，其有省代符、乙倒符或刪除符者，依文中原意改之。

　　本書之研究架構，除了首章陳述選題原因與研究意義外，以下各章之中心議題分別是：第二章主要在釐清借貸之相關語彙，條理各類型之特色，以奠定全書的研究基礎。第三章在透視借貸雙方的身分背景，及彼此的相互關係，期能為借貸問題描繪出一幅社會圖譜。第四章分析借貸的原因，欲由此觀察不同需要者各自面對的困境，及處理之道。第五章的重點有三：一在了解借貸與時序的關連，二在探究借貸數量及所代表的意義，三在考察利率的變動趨勢與高利貸的成因。第六章在討論債務不履行之善後處理方式，並進而觀察公權力之作用。第七章在評估民間借貸的正、反面功能，以認清其在唐代歷史上的意義與影響。末章則綜論民間借貸的特性，使人對此問題有一

清晰深刻的整體概念。

借貸不只是一個經濟史的課題，它還是社會史、政治史、法制史的研究素材，希望本書提供的研究取向，能有助於澄清這個複雜而具爭議性的歷史現象。

註釋

① 西周借貸契約的形式與特色，可參考胡留元、馮卓慧著，《西周法制史》，（西安，陝西人民出版社，1988），頁165～166；又，〈從陝西金文看西周民法規範及民事訴訟制度〉，《考古與文物》1983：6，頁76～77。

② 〈地官·泉府〉二條之放貸者似均為政府，但借者未必有身分差別。胡留元、馮卓慧認為前條係貴族放貸，後條為平民借貸。愚意存疑。二氏說法見：《西周法制史》，頁221～222。

③ 王莽時代的放貸問題，各家說法頗有差異，如彭信威認為一種是月息3%，專供祭祀喪紀用的賒貸，另一種是治產業，年息一分的放款。王曾瑜、呂思勉等則認為祭祀喪紀不取息，但貸民治產業有年息一分或月息3%二說。鄙意以為，王莽時代的放款並非只兩大類。彭信威將文中一、三兩種視同一體，但二者的主管單位、資金來源顯然有別。王曾瑜、呂思勉將文中後二者歸於一類，而不能分清其用途與計息方式之不同。有關三人論點見：彭信威，《中國貨幣史》，（上海，上海人民出版社，1965），頁211；王曾瑜，〈從市易法看中國中古的官府商業和借貸資本〉，《大陸雜誌》85：1，（1992），頁21；呂思勉，《讀史劄記》，（臺北，木鐸出版社，1983），頁1157。

④ 《宋書》（臺北，鼎文書局，新校標點本，1979），卷42〈王弘傳〉，頁1312；又，卷81〈顧覬之傳〉，頁2081；《北齊書》（臺北，鼎文書局，新校標點本，1975），卷22〈李元忠傳〉，頁313。

⑤ 楊聯陞著，張榮芳譯，〈國史上的人質〉，收入：《國史探微》，（臺北，聯經出版公司，1983）。

⑥ 劉秋根、曲彥斌持這種看法，但楊聯陞、彭信威懷疑之。見：劉秋根，《中國典當制度史》，（上海，上海古籍出版社，1995），頁1～2；曲彥斌，《中國典當史》，（上海，上海文藝出版社，1993），頁21～22；楊聯陞，〈佛教寺院與國史上四種籌措金錢的制度〉，收入：《國史探微》，頁273註17；彭信威，《中國貨幣史》，頁212。

⑦ 拙著，〈唐代的質借制度－以動產質為例〉，《東吳歷史學報》4，（1998），頁50。

⑧ 質庫的出現可能與寺院經濟有關，但做為債務擔保的質物，是否在佛教勢力發展之前不存在，則頗可懷疑。人質的廣泛運用既早在佛教傳入之前，而由以人為質順勢及於以物為質，並非不可能，故以物質錢的觀念未必源自佛教。

⑨ 劉興唐，〈唐代之高利貸事業〉，《食貨半月刊》1：10，（1935）；陶希聖，〈唐代官私貸借與利息限制法〉，《食貨月刊》（復刊）7：11，（1978）；陶希聖、鞠清遠，《唐代經濟史》，（臺北，臺灣商務印書館，

1979），頁113～119；楊蓮生，〈唐代高利貸及債務人的家族連帶責任〉，《食貨半月刊》1：5，（1935）。

⑩ 玉井是博，〈支那西陲出土の契〉，收入：《支那社會經濟史研究》，（東京，岩波書店，1943）；曾我部靜雄，〈孟子の稱貸と日唐の出舉〉，《日本歷史》87號，（1955）。

⑪ 加藤繁，〈唐代不動產的「質」〉，收入：《中國經濟史考證》，（臺北，華世出版社，1981）；宮崎道三郎，〈質屋の話〉，收入：《法制史論集》，（東京，岩波書店，1929）。

⑫ 仁井田陞，《唐宋法律文書の研究》，（東京，東京大學出版會，1983）；又，《中國法制史研究－土地法・取引法》，（東京，東京大學出版會，1981）。

⑬ 堀敏一，〈唐宋間消費貸借文書私見〉，收入：《鈴木俊先生古稀紀念東洋史論叢》，（東京，山川出版社，1975）。

⑭ 小口彥太，〈吐魯番發見唐代賃貸借・消費貸借文書について〉，《比較法學》10：1，（1975）；石田勇作，〈吐魯番出土「舉錢契」雜考〉，《駿台史學》第78號，（1990）。

⑮ 山本達郎，〈敦煌發見の消費貸借に關する一史料〉，《國際基督教大學アジア文化研究》，（1979）；池田溫，〈敦煌の便穀歷〉，收入：《日野開三郎博士頌壽記念論集》，（福岡，中國書店，1987）；拙作，〈從便物歷論敦煌寺院の放貸〉，收入：《敦煌文獻論集－紀念敦煌藏經洞發現一百週年國際學術研討會論文集》，（瀋陽，遼寧人民出版社，2001）。

⑯ 唐耕耦，〈唐五代時期的高利貸〉，《敦煌學輯刊》1985：2，1986：1；又，〈敦煌寫本便物歷初探〉，收入：《敦煌吐魯番文獻研究論集》第5輯，（北京，北京大學出版社，1990）；本文又收入：《敦煌寺院會計文書研究》，（臺北，新文豐出版公司，1997）。

⑰ 陳國燦，〈從吐魯番出土的「質庫帳」看唐代的質庫制度〉，收入：《敦煌吐魯番文書初探》，（武漢，武漢大學出版社，1983）；又，〈唐代的典當業－質庫制度〉，收入：《唐代的經濟社會》，（臺北，文津出版社，1999）。

⑱ 拙作，〈唐代的質借制度－以動產質為例〉，《東吳歷史學報》4，（1998）。

⑲ 堀敏一著，韓昇譯，〈唐代田地的租賃和抵押的關係〉，《中國社會經濟史研究》1983：4。

⑳ 池田溫，〈中國古代の租佃契〉（中），《東洋文化研究所紀要》第65冊，（1975），頁51～63。

㉑ 陳國燦，〈唐代的民間借貸〉，收入：《敦煌吐魯番文書初探》；本文又收入：《唐代的經濟社會》。

㉒ 那波利貞，〈敦煌發見文書に據る中晚唐時代の佛教寺院の錢穀布帛類貸附營利事業運營の實況〉，《支那學》10：3，（1941）。

㉓ 道端良秀，〈支那佛教寺院の金融事業〉，《大谷學報》14：1，（1933）；又，〈佛教寺院と經濟問題〉，收入：《唐代佛教史の研究》，（京都，法藏館，1957）；塚本善隆，〈信行の三階教團と無盡藏に就て〉，《宗教研究》（新）3：4，（1926）；矢吹慶輝，《三階教の研究》，（東京，岩波書店，1927）；黃敏枝，《唐代寺院經濟的研究》，（臺北，台大文史叢

刊，1971）；謝和耐著，耿昇譯，《中國五～十世紀的寺院經濟》，（臺北，商鼎文化公司，1994）。

㉔ 北原薰，〈晚唐五代の敦煌寺院經濟〉，收入：《講座敦煌》3《敦煌の社會》，（東京，大東出版社，1980）。

㉕ 謝重光，《漢唐佛教社會史論》，（臺北，國際文化公司，1990）。

㉖ 黃向陽，〈關於唐宋借貸利率的計算問題〉，《中國社會經濟史研究》1994：4；余欣，〈唐代民間信用借貸之利率問題〉，《敦煌研究》1997：4；拙作，〈唐代利率試析〉，《東吳歷史學報》3，（1997）。

㉗ 余欣，〈敦煌出土契約中的違約條款初探〉，《史學月刊》1997：4；楊際平，〈也談敦煌契約中的違約責任條款〉，《中國社會經濟史研究》1999：4。

㉘ 高橋芳郎，〈唐宋間消費借貸文書試釋〉，《史朋》14 號，（1982）。

㉙ 拙作，〈唐代的債務保人〉，《漢學研究》16：1，（1998）。

㉚ Valerie Hansen, *Negotiating Daily Life in Traditional China: How Ordinary People Used Contracts, 600-1400*,（New Haven: Yale University Press, 1995.）

㉛ 童丕（Éric Trombert）著，余欣、陳建偉譯，《敦煌的借貸：中國中古時代的物質生活與社會》，（北京，中華書局，2003）。

㉜ 有關二書之比較與優缺點，可參考：池田溫，〈契〉，收入：《講座敦煌》5《敦煌漢文文獻》，（東京，大東出版社，1992），頁 659；陳國燦，〈《敦煌社會經濟文獻真蹟釋錄》評介〉，《九州學刊》5：4，（1993）。

㉝ 麴氏王國的統治情形見：王素，《高昌史稿‧統治篇》，（北京，文物出版社，1998）。

㉞ 麴氏高昌以前的借貸券書罕見，故不論。另外，附表一的 1、2 二件是否確屬麴氏高昌期，仍有疑議，詳見《吐魯番出土文書》二件後的考證與說明，但此處仍歸入麴氏高昌期。

㉟ 敦煌陷蕃期的學說甚多，如馬德考訂為大曆十二年（777），向達、藤枝晃主張建中二年（781），蘇瑩輝認係貞元元年（785），陳國燦提出貞元二年（786）的說法，山口瑞鳳、池田溫持貞元三年（787）說，安忠義另提貞元四年（788）說。各家論點見：馬德，〈沙州陷蕃年代再探〉，《敦煌研究》總第 5 期，（1985），頁 98～105；向達，〈補唐書張議潮傳補正〉，收入：《唐代長安與西域文明》，（臺北，明文書局，1981），頁 417～428；藤枝晃，〈吐蕃支配期の敦煌〉，《東方學報》（京都）31，（1961），頁 288 註7；蘇瑩輝，〈論唐時敦煌陷蕃的年代〉、〈再論唐時敦煌陷蕃的年代〉，收入：《敦煌論集》，（臺北，學生書局，1969），頁 215～219，221～230；陳國燦，〈唐朝吐蕃陷落沙州城的時間問題〉，收入：《敦煌學史事新證》，（蘭州，甘肅教育出版社，2002），頁 472～485；山口瑞鳳，〈吐蕃支配時代〉，收入：《講座敦煌》2《敦煌の歷史》，（東京，大東出版社，1980），頁 197～198；池田溫，〈丑年十二月僧龍藏牒〉，收入：《山本博士還曆記念東洋史論叢》，（東京，山川出版社，1972），頁 37 註6；安忠義，〈吐蕃攻陷沙州城之我見〉，《敦煌學輯刊》1992：1、2，頁 21～24。

㊱ 大中二年（848）沙州起義，結束吐蕃政權，但張議潮在大中五年（851）才被任命為歸義軍節度使，開始張氏統治時代。關於歸義軍時代的統治情況，參看：榮新江，《歸義軍史研究－唐宋時代歷史考索》，（上海，上海古籍

出版社，1996）。

㊲ 如敦煌所出敦研附 383 號元代至正廿四年（1364）借契，無論在用語、書式、要項上，都與唐代或歸義軍期契約頗為雷同，可見民間借貸習慣有其延續性。敦煌元代借契見：甘肅藏敦煌文獻編委會編，《甘肅藏敦煌文獻》，（蘭州，甘肅人民出版社，1999）。

㊳ 唐耕耦，〈敦煌寫本便物曆初探〉，收入：《敦煌吐魯番文獻研究論集》第 5 輯，頁 167～168；又收入：《敦煌寺院會計文書研究》，頁 380～385。

第二章

借貸之類型

　　借貸之成立，需經債權人與債務人雙方之合意。唐代在政府既無法定形式約束，人民於兼顧自己利益與對方意願下，遂運用各自擁有的資源，採取各種不同的形態，以達成借貸之目的。由於借貸的方式各隨其便，卻又依循社會慣例，互相模仿，故借貸的類型，複雜中隱含明確規律，典型中另有不少特殊型態，合法中又不乏游走禁令邊緣者。類型分析，不僅可以讓人清楚掌握事務之意義與性質，並便於從比較中，釐清彼此的相互關係，呈顯各具之功能。

　　然而，歷來各家對借貸類型的分析，殊難符合上述要求，如玉井是博純就物品種類論之①，但借貸之物種與租、雇、質、賣等並無明顯差異，單憑物種又豈足以說明借貸之特性。堀敏一之分類於物種之外，還雜以文書形式②。此既同樣無益於解釋前一疑難，在分類標準上也嫌不一致。仁井田陞將借貸分為消費借貸、使用借貸二種，並把不動產質、動産質、人質附於消費借貸項下，另外還立了賃貸借、請負二目③。此種分類頗能表現借貸之性質，對後來之研究者也深具啟發性，但問題是：一、唐代民間習慣，消費借貸通常無需擔保品，而三種質都有擔保品，若把質附於消費借貸項下，其類型區分似不夠明顯；二、賃貸借屬租賃一類，其中為何有先付、後付之別，先付租價之賃貸借與不動產質之差異何在，仁井田氏均未做分

疏，舉證上也相互混淆。三、「請負」具雇庸形式，但該種役
力償付似乎亦有借貸作用，在分類上可做更精細的調整。陶希
聖、鞠清遠二人將借貸類型分為三種：不必有擔保品的舉、擔
保品交放款人保管的質，與擔保品由借款人營管的質舉④。在
有無擔保品上，二氏固能有所闡發，但對什麼是有擔保品的質
或質舉，區別放款人保管或借款人營管的意義何在，二人均無
進一步分析。陳國燦將借貸分為生息舉取、質押借貸、物力償
付借貸與無息借貸四種⑤。顯然，這是以有息無息、有無擔保
品，及償付方式為分類標準。只是這三個標準間有重疊性，類
型意義也有些模糊，如質押借貸之動產質通常有息，不動產
質、人質通常無息，則質借與生息舉取、無息借貸之區分不夠
嚴謹。再者，物力償付借貸，作者認為是一種特殊形式的借
貸，但其特殊處是否只在還時方式，如能從借時形態來考慮，
或許可以看出更多元化的借貸類型。唐耕耦將借貸分為原生形
態、次生形態之借貸，與預支工價、預賣（賣青）、先取租價
後佃種之借貸等五種⑥。唐氏類型的特色，在將預雇、預買、
預租等形式非借貸，而實質具借貸用意之契約，亦考慮進去，
這對了解唐人借貸行為，拓展研究視野，貢獻殊多。然而，因
債務而借貸，是否就是未還續約，頗有可疑。唐氏對契中為數
不少的質借，隻字未提，亦顯有疏漏。余欣把借貸分為信用借
貸與質押借貸二大類，差別在於有無抵押物，信用借貸再因利
息有無，物種類別而分細目⑦。余氏劃分信貸、質貸之標準一
致，在借貸分類上有重大意義，但信貸的特質不能只從利息、
物種上表現出來，余氏仍未掌握其法制精髓。童丕只就立契時
間與物種關係，把敦煌借契分為吐蕃期的糧食借貸與十世紀的
織物借貸兩類，並把各種質典當成借貸之事實擔保⑧。殊不知
敦煌借契的特殊對應形態，實不足以凸顯出借貸之類型差異，

何況便物曆等大量的穀物借貸資料，說明十世紀不是只有織物借貸；而把質典看成事實擔保，也混淆了擔保品在不同借貸關係中的必要性與交付時間。

各家對借貸類型的分析，雖不免掛一漏萬，百密有疏，但在引導後學，開啟新徑上，功績仍無可抹殺。筆者擬繼踵前賢，重新就該問題做一疏理。為了同時顧及借貸之形式與目的，本書將借貸分為信用借貸、質押借貸與特殊形態之借貸三大類。以下試就各節，分別申論其特色，並比較其異同。

第一節　信用借貸

信用借貸是指借貸時，借用人無需交付或不指定擔保品，而貸與人預期於一定期限後可收回所貸財物之借貸。此種類型的借貸，即使仍需立券契為憑，亦不排除由借用人之家財，或由保人抵償欠負，以增加對貸與人之保障，然就借貸時無擔保品而言，無異為貸與人對借用人之信用放款，故貸與人所承擔之風險，較諸有擔保品在握之質押借貸自然高些。唐代對於有無擔保品之借貸，概念分得非常清楚。《宋刑統》卷 26〈雜律〉「受寄財物輒費用」條引唐〈雜令〉[⑨]：

> 諸家長在，而子孫弟姪等不得輒以奴婢、六畜、田宅及餘財物私自質舉，及賣田宅（無質而舉者亦准此），其有質舉賣者，皆得本司文牒，然後聽之。

「質舉」當是與註文中之「無質而舉」相對應，而刻意區別者，亦即此處之「質舉」是指有質之舉，或有擔保品之借貸，而一般所謂的「舉」，是指無質之舉，或無擔保品之借貸。

質舉與舉均屬唐人之借貸行為，只以有質與否為各自的特色。但二者在取息方面有不少共通性，故常連稱並用，如《宋

刑統》卷26〈雜律〉同前條引〈唐戶部格〉：「天下私舉質，宜四分收利，官本五分收利。」《通鑑》卷232德宗貞元三年（787）條李泌謂胡客留長安者「舉質取利」。胡三省注：「舉者，舉貸以取倍稱之利也。質者，以物質錢，計月而取其利也。」則唐人觀念中的「舉質」，似應含括無擔保品的舉，與有擔保品的質舉。但或許因為質舉可略稱為質，是以文獻中之「質舉」，未必僅指有質之舉，《唐六典》卷6〈比部郎中員外郎〉條註：「凡質舉之利，收子不得踰五分。」當兼指兩種情況在內。

　　無擔保品之舉是一種信用借貸，可依所借物品、返還方式，以及有償無償，再分為使用借貸與消費借貸兩種，茲分論如後：

一、使用借貸

　　使用借貸是指貸與人以其所有物，無償給借用人使用，而與借用人約定，使用後一定期限內返還原物之契約。唐律於使用借貸之用語與概念，精確辨析之。《唐律疏議》〈廄庫律〉「監主以官物借人」（總213條）：

> 諸監臨主守之官，以官物私自借，若借人及借之者，笞五十。

疏議曰：

> 謂衣服、氈褥、帷帳、器玩之物。

〈職制律〉「主司私借服御物」（總106）疏議曰：

> 非服而御之物，謂除服御物之外，應供御所用者。

注：

非服而御，謂帷帳几杖之屬。

疏議曰：

帷帳几杖之屬，謂筆硯、書史、器玩等。

又，「役使所監臨」（總143條）：

諸監臨之官，私役使所監臨，及借奴婢、牛馬、騾驢、車
船、碾磑、邸店之類，各計庸賃，以受所監臨財物論。

唐律所謂「借」，用物包括衣服、器物、人力、畜產、及
車船等較大產業，其特色是，只要借用人善加使用，該物於用
後仍可恢復原狀，不致如粟麥錢絹等消費品之費用耗盡，故借
用人若無違法情事，應可返還原物。由於借用人只有該物之使
用權，且事後必需返還原物，則其自應善盡保管用物之義務，
不得任意處分之或破壞之，否則當負賠償責任。〈廄庫律〉
「監主貸官物」（總212條）：

所貸之人不能備償者，徵判署之官。

疏議曰：

謂無物可徵者，徵判署之官。

注：

下條私借亦準此。

下條即前引之「監主以官物借人」條，可見官物借使，不但借
用人有備償之責，連判署之官亦同負連帶責任。而所謂「無物
可徵」，除了顯示借用人需履行返還約定外，還應解釋為返還

之物完好如初，或至少如借時原狀，得為貸與人接納，才算是
盡了備償之責。律中官物借使的概念，多少應可反映民物使用
借貸的約定方式。

　　與借之語義、用法相近的是「假」字⑩。〈廄庫律〉「假
借官物不還」（總211條）疏議曰：「假請官物，謂有吉凶，
應給威儀、鹵簿，或借帳幕、氈褥之類。」又，〈詐偽律〉
「偽寶印符節假人及出賣」（總365條）：「諸以偽寶印符節
及得亡寶印符節假人，若出賣及所假若買者封用，各以偽造寫
論。」假之古義與借可互訓，《說文解字》3下又部：「叚，
借也。」8上人部：「借，假也。」假與叚是同聲假借字。唐
律在借貸服物器用方面，假與借似可通用，都指使用借貸，但
奴婢車牛等是否亦如此，則無其證。

　　使用借貸之另一特色，是在無償使用上，不同於應還等價
錢物或附息之消費借貸，更需與有償之租賃、雇庸等區分之。
前引「役使所監臨」條疏議曰：「人、畜、車計庸，船以下準
賃。」有償之役使人功、畜力、車馬為庸，舟船、碾磑、邸店
為賃。顯然，唐律視使用借貸與租賃、雇庸之別，不在用物上
有何不同，也不在語辭上是否用「借」字，而在當事雙方是否
議定費用，或是否有償。在田宅方面亦然，〈雜律〉「得宿藏
物隱而不送」（總447條）問答：「官田宅，私家借得，令人
佃食；或私田宅，有人借得，亦令人佃作，人於中得宿藏，各
合若為分財？」又開元七年（719）〈田令〉：「其借而不
耕，經二年者，任有力者借之。」（《唐令拾遺》卷22）自官
私借得之田地，既令人佃作，即非無償使用，縱然以「借」名
之，仍不是使用借貸。在人力之役使上，《新唐書》卷53〈食
貨三〉：「憲宗末，天下營田皆雇民或借庸以耕。」此為有償
之雇庸，而非無償使用人力。繼受唐律用法的元代《吏學指

南》〈錢糧造作〉「借貸」條釋「借」曰：「凡以官物假人，雖輒服用觀玩，而昔物猶存，故稱曰借。」不少學者遂率然認定唐律中之「借」指使用借貸⑪。然如本文所論，律中固然以「借」指使用借貸，但有償之庸、賃時而亦可謂之「借」⑫。

　　唐律使用借貸的概念，代表官方精準的法律意義。即使律中規範的主要是官方事務，但其概念仍應是放諸天下的準繩，為民間所依循。傳統文獻中，使用借貸的用例遠沒有消費借貸多，純屬民間或私人性質者更少，再加上有償無償，史文語焉不詳，將益增判斷上的困難。由於人們對事務的表達方式，常因其內涵而異，故要確切掌握各觀念之異同，有時不得不借助看似很表象的用語。

　　大體而言，唐人於需返還原物之使用借貸，確實慣以「借」來指稱，如玄宗兩度下〈禁濫借魚袋詔〉，又〈飭諸軍不得賞借緋紫〉（《全唐文》卷26、29、31），並於天寶十一載（752）敕衛尉寺：「其帳幕氈褥等，輒將一事借人，並同盜三庫物科罪。」（《唐會要》卷65〈衛尉寺〉）皆與服物有關。在器用方面，玄宗〈命陳希烈兼領秘書詔〉，謂管領載籍者「或擅取借人，或潛將入己」，散失遂多（《全唐文》卷33）；《新唐書》卷196〈隱逸陸龜蒙傳〉：「借人書，篇帙壞舛，必為輯褫刊正。」《文苑英華》卷543〈村人借罐判〉，似都習以「借」指使用借貸。不過偶然也會有例外，《唐會要》卷31〈雜律〉開成五年（840）六月條論出使者之騎乘，認為出使郎官不合「貸借」擔子，就將唐律專稱消費借貸的「貸」字與之併用。

　　上述例證，無論官、民之借使服物器用，屬無償之可能性較高，但其下之借用人工、耕具或畜力，其有償之機率未必很低，故究竟是否為使用借貸，猶有斟酌餘地。如開元十五年

（727）五月東都泛溢，詔河南府於水損之家，「借人力，助營宅屋」（《册府元龜》卷 147〈帝王部・恤下二〉）文宗時，殷侑「上表請借耕牛三萬，以給流民。」（《舊唐書》卷 165〈殷侑傳〉）武宗會昌六年（846）五月，赦死囚配流，並「接借農具，務使耕植」（《册府元龜》卷 503〈邦計部・屯田〉）。大中五年（851）四月二十九日〈破黨羌德音〉，於受害百姓「無屋可居，無牛可耕者，委長吏量事接借」（《文苑英華》卷 439）。《權載之文集》卷 24〈徐公墓誌銘〉：「公乃假之耕牛，賦與種食」，以給流庸。《太平廣記》卷 290〈妖妄部〉「諸葛殷」條：「揚子有一村嫗，詣知府判官陳牒云：夜來里胥借耕牛牽碑，誤損其足。」這類事例純屬民間者並不多見，但亦應可由官方之用例，反映民間情形。以借耕牛、農具耕種而言，百姓即使不直接給付牛、具之對價，其納入官府之地租數，也會在分成慣例上較諸自備牛、具者為高⑬。故與其視之為使用借貸，不如置之於庸賃範疇或更恰當。其他借人力或借牛牽碑等例，則均不明其是否無償。

　　在田宅方面，投宿旅店應付宿費，自是無庸置疑，但借住民宅究否亦需如是，既於史料難徵，恐怕也不能一概而論。如其不必付費，或無任何替償方式，則當屬使用借貸。代、德之際，政府屢禁公私借寺觀居止⑭，從「軍士委州縣長吏與本將商量，移於穩便處安置」來看，（《唐大詔令集》卷 113〈禁天下寺觀停客制〉），強行占居的可能性很大，似非真正的使用借貸。至於官吏、諸客之借止，寺觀方面若以其非營利性質，而不要求歇腳者必付宿費，似可認其為使用借貸。田地之借用純為無償者，可能極其罕見，《册府元龜》卷 495〈邦計部・田制〉天寶十一載（752）十一月乙丑詔：「借荒者皆有熟田，因之侵奪，……乃別停客戶，使其佃食。」借荒者以借

為名而實侵奪，卻又令客戶佃食以自肥，其非使用借貸，已然清楚分明。總之，唐律所謂之「借」，從傳統文獻中得證，未必就指使用借貸，但應屬使用借貸者，從其用語趨勢看，似頗為傾向用「借」字。

　　出土文書中，迄未看到典型的使用借貸契⑮，僅可於文牒或帳歷中，偶見其跡。吐魯番文書乾元二年（759）〈里正王奉慶牒為還安郎將瓮子請處分事〉：「右件瓮子去年十二月內借來，擬供□鎮行軍過設。今兵馬不過，瓮子見□請還本主。」乾元三年（760）〈領還寺家借物牒〉：「□件百師於□□處借供少府家使。今卻還寺訖。」⑯所借器物需還本主，且未提及有何報償，判斷其為使用借貸，殆無大過。敦煌文書 P.2555（5）號為諸親借氈褥名目。S.4199 號什物點檢歷有：「櫃壹口，王宅官借將在南宅。」S.2575 號後唐天成三年（928）〈都僧統海晏於諸寺配借幡傘等帖〉：「有常例，七月十五日應官巡寺，必須併借幢傘，莊嚴道場。」這些服物器用的借使，均未註明應支付之對價，而僧官巡寺既為常規，則諸寺借法器布置道場，只需重複使用即可，故這些以「借」名之，屬於西北邊區的使用借貸案例，似與中原法制及一般習慣，略無差異。

　　使用借貸的無償特色，在出土文書中亦充分表露，如麟德二年（665）〈畦海員辯辭〉⑰：

> 2.海員辯：被問賃牛兩頭與麴運貞踐麥，是何日賃與，□
> 3.□得多少價數者。謹審：但海員不是賃牛與麴運貞
> 6.□□□□□賃與，實借牛兩頭與運貞踐麥是實……

唐代文獻中的「借」字，可以指無償的使用借貸，也可以指有償的庸、賃。縣司問畦海員賃牛踐麥，得價數若干，顯然認為

其自麴氏處得到賃價。惟畦海員辯稱不是賃牛，實乃借牛，似否定其為有償，則畦海員所謂之「借」牛兩頭，應指無償的使用借貸。此外如寶應元年（762）〈康失芬行車傷人案卷〉：「失芬為是借來車牛，不諳性行，…遂輾前件人男女損傷有實。」康失芬據該案卷前文：「失芬身是處蜜百姓，靳嗔奴雇使年作。⑱」康失芬受雇於靳嗔奴，康氏所「借」車牛當為雇主提供，失芬無償使用，故此處的「借」仍是指使用借貸。

二、消費借貸

消費借貸是指貸與人將錢物等消費品，移轉於借用人，而與借用人約定，以相同種類、品質或數量之錢物返還之契約。唐律於消費借貸之物種，不似使用借貸般以列舉法表示，然與〈廄庫律〉「監主以官物借人」（總213條）並列，即「監主貸官物」（總 212 條），該條在相同的陳述事由上，只將「借」改為「貸」。唐律即使未言明所貸何物，兩相比較之下，可知所謂「貸」當指消費借貸⑲，用物包括使用借貸之外，如粟麥錢絹等消費品。由於這些消費品既經利用，即無法以原物返還，借用人勢需就同等於應還價值之其他替代物，償付貸與人，《吏學指南》〈錢糧造作〉「借貸」條釋「貸」曰：「以他物代之，而本色已費。」就正是此意。故借用人於移轉來之消費品，不是僅有使用權，其實擁有所有權，也因此借用人之運用方式，無論是買賣、轉貸或其他，均惟其所好，貸與人無權干涉，也無需過問。

唐律於官物之借貸，應有文簿登錄，「監主貸官物」（總212 條）：「無文記者，以盜論；有文記者，準盜論。」疏議曰：「文記，謂取抄署之類，謂雖無文案，或有名簿，或取抄或署領之類，皆同。」又注：「主守私貸，無文記者，依盜法。」下條「監主以官物借人」（總213條）亦應準此。是則

官物之借貸應有文記證明，無文記之私貸，其罪刑重於有之
者。然而民間之借貸，是否皆需有券契或簿錄為憑，似依雙方
協議，尤其是貸方之主觀意願而定，《唐令拾遺》卷 33〈雜
令〉引開元二十五年令：「諸公私以財物出舉者，任依私契，
官不為理。」又條：「諸以粟麥出舉，還為粟麥者，任依私
契，官不為理。」再條：「諸出舉，兩情和同⑳。」出舉指的
是消費借貸，既云：「兩情和同」，又云：「官不為理」，可
見政府於此種借貸，不欲以法定形式約束之，只要當事雙方自
行議定，即便是口頭承諾，也無所謂，《兩京新記》卷 3〈化
度寺〉條：「每日所出亦不勝數，或有舉便，亦不做文約，但
往至期還送而已。」不過為了保障債權人利益，或為了避免因
債務不履行而引發糾紛，以書面方式為之，是較可靠的作法。
今日留存的百餘件消費借貸券契（附表一），以及數量龐大的
便物曆（附表三）等帳冊，正具有約束雙方的作用。民間的消
費借貸既不以書面為必要條件，與之性質相近的使用借貸，想
來應無必做文約之理。甚至連其後述及的其他各類型借貸，大
概除了不動產質的情形較特殊外，亦應均屬不要式行為，政府
並不強制立約。

消費借貸有有息、無息之別。〈雜律〉「負債違契不償」
（總 398 條）疏議曰：「負債者，謂非出舉之物，依令合理
者，或欠負公私財物，乃違約乖期不償者。」此處之「出
舉」，唐人觀念中一般皆指有息消費借貸，如高季輔謂公侯勳
戚之家「貸息出舉，爭求什一」（附表二 1）；則天長安元年
（701）十一月十三日敕：「負債出舉，不得迴利做本，并法
外生利。」（附表二 5）開元十六年（728）二月癸未詔：「比
來公私舉放，取利頗深。」（附表二 11）又前引《通鑑》卷
232 胡註：「舉者，舉貸以取倍稱之利也。」唐律該條既謂

「非出舉之物」，則「負債」義指有息借貸以外的各種債務關係。不少學者誤讀此條，遂以「負債」僅指無息借貸[21]。殊不知律疏中的「債」還兼指欠負公私財物等，亦即欠負官私物，或受貸不償之類，也應納入本條規範內。

另外，「債」從實際用例看，亦不必是無息，如前已引證的長安元年敕，就顯然在規範負債出舉的生息取利之法。《唐六典》卷6〈比部郎中員外郎〉條註：「凡質舉之利，收子不得踰五分，出息債過其倍，若回利充本，官不理。」更進而以「出息債」的明確用語，否定「負債」僅指無息借貸的説法[22]。唐代民間消費借貸行為甚為頻繁，若「負債違契不償」條刻意排除有息者，而律中又無相關之其他條文可處理之，則於情於理，均不可解，故推求律之原意，出舉之有息消費借貸亦應一體適用於該條才是。

唐律中的「貸」泛指消費借貸，「出舉」特指其附息者。然傳統文獻中，唐人所用語彙極其紛雜，絲毫不為法制限定的辭例所拘束。附表二是就《兩唐書》、《通鑑》、《册府元龜》、《唐大詔令集》、《唐會要》，以及《全唐文》與《文苑英華》的詔敕部分做成，輯錄民間消費借貸之慣用語，以與唐律比較之。這些資料均成於唐至北宋初，在觀念及用語上都有承繼性，故即使編撰者改動其中文字，亦不致與唐人原意相扞格，而影響吾人對問題之解析。

就附表二所見，貸應是唐人最普遍的表示法（1、19、21、23、28、32）。由貸衍生的語辭如乞貸（16）、丐貸（8、29）、假貸（24）、貸舉（31）、子貸（6、34、37）等[23]，涵蓋唐代全期，主要指附息之消費借貸（貸舉、子貸），也包括乞取性的借貸在內（乞貸、丐貸）[24]。若再配合上官方事務常用的賑貸、給貸、率貸、稱貸等，可以認為貸確係唐朝指涉

最全面，運用最廣泛的消費借貸用語。舉（3、11、21、26、35、40）及其連語如出舉（1、2、5）、貸舉（31）、舉質（17）、舉放（9、11）、舉便（40）、舉債（36、41、42）等，唐人用得也相當廣泛，代表有息之消費借貸。此外，唐人還慣以子母錢或與息利有關的指稱（1、2、4、7、12、14、19、20、22、28、30、32、36、38、39），清楚點出其附息特色，只是動産質通常也生息，故其中不無可能亦隱含質舉之息利。他如「便」之用法，《通鑑》卷 273 後唐莊宗同光二年（924）正月條胡註「便省庫錢」曰：「今俗謂借錢為便錢，言借貸以便用也。」中晚唐之便換，蓋即取其便用之義。雖然附表二「便」之例證不多（27），但早在唐初，民間似已行用，如王梵志詩：「在縣用錢（紙）多，從吾相便貸。」㉕大谷文書 4165 號則天期油麻購入文書亦有：「前時便四酙（斛），遣安□州 ⬚ 」㉖。不過大量以此表示法指消費借貸的，還是敦煌文書，這從各式借契與便物曆中可以充分看出。唐律中被嚴格歸屬於使用借貸的假、借，附表二之案例或許不算太多（3、18、25、36），但從與官方有關之事務看，唐人已無所分際地廣泛用於消費借貸中，尤以「借」字為然，如肅宗乾元二年（759）四月乙卯詔：「其長安萬年兩縣各借錢一萬貫。」（《册府元龜》卷87〈帝王部‧赦宥六〉）德宗建中三年（782）：「詔借商人錢。…括僦櫃質錢，凡蓄積錢帛粟麥者，皆借四分之一。」（《通鑑》卷 227）宣宗即位赦：「徙流人在天德振武者，管中量借糧種，俾令耕田以為業。」（《舊唐書》卷 18 下）文獻資料中屬於官方之消費借貸，以「借」名之者，多不勝舉，此皆顯示唐人突破法制侷限，未必事事循守律文的作法。但也正由於「借」之使用頻仍，幾乎不下於「貸」，故二字常連稱並用，甚或以此變換語

彙，如《唐會要》卷 88〈倉及常平倉〉元和六年（811）二月制，前曰：「以常平義倉粟二十四萬石貸借百姓」，後曰：「用常平義倉米借貸。」《全唐文》卷 82 宣宗受尊號赦文，前曰：「因水旱不熟，貸借百姓，…宜并放免。」後曰：「將茶賒賣與人及借貸人錢物。」此種同義辭疊用的語法，不獨借貸、貸借，還有假貸（24）、假貣（33）、舉便（40）、貸舉（31）、借假、假借、借便、稱貸等⑳，在唐代似甚通俗。唐政府於民間借貸採「任依私契，官不為理」的放任態度，其於用語上呈現紛雜之狀態，應是不難理解的。

敦煌吐魯番文書，也反映相當盛行的民間消費借貸行為，茲就券契及便物曆中的語例，列表說明，並與傳統文獻比較之。消費借貸券契在時間上跨越高昌、唐、五代至北宋初，在地域上包含西州、沙州、龜茲、于闐四處，在管轄上則分隸於高昌、唐、吐蕃、歸義軍，是以其消費借貸行為可能要比代表中原正統政權的文獻資料，顯現更複雜的時空交錯特性。至於沙州地區的便物曆，是屬於吐蕃、歸義軍期的出土文書，數量也相當不少，可與同出土於沙州的消費借貸契，互相印證。

由「消費借貸券契用語表」（表 2-1）可見，代表高昌期及唐代中期以前的西州（吐魯番）券契，無論物種為何，大致皆以「舉」表現借貸關係。自唐平高昌，推行均田、戶籍等制度以來，西州嚮化之風似不減於中原各地，然唐律以「貸」指消費借貸，以「出舉」指有息借貸的觀念，卻未如實顯現在西州券契中。有學者謂，西州借錢、練、糧契，限內生息者稱「舉取」，限內無息者稱「貸」或「便」㉘。從表中生息狀況看，高昌期 16 件稱「舉」者中（1、2、3、4、6、15、19、22、27、28、5、7、18、24、29、31），有 10 件限內生息（前 10 件），約占 62.5%；唐中期以前稱「舉」的 12 件中

表 2-1　消費借貸券契用語表

用語	物種	出土地點	生息狀況	附表一編號	小計	分類合計	用語總計
舉（舉取）	絹帛類	吐魯番	限內生息	1、2、3、36	4	5	35
			其　他	18	1		
	穀物類	吐魯番	限內生息	4、15、19、22、27、59	6	10	
			其　他	5、31、33、53	4		
	貨幣類	吐魯番	限內生息	6、28、34、37、42、43、44、46、49	9	20	
			其　他	7、24、29、35	4		
		庫車	限內生息	65、66、67	3		
			其　他	68	1		
		和闐	限內生息	70、71	2		
			其　他	72	1		
貸（貸取）	絹帛類	吐魯番	其　他	17、38	2	27	31
		敦煌	限內生息	125、126、127、128、129、130、131、134、137、138、139、140、147、148、149、150、151、153、155	19		
			其　他	95、124、133、135、160、164	6		
	穀物類	吐魯番	其　他	50、51	2	2	
	貨幣類	吐魯番	其　他	39、40	2	2	

（ 34、36、37、42、43、44、46、49、59、33、35、53 ），
亦有 9 件屬限內生息（前 9 件），占 75%。而 7 件稱「貸」與

表 2-1　消費借貸券契用語表（續）

用語	物種	出土地點	生息狀況	附表一編號	小計	分類合計	用語總計
便 （便與、 便寄）	絹帛類	敦　煌	其　　他	62、143	2	2	44
	穀物類	庫　車	其　　他	63	1	41	
		和　闐	其　　他	69	1		
			限內生息	119	1		
		敦煌	其　　他	56、57、 78、79、 80、81、 82、83、 84、85、 86、87、 88、89、 90、91、 92、93、 94、97、 98、99、 100、101、 102、104、 105、106、 107、108、 109、111、 112、115、 117、118、 145、162	38		
	貨幣類	吐魯番	其　　他	55	1	1	
借	穀物類	敦　煌	其　　他	159	1	1	1

說明：1. 本表所列以見到圖版、照片或釋文者為限，凡只有目錄、題名或藏語譯
　　　　文者皆不錄，以防其用語不夠精確。
　　　2. 券契中之用語或物種，其一不明或無法推知者，不錄。
　　　3. 一契後附載之各契，如其借貸方式比照前契辦理，亦準前契歸類。
　　　4. 本表用語只列一般較通用者，其罕見或無特殊意義者，如酬、取、換
　　　　等，姑從略。
　　　5. 本表生息狀況欄之限內生息，是指還期內需計利息者；其他項則包括限
　　　　外生息、限內外均不生息、不明如何生息，或不明是否生息者。
　　　6. 各編號所屬時期，參看附表一。

「便」的西州契（17、38、39、40、50、51、55），無一例外
地全數是限內無息。由此可見，西州限內生息者確實多稱舉

取，限內無息者多稱貸、便，只是此乃鄉法，而非定規，是以例外情形不時而有。券契是未經修飾的第一手資料，最能反映民間的消費借貸行為。西州地處偏外，素來有其習俗，唐政府又不強以官方力量介入或改變之，自然會與律義有出入，也與中原用法異其趣，而表現獨特的地方色彩。

代表吐蕃期與歸義軍期的沙州（敦煌）借契，慣稱借貸穀物類為「便」，其中約 8 成屬吐蕃期，限內生息者總共只有 1 例。相對於此，「貸」主要指借貸絹帛類，屬歸義軍期者高達約 9 成，而載明限內生息的也全數屬歸義軍期。換言之，沙州借契之吐蕃期、歸義軍期，分別各以無息之「便」穀、有息之「貸」絹為大宗，二者在物種、用語、計息上，呈現相當分歧的狀態。

同樣為沙州消費借貸資料的便物曆㉔，與借契給人的印象頗不相侔。參看「沙州便物曆用語表」（表 2-2），可知其幾乎全是穀物借貸，而無論吐蕃期或歸義軍期，大體皆稱為「便」，只是吐蕃期多不計息，歸義軍期普遍生息。便物曆主要是歸義軍期十世紀的借貸帳冊，可知年代者中近 9 成的計息案例屬歸義軍期，是顯然的特色。至於絹帛類借貸，似慣用「貸」以區別之，通常不計息。

如比較借契與便物曆，可發現沙州地區不分文書形式，穀物借貸多稱為「便」，絹帛借貸常以「貸」名之，在用語上有相當高的一致性。但令人側目的是，同樣是便穀，或同樣是貸絹，借契與便物曆的生息狀況剛好相反，這不能不讓人對不同文書的製成與作用，有更多聯想。另外，便物曆各期均不以西州券契常見的「舉」來指涉消費借貸，也極少將唐律視為使用借貸的「借」通用於此，均可見當地的借貸用語有其慣例。

龜茲（庫車）、于闐（和闐）的消費借貸契，皆為建中以

表 2-2　沙州便物曆用語表

用語	物種	生息狀況	附表三編號	分類合計	用語總計
貸	絹帛類	其　　他	3、16	2	17
	穀物類	限內生息	15、61	15	
		其　　他	1、3、4、5、10、12、16、19、26、45、53、58、69		
便	穀物類	限內生息	1、11、13、15、17、18、19、20、21、23、24、25、26、27、30、31、34、35、38、39、40、41、42、43、46、47、49、54、55、57、62、63、64、65、66、68、72、73、77、79、80、81、85、87、88、90、91、92、94	56	56
		其　　他	2、7、50、51、71、74、78		
貸便	穀物類	限內生息	79	2	2
		其　　他	102		
借	穀物類	其　　他	56	1	1

說明：1.同一件便物曆中，凡用語不同或物種不同者，均分別歸類、重複計次。
　　　2.一件便物曆中有許多案例，凡其中有生息者，或可推知生息者，即依其用語與物種，歸入該項，但未必表示該件全部案例皆生息。其他情形則歸入其他項。
　　　3.本表之用語及生息狀況，參見表2-1說明項4、5，另外如付、入等用語從略。
　　　4.各編號所屬時期，參看附表三。

來，唐蕃交爭之際的遺物。其件數或許不多，但用例還算一致，借貸貨幣類用「舉」，借貸穀物類用「便」。此既有唐前期之身影，復見沙州陷蕃後之形貌，亦可謂是獨樹一幟了。

　　消費借貸行為盛行於唐代，從時人的慣用語來分析，不僅可探求時代遞嬗中的演變之跡，掌握唐律語義與民間用例的距離，了解法制與習俗間的落差，呈顯中原文化與地方風格的異

同，還可從各種雜然紛陳的現象中，體悟文獻資料所代表的中原地區，其實可能也是隨流風所至，而各具區域特色。儘管前所論及的行為，因時因地，在枝節上有些歧出，但唐人基本的消費借貸觀念，則跨越時空，無所間然，亦即借貸之物盡皆是粟麥錢絹等消費品，借用人一經利用，將來勢需以其他替代物返還，就此而言，這正是消費借貸與其他類型借貸之最大不同處。

第二節　質押借貸

質押借貸是指借用人必需交付擔保品，才能自貸與人處取得所需之借貸。亦即原則上質押借貸需移轉占有擔保品，貸與人並不全然憑信無擔保品之借貸。但只要借用人於一定期限內清償債務，則仍可回贖而保有其出質物，不致失去所有權，或遭貸與人之任意處分。

質押借貸又可依質物之不同，分為動產質、不動產質、人質三類。動產、不動產之別，唐律中亦有剖析，〈戶婚律〉「妄認盜賣公私田」（總 166 條）疏議：「地既不離常處，理與財物有殊。」又，「盜種公私田」（總 165 條）：「田地不可移徙，所以不同真盜。」〈賊盜律〉「公取竊取皆為盜」（總 300 條）疏議：「器物之屬須移徙者，謂器物、錢帛之類，須移徙離於本處。珠玉、寶貨之類，據入手隱藏，縱未將行，亦是。……闌圈繫閉之屬須絕離常處，謂馬牛馳騾之類，須出闌圈及絕離繫閉之處。」據此，不離常處之田地，以及與其性質相仿的宅舍、邸店、車坊等，應為不動產。可以絕離移徙者，如器物、錢帛、珠玉、寶貨、畜產之類，則為動產。至於碾磑等「木石重器，非人力所勝，應需馱載者」（「公取竊取皆為盜」條），似以歸入不動產為宜。附表五所列之不動產

質，常將碾磑與莊田園店等置之並論（B5、12），其故當在此。

車船的歸屬，情形較複雜些。〈職制律〉「役使所監臨」（總143條）疏議曰：「人、畜、車計庸，船以下準賃。」畜產與車在唐人觀念中被視為同類，蓋其稍事牽引，即可移徙，非人力所不能勝任，故將車歸入動產較佳。「船以下準賃」，從該條排列次序看，是指船及碾磑、邸店之類。將船與碾磑、邸店等重器或大型產業並列在一起，似唐人以船為不動產。然《大清律例會通新纂》卷8〈戶律・田宅〉「私借官車船」輯註：「車船可以行使，故曰雇；店舍、碾磨不動之物，就其處以用之，故曰賃。」清律淵源於唐律㉚，而唐律將車、船計價分別歸屬，與清律之並用動產概念看待不同，是其應注意者。

以人為質是極特殊的借貸法。當人們困於窮急，無可奈何之際，以自身為質，或典妻鬻子，不失為以役力融通資金，不得已而為之的辦法。以下試就不同質物，申論其特徵：

一、動產質

《說文解字》6下貝部：「質，以物相贅。」又，「贅，以物質錢。」段注：「若今日之抵押也。」故動產質是借用人將器物、錢帛、畜產或車等財物，移轉交付給貸與人，以為提供借貸之抵押品。就貸與人而言，他雖然得占有質物，並在債權清償前，皆得留置之，但是否就此可以使用收益，尚須進一步推究。〈雜律〉「受寄物輒費用」（總397條）：「諸受寄財物，而輒私費用者，坐贓論減一等。」該條疏議於「詐言死失者」曰：「謂六畜、財物之類。」動產質之主要目的在借貸，與單純的受寄財物，委託管理不同，然貸與人接受質物，亦同受寄之類，由律文可知，應妥為收存，不可擅自取用，或至少不可私用而致毀損。否則貸與人將依〈雜律〉「棄毀亡失

官私器物」（總 445 條）：「諸棄毀、亡失及誤毀官私器物者，各備償。」需負損害賠償責任。

　　不過，質物是否全不可用，可能還要視民間慣例與質物種類而定。吐蕃期〈宋弟弟典牛借種子契〉（附表四 A4），宋弟弟借 2 漢碩種子的抵押品是母牛 2 頭，而受取質物之人，就正是向宋弟弟租取土地的王華子，有學者以為王華子用此 2 頭牛來耕種[31]，則在不毀失質物的前提下，只要經雙方議定或相互默許，即便使用質物，亦無不可，尤其像牛這種需要質權人（貸與人）飼養的畜產，以其使用價值抵充飼料費用，似是理所當然。吐蕃期沙州民間既有此習俗，其他各地之唐人亦未必無此想法。故質權人（貸與人）雖然在原則上不得使用質物，但例外情形大概也不是沒有。再者，動產質因質物之特性，不能如土地般地有其出產物，而畜產之蕃息，亦需歸諸原主[32]，是以質權人即或利用質物，終不似不動產質那樣，能自其中得其收益。

　　借用人（出質人）將質物交付貸與人，只是以之為債權之擔保，暫時留置於貸與人處。借用人若依約於限內回贖，則仍舊可保有該物之所有權，貸與人不得拒絕返還之。為了顧及貸與人之利益，借用人在回贖時通常需付息，以為使用原本之對價，或兼保管質物之費用。《唐六典》卷 6〈比部郎中員外郎〉條註：「凡質舉之利，收子不得踰五分。」開元十六年（728）二月癸未詔：「天下私舉質，宜四分收利，官本五分收利。」（附表五 A3）就是明訂消費借貸與動產質之付息上限。然而從附表四所列動產質契來看，12 件中限內無息者就有 9 件（2、3、5、6、7、8、9、10、11）。如此高的比例究竟是何原因，於此姑且不論，但卻可以證明動產質之貸與人並不必然要求生息，只要其自認利益無損，或於其他方式如掣奪家

資、保人代償等得到補償，亦無不可。

　　如前節所述，消費借貸不必有書面契約，動產質既有質物做擔保，應該也屬不要式行為。由此似可推知，借用人在回贖時，也不必有帖子為憑。這固然有賴於雙方的互信，也未嘗不與經濟勢力的強弱有關，但這並不意味著唐代不存在憑帖收贖的可能性，《通鑑》卷 142 南齊東昏侯永元元年（499）條，自蕭坦之從兄翼宗宅檢得「質錢帖數百」，胡註曰：「質錢帖者，以物質錢，錢主給帖與之以為照驗，他日出子本錢收贖。」可見在唐以前，收贖質物已有出具錢主所給帖子的習慣。唐代至今雖未能從文獻資料或出土文書中發現動產質的出質人憑帖收贖的證據，卻不乏於櫃坊、鋪店、倉庫等持帖支錢，或以信物領錢的故事㉝。帖中所列之錢數、日期、署名㉞，如與僅存之阿斯塔那 206 號墓質庫帳歷對照，後者應是保留在質權人的記錄，除了多出代表質押特色的質物品名、收贖狀況外，就只多載有借用人的住處與年齡。從唐代憑帖給付的運用，以及六朝與宋以下皆有質錢帖子等來判斷㉟，唐代的動產質似不應獨無憑帖收贖之情事。

　　動產質之回贖期，多於立約時由雙方協定清楚。12 件動產質契（附表四Ａ）毫無例外的均提及限期，當非偶然。但從阿斯塔那 206 號墓的質庫帳歷看，贖付期長則十月以上，短則數日，甚或一、二日㊱。吾人從質庫當局許以數日清償之情況思之，借用人只要能籌足本息，於限期前贖回質物，似乎亦無不可。反之，借用人若屆期不能履行債務，則貸與人可取得質物之所有權，如〈許十四典牙梳舉錢契〉：「許十四自立限，□□月內，將本利錢贖，如違限不贖，其梳錢等並沒，一任將買（賣）。」（附表四 A1）就是質物之所有權歸於貸與人，而貸與人或用或賣，均任憑為之，借用人無容置喙。此外，唐令

於至期不贖者還別有處分，《宋刑統》卷26〈雜律〉「受寄財物輒費用」條引唐〈雜令〉：「收質者，非對物主，不得輒賣。若計利過本，不贖，聽告市司對賣，有剩還之。」則是借用人至限不償，官府還許以寬緩期，不令貸與人即行處分質物，及至本利均而借用人仍不能贖，官府才准貸與人在其監督下，賣以償債。無論違限不贖，貸與人是立即處分質物或計利過本才處分，這兩種方式可能都行用於唐代，只是民間借貸行為是否願意勞動官府大駕，或是否願意拖延至利過其本才賣卻質物，應是這兩種方式何者用得較普遍之關鍵所在。

動產質在民間習慣上能否轉質，尚不確知。《太平廣記》卷99〈釋證部〉「劉公信妻」條：「有一經生，將一部新寫法華經未裝潢者，轉向趙師子處質錢，且云經主姓范。師子許，乃與婦兄云：『今既待經，在家幸有此一部法華，兄贖取此經可否。』陳夫（劉公信）從之。」唐人贖的用法有時即是買賣㊿。趙師子自經生處質取法華經，又因婦兄有急用而轉給劉公信。如果劉公信的贖取在實質上是質而非買，則轉質在唐代已然成立。只是轉質人趙師子似未徵得原出質經生的同意，而新質權的設定也不在提供趙師子自己債務的擔保，至於范氏經主的權益更未得到充分的保障。在未有其他案例進一步證實轉質之前，這種關係即使已經發生，但相關人士的權利義務關係，似還未真正釐清。

文獻資料與出土文書的動產質案例（附表五A、附表四A），看似比消費借貸少許多，然阿斯塔那206號墓質庫帳歷反映之借貸規模，以及官文書經常將質、舉對用，都在在顯示動產質在借貸行為中之分量，不宜輕忽。動產質之用語如文獻資料所見，唐代慣以「質」名之，與「典」有關之語彙只一見（附表五A9）。但由其他資料證之，時人亦以「典」指動產

質，如白居易〈晚春沽酒〉：「賣我所乘馬，典我舊朝衣。」
（《白居易集》卷 6）杜甫〈曲江〉二首之二：「朝回日日典
春衣，每日江頭盡醉歸。」（《杜詩鏡銓》卷 4）劉禹錫〈武
昌老人說笛歌〉：「當時買材恣搜索，典卻身上烏貂裘。」
（《劉禹錫集》卷 25）元稹〈酬翰林白學士代書一百韻〉：
「綠袍因醉典，烏帽逆風遺。」（《元稹集》卷 10）《太平廣
記》卷 251〈詼諧部〉「周愿」條：「（李巽）復問一曰：有
一本虞永興手書尚書，此又在否。某人慚懼，不敢言貨，云：
甕將典錢。」宋代以下常見抵當、質當等以「當」為名之用
語，唐代雖甚罕聞，卻可以向前推溯至此時或更早，如《太平
廣記》卷 118〈報應部〉「韋丹」條：「嘗乘蹇驢，至洛陽中
橋，見漁者得一黿。……天正寒，韋衫襖褲，無可當者，乃以
所乘劣衛易之。」白居易〈自詠老身示諸家屬〉：「走筆還詩
債，抽衣當藥錢。」（《白居易集》卷 7）二例中的「當」乃
相值相抵之意（《說文解字》卷 13 下田部），為尋常指稱，
無回贖意義，也非動產質專用語，大概於日後才漸轉化為有
特定指涉的語辭[38]。

專營質業的機構，唐以前似無特定名稱，如六朝甄彬只於
長沙「寺庫」質錢（《南史》卷 78〈循吏甄法崇傳〉）。直至
唐代，如附表五 A 所見，才普遍稱為「質庫」，偶亦稱為「質
舍」。質庫因需有庫置放質物，一般人或不免逕以「庫」稱
之，崔令欽《教坊記》敘述唐人所演踏謠娘，插入「典庫」一
角色從中調弄，蓋指質庫典事者，而樂舞中的「庫」大概是質
庫的簡稱[39]。

學者多以唐代的質庫業源自六朝佛寺的無盡藏，或逕以無
盡財、長生錢、長生庫等名，直指寺營質業[40]。佛教經典律文
並不排斥放債出息，甚至認為這是福田思想的實踐，菩薩行的

體現。佛家稱佛法廣大，作用於萬物而無窮盡為無盡藏，佛法無盡的重要物質基礎是無盡財，即寺院資財之無盡[41]。《釋氏要覽》卷下〈寺院長生錢〉：「律云無盡財，蓋子母展轉無盡故。」又，《無盡藏法略說》云：「供養佛、法、僧及眾生，日日常不斷是」，「種子无盡，此明能施人，日日布施，相續不盡，是无盡藏」（敦煌文書 S.190）。似乎只要可以生息不盡，供養布施不斷，皆合於無盡藏之本旨。至於出息方法是「生」是「質」（《根本說一切有部毘奈耶》卷22〈出納求利學處〉），即是消費借貸或質押借貸，則非所考量。至少從隋唐之際興起的三階教無盡財中，還難以斷定其為專營質業的機構，《兩京新記》卷3〈化度寺〉條唯云：「燕涼蜀趙，咸來取給」，「或有舉便，亦不作文約」，顯然消費借貸亦是其經營重點之一。他如杭州靈隱山道標「置無盡財，與眾共之」（《宋高僧傳》卷 15），江州興果寺神湊「迴入常住無盡財中，與眾共之」（同前書卷 16），洛京慧林寺圓觀「公用無盡財」（同前書卷 20）等，皆是寺營無盡財，但均不易從簡略文句中了解其經營內容。

　　出土文書中動產質的用語，大體與中原相近，但也顯示出一些地方特色來。附表四的動產質契，反映了八世紀以後西北邊區的質借概念。除了〈宋弟弟典牛借種子契〉（A4）與〈沙彌海恩借青稞契〉（A5）2件是藏語譯文，姑不計論外，其他8件標明「典」某物（1～3，6～10），2件載有「質典」字樣（11、12）的動產質契，均伴隨著出現「舉」、「便」等常見於消費借貸的用語，是亦再次證明唐人觀念中的質與借，有著密不可分的關連。質契以外的敦煌文書，也時而可見動產質行為：P.3997 號入布曆，戒福以「鏃子作典」，自法淨處領得布、褐等物；P.4021 號善住「典麥壹碩肆鈄（斗）」，自海住

手上領得河袋一口；P.2825 號背馮文達雇馲（駝）契，因回時才付雇價，是以「見立典物，分付馲（駝）主」；P.3631 號僧眾欠常住抄錄，中有「典物銅鍋子壹口」。儘管西北邊區人民習慣以「典」指稱動產質，而與中原地區以「質」為主的用語略有不同，但唐人觀念中的質與典，其實並無意義上的差別，敦煌文書 P.2609 號《俗務要名林》：「質，將物典錢也。」可以證明之。

二、不動產質

唐代的不動產質，類型繁多而不確定，但大致有附買回條件之買賣、占有質、無占有質三種。欲從傳統文獻之陳述與用語，解析唐人的不動產質觀念，頗為不易，幸好敦煌吐魯番出土的幾件契約，在辨別不動產質的類型上，提供很大的幫助。由於附買回條件之買賣與占有質，在性質上與無占有質有段差距，故此處擬先就前二者討論之。

附表四 B（1）的〈呂住盈兄弟典賣土地契〉（1）與〈呂住盈兄弟租賣舍契〉（2），文中均有「當日交相分付訖，無升合玄（懸）欠」、「自賣餘（已）後」等語，從表面上看，似屬買賣契約。然前件載有收贖條款：「任□▢▢▢住盈阿鸞二人，能辯修瀆（贖）此地來，便容許▢▢▢兄弟及別人修瀆（贖）此地來者，便不容許修瀆（贖）。」後件雖無收贖規定，卻有「今祖（租）與賣都頭令狐崇清」之語，似乎本主無意賣斷該舍，只願如租賃般地於年限後收回，故究其實，這兩件的類型應是附買回條件之買賣。在回贖期方面，兩件典賣契都未議定年限，大概只要本主有能力，隨時都可回贖，其買回權也始終存在，亦即回贖與否，似為出質人之權利。但如考慮已典賣的土地質權人正在使用中，出質人若太快回贖會損及質權人的利益時，則雙方是否真的不議定年限，就值得商榷。這

2件是相同本主處理自己田產、房舍的契約，前件並註明：
「家內欠少，債負深廣，無物填還」，此正可見本主意圖活賣
不動產來融通資金，其借貸還債的用意相當明顯。

　　與前述之買回契約在經濟作用上類似，但在用語及法律形
式上不盡相同的，是以次介紹的三件占有質契。這三契均與買
賣無關，而以出質人移轉交付質物，質權人占有使用之為已
足，故名為占有質。附表四　B（2）的〈龍章祐兄弟質典土地
契〉（3），是三件中保存得最完整的一件。龍氏兄弟因「家
內窘缺，無物用度」，遂將土地「質典」與人佃種，並自質權
人處取得其對價。契中言明「物無利頭，地無雇價」，即指出
雙方無需再付利息或雇值。質典期間，土地既由質權人占有，
並使用收益之，因此「不喜（許）地主收俗（贖）」。唯地主
於「年限滿日，便仰地主辦還本麥者，便仰地主收地」，易言
之，地主至回贖期，只需贖付原質典價，就可收回土地，其利
息則由質典物之收益代當之。附表四　B（2）的〈張幸端典地
貸絹契〉已殘缺不全，由依稀可識的「貸生絹兩疋」、「所典
地約任□□佃種」推測，本件似與〈龍章祐兄弟質典土地契〉
同一性質，皆非買回契約，而其與借貸的關係，亦顯然可見。
同屬於占有質的〈桓德琮典舍契〉（1），其實只是逾期不贖，
典主訴請還錢的索錢契，並非典契原件。由典主「向縣訴，桓
德琮□（典）宅價錢，三月未得」可知，屆期回贖乃出典人之
義務，逾限不贖會妨礙典主的利益，這與〈呂住盈兄弟典賣土
地契〉與〈呂住盈兄弟租賣舍契〉回贖為出典人的權利，似不
盡相同。再者，契文曰：「如違限不還，任元隆宅，與賣宅取
錢還足，餘乘（剩）任還桓琮。」則一方面，桓德琮宅早已移
轉交付與典主張元隆，而由其使用中；另方面，典主於限期已
過，經催繳，並向官府投訴後，得就賣得價錢受償，但餘錢應

還出典人。至於契中所言之「利錢」，如果指的是過限不贖的
遲延利息，或許該契一如〈龍章祐兄弟質典土地契〉，質典物
之使用價值已充當一般利息，出典人只需付原典價即可。

　　儘管附買回條件之買賣與占有質，在出質之目的，不動產
的移占、用益，可以回贖等方面，均相雷同，但前者在法律形
式上畢竟是買賣，而後者則是質典，二者在回贖究為原主之權
利或義務上，似亦有所區別。然而，今日所存這兩個型態的相
關契約總共才五件，其時代則跨越三個世紀，且分屬於非中原
的兩個地區，而真正統領於唐政權下的也只有一件（附表四 B
（2）1）。在不動產質觀念尚未入律，只依民間習慣的情形下[42]，
要清楚理出各類型的特色，已然不易，更何況各契定型化的趨
勢不甚明顯，對回贖方式、逾期不贖等之記載又多所闕略，故
欲謂上述之討論即代表唐代之典型，或謂全國各地之施行都具
一致性，無乃太過理想化，亦太昧於事實。不過，歸義軍期的
民間習慣仍大體沿承唐代，即便是偏處邊區的契約，亦可在相
當程度上反映唐代的狀況。這比起語焉不詳的文獻資料，契約
在呈現不動產質類型上，確實有著極大的作用，其參考價值是
不容否定的。

　　傳統文獻中的不動產質類型，常因敘述過於簡略，難以揣
知其究竟何所指。唯用語中涉及買、賣者，或與附買回條件之
買賣有關。該種類型在唐以前已出現，《通典》卷2〈食貨二‧
田制下〉引宋孝王《關東風俗傳》言北齊故事：

> 帖賣者，帖荒田七年，熟田五年，錢還地還，依令聽許。
> ……比來頻有還人之格，欲以招慰逃散，假使蹔還，即賣所得之
> 地，地盡還走，雖有還名，終不肯住，正由縣聽其賣帖田園故
> 也。

《説文解字》6下貝部：「貼，以物為質也。」又，「貼，通作帖」。故此處之帖賣或賣帖，與純粹的買賣不同，帶有可以回贖之質的特性。一般概念中的買賣，是所有權的永久轉移，從唐人買賣奴婢、牲畜需立市券（〈雜律〉「買奴婢牛馬不立券」（總422條））、辦理類似過户手續來看，買賣是不必回贖的。《關東風俗傳》所述故事，帖賣既定有年限，而且錢還地還，到期回贖，足見帖賣不是一次賣斷之絶賣，而是具買賣形式，而實際為典質之活賣，或是附買回條件之買賣，也有學者認為是從屬於高利貸之抵押行為㊸。還人賣帖田園，「地盡還走」，「終不肯住」，似亦具有移轉田園，自己不得用益，故不能留住的意味。只是此處之帖賣定有年限，與前述之〈呂住盈兄弟典賣土地契〉、〈呂住盈兄弟租賣舍契〉略有不同。至於其買回權是否逾期消滅，此處雖未提及，但由憲宗元和四年（809）贖魏徵舊居，「質賣更數姓，析為九家」（《唐會要》卷45〈功臣〉）觀之，如果這不涉及政治權力的介入，那麼唐代質物經歷久長歲月，甚至數度易手後，原主似仍可保有買回權，而與呂住盈兄弟二契所反映的觀念，頗相吻合。

　　唐人文獻資料中的不動產質，如附表五B所見，以買、賣表示者，或許皆屬附買回條件之買賣，如貼買（6）、質賣（9、10）、典賣（16）、典買（17）等。另外，開元二十五年（737）令的「貼賃」（3），加藤繁認為是一年為期出賣土地的習慣㊹。其論據若何，固未説明，但可能是參考日本養老令而來，《令集解》卷16〈田令〉「賃租」條：「凡賃租者，各限一年。」朱云：「賃租田者，各限一年者。未知一年內雖二三度作種，尚任買人之心何？答：不制，可任買人心者。」既曰「賃租」，又以「買」視之，難怪易與人活賣之聯想。此處日本令之「賃租」可能與租佃關係較深（詳本章第三節），

唐令之「貼賃」則可能為不動產質。開元二十五年令在不動產
方面涉及貼賃、質、賣三個概念，賣應指所有權的永久轉移，
貼賃及質並列卻又區分之，在意義上顯然有別，或許貼賃就是
附買回條件之買賣[45]，而質則是占有質。

　　唐人不動產質類型化的觀念並不明確，僅從文獻資料中含
混的用語，很難如實掌握其意涵，如附表五Ｂ所列，會昌五年
（845）正月三日赦（17）前云「典貼」，後云「典買」；元
和四年（809）的回贖魏徵故宅，更在不同資料中出現相當分
歧的用語，如：質、質賣（9、10）、典貼（11），還有白居
易〈論魏徵舊宅狀〉的「典賣」（《白居易集》卷58）。然
而，質、典貼等用語是否即是附買回條件之買賣，大有疑義。
唐人觀念中的「質」是：「將物典錢也」（P.2609《俗務要名
林》），貼是：「以物為質也。」此中之物可以包含動產與不
動產，而質、典、貼之意義互訓，皆不涉及買賣形式，故就不
動產而言，其指占有質之可能性非常大。但由前引例證來看，
典貼與典買混用，質、典貼與質賣、典賣混用，似乎唐人既無
意從語義上分清活賣與占有質，亦不在乎所進行的是那種不動
產質，大概只要雙方想法一致，彼此了解相關細節，就算定
案。這或許正是唐代不動產質類型尚未具體成形、明顯分化的
表徵。蓋附買回條件之買賣與占有質，在不動產的移轉占有、
使用收益、可以回贖等方面均無所異，若再加上所定回贖期限
甚長，或逾期回贖權依舊允許存在，則二者更是所差幾微，極
易相混[46]。是以文獻資料中的不動產質，尤其是詔敕部分所述，
無論用語中是否有買、賣等字眼，都可能兼括活賣與占有質在
內。

　　附買回條件之買賣與占有質，本主在契約成立時，都需立
即將質物移轉交付對方，由其占有。不動產質的第三種類型，

在這一點上與前二者大相逕庭，因其締約時不必立即交付質物，故且名之為無占有質。這類型不動產質已見於六朝時期，《南史》卷51〈臨川靜惠王宏傳〉：

> 宏都下有數十邸，出懸錢立券，每以田宅邸店，懸上文券，期訖，便驅券主，奪其宅。都下東土百姓，失業非一。

田宅邸店等不動產即使已入文券，但債權人還不得立刻占有，除非債務人至期無力償付，債權人才得驅主奪宅，占為己用。唐代文獻資料於此種無有占質，述之更詳。穆宗長慶二年（822）八月十五日敕：

> 或有祖父分析多時，田園產業各別，疏遠子弟，行義無良，妄舉官錢，指為舊業。及徵納之際，無物可還，即通狀請收，稱未曾分析。諸司、諸使、諸軍等，不詳事由，領人管領。…伏請應有此色，並牒府縣推尋。若房分多時，妄有指注，即請散徵牙保，代納官錢。其所舉官錢，妄指莊園等人及保人，各決重杖二十。縱屬諸軍、諸使，亦請准百姓例。（《宋刑統》卷26〈雜律〉「受寄財物輒費用」條引）

敕中之「妄舉官錢」看似消費借貸，實與消費借貸有二不同處：一是「指為舊業」，亦即借用人需以土地等不動產為擔保，借貸手續才算完成；二是債務不履行時，指為擔保品之物業要收付與債權人，即由諸司諸使諸軍等領人管領。由於該項行為需有不動產擔保，故非純粹的信用借貸；又因舉借時只需「指注」該不動產，故除非貸與人至期徵納不得，否則不可要求占有及用益之。就此而言，無占有質之債務人仍可保有質物之使用權，較諸前兩種不動產質之必須移轉，似有利些。

無占有質在其他官方史料中亦可見，如肅宗乾元元年

（758）敕長安、萬年「二縣置本錢，配納質債戶收息，以供費。」（《唐會要》卷93〈諸司諸色本錢上〉）此處強制接借官本錢的質債戶，所質之物或非衣服器用等瑣碎而價值不高的動產，可能以田園宅店等需登錄官府簿籍，易於掌握，又具價值之不動產為主。從前引長慶敕之舉官錢，指注物業推斷，質債戶之質借類型，不無可能就是無占有質。蓋官府為防窮百姓與貧典吏亡失官錢，故要求其指注產業以預折債務也。文宗開成二年（837）八月二日敕：「今後應有舉放，又將產業等上契取錢」（《宋刑統》卷26〈雜律〉「受寄財物輒費用」條引），或同樣屬於無占有質。

上述言及無占有質之唐代例證，雖然皆與借貸官錢有關，但亦無妨民間有類似行為，長慶敕之「縱屬諸軍諸使，亦請准百姓例」，開成敕下文曰：「如屬諸軍諸使，亦准百姓例科處」，就顯見不動產無占有質已然在民間廣為流行。另外，出土文書的數件無占有質契，多屬唐前期，故甚至可如是揣測，官方之上契取錢，以不動產質債，根本就仿自民間。由於該種無占有質是債務人「指注」不動產以求借貸，宋初又有「指當」、「指名質舉」、「舉質倚當」等名，學者遂亦稱之為指當或指名質㊿。

依前文之分析，無占有質與消費借貸在舉借錢物上頗為相似，但前者於欠負時需移轉不動產擔保品，而後者無此約定。如附表四 B（3）所見，出土文書的無占有質契有〈張善憙舉錢契〉（1）與〈白懷洛舉錢契〉（2）兩個例子，二者分別註明借用人若遷延不還，「將中渠菜園半畝與作錢質」，或「仍將口分蒲桃用作錢質」。此用作「錢質」字樣，正是貸與人攫奪欠負者田產以質債的證明。在此宜注意者，二契除了指注土地為質外，另有一般消費借貸契常見之牽取欠負者家財雜物平

為直等語，似乎債權人既可以質地抵償債務，又可以其家財雜物充銷之，這與文獻資料中只以不動產為質之情形，略有差距。再者，土地與家財之償付次序，從〈白懷洛舉錢契〉「『仍將』口分蒲桃用作錢質」之語氣來看，欠負者即便可以家財抵償，也需將土地交付給債權人，先以土地之收益，折充債務。

附帶一提的是，數件消費借貸契於債務不履行時，債權人除了拽取債務人的家資雜物外，還特別言及牽掣口分田桃，用充錢值（附表一39、42、46、49、52）。但一則這些契中無明顯的為質約定，借用人在欠債不還時，口分田桃未必需立即交由貸與人占有；二則所牽掣之口分田桃，其償付次序可能在家資雜物之後，亦即只要能以家資雜物折抵本利，口分田桃就不必派上用場。故上列幾件消費借貸契，即使也提及以不動產抵債，但終與無占有質契之質債方式不同，不能視如同一類型的借貸。〈白懷洛舉錢契〉將「牽取白家財及口分平為錢直」，與「仍將口分蒲桃用作錢質」，分開並列，且一言平為「直」（值），一言用作「質」，當不是沒有深意的。

關於無占有質之償負方式，傳統文獻因從未觸及之，反易予人既占不還，永不歸於本主的印象。出土文書於此，或可提供一些思考方向。〈曹保保舉錢契〉（附表一49）：「如延引不還，及無本利錢可還，將來年辰歲石宕渠口分常田貳畝，折充錢直。」此契並非無占質契，但該條重點顯然是債權人要求將來年口分田的出產物折充錢直，而非占有田地本身。敦煌文書 P.3214 號背唐天復七年（907）〈高加盈等佃田折債契〉亦可證實上述想法：「洪池鄉百姓高加盈先負欠僧願濟麥兩碩，粟壹碩，填還不辦。今將宋渠下界地伍畝，與僧願濟貳年佃種，充為物價。」該契大抵是高加盈依事先約定，交付土地予

僧願濟佃種，以折抵債務的契約。本契不排除原為無占有質契，因債務不履行，而續訂是約。據雙方協議，債權人至多暫時占有土地，待為期兩年的收成足以填還欠負，債權人即無繼續占有土地之理。由此推想，民間無占有質之償付方式，應以不動產之用益價值折充債務，一旦債務抵銷，不動產應歸於原主。以不動產質之另兩種形態都可回贖言之，無占有質之永無歸期，是極不合理的。至若南朝梁臨川靜惠王宏的橫暴妄為，或唐諸司諸使諸軍的強霸行徑，就算其占而不還，恐怕連官府都無可如何，百姓又能向誰申訴？但這畢竟不是常態，不能以民間慣例視之。

　　無論哪種形態的不動產質，在唐代似已都盛行起來，且從文獻資料可見（附表五Ｂ），其質物由田地為主，到中期以後日漸增多的莊宅、店鋪、車坊、碾磑等，除了顯示工商經濟的發展，帶動質物種類的多元化外，質出不動產，既可籌措可觀之所需費用，又可保留回贖機會，終比變賣祖產，背負敗家惡名⁴⁸，在情感與實際利益上，都較能為人接受。今日所存的不動產質契雖不算多，然由相關問題屢見於詔敕，足以影動視聽來看，不動產質日益盛行於唐代，當不是偶然的。

　　一般信用借貸與動產質借，政府並不強制立約，常任由當事雙方依其需要而自行決定。惟獨不動產質，尤其是附買回條件之買賣與占有質，因涉及田宅等之移占，回贖期之久長，以及稅賦之交納，故情形與其他借貸類型不太相同。《宋刑統》卷26〈雜律〉「受寄財物輒費用」條引唐〈雜令〉：「諸家長在，而子孫弟姪等，不得輒以奴婢、六畜、田宅及餘財物私自質舉，及賣田宅（無質而舉者亦准此）。其有質舉賣者，皆得本司文牒，然後聽之。」此處的質舉包含質押借貸，除了奴婢、六畜等特定財物外，主要應指不動產質。〈雜令〉規定質

舉者「皆得本司文牒」，就是政府要求其需向官司立案，取得
文牒證驗。至於當事雙方是否自願立契，則官府採「聽之」的
放任態度。然因不動產價值不菲，回贖期可能年歲久遠，為了
避免日後引起紛爭，民間似仍習慣立契為憑。

　　不動產的課稅，政府據帳徵納，原則應由物主負擔。但唐
代的田「主」，既可指私田的所有者，也可指官、私田的佃地
人，或泛指占有之意⑩。〈雜令〉既明訂質舉者需得本司文牒，
似強制出質人重新辦理不動產登記手續，或至少在文牒上註明
設定不動產質權。但其目的未必在確定所有權的歸屬，而主要
是為課稅做準備⑳。憲宗元和八年（813）敕言及貼典貨賣，但
不忘「所緣稅役，便令府縣收管」（附表五 B12）。穆宗長慶
元年（821）至武宗會昌五年（845）的四道赦書（13、14、
15、17），更明白指出合承戶稅的是典人（典權人），而非本
主（出典人），且進而禁止典人濫引如〈雜令〉：「任依私
契」、「兩情和同」等條（《宋刑統》卷26〈雜律〉「受寄財
物輒費用」條引），於回贖日按契徵理本主，還其所納官稅。
由稅負的承擔，或許尚難遽斷典人即該不動產的所有權人，因
為官府的認定標準，似在誰居經濟優勢地位，誰真正占有及用
益該不動產，大中四年（850）正月制：「青苗兩稅，本繫田
土，地既屬人，稅合隨去。」（《唐會要》卷84〈租稅下〉）
當可探得其中消息。上述諸赦中再三強調不得「組織貧人」，
不在「收索及徵錢之限」，正可與官府立牒之用意在課稅相互
呼應。唯事實上主、典所立私契，可能反而多由本主輸納官
稅，而與官府之期望剛好相反。這場政府法制與社會習慣的角
力，國家權力與民間力量的抗爭，似隨著赦書頻下，顯得愈發
激烈。

　　無占有質之情形是否亦如上述，在此且持較保留的態度。

因其既不必立即移轉擔保品，且如能按期完償，則根本不必交付擔保品給債權人，故官府是否亦要求無占有質需得本司文牒，猶待證明。其次，附買回條件之買賣與占有質，官府都不強制立私契，問題更單純的無占有質，自然更無以書面為之之理。只是當債務不履行，借用人被要求交付擔保品，實現承諾時，民間可能有重新立契的習慣，前引P.3214號背〈高加盈等佃田折債契〉，大概就是這樣一個例子，其意在以更詳細的規範，確定債務之數量，與不動產之移占期限，以免日後發生爭議。在課稅方面，即使無占有質之擔保品在債務不履行時需交付債權人，其重點仍只在不動產之地上物或其用益價值，不在不動產本身，故唐人甚至視此如租賃關係，其稅務可能也比照租賃方式處理。如高加盈契若非述及欠負，幾乎與租契無異，學者也多歸之於租佃契。該契載明課稅義務是：「其地內所著官布、地子、柴草等，仰地主衹（祇）當，不忏種地人之事。」似民間習慣上輸納租課多由地主，而非佃人[51]。以此推想無占有質的稅負，無論最終該擔保品是否移轉，官稅都由本主承擔，這與附買回條件之買賣與占有質，官方課典權人之稅，可能有所不同。

唐代附買回條件之買賣，可能允許質權人轉質或本主轉賣。憲宗贖魏徵故宅時，「質賣更數姓、析為九家矣」（附表五B10）。中間過程如何，史不詳言。然本主既以買賣形式出質，質權人就擁有近乎買主的處分權力，只要其無妨於本主的回贖，轉質他人，應無不可。再者，本主若無力回贖，大概也可以轉賣，《宋刑統》卷13〈户婚律〉「典賣指當論競物業」條後記：「臣等參詳，自唐元和陸年後來條理，典賣物業，敕文不一，今酌詳舊條，逐件書一如後。」民事入敕，則民間習慣蓋有年矣。贖宅事雖在元和四年（809），想來元和六年

（811）以後敕應可反映早先之觀念。於其所書各條中有：

> 應典賣倚當物業，先問房親，房親不要，次問四鄰，四鄰不
> 要，他人並得交易。房親著價不盡，亦任就得價高處交易。

與其認為唐人於轉賣時有如此規整的留買權，不如認為這是宋
初條制，但多少能略窺晚唐情狀。魏徵故宅「更數姓，析為九
家」，極可能就經歷本主的轉賣，否則原宅當不致分割得如此
細碎。前條所引雖然保留親鄰留買權，卻仍預留「得就價高處
交易」的空間，以保障本主利益。

　　一般而言，賣價通常較質典價高，其間差額，唐代可能稱
之為「貼」。《長安志》卷7〈崇義坊〉條：

> 贈大尉段秀實宅（德宗所賜，宣宗大中十年詔：秀實崇義坊
> 宅諸院，典在人上，計錢三千四百七十五貫，宜賜莊宅錢收贖，
> 仍令鴻臚少卿段又楚追貼，舍人計會。）

回贖段宅，官府既出錢收贖，又令人「追貼」。此處的追貼或
許與後代的找貼習俗不盡相同，因官府不但花錢收贖段宅，還
似將貼價追給典權人[52]，而與尋常回贖略異。可惜本條敘述過
於簡略，質典過程不得其詳，於此不得深論矣。與「典賣指當
論競物業」條之留買權條並列的是禁止重疊倚當，亦即不許將
質物同時質典給兩個人，而妨礙初倚當主用益質物的權利。以
該條亦由元和以後敕疏理而來推測，唐代民間也應有重疊倚當
之事，只是至今尚未發現有關之例證。

　　從均田時代北齊聽許帖賣，及李嶠諫書：「賣舍貼田，以
供王役」（附表五B1）來看，土地質典早自唐以前即存在，且
為官府所熟知，民間所習用。有學者以為，唐自始即一貫地禁
止典貼永業、口分田，似土地質典皆屬實質違法行動[53]。然鄙

意較傾向於唐初定均田制時，無問土地可否買賣，均不禁質典⑭。蓋土地質典與買賣不同，出質人看似讓出所有權或不再占有之，但他畢竟擁有回贖權，甚至從前文證明，該回贖權可能永不消失，故原則上，土地最終仍歸本主所有，並不與禁止買賣之律意相違背。況且，人民以土地為擔保品來融通資金或償債，緩急非無所益，政府又何必干涉，斷人生路⑮？故百姓以土地來質典，不失為一種既可規避法禁，又可維護自己利益的折衷辦法。即使出質人事後真的無力回贖，形成如賣地之事實，而在唐初無法可管的情形下，至多認為是脫法行為，很難指稱其違法。或許正因為這類脫法行為太多，動搖均田制的根基，玄宗在意識到問題的嚴重性後，才頻下不得貼賃及質的制詔（附表五B2、3、4），並將開元二十五年制編入田令⑯，期以明確法規，遏止變相的土地買賣。

開、天之際的禁令，只局部性的限制土地質典，凡遠役外任，無人守業者，及官人田地，皆仍可貼賃及質（附表五B3）。政府於三令五申，嚴格取締時，猶為質典開一門徑，尋一出路，似可由此反證在此之前，允許百姓質典的範圍不應較此狹窄，或應該說為了防止其對均田制形成壓力，才減縮百姓之質典至最低限度，而官人則維持原狀，不做任何約制。

然而，開元天寶禁令並未能力挽均田制於將頹，亦未能有效防堵質典之繼續氾濫，這從安史期間軍機迫促之際，肅宗竟為典貼計錢方式而下詔，即可知之（附表五B5）。當農民貧困已甚，而又不欲背負賣地敗家之惡名時，質地借貸，既可濟燃眉之急，又可保留回贖機會，這大概是禁令無法杜絕質典之主要原因。憲宗元和以後，政府數度對典貼的承稅問題做出決定（附表五B12、13、14、15、17），無疑更反映土地質典的盛行及其合法化。

三、人質

　　人的勞動力可以創造財富，故以人為擔保品，供貸方役使
的借貸辦法，不失為濟人困窮之道。自先秦以還，此種特殊的
借貸法早已行用於民間⑰，如秦俗之「家貧子壯則出贅」（《漢
書》卷 48〈賈誼傳〉），漢代之「民待賣爵贅子以接衣食」
（同前書卷 64 上〈嚴助傳〉），皆是以人為質。

　　唐代的社會階級嚴明，人有良賤之分，唐律於壓良為賤之
質債，有明確的禁止規定，〈雜律〉「以良人為奴婢質債」
（總 400 條）：

　　　　諸妄以良人為奴婢，用質債者，各減自相賣罪三等；知情而
　　取者，又減一等。仍計庸以當債直。

此處僅處罰以良為賤之出質行為，並未提及是否禁止用奴質
債。蓋奴婢視同資財，可以出賣，當可供作質物，以之折債⑱。
南齊之顧測以兩奴就陸鮮質錢（《南齊書》卷 39〈陸澄
傳〉），唐于闐文書中有「典婢契」字樣⑲，均是以奴婢為質
之例證。良人既無此「物」性，豈可壓為賤類，同於質物。該
條雖僅約束以良為奴之質債，唯以律意推想，即使取質者不在
身分上壓之為奴，可能以良質債也在限制之列⑳。

　　唐律許欠負者「計庸以當債直」，開元二十五年（737）
令也指出：「家資盡者，役身折酬，役通取戶內男口」（《唐
令拾遺》卷 33〈雜令〉），就是只准以債務人戶內男口之勞動
力來償債，而不欲因其窮困，遂壓之為奴，任自移轉包括女口
在內之人身於債權人，供其驅使，貶其人格。韓愈〈應所在典
貼良人男女等狀〉，即據律意而論以良為質曰：

　　　　右準律，不許典貼良人男女作奴婢驅使。……或因水旱，或

> 因公私債負，遂相典貼，漸以成風。名目雖殊，奴婢不別，鞭笞役使，至死乃休，既乖律文，實虧政理。袁州至小，尚有七百餘人，天下諸州，其數固當不少。（《韓昌黎集》文集卷8）

典貼良人，不限男女，名目雖殊奴婢，實則與之無別。取質者既占其身，復役其力，何能期其以人道待之，或冀其放歸於貧父母。此正製律者所欲防禁，亦有良心之官吏所不忍見，故推原律意，以良質債，亦不可許。唯如本文第四章所論，良人在生活、賦稅等諸多因素之逼迫下，有時亦不得不走上這條可能永無翻身之日的質債之路。為了避免直接觸法，出質者與取質者常巧妙游走於禁令邊緣，以律中稱允的計庸當值，掩護其不法行為。敦煌文書S.1344號〈開元戶部格殘卷〉所錄長安二年（702）二月十二日敕：「諸州百姓，乃有將男女質賣，託稱傭力，無錢可贖，遂入財主，宜嚴加禁斷。」[61]就正顯示以良人質債，仍能肆無忌憚盛行之原因。

　　雖然，律文形同虛設，無力禁止以良為質，但民間於此習俗，依然有其慣例可尋。《新唐書》卷168〈柳宗元傳〉：

> 柳人以男女質錢，過期不贖，子本均，則沒為奴婢。宗元設方計，悉贖歸之。尤貧者，令書庸，視直足相當，還其質。已沒者，出己錢助贖。

就柳州之情形為例，以人為質，非無回贖之日，只要出質者屆期償之，甚或逾期計利，子本相侔之前償之，都可使人質免於沒身為奴。柳宗元計庸值回贖的方式，在韓愈〈柳州羅池廟碑〉裏有更為清楚的描述：「按國之故，以傭除本，悉奪歸之」（《韓昌黎集》文集卷7），亦即唐代官方的計傭當債值，只要求以人質勞役抵償原本，不要求另計息錢。同樣情況

韓愈治袁州時也用過：「袁人以男女為隸，過期不贖，則没
入。愈至，悉計庸得贖所没。」（《新唐書》卷 176〈韓愈
傳〉）柳州、袁州原本的回贖方式是本利並計，出質人贖本之
外，息錢由人質之勞役抵充之[62]。唐代幅員遼闊，各地土俗不
一，從柳宗元、韓愈至州革其弊端窺知，人質可以回贖，各地
似乎差別不大，但回贖細節是否一如前述，可就不一定了，何
況地方官吏有時還自作主張，如《新唐書》卷 180〈李德裕
傳〉：「蜀人多鬻女為人妾，德裕為著科約，凡十三而上，執
三年勞；下者，五歲。及期則歸父母。」就是地方官特為條
制，依不同年齡層之役力，計庸當值以還債，而不問出質原本
各為若干。

　　以人為質，本是貧窮百姓無可奈何之際的權宜辦法，總冀
其來日得贖歸之。但如人質用語表（附表五 C）所見，觸目驚
心地質賣、典買、典賣、典男鬻女等辭彙，一再將人質與鬻賣
連接在一起，似乎過期不贖，没為奴婢，已成為這些人質難以
逃避的命運。附表五 C 只將與典、質有關的用語列出[63]，而文
獻資料中隨處可見的貨賣良人男女，其中可能有部分就是由人
質轉化而來。前所引的韓愈〈應所在典貼良人男女等狀〉，
《舊唐書》本傳則逕改為：「袁州之俗，男女隸於人者，踰約
則没入出錢之家。」乾脆用奴婢之屬的「隸」字，來描述典貼
的人質，益可見二者間實有極密切的關連。另外像「雇妻鬻
子」、「雇男鬻女」[64]，或許只是託名雇庸，而行典貼甚或賣
鬻之實。韓愈、柳宗元等人的設法贖歸人質，即使說明人質的
回贖權，不因限滿不贖而自然消失，或只要憑藉官方強制力，
人質仍有回贖機會，但出質者無力自贖，不亦正反映骨肉離
析，人質身分貶損的殘酷現實！

　　買奴婢需立市券，而且還要由長吏引檢正身[65]。以良人質

債則不然，因其既為律令所不許，官府自無要求立券之理。民間雖然還是習慣立契為憑，但為了規避法禁，在文約上也多少要做些修飾。《新唐書》卷 152〈李絳傳〉奏曰：「嶺南之俗，鬻子為業，可聽；非券劑取直者，如掠賣法，敕有司一切苛止。」既聽鬻子為業，又勒其券劑取直，否則以掠賣視之，顯見此處的嶺南之俗，官府只承認計庸當值，役身折酬，非真聽其鬻賣人口，故所立券劑可能與雇庸契頗為類似。敦煌文書中的典身契，或可於此見其端倪。

　　附表四 C 較完整的 4 件典身契（1、3、4、5），大致都仿雇契，載有不得拋工、偷盜，以及遺失損毀物由工作人賠償等規定，此於防止人質怠工，或任何不利於取質者行為之餘，亦未嘗不欲借雇契中常見的項目，敷衍官府之盤查。但典身契畢竟與雇契不同，各契於支付典價後皆標註「不筭（算）雇價」、「人無雇價，物無利潤（頭）」，亦即言明人質的勞役是無償的，債權人不必付與雇價；而另方面，債權人也只得役使其人身，不可再額外取息。各契於人質限內病死或生意外，多有自其親屬處取還本物之協議，這除了表示取質者具優勢經濟地位外，亦顯示人質的勞動價值足以抵銷借貸利息，而出質者回贖時，只要支付原本即可。另外，〈趙僧子典男契〉（3）載明限期六年，限滿才得回贖；〈郭定成典身契〉（5）則聲明人質於期內任供驅使，收贖後則全與債權人無關。大體上，文獻資料與出土文書在限內不計息與回贖原本上，作法相當一致，但這幾件典身契皆未提及限滿不贖之處置辦法，或許一如文獻資料之提示，在慣例上，人質若無力贖身，就只有沒為奴婢，繼續接受債權人的支配。

　　童丕《敦煌的借貸：中國中古時代的物質生活與社會》一書的附圖 2，錄有法藏膠片上找不到的一件契約，其他各集錄

書中也未見收載。該契編號為 P.4514.3A 背面，童氏擬題為〈農民張骨子向靈圖寺寺倉借貸糧食（983 年?）的契約〉。書中附圖的照片小而模糊，有些字跡難以判讀，大致是百姓張骨子向「靈圖寺倉內便麥三石，至秋六石」，並「只（質）典女一人」，如秋不還，「其女便充麥替」，署名欄有便物人張骨子，及口承男、口承妻、見人之簽押。該契具有消費借貸的性質，但最特別的是如不能還，靈圖寺將收此質典女，以其役力折充麥值。本契並非一般的典身契，因為張骨子要納高額倍息，人質役力只在欠負不能還時抵債用。由於該契既非典型的消費借貸契，也不是定型化的典身契，故即使借貸之用意明顯，也不易任做歸類。契後還有一個附約，只簡言張骨子於「同日便麥壹石五斗，至秋三石」，相信這仍是向靈圖寺借貸，甚至連質典女償債的條款也同樣適用。出土文書契約形態的變化多端，於此可見。

第三節　特殊形態之借貸

為了達成借貸的目的，唐人從不拘泥於借貸的形式，只要借用人善用所擁有的資源，想出具體可行的方法，且能為貸與人接受，即可遂其所願。唐代各種特殊形態的借貸，就在這種情況下應運而生。雖然，他們或許不見借貸之名，但在融通資金上，幾與信用借貸或質押借貸無所分別；而各種特殊的借貸方式，甚至可使借用人感受到比信貸、質貸更少的壓力，與更多的尊嚴。以下分別就預租、預雇、賒買或賒賣、以及互助等四種形態，論其與借貸的關聯：

一、預租型借貸

以土地為媒介的借貸，除了不動產質外，最常見的就屬預租型借貸。這種形態的借貸，極易與租佃相互混淆，若非百餘

件西州、沙州租契，留下詳實記錄，足堪由付租方式上，分辨其細微差異外，是無法從支付租價之慣例，或「夏取」、「租取」、「佃种」、「田佃」等用語上，加以區分。租佃與預租之別，主要在付租先後上。租佃是佃人收成後才付地租；預租是締約之初，佃人尚未耕種前，即先付租。前者之租價從土地所出，較符土地利用之本旨；後者之租價與土地收穫無關，只是名義上的地租。由於預租先付租價，頗似地主以土地之佃種權向佃人借貸，故此種具租佃形式之借貸，筆者姑名之為預租型借貸㊻。

　　預租型借貸頗難於文獻資料中察覺，蓋文獻資料可能以租佃泛稱之，而不區別付租之先後，唯唐令中不排除有相關規定，《令義解》卷 3〈田令〉「公田」條註：「春時取直者為賃也，……至秋輸租者為租。」《令集解》卷 12〈田令〉「公田」條「釋云」：「賃租者限一年令佃，而未佃之前出價名賃也；佃後至秋，依得不出價是名租也。」日本令含有唐令的要素，養老令註所謂的賃，即本文的預租型借貸。今日雖然無法確知唐令於租價先後，是否亦界定得如此清楚，但從代表唐前期的西州租契來看，預付租價顯然自唐初即已存在，只是在用語上幾乎與後付租價之典型租佃無別，並不如日本令之專稱為賃。預租契與借貸之關連，表現得較明顯的，是顯慶四年（659）〈白僧定租田舉麥契〉（附表六 A3）㊼：

1. 顯慶四年十二月廿一日，崇化鄉人白僧定，於

2. 武城鄉王才歡邊，舉取小麥肆酌（斛）。將五年

3. 馬埵口分部田壹畝，更六年胡麻井部田壹畝，

4. 准麥取田。到年年不得田耕作者，當還麥

5. 肆酌（斛）入王才。租殊佰役，一仰田主。渠破水讁，

一仰佃

6. 人。兩和立契，獲指爲信。

7.　　　　　　　　　　　麥主　王才歡

8.　　　　　　　　　　貸麥人白僧定

（後略）　　　　　　　　　ーーー

由白僧定「舉取」小麥，及契末署名用消費借貸契常見稱衡「貸麥人」言之，該契借貸之用意，至為顯然。契中既言「准麥取田」，就是以麥易地，要求麥主（佃人）預付租價。到期不得耕作當還麥，則相對地在約束田主（貸麥人），防其背信。另外，租役負擔仰田主，渠水管理由佃人，亦充分反映該契之租佃性質。此種移轉土地之用益於他方，以先期付租替代借貸之方法，看似與不動產占有質有些相近，略有質押借貸的意味，至有學者以介於租佃契與典地契間之形態視之⑱。然而，預租型借貸與不動產占有質之最大不同處，在借用人（田主）無需依租價回贖土地，只要約定之耕作期滿，佃人自應無條件交還土地，不得要求田主還本或付息，亦即預租型借貸之土地收益，已兼充本息。

雖然，今日存在的預租契約，絕少像〈白僧定租田舉麥契〉那樣，清楚標示借貸語彙，明顯看出租佃與借貸之關連，但附表六A所列諸預租型借貸券契，從蛛絲馬跡判斷，田主出租土地的目的其實在預借租價，因為租價除與土地同時交付外，還於券契內列出「闕少所須」（11）、「為要物色用度」（12）等與借貸有關的原因，或於署名欄寫下錢主（2、5）、麥主（4、6、7、8、9、10）等一般消費借貸契常見的貸與人稱謂，再不然就是田主既行預租，又向佃田人舉借（1），凡此皆顯示有時田主會假租佃之名，行借貸之實。

　　出土文書中的預租契約遠比附表六Ａ的預租型借契要多，他們或許未必能直接從契約中看出與借貸的關係，但預租契如此之多，甚至唐前期預租的比例，還略超過後付租價的典型租契⑯，則知隨著均田制度的漸形動搖，社會上已有愈來愈多的人，在自己還來不及耕種收成，或等不及佃地收租之前，就考慮先將自己僅有的土地資源，假預租方式，向他人借貸，以維生或應急。唐前期預租型借貸之盛行程度，之所以凌駕麴氏高昌期與吐蕃期、歸義軍期，這應與均田制下禁止土地任意買賣有關，卻也使人們在窮困時，讓土地成為另一種緩急可恃之憑籍。當田主（借用人）所需數量不算太大，又不欲擔負出質後不得回贖之風險時，預租型借貸便是個不錯的選擇，故儘管自八世紀以來，尤其是天寶以後，田主（借用人）所承自貸主（佃人）之壓迫已愈深重⑰，然預租型借貸之便於為人所用，及其潛自發揮安定社會之功能，仍值得吾人注意。西北地區竟這樣普遍地運用預租型借貸，則似可如此揣測，唐代的其他地區，大概也會出現相同類型之借貸方式吧！

　　唐〈雜令〉除了規定質舉及賣田宅須得本司文牒外，並未提及租佃或預租必須以一定方式為之。蓋二者均是租期屆滿，佃人必須交還土地，不涉及所有權的轉移，而且唐代一般是一、二年的短期租，極少超過五、六年者⑰，不致如不動產質因回贖期之遷延，易產生與所有權混淆的問題，故政府對租佃或預租不必如質舉及賣那樣，限定其需立文牒⑫。只是民間為了保存證據，防止爭議，通常還是立契為憑，甚至為了增強其法律效力，還可要求政府給予公驗⑬。

二、預雇型借貸

　　雇庸在唐代是極普遍的勞動形態，且為法制所肯定。律令中之平贓定罪需計功庸，欠負者之役身折酬，以及用良人質

債，都需計庸當值。雇庸是一種一方提供勞務，他方支付報酬的關係。而給付庸價的方式，如雇庸契所見，或於畢功之日付值，或採按月計酬之法，亦即多在工作結束後，或至少依工作進度來給付。但出土文書中偶然也會見到尚未工作前，受雇人已先向雇主領取雇價的契約，如〈高昌延和十二年（613）某人從張相憙等三人邊雇人歲作券〉：「校（交）與雇價銀錢貳拾□□，錢即畢，人即入作。」[74]雖然契約中並無借貸字樣，但亦不能排除是經濟弱勢之受雇人，請求雇主先行預支以應急。類似之預雇契約還有如：〈高昌巳歲（609？）王慶祐等三人取銀錢作孤易券〉、〈高昌延壽九年（632）范阿僚取錢作醬券〉、〈唐景龍二年（708）宋悉感取錢作物契〉等[75]，都不外是工作之前先取得酬勞，到約定日期再交付工作物。該種預雇性質，有些學者逕以借貸券契視之[76]，甚至認為以物折還借貸的利率約在 50%，或幾近於 100%[77]。

上述諸例與借貸之關連，或許只能從預付雇價上來推測，但吐蕃巳年〈令狐善奴便刈價麥契〉（附表六 B7），當可為預雇型借貸提供較直接的證據：

1. 巳年二月十日，康悉杓家令狐善奴，爲糧用，今於龍
2. ☐☐☐處，便刈（刈）價麥壹碩陸斗（斗）。限至秋七
3. 月內，刈（刈）麥壹拾畝。如主人麥熟吉報，依時請收刈（刈），
4. 如法菓縷了，不得爲時限。如若依時吉報不來，
5. 或欠收刈（刈）不了，其所將斛斗（斗），請陪（賠）罰參碩貳斗（斗），
6. 當日便須佃納。如達，一任掣奪家資雜物牛畜等
7. 用充麥直。其麥亦一任別雇人收刈（刈）。

（中略）

10.　　　便苅（刈）價人令狐善奴年卅一

（後略）

表面上看，這是令狐善奴為人刈麥的雇契，文中且有：「如
違，……其麥亦一任別雇人收苅（刈）」，更可見其雇庸性
質。然令狐善奴是「為糧用」才急於受雇，「便苅（刈）價麥
壹碩陸豿（斗）」的「便」的用法，正是沙州消費借貸的慣用
語，亦即令狐善奴是在刈麥之前，先取雇價，而「便」之一
字，則透露其借貸之本意。署名欄的「便苅（刈）價人」，也
與一般雇契之稱謂如雇人、雇身、受雇人等不同，反倒略似於
消費借貸契之便麥人、便粟人等。從諸多跡象顯示，該契無疑
為具雇庸形式之借貸契。類似情形亦出現在吐蕃期的另3件取
造價與取刈價契中，如〈張和子取造芘蘺價麥契〉（6）的取
麥原因是「為無種子」，署名欄列有「麥主」頭銜，都與消費
借貸契的形式相當近似。〈賀胡子預取刈價契〉（8）與〈王
晟子預取刈價契〉（9）則起因於「為負官債填納不辦」，契
中還言明：「限至秋七月以前須刈了。如若不刈，……依鄉原
當時還麥」，顯示刈價已先取，工作如不依約完成，就要還先
取刈價麥。由這些跡象推證，借貸才是彼等受雇的真正原因。

　　預雇型借貸以人身役力為主，雇主（貸與人）預支雇價
後，受雇人（借用人）以其勞力或工作物，抵銷借貸之本利，
而雇主也不需再付任何酬勞，可以說這是一種物、力償付的借
貸[73]。就人身役力、先付後做，與借貸之用意而言，預雇型借
貸與人身質典契有些相似，但典身契的人質必需回贖才可恢復
自由之身，否則可能被沒為奴婢，繼續受役使。預雇型借貸則
不必回贖，受雇人待工作期滿或完成工作，主雇關係便告終

止。即使受雇人未履行約定，通常亦以賠償了事，不致影響其
人格。

　　雇庸的付價先後，很難做為其與借貸區別之唯一判準，尤
其當受雇者要遠赴他處才能提供勞務時，雇主更需先付雇價，
以利其工作。雇庸契中的雇人上烽契，除了少數是於任務結束
後，雇主付給餘錢外[79]，絕大多數皆於締約日，受雇人未上烽
之前，即已付畢。這種上烽預付習慣，或許不因借貸而來，但
亦不排除其可能與借貸有關。《玉海》卷138〈兵制〉引《鄴
侯家傳》論府兵之揀選曰：「時關東富實，人尤上氣，乃恥
之，至有熨手足以避府兵者；番上者貧羸受雇而來，由是府兵
始弱矣。」唐令有部曲、奴婢之代役規定，出土文書中亦見部
曲奴婢之代役名籍[80]，開元戶部格雖然禁止執衣、白直等色役
雇人代役[81]，但參考日本養老令，唐政府可能還是有條件的允
許雇人上烽，《令集解》卷13〈賦役令〉「歲役」條：「若欲
雇當國郡人，及遣家人代役者聽之，劣弱者不合，即於送簿名
下，具注代人貫屬姓名。」然無論如何，如《鄴侯家傳》所
見，貧羸者受雇番上，已是一項確實存在的社會現實。

　　對照為數不算太少的西州雇人上烽契，縱然不能說所有這
類雇契盡皆與借貸有關，但其中大概不乏假雇庸形式，行借貸
之實的案例。附表六 B 的數件受雇上烽契（1、2、3、4、
5），不僅立契時即付雇價，署名欄的雇主還皆改稱為「錢
主」，與消費借貸契的稱謂如出一轍，似乎大增主雇間之借貸
關係。至於其他同樣預支雇價的上烽契，在不明其署名方式，
或因其非借貸式之署名法，而存疑其與借貸之關連，未列入表
中。

三、賒買或賒賣型借貸

　　買賣通常是交易時，雙方錢貨兩訖，不再有債務上的牽

連，除非另有瑕疵擔保等問題。但如交易時，賣方先予貨品，或買方先付對價，而其相對人延期付款或交貨，則產生賒買或賒賣的情形。《周禮》〈地官‧泉府〉：「凡賒者，祭祀無過旬日，喪紀無過三月。」鄭司農註云：「賒，貰也。」《說文解字》6 下貝部：「賒，貰買也。」又，「貰，貸也。」段注：「貰買者，在彼為貰，在我則為賒也。」《玉篇》卷 25 釋「貰」曰：「賒也、貸也。」古人轉注之法，字之對待者，常相通用⑧，自一方言之為賒，自他方言之則為貰、貸。

此種寓賒於貸的交易方式，需賴信用才得成立⑧，它可以是工商業者增大資本效力，促進物資流轉的交易技術，也可以是貧窮者暫緩付價，減輕生活壓力的手段⑧。前者為生產性賒貸，自宋代盛行，唐也可能有之⑧，《太平廣記》卷 499〈雜錄部〉「郭使君」條：「江陵有郭七郎者，其家資產甚殷。……江淮河朔間，悉有賈客仗其貨貿易往來者。……有一賈者，在京都久無音信，郭氏子自往訪之，……盡獲所有，僅五、六萬緡。」郭氏與賈客的關係或係委託買賣，但已接近於生產性賒貸了。後者為消費性賒貸，自先秦兩漢已經存在，漢簡中還數見賒賣布疋、衣服之契約與名籍⑧。唐代民間也普遍有之，如杜甫〈病後過王倚飲贈歌〉：「遣人向市賒香粳，喚婦出房親自饌。」（《杜詩鏡銓》卷 1）；《全唐詩》卷 639 張喬〈贈友人〉：「典琴賒酒吟過寺，送客思鄉上灞陵。」又，卷 536 許渾〈郊居春日有懷府中諸公并柬王兵曹〉：「僧舍覆棋消白日，市樓賒酒過青春。」但最值得注意的，應是穆宗長慶二年（822）朝議糶鹽之法，韓愈的反對理由是：

> 城郭之外，少有見錢。糶鹽多用雜物貿易，鹽商無物不取，或賒貸徐還，用此取濟，兩得利便。今令吏人坐舖自糶，非得見

錢，必不敢受。如此，貧者無從得鹽，自然坐失常課，如何更有倍利！（《通鑑》卷 242）

胡三省註：「鬻物而緩取直曰賒。貸，借也。」唐代字書《俗務要名林》釋「賒」為：「買物未與錢也。」（P.2609 號）人民買鹽而賒貸徐還，無論鹽商是否已在售價上做了調整，或另需計息，只要買方得有物用，賣方於利無損，雙方自認各得利便，又何必在乎交易之形式，或何時付價？韓愈反對官自糶鹽，並謂：「如此，貧者無從得鹽」，則賒貸徐還者，就正是這些貧民。

以民生物用為主的賒貸，應該不止於糶鹽，尤其當人民缺乏穀物消費時，同樣可以延期付款方式，購得所需，《舊唐書》卷 49〈食貨下〉太府少卿張瑄論貴糶賤糴曰：「若百姓未辦錢物者，任準開元二十年七月敕，量事賒糶，至麥粟熟時徵納。……其賒糶者，至納錢日若粟麥雜種等時價甚賤，恐更迴易艱辛，請加價便與折納。」官倉斂散用賒貸法，當有體恤民生，照顧百姓之用意，但不可忽略的是，官府其實是以經濟強者的姿態，威迫百姓不能不還錢。以此角度來推想前述之市肆、鹽商等民間的賒貸主，彼等又何嘗不是憑藉著強勢的經濟力，允許貧民延後付款。此種交易形式，當然也是長期以來賒買者依約還款所建立的信用。就此而言，賒貸實有緩解物資匱乏，安定民生社會的功能。

與延期付款在形式上略異，但作用類似的，是買方先付對價，賣方延遲交貨之賒貸。《韓昌黎集》文集卷 8〈變鹽法事宜狀〉：

> 百姓貧虛，或先取粟麥價，及至收穫，悉以還債，又充官稅，顆粒不殘。

百姓先自買方借取貨款，再以收成抵償欠債，該種賒貸可視為
預賣，在農村中頗有所見，《通鑑》卷267後唐明宗天成四年
（929）馮道語田家辛苦引唐進士聶夷中詩云：「二月賣新絲，
五月糶新穀，醫得眼下瘡，剜卻心頭肉。」胡註：「謂絲穀未
熟，農家艱食，先稱貸以自給，至於賣絲糶穀僅足以償債
耳。」即曲盡農民以賒代借之情狀。這些在經濟上居弱勢的貧
窮百姓，在面臨凶荒飢饉或窘迫之時，如果不能自官府貸得
種、糧，就只好向富豪商賈賒貸錢、物以濟其急。而無論貸者
為何人，農民償債後大抵皆顆粒不殘，於是賒貸現象一再重
複，農民的信用竟建立在如此悲慘的惡性循環中。

　　賒買或賒賣型借貸是否需立文約，唐代官方並無強制規
定，民間則視情形而定。出土文書中之買賣契，多屬田宅、奴
婢、六畜之類價值較高，且政府要求需立市券者，而一般民生
用品，只有在錢貨未訖時，才可能要求立約為證。這應是債權
人為保障自己利益，便於向債務人追索欠負之措施。宣宗大中
二年（848）正月三日冊尊號赦書：「如先將茶賒賣與人及借
貸人錢物，若文帖分明，的知諂實，即與帖州縣徵理。」
（《文苑英華》卷422）與茶綱相關之茶的賒賣，有無文帖，
尚屬因人因事而異，何況純民間性質之賒貸，是否署立文帖，
就更非必然了。或許也正因如此，狡獪之徒不免借此詐欺，不
付貨款，《五代會要》卷26〈市〉周廣順二年（952）十二月
開封府奏：「商賈及諸色人訴稱，被牙人店主引領百姓，賒買
財貨，違限不還，甚亦有將物去後，便與牙人設計公然隱沒。
……起今後欲乞明降指揮，應有諸色牙人、店主人引致買賣，
並須錢物交相分付。或還錢未足，祇仰牙行人、店主明立期
限，勒定文字，遞相委保。……如是客旅自與人商量交易，其
店主人、牙行人，並不得邀難遮占，稱須依行店事例引致。」

顯然在此之前，由行店引領的賒買，是不必勒定文字，遞相委保的。行店介入的買賣，通常規模大而價值高[60]，非一般民生消費品可比。但即便如此，凡無中間人牽引，由客商自行交易者，上述之立契新規仍被排除在外。可見晚唐五代以前之賒買，不必強制訂約。

出土文書中的買賣契，賣方賒欠的例子只1件，買方賒欠的例子裏，有2件是交物時買方全未付款。另外數件是買方分次付清餘款。分次付款的買賣，多屬園舍、作人、奴婢、牛畜等具生產用途，價值較高的交易，如〈高昌延壽四年（627）趙明兒買作人券〉，所需的銀錢380文，據券背記載，分4次付清。〈宋淳化二年（991）押衙韓願定賣女契〉，當日只交付絹3疋，五月後再償清餘款2疋[68]。雖然這些買主的財力未必很雄厚，像〈韓願定賣女契〉的買主，身分是近於農奴的常住百姓[69]，但這些商品畢竟價值不菲，買方一時籌措不及，也是情有可原，故即使曾有賒欠，此處也暫不視作賒買型借貸。至於交易價值不算太高的民生用品，而買方猶須賒欠者，其以賒代借之用意就大為增加了，如附表六 C 的〈僧光鏡賒買釧契〉（2），是僧光鏡向儭司貸布100尺（約粟麥10石）買釧的契約，如買者能在十月前償納，則依本價，如超過限期，更需加利20尺。儭司是都司裏掌管布施及其分配的機構[50]，僧神捷大概是儭司的負責人，僧光鏡所買的釧，不無可能就來自布施，該件應是僧光鏡向儭司的賒買契。另件〈郭法律賒買斜褐契〉（3），是賣褐人張幸德於正月賣出，與郭法律約定至秋還麥粟6碩的契約。這2件賒買契的交易數量都不大，但買方已需賒欠，可以想見其困迫無奈之情狀。

賣方賒欠的例子僅見〈張潘堆賒賣草契〉（1），由買方左憧憙預付銀錢給賣方，待賣方到高昌日再取草。雙方未在契

約議定時交相分付錢貨，以二人縣貫同屬高昌言之[91]，賣方不在高昌，恐非其未即時給付的主要原因。買方左氏是高宗時西州著名的高利貸主，墓中出土的十餘件契約，消費借貸契就至少有 8 件。以左氏之財力及其經常放貸之事實，謂賣方緩與其物，以賒為貸，似不為過。

四、互助型借貸

此處所謂的互助型借貸，是指一種類似金融合會的經營形態[92]，其方式是鳩合眾人之力，共同集聚資本，以輪流方式，按期依序得會。互助型借貸在宋代已漸流行，名為紐[93]，但其雛型或已見於唐代，《新唐書》卷 197〈循吏韋宙傳〉：

> （永州）民貧無牛，以力耕，宙為置社，二十家月會錢若干，探名得者先市牛，以是為準，久之，牛不乏。

韋宙是宣宗時永州刺史，以民貧無牛耕，遂令二十家為一社，各出月錢若干，以抽籤決定得會次序，再以所集之會錢買牛，如此輪流下去，因使社中民不乏牛。韋宙之集資立社，乃以庶民互助方式為之，全與官本無關。從與會之家數與每月一期觀之，社的規模還算不小，會期也很頻繁[94]，只是不知是否計息，也不明會錢的攤付方法，及每人的攤付數額。此種特殊型態的借貸，是因著彼此的互惠互助，達成資金調節的目的。韋宙之醵錢為會，在將人民獨資買牛之高額借貸，轉化為群策群力之共同負擔，故互助性借貸實兼有儲蓄備用，與濟人急困之雙重功能。

韋宙置社立會的構想，可能來自流行於民間互助性結社之啟示。民間結社的風氣，早自兩漢以還已漸普遍，其主要作用，就在敦睦鄰里，相卹互助[95]。唐代的民間結社，無論是以奉佛為中心，或同受佛、儒傳統浸潤的社[96]，也無論是為強化

組織，由同業組合而成的行⑰，其於親睦互助，困難周濟上，仍有其共通性。尤其從敦煌出土的大量社文書裡，更可見成員在吉凶慶弔、意外災病、因公遠行、修造建設、祈福助善等方面所提供的經濟性援助⑱。

社的集資合錢盛行於唐代，連官方都注意到其運作，如咸亨五年（674）五月詔：「春秋二社，本以祈農，如聞除此之外，別立當宗及邑義諸色等社，遠集人眾，別有聚斂，……雖於吉凶之家，小有裨助，在於百姓，非無勞擾，自今已後，宜令官司嚴加禁制。」（《册府元龜》卷 63〈帝王部・發號令二〉）詔書在批評社「別有聚斂」、「非無勞擾」之餘，也不得不承認「於吉凶之家，小有裨助」。長慶年間，李德裕奏百姓喪葬侈靡，以此相矜，竟至於「或結社相資，或息利自辦，生產儲蓄，為之皆空」，並認為人戶之貧破，皆由於此（《李德裕文集校箋》補〈論喪葬踰制疏〉）。社的「聚斂」、「相資」，即或利弊參半，毀譽不一，然其禁而不能止，抑而不稍息，就正在於成員對社之生活協助，經濟扶持，倚之甚重。社的營運，大致依個別成員的需要，做不定期的支出，但為了保證成員輪流享受同等待遇，使受之於人者，亦得反報於人，故社對於入社、退社之審核甚嚴，以求組織穩固，並形成彼此間的契約化關係⑲。此外，社為了體現互助精神，未必要求受惠者立即償還資助，蓋受惠者於來日支助他人時，無異已抵銷自己所欠負的債務與人情，但即使仍需償還或付息，對成員來說，在社中借貸仍不失為一種具親睦性質的便捷途徑。此種以互助為目的之特殊借貸法，早已盛行於唐代，而韋宙置社立會的構想，大概就孕育於其中。

註釋

① 玉井是博，〈支那西陲出土の契〉，收入：《支那社會經濟史研究》，（東京，岩波書店，1943），頁304～313。

② 堀敏一，〈唐宋間消費貸借文書私見〉，收入：《鈴木俊先生古稀紀念東洋史論叢》，（東京，山川出版社，1975），頁365～388。

③ 仁井田陞，《唐宋法律文書の研究》，（東京，東京大學出版會，1983）；又，〈敦煌發見の唐宋取引法關係文書〉，收入：《中國法制史研究－土地法、取引法》，（東京，東京大學出版會，1981）。

④ 陶希聖、鞠清遠，《唐代經濟史》，（臺北，臺灣商務印書館，1979），頁113～114。

⑤ 陳國燦，〈唐代的民間借貸－吐魯番敦煌等地所出唐代借貸契券初探〉，收入：《敦煌吐魯番文書初探》，（武漢，武漢大學出版社，1983），頁219～227；又收入：《唐代的經濟社會》，（臺北，文津出版社，1999），頁172～180。

⑥ 唐耕耦，〈唐五代時期的高利貸〉，《敦煌學輯刊》1985：2，頁12～14。

⑦ 余欣，〈唐代民間信用借貸之利率問題－敦煌吐魯番出土借貸契券研究〉，《敦煌研究》1997：4，頁141～142。

⑧ 童丕（Éric Trombert）著，余欣、陳建偉譯，《敦煌的借貸：中國中古時代的物質生活與社會》，（北京，中華書局，2003），頁15～18。

⑨ 本條又見《宋刑統》卷13〈戶婚律〉「典賣指當論競物業」條。

⑩ 假與借之語義，及經典中互通之用法，詳見沈家本，《歷代刑法考》，（北京，中華書局，1985），頁2149～2151。

⑪ 戴炎輝，《唐律各論》，（臺北，成文出版社，1988），頁162註；又，《中國法制史》，（臺北，三民書局，1979），頁332；張晉藩，《中國法制史》，（臺北，五南出版社，1992），頁268；徐道鄰，《唐律通論》，（上海，中華書局，1947），頁185。

⑫ 仁井田陞，《唐宋法律文書の研究》，頁391～2，397～8。

⑬ 漢晉以來之分益地租慣例，持官牛、種者，官民採六四分成法，自備牛種者，採對半分成。唐代大致亦如此，租契中的庭分、對分之例，都由佃人自備牛種，故若官給牛、種或農具，亦應取六四分成。有關之討論見：趙岡、陳鍾毅，《中國土地制度史》，（臺北，聯經出版公司，1982），頁355～360；又，《中國經濟制度史論》，（臺北，聯經出版公司，1986），頁169～174；拙文，〈唐代西州、沙州的租佃制〉（中），《大陸雜誌》87：5，（1993），頁14～15。

⑭ 如《唐大詔令集》卷113寶應元年八月〈條貫僧尼敕〉：「如聞州縣公私多借寺觀居止，因茲褻瀆，切宜禁斷。」同卷〈禁天下寺觀停客制〉：「如聞天下寺觀，多被軍士及官吏諸客居止，…自今已後，切宜禁斷。」《全唐文》卷52德宗〈修葺寺觀詔〉：「自今寺府寺觀，不得宿客居住，屋宇破壞，各隨事修葺。」

⑮ 仁井田陞將P.3257號〈索義成付與兄懷義佃種憑〉視為土地使用借貸契，但

玉井是博以為是寄託契。由於土地非兄懷義向弟義成借來，而是弟主動託付
給兄，故鄙意以為玉井說較佳。二氏說法分見：仁井田陞，《唐宋法律文書
の研究》，頁 391～393，395～396；玉井是博，〈支那西陲出土の契〉，頁
329～330。

⑯ 《吐魯番出土文書》（簡）十/244、246，（圖）肆/551、552。

⑰ 《吐魯番出土文書》（簡）六/460，（圖）參/237。

⑱ 《吐魯番出土文書》（簡）九/130～131，（圖）肆/331～332。

⑲ 《周禮》〈地官‧泉府〉：「凡民之貸者，與其有司辨而授之，以國服為之
息。」賈公彥疏曰：「貸者，即今之舉物生利。」賈氏為唐人，其以貸為有
息之消費借貸，或許因大多數借貸為有息，遂生以偏概全之誤解。其實，
「貸」只為消費借貸之泛指，未必一定生息。

⑳ 此處據《唐令拾遺補》改正。見：仁井田陞著，池田溫等編，《唐令拾遺
補》，（東京，東京大學出版會，1997），頁 854。

㉑ 認為「負債」是無息借貸者如陶希聖，〈唐代官私貸借與利息限制法〉，《食
貨》（復刊）7：11，（1978），頁 3；張晉藩，《中國法制史》，頁 268；
李甲孚，《中國法制史》，（臺北，聯經出版公司，1988），頁 278。

㉒ 文獻中關於債、負、欠等用語與事例，有些可能與借貸無關，或不全因借貸
所致，故宜謹慎視之。

㉓ 《周禮》〈天官‧小宰〉：「聽稱責以傅別。」賈疏：「稱責，謂舉責稱
子。」又云：「責，謂貸子者，謂貸而生子者，若今舉責。」蓋貸子即子貸
也。

㉔ 附表二的丐貸、乞貸，都有乞取性質，其中 8、16 需償還的可能性極高，屬
消費借貸似無疑議。29 的沿路護喪丐貸，可能只是他人的施捨，未必要求償
還，但因其情不明，丐貸一詞又有消費借貸之例（8），故姑且附錄之。

㉕ 張錫厚校輯，《王梵志詩校輯》，（北京，中華書局，1983），卷 2，「村
頭語戶主」，頁 28；又，項楚，《王梵志詩校注》，（上海，上海古籍出版
社，1991），頁 134。另外可參考項楚在本條對「便貸」的解釋。

㉖ 小田義久編，《大谷文書集成》第 2 卷，（京都，法藏館，1990），頁 211。

㉗ 「假貸」，借貸也，《說文解字》6 下貝部：「貸，從人求也。」《廣韻》
入聲二十五「德」：「貸謂從官借本貫也。」《漢書》卷 57 上〈司馬相如
傳〉：「從昆弟假貸。」亦其例也。其他同義詞疊用，未見附表二者如《冊
府元龜》卷 89〈帝王部‧赦宥八〉元和十三年（818）正月乙酉詔：「諸道
借貸及懸欠錢物斛斗雜物，……並放。」《新唐書》卷 52〈食貨二〉：「文
宗大和九年，以天下回殘錢置常平義倉本錢，……州縣假借，以枉法論。」
《全唐文》卷 82 宣宗受尊號赦文：「軍用欠闕，借便度支戶部鹽鐵錢物斛
斗。」《通鑑》卷 273 後唐莊宗同光二年（924）四月條：「今春霜害稼，蠶
絲甚薄，但輸正稅，猶懼流移，況益以稱貸，人何以堪。」胡註：「稱，舉
也。貸，借也。」有關「稱貸」之古義與用法，可參考：曾我部靜雄，〈孟
子の稱貸と日唐の出舉〉，《日本歷史》87 號，（1955），頁 2～4。

㉘ 陳國燦，〈唐代的民間借貸〉，收入：《敦煌吐魯番文書初探》，頁
259～262；又收入：《唐代的經濟社會》，頁 207～209。

㉙ 敦煌寫卷中，便物曆的「曆」有時亦寫為「歷」，但用「曆」的情況（如附
表三 19、51、53）稍多於「歷」（如 48、55），故本文言及該類文書時，隨
從唐耕耦的用法，暫不取池田溫的以「歷」代「曆」。池田氏說法見：〈敦

煌の便穀歷〉，收入：《日野開三郎博士頌壽紀念論集》，（福岡，中國書店，1987），頁379。

㉚ 唐、清律之沿革與遞衍，見：林咏榮，《唐清律的比較及其發展》，（臺北，國立編譯館，1982），頁63～246。

㉛ 如楊際平認為此中含有田主負責提供耕牛之意，見：〈麴氏高昌與唐代西州、沙州租佃制研究〉，收入：《敦煌吐魯番出土經濟文書研究》，（廈門，廈門大學出版社，1986），頁276。

㉜ 〈名律例〉「以贓入罪」（總33條）：「諸以贓入罪，正贓見在者，還官主。（注）轉易得他物，及生產蕃息，皆為見在。」疏議曰：「生產蕃息者，謂婢產子，馬生駒之類。」又問曰：「其贓本是人、畜，展轉經歷數家，或有知情及不知者，如此蕃息，若為處分？」答曰：「其有展轉而得，知情者，蕃息物應歸前主。」

㉝ 如大谷文書發現的質錢帖子，仁井田陞以為是唐代之物，但陳國燦認為當屬清咸同間物。參見：陳國燦，〈從吐魯番出土的「質庫帳」看唐代的質庫制度〉，收入：《敦煌吐魯番文書初探》，（武漢，武漢大學出版社，1983），頁337～339。仁井田氏之說法見：〈吐魯番發見の唐代取引法關係文書〉，收入：《中國法制史研究－土地法・取引法》，頁791～794。持帖支錢或以信物領錢的例子如《太平廣記》卷23〈神仙部〉「張李二公」條：「張有故席帽，謂李曰：可持此詣藥鋪，……取三百千貫錢，彼當與君也。」又，卷146〈定數部〉「尉遲敬德」條：「所居抵官庫，因穴而入，……有金甲人持戈曰：汝要錢，可索取尉遲公帖來，此是尉遲敬德錢也。……尉遲不得已，令書生執筆，曰：錢付某乙五百貫，具月日，署名於後。……書生既得帖，卻至庫中，復見金甲人呈之，……遣書生取錢，止於五百貫。」他如存款人對櫃坊開帖支錢等討論，參見：加藤繁，〈櫃坊考〉，收入：《中國經濟史考證》，（臺北，華世出版社，1981），頁451～454。

㉞ 見前註所引「尉遲敬德」條。

㉟ 宋代以下帖的運用更為廣泛，見：仁井田陞，《唐宋法律文書の研究》，第9章。

㊱ 《吐魯番出土文書》（簡）五/314～330，（圖）貳/328～340。

㊲ 贖的用法有時與買相混，其例參見本章註㊿。

㊳ 自宋代以下，「當」才出現專業化用法，與質的概念結合在一起，見：劉秋根，《中國典當制度史》，（上海，上海古籍出版社，1995），頁15～17。

㊴ 拙著，〈唐代的質借制度－以動產質為例〉，《東吳歷史學報》4，（1998），頁57～58；曲彥斌，《中國典當史》，（上海，上海文藝出版社，1993），頁245～246。

㊵ 唐代有長生豬羊等名，但不專指寺營質庫，如《太平廣記》卷439〈畜獸部〉「李校尉」條引《法苑珠林》：「某寺有長生豬羊，汝安置我此寺。」以長生錢、長生庫指寺營質業，要到宋代。關於寺營質庫之別名，可參考：宮崎道三郎，〈質屋の話〉，收入：《法制史論集》，（東京，岩波書店，1929），頁14～23；道端良秀，〈支那佛教寺院の金融事業〉，《大谷學報》14：1，（1993），頁117～119；日野開三郎，〈宋代長生庫の發達について〉，收入：《日野開三郎東洋史學論集》卷7《宋代の貨幣と金融》，（東京，三一書房，1983），頁216，243～244。

㊶ 有關佛教律藏對放債生息之看法，與無盡藏的意義及無盡財的設置，詳見：

道端良秀，〈支那佛教寺院の金融事業〉，頁 91～92，97；又，〈佛教寺院と經濟問題〉，收入：《唐代佛教史の研究》，（京都，法藏館，1957），頁 429～437；謝和耐著，耿昇譯，《中國五～十世紀的寺院經濟》，（臺北，商鼎文化公司，1993），頁 272～279；塚本善隆，〈信行の三階教團と無盡藏に就て〉，《宗教研究》（新）3：4，（1926），頁 75～77；曲彥斌，《中國典當史》，頁 167；湯用彤，《漢魏兩晉南北朝佛教史》，收入：《湯用彤全集》（臺北，佛光文化公司，2001），頁 487～488；矢吹慶輝，《三階教の研究》，（東京，岩波書店，1927），頁 157～158。但無盡藏最初可能只是一種泛稱，不一定指典當質押，見：楊聯陞，〈佛教寺院與國史上四種籌措金錢的制度〉，收入：《國史探微》，（臺北，聯經出版公司，1983），頁 270。

㊷ 不動產質正式入律在明清時代，在此以前，多屬民間習慣，或以詔令規範之。見：王文，《中國典權制度之研究》，（臺北，嘉新文化基金會出版，1974），頁 15～18。

㊸ 仁井田陞，〈唐宋時代の保證と質制度〉，收入：《中國法制史研究－土地法・取引法》，頁 511～513；又，《唐宋法律文書の研究》，頁 329～331。唐長孺，〈均田制度的產生及其破壞〉，收入：《中國社會經濟史參考文獻》，（臺北，華世出版社，1984），頁 448。

㊹ 加藤繁，〈唐代不動產的「質」〉，收入：《中國經濟史考證》，（臺北，華世出版社，1981），頁 249。

㊺ 仁井田陞，〈唐宋時代の保證と質制度〉，頁 512；又，《唐宋法律文書の研究》，頁 332。

㊻ 仁井田陞亦認為，不動產典質長久為人占有、利用，則幾乎與買賣無異。見：〈唐宋時代の保證と質制度〉，頁 523。

㊼ 仁井田陞，《唐宋法律文書の研究》，頁 343～344；又，〈唐宋時代の保證と質制度〉，頁 525～529。

㊽ 鄭玉波，《民法物權》，（臺北，三民書局，1980），頁 137；王文，《中國典權制度之研究》，頁 15。

㊾ 關於土地之所有權及田「主」之意義，堀敏一有詳細論述，見：《均田制研究》，（臺北，弘文館，1986），頁 384～391；宋家鈺亦言及之，但較偏向討論私有權的問題，見：《唐朝户籍法與均田制研究》，（鄭州，中州古籍出版社，1988），頁 249～255。

㊿ 唐政府對稅賦的重視，充分表現在其處理逃户問題上。逃户租庸，多令近親鄰保代輸，而攤逃之弊，日益轉甚，至有如李渤所言：「似投石井中，非到底不止。」（《舊唐書》卷 171〈李渤傳〉）有關逃户問題，可參考：張澤咸，〈唐代的客户〉，收入：《中國社會經濟史參考文獻》；中川學，〈唐代の客户による逃棄田の保有〉，《一橋論叢》53：1，（1965）。

(51) 租佃制的公課負擔，一般是田主的義務，但亦偶見佃人或主佃共同負擔之例，見拙著，〈唐代西州、沙州的租佃制〉（下），《大陸雜誌》87：6，（1993），頁 25～26。

(52) 找貼者，乃出典人將典物之所有權賣與典權人，典權人依典物時價與典價之差額，付與出典人之謂也。見：王文，《中國典權制度之研究》，頁 86～88。

(53) 如山根清志，〈唐代均田制度下の百姓田賣買について〉，收入：唐代史研

究會編，《中國の都市と農村》，（東京，汲古書院，1992），頁330～334；汪錢認為自高宗至玄宗間，始有禁止質貼之規定，武德時尚未有之，見：〈唐田令釋要〉，收入：《漢唐文史漫論》，（西安，陝西人民出版社，1986），頁82～83。

(54) 此種看法與加藤繁較相近，見：〈唐代不動產的「質」〉，頁255～256。

(55) 小口彥太就消費借貸文書中，舉出許多以口分田園為擔保，而未與國法牴觸的例子，呼應加藤繁的論點。見：〈吐魯番發現唐代賃貸借・消費貸借文書について〉，《比較法學》10:1，（1975），頁14～20。

(56) 附表五B3引《冊府元龜》為開元二十五年制，但《通典》卷2〈食貨二・田制下〉為開元二十五年令，似該制於此時才編為令，以應合社會情勢的發展，而不必上溯於更早期。

(57) 仁井田陞，《唐宋法律文書の研究》，頁371～376。

(58) 戴炎輝引申其義，認為部曲既可轉事他人，量酬衣食之直，當可用以質債。見：《唐律各論》，頁647。

(59) 陳國燦，《斯坦因所獲吐魯番文書研究》，（武漢，武漢大學出版社，1995），〈唐護國寺殘文書〉引，頁559。

(60) 《睡虎地秦墓竹簡》，（北京，文物出版社，1990），〈法律問答〉：「百姓有責（債），勿敢擅強質，擅強質及和受直者，皆貲二甲。」就是禁止以良民質債。

(61) 劉俊文，《敦煌吐魯番唐代法制文書考釋》，（北京，中華書局，1989），頁279，49～50行。

(62) 仁井田陞認為，人質主要是歸屬質，但也不能說未曾實行消卻質或利質。仁井田氏說法見：《唐宋法律文書の研究》，頁380～381；又，〈唐宋時代の保證と質制度〉，頁538。

(63) 唐人觀念中質與賣的界限，有時並未分得很清楚，但質的性質與賣頗有出入，故除非所賣人口直接涉及與人質有關之用語，否則不列入表中。另外，質押借貸（動產質、不動產質、人質）可以回贖，但唐代文獻中之「贖」，意義有時與買相近，故未可一概以為是回贖，如《太平廣記》卷462〈禽鳥部〉「祖錄事」條：「見擔鵝向市中者，鵝見錄事，頻顧而鳴，祖乃以錢贖之。」又，卷303〈神部〉「韓光祚」條：「工以錢出縣，遇人執豬將烹之，工愍焉，盡以其錢贖之，像未之造也。」人身亦然，如《通鑑》卷192貞觀二年（628）三月條：「關內旱飢，民多賣子以接衣食，己巳，詔出御府金帛為贖之，歸其父母。」《舊唐書》卷187下〈忠義趙曄傳〉：「（京兆韋氏）被逆賊没入為婢，……曄哀其冤抑，以錢贖之。」上述諸條之「贖」，義近於買，並非以物相質再回贖也。

(64) 《通鑑》卷252僖宗乾符元年（875）正月丁亥條；《冊府元龜》卷502〈邦計部・常平〉開元四年（716）五月敕。

(65) 《唐律疏議》卷26〈雜律〉「買奴婢牛馬不立券」（總422條）疏議：「買奴婢、馬牛駞騾驢等，依令並立市券。」《唐大詔令集》卷5〈改元天復赦〉：「舊格，買賣奴婢，皆須兩市署出公券，仍經本縣長吏，引檢正身，謂之過賤，及問父母見在處分，明立文券，並關牒太府寺。」

(66) 仁井田陞、堀敏一等認為，提前支取田租的租佃契約，具有消費借貸性質，亦即其形式上是租佃契，但經濟效果上與消費借貸契相同。彼等雖然指出預租契約的某些性質，卻未於類型分析上清楚界定其特色，甚至還混入不動產

質的概念，是其缺點。二説分見：仁井田陞，《唐宋法律文書の研究》，頁
350 以下，404 以下；堀敏一著，韓昇譯，〈唐代田地的租賃和抵押的關
係〉，《中國社會經濟史研究》1983:4，頁 76〜81。

⑥ 附表六 A 預租型借貸券契的定名方式，是以田主租出土地，借入麥粟錢等來
擬題，以配合本類型借貸券契之原意，因此與諸書所擬題名略異。

⑱ 堀敏一，〈唐代田地的租賃和抵押的關係〉，第二部分，尤其是 84〜85 頁。

⑲ 預付租價與後付租價之時代演變，整理如下表：

類別 ＼ 時期	麴氏高昌期	唐前期	吐蕃期與歸義軍期	總計
後付租價	20（件）	23	6	49
預付租價	4	25	3	32

説明：1.本表據拙著〈唐代西州、沙州的租佃制〉（中），《大陸雜誌》87:
　　　　5，（1993）之表三修正而成。該文寫作之角度與本書不同，本書另
　　　　做歸類者，本表皆刪除之，但本表補入新出預租契（附表六 A11）。
　　　2.個案之年代在延壽、貞觀間者，姑且計入唐前期；天寶、大曆年間
　　　　者亦計入唐前期。

⑳ 天寶以後，預付租價明顯偏低，已背離租價之合理範圍，田主（借用人）有
被壓迫之勢。詳見拙著，〈唐代西州、沙州的租佃制〉（中），頁 12〜14。

㉑ 拙著，〈唐代西州、沙州的租佃制〉（上），《大陸雜誌》87:4，
（1993），頁 6〜7。

㉒ 日本令要求租佃與預租立文牒，可能與唐令不同，《令集解》卷 12〈田令〉
「賃租」條：「園任賃租及賣，皆須經所部官司申牒，然後聽。」

㉓ 拙著，〈唐代西州、沙州的租佃制〉（上），頁 6。

㉔ 《吐魯番出土文書》（簡）四/156，（圖）貳/89。

㉕ 《吐魯番出土文書》（簡）三/40〜41、五/56、七/504，（圖）壹/321、
貳/197、參/553。

㉖ 如《吐魯番出土文書》將〈宋悉感取錢作物契〉直接定名為〈宋悉感舉錢
契〉，而山本達郎、池田溫等則將此契歸入借貸類契約。

㉗ 陳國燦，〈唐代的民間借貸〉，收入：《敦煌吐魯番文書初探》，頁
240〜241；又收入：《唐代的經濟社會》，頁 190〜191。

㉘ 陳國燦，〈唐代的民間借貸〉，收入：《敦煌吐魯番文書初探》，頁
240〜242；又收入：《唐代的經濟社會》，頁 190〜193。

㉙ 如〈武城鄉張隆伯雇范住落上烽契〉：「武城鄉▢▢▢文，雇同鄉人范住
落，用▢▢▢柳拾伍日。即日與錢肆文，殘錢參□▢▢▢迴來，上錢使
畢。」（《吐魯番出土文書》（簡）五/59，（圖）貳/199）。

㉚ 《令集解》卷 13〈賦役令〉「歲役」條釋云：「唐令，遣部曲代役者，即知
是家人也。案奴婢亦聽耳。」是唐代可令部曲奴婢代役。有關代役名籍及相
關之討論，可參考：李天石，〈敦煌吐魯番文書中的奴婢資料及其價值〉，
《敦煌學輯刊》1990:1，頁 13〜14。

㉛ S.1344 號〈開元戶部格〉殘卷引萬歲通天元年（696）五月六日敕：「官人執
衣、白直若不納課，須役正身。……不得追家人車牛馬驢雜畜等折功役使及

雇人代役。」見：劉俊文，《敦煌吐魯番唐代法制文書考釋》，頁 280，57～59 行。

⑧ 沈家本，《歷代刑法考》，「釋貸借」，頁 2150。

⑧ 延期付款或預付貨款的交易形式，具有風險大、間隔時間長等特點，屬於商業信用。這方面的討論可參考：姜錫東，《宋代商業信用研究》，（石家庄，河北教育出版社，1993）。

⑧ 加藤繁，〈宋代的商業習慣「賖」〉，收入：《中國經濟史考證》，頁671；姜錫東，《宋代商業信用研究》，頁 230～235。

⑧ 唐代官府與民間的交易，有時也見賖買，但多是強制抑配，非真正生產性賖貸，如《唐大詔令集》卷 70〈貞元九年南郊大赦天下〉：「近年以來，因和市和糴久負百姓錢物，並即填還。已後官司應有市糴者，各須先付價值，不得賖取抑配。」宋代民間茶之賖賣盛行，唐亦有之，如《文苑英華》卷 422 大中二年（848）正月三日赦：「度支鹽鐵戶部三司茶綱欠負多年，……如先將茶賖賣與人，……即與帖州縣徵理，如組織平人，妄有指射，推勘了後，重加杖責。」此外茶之賖賣與茶綱相關，且交易方式不甚清楚，賖賣對象還可能是平（貧）人，故未必是生產性賖貸。

⑧ 連劭名，〈漢簡中的債務文書及「貰賣名籍」〉，《考古與文物》1987：3，頁 77～78、83。

⑧ 張弓，〈唐五代時期的牙人〉，《魏晉隋唐史論集》第 1 輯，（1983），頁 252～266。

⑧ 《吐魯番出土文書》（簡）五/134，（圖）貳/241。沙知，《敦煌契約文書輯校》，（南京，江蘇古籍出版社，1998），頁 79～80。

⑧ 姜伯勤，《唐五代敦煌寺戶制度》，頁 174～175。

⑨ 儭司的職能，郝春文有詳細的分析，見：《唐後期五代宋初敦煌僧尼的社會生活》，（北京，中國社會科學出版社，1998），頁 283～298。

⑨ 崇化鄉與順義鄉同屬高昌縣。有關之討論見：西村元佑，〈高昌國および唐代西州の諸契約文書にみえる鄉名記載とその消長の意義について〉，收入：唐代史研究會編，《中國聚落史の研究》，（東京，刀水書房，1990），頁 141。

⑨ 關於合會之互助法與作用，可參考：楊聯陞，〈佛教寺院與國史上四種籌措金錢的制度〉，頁 271～277。

⑨ 劉秋根，〈試論宋元寺院高利貸〉，收入：漆俠編，《宋史研究論叢》第 2 輯，（保定，河北大學出版社，1993），頁 240。

⑨ 以近代浙西農村 12 錢會為例，人數多在 7～11 人間，會期以 4～6 月為多，或可與章宙所置社，做一比較。見：馮和法編，《中國農村經濟資料》（下），（臺北，華世出版社，1978），頁 568～570。

⑨ 漢代民間結社之性質與功能，可參考拙著，〈漢代的民間結社〉，《大陸雜誌》82：6，（1991），頁 12～17。

⑨ 唐代社的思想淵源、種類、名稱、功能、組織、營運方式等之討論，見：那波利貞，〈唐代の社邑に就きて〉及〈佛教信仰に基きて組織せられたる中晚唐五代時代の社邑に就きて〉，收入：《唐代社會文化史研究》，（東京，創文社，1977）；竺沙雅章，〈敦煌出土「社」文書の研究〉，收入：《中國佛教社會史研究》，（京都，同朋社，1982）；陳祚龍，〈中古敦煌結社的真象〉，收入：《敦煌學海探珠》，（臺北，臺灣商務印書館，1979）；

郭鋒，〈敦煌的結社及其活動〉，收入：《唐史與敦煌文獻論稿》，（北京，中國社會科學出版社，2002）。

⑨ 關於同業組合間之親睦互助關係，以及行業性社邑之特色，見：唐耕耦，〈房山石經題記中的唐代社邑〉，《文獻季刊》1989：1，頁75～103；日野開三郎，〈唐宋時代における商人組合「行」についての檢討〉，收入：《日野開三郎東洋史學論集》7《宋代の貨幣と金融》，頁275～278；氣賀澤保規，〈唐代幽州の地域と社會──房山石經題記を手がかりとして〉，收入：《中國都市の歷史的研究》，（東京，刀水書房，1988），頁161～165。

⑨ 寧可、郝春文，〈敦煌社邑的喪葬互助〉，《首都師範大學學報》1995：6，頁32～40；姜伯勤，《敦煌社會文書導論》，（臺北，新文豐出版公司，1992），頁235～241；竺沙雅章，〈敦煌出土「社」文書の研究〉，頁515～536；那波利貞，〈唐代の社邑に就きて〉，頁500～560。

⑨ 這可由立社時社人所訂之社條文書看出，有關之討論參見本章註96；寧可、郝春文，〈北朝至隋唐五代間的女人結社〉，《北京師範學院學報》1990：5，頁18；姜伯勤，《敦煌社會文書導論》，頁240～241；謝和耐著，耿昇譯，《中國五～十世紀的寺院經濟》，頁328～341。

第三章
放貸來源與借用對象

第一節　寺觀與僧道之放貸

　　唐代的民間借貸，宗教團體與個人在其中扮演相當重要的角色，尤其是佛教，往往成為放貸之來源。道教的資料雖然少見，但也不是沒有。

　　佛教原禁止寺院蓄財，約在教團成立，寺院經濟確立後，內律中允許蓄財的相關法規便出現了①。寺院資財名為佛法僧三寶物，佛物「得作佛像用」，法物「得造寺樓塔籬落牆壁內外屋舍等用」，僧物「各給比丘用」（《釋氏要覽》卷中〈浴佛〉條）。前二者為寺屬財產，後者為僧團之共有財產。敦煌文書中掌寺屬財產的機構為佛帳所，掌僧團財產的機構為常住處。寺院除了可以蓄財，經律進而允其放貸，亦即三寶物皆有無盡財，准許以之出息求利，《根本說一切有部毘奈耶》卷22〈出納求利學處〉：「諸有信心婆羅門居士等，為佛法僧故施無盡物，此三寶物亦應迴轉求利，所得利物還於三寶而作供養。」以檀越布施於三寶之無盡物出息求利，是佛允許的，其目的其實不僅在供養三寶，亦在博施濟眾，勸發善心，消滅業障，修養人格②。出息的方式並無一定，或生利或取質皆可，但為了防止有人恃官勢而不肯還，或出息貧人而索之不能得，同前書前條曰：「言生者，謂是生利，與他少物，多取穀麥，

或加五，或一倍、二倍等。貯蓄升斗，立其券契。」又曰：
「佛言，若與物時，應可分明，兩倍納質，書其券契，並立保
證，記其年月，安上座名及授事人字。」可見佛教對無質之信
貸，或納質之質貸，都持認可態度，而且都立券書，以為索還
之憑證。另外，內律嚴格規定出貸三寶物時不能互相通用③，
即使是彼此支援，或同寺不同機構之貸借，也要簿記清楚，
《四分律刪繁補闕行事鈔》卷中 1 引《十誦律》云：「塔物出
息取利，還著塔物無盡財中。佛物出息，還著佛無盡財中。
……僧物文中例同，不得干雜。」又引《僧祇律》云：「塔、
僧二物互貸，分明券記。」可見其意。

　　僧尼個人之蓄財，同樣是由最初的禁止，到經由說淨儀式
而可以接受④。《四分律刪繁補闕行事鈔》卷中 1 引《善見
律》：「得貸借僧財物作私房。」此私房即僧尼之私產。《南
海寄歸內法傳》卷 4〈亡財僧現〉條所述之僧尼私財，範圍極
廣，舉凡田宅、邸店、器具、畜類、甲鎧、衣被、珠寶、經
典、券契等，皆可屬之。僧尼在生前可自由支配其財物，放債
取息，當亦包括在內，唯死後需準法緣傳承制度，依亡僧囑
授，分別將重物、輕物歸入常住或僧眾，而盡量避免其流入俗
界⑤。

　　佛教寺院經濟之來源，以信眾施捨、莊園經營、工商事業
為大宗⑥。其所以能蘊蓄強大的經濟力，除了福報思想的誘化，
也是受到統治階層的支持庇護，並自其得到免除稅役之特權⑦，
同時，寺院財產不得任被侵奪典賣⑧，亦無世俗之繼承分割等
事⑨，皆使其財富累積快速而穩定。佛教既不以寺院放貸為忤，
且有積極鼓勵之意，則所累積的龐大寺產，自不免有部分被用
為放貸資本，而寺院經由子母滋生，輾轉無盡，不獨獲致可觀
的利潤，甚且還發展成為區域性的放貸中心。僧尼私財即使一

般不如寺院富厚，但小規模的、偶然性的放貸，對當地民眾的
經濟生活，大概仍能產生一定程度的影響。

　　道教教義是否允許蓄財或放貸，不甚清楚，但唐代道觀事
實上亦累積豐厚產業，而且同樣有常住之名，道士女冠也可擁
有個人私產⑩。《唐會要》卷 59〈祠部員外郎〉開元十年
（722）正月二十三日敕：「天下寺觀田，宜准法據僧尼道士
合給數外，一切管收。……其寺觀常住田，聽以僧尼道士女冠
退田充。」《唐六典》卷 3〈户部郎中員外郎〉條：「凡道士
給田三十畝，女冠二十畝，僧尼亦如之。」這是政府對道觀或
個人之給田或授田⑪。另外，《太平廣記》亦見新浙縣真陽觀
有常住莊田（卷 232〈器玩部〉「真陽觀」）。婺州陸郎中長
源斷金華觀道士盛若虛事云：「常住錢穀，惟貯私家。」
（《雲溪友議》卷 11）則道觀常住包括動產與不動產，而個人
別有私財，看來也不很稀奇。吐魯番文書還見道觀有長生畜
類，〈唐唐昌觀中當觀長生羊數狀〉：「當觀長生羊大小總二
百零八口，……牒：當觀先無群牧，三、五年諸家布施及贖
（續）生，零落雜合，存得上件數。」⑫由於道觀財力富厚，
未必遜於寺院，故唐人常並稱之，如《唐大詔令集》卷 110
「誡勵風俗敕」：「寺觀廣佔田地及水碾磑，侵損百姓。」
《舊唐書》卷 118〈王縉傳〉：「凡京畿之豐田美利，多歸於
寺觀，吏不能制。」道觀常住的種類、來源與名稱，頗與寺院
相仿，則其放貸觀念，可能亦與之雷同。如果道觀可以放貸求
利，那麼道士女冠個人難保不會效之而行。

　　寺院或僧尼個人放貸一般消費品，早自南北朝已相當普
遍。北魏世宗永平二年（509）沙門統惠深上言：「比來僧尼，
或因三寶，出貸私財。」（《魏書》卷 114〈釋老志〉）僧尼
既為三寶物而放貸，或亦順道附寄個人私財而出貸。另外，政

府委託僧曹濟施的僧祇粟，卻成為主司規取贏息的放貸資本⑬。
北齊沙門統道研資產鉅富，在郡出息，竟常令官府為之收債
（《北齊書》卷46〈蘇瓊傳〉）。此種求取息利的風氣，傳衍
至唐而依舊熾盛，《續高僧傳》卷 25〈京師普光寺釋明解
傳〉：

> 貞觀中，洛州宋尚禮者，……罷縣還，貧無食，好乞貸，至
> 鄴戒德寺貸粟，數與不還，又從重貸，不與之。

《法苑珠林》卷33〈興福篇〉：

> 唐坊州人上柱國王懷智，顯慶初亡歿，……家中曾貸寺家木
> 作門，此既功德物，請早酬償之。

《宋高僧傳》卷5〈唐越州禮宗傳〉：

> 判官身旁舊識者張思義，招手呼馮（思）曰：「吾是汝舅，
> 曾為洛陽倉吏，……假貸太平寺中錢及油麵，于今未脫。」

《太平廣記》卷434〈畜獸部〉「河內崔守」條：

> （貞元中）崔君貪且刻，河內人苦之。常於佛寺中假佛像
> 金，凡數鎰，而竟不酬直。

《全唐文》卷 455 中唐人韋執誼〈與善見禪師帖〉：

> 善見禪師所管施利銀錢，到後量收糶米，支持到九月以來。

上述諸例所貸之物多為錢穀類，較特殊的是貸木作門，但大抵
皆屬信用借貸的範疇。借用者的身分，包括郡守、倉庫典吏、
罷官士人、上柱國等一方之長，為有官位或受勳爵者，社會地
位不算太低，則生活狀況比之不如的貧民，可能更有賴於寺院

的大開方便門。文獻資料所見寺院信貸之例甚為零星,然如李
翱〈斷僧通判狀〉所言:「口稱貧道,有錢放債」(《全唐
文》卷 634),似乎寺院營求息利不是罕見現象,否則何必如
此諷刺之。前引各條雖然皆見於中唐以前,但未必表示百丈清
規建立後,寺院放貸就此絕跡,不然會昌毀佛豈會發生?有關
此問題之深入了解,仍須借重出土文書提供之豐富而多元化的
素材。

出土文書中屬於使用借貸者極少,僅偶見於文牒或附載於
條記,甚難由其中歸納出有意義的結果,故此處只擬就消費借
貸論之,相信應可類推於與其性質相近的使用借貸。在附表一
的 164 件消費借貸券契中,除去未見原契的 2 件,與放貸者不
明的 58 件,確知由寺觀或僧道放貸的計 43 件,非由宗教團體
或個人放貸的計 61 件。茲依放貸者之身分類別,就其時間分
布,表列於下⑭。

表 3-1 消費借貸券契放貸類別時間分布表

放貸類別 時間	宗教類			非宗教類			總計
	道教	佛教	小計	官人	百姓	小計	
麴氏高昌期	0(件)	0	0(0%)	0	14	14(100%)	14
唐 前 期	1	3	4(14.29%)	0	24	24(85.71%)	28
吐 蕃 期	0	27	27(96.43%)	0	1	1(3.57%)	28
歸義軍期	0	10	10(31.25%)	7	15	22(68.75%)	32
年 代 不 詳	0	1	1(100%)	0	0	0(0%)	1
總 計	42(40.78%)			61(59.22%)			103

就整體來看,宗教類放貸的比例占 40.78%,低於非宗教類
的 59.22%,但這兩種類別在不同時間段落裏,其分佈狀態差異
極大。麴氏高昌期的寺院經濟繁榮,但放貸業似乎不占重要地

位⑮；唐前期雖然出現宗教類的放貸，其比例卻不足 2 成，遠沒有非宗教類的多；吐蕃期是四個階段中情況最特殊的一個，宗教類放貸的比例暴增為 96.43%，是唯一一期多於官民放貸者；歸義軍期顯然又恢復非宗教類放貸較多的趨勢，但或許是受到吐蕃期的影響，宗教類的比例稍增至 3 成多，比麴氏高昌期或唐前期都要高。從地區分布上看，麴氏高昌期與唐前期的文書多出自吐魯番，大抵代表西州地區的放貸情形，唯其中包括 4 件百姓放貸的龜茲契，與 3 件由佛教人士，3 件由百姓放貸的于闐契，以及 1 件百姓貸出的敦煌契。吐蕃期與歸義軍期的文書都出自敦煌，可全然代表沙州地區之遞變。本節僅先就宗教類放貸分析之。

如表3-1所見，西北地區之放貸者與道教有關的只知1件，是開元八年（720）西州摠玄觀貸出者（附表一 53）。唐代道教的教理、組織、儀式與理財觀念，與佛教相近⑯，但此區反映的放貸情形似不如佛教多。吐蕃勢力強大以後的敦煌，也無一件契約由道觀貸出，這應與沙州陷蕃後，吐蕃獨尊佛教有關，而道觀在漸荒廢後，即使歷經歸義軍期，也難復興。今日見於敦煌遺書的唐代道觀，連前期在內，總共約 10 所⑰，遠不如八至十世紀的佛教寺院多，可見二教勢力在沙州之強弱。另外，藏經洞本為收藏佛教文獻，道教資料豈堪與之比美。必須說明的是，唐前期佛教類的放貸雖然稍多於道教類，不過並未見到確屬西州寺院的放貸契，似乎宗教團體的放貸在西州還不甚流行⑱，寺觀寧可由租佃等方式經營產業。唐前期 3 件來自于闐的寺院放貸契（69、70、73），時當唐蕃交爭之際，八世紀初于闐已有漢人所建佛寺，並弘布大乘佛教⑲，其出現寺院或僧尼放貸，並不令人訝異。時間上與于闐契約略相當的 4 件龜茲契（63、65、66、67），當地亦盛行佛教，寺院僧侶眾

多⑳，4 契雖非直接由宗教人士放貸，但其中 3 件由邑貸出者
（65、66、67），可能不脫宗教色彩㉑。

佛教允許寺院及僧尼個人放貸。在寺院方面，契中通常註
明由掌管寺屬財產的佛帳所、佛帳、佛物，或由掌管僧團財產
的常住處、常住等單位貸出，偶然也可見到貸出功德粟
（98）。吐蕃期寺院僅見報恩寺、靈圖寺、永壽寺 3 所，歸義
軍期亦只出現永安寺、龍興寺、三界寺 3 所，均較所知的 13
至 17、18 所寺院少了許多㉒。有時，契中雖僅寫出僧尼之名，
但由同組其他契約的寫法，可以斷定其人是寺產機構的負責
人，所貸出之物應非個人私產，如靈圖寺僧海清付與僧義英、
曹茂晟之豆床（89、93），就可從同組文書（S.1475 號背）皆
由該寺佛帳物貸出，及〈靈圖寺僧義英便麥契〉（82）：「於
海清手上，便仏（佛）長（帳）青麥」，辨明海清的身分與寺
職。他如〈徐留通便絹殘欠契〉（143）：「龍興寺上座深
善，先於 官中有恩擇（澤）絹柒疋，當便兵馬使徐留通。」
官中布施的恩澤絹，屬寺院財產的可能性相當大㉓，何況前引
《根本說一切有部毘奈耶》謂質貸書券時，要記上座之名，則
龍興寺鄧上座心善（深善），大概是以寺院名義借出。

在僧尼個人方面，除了將未註明佛帳或常住，又無法從他
處證實放貸者身分的案例歸入此類外，還可從契中語氣，判斷
其為個人放貸，如〈馬令莊舉錢契〉（70）：「於護國寺僧虔
英邊舉錢壹阡文，……如虔英自要錢用，即仰馬令莊本利並
還。」虔英所貸若為寺產，當不會有「自要錢用」之語，故知
其為私財放貸㉔。

寺院或僧尼個人之放貸對象相當複雜，以下且依其類別，
列表說明時代遞變中所呈現的特色。

表 3-2 最特異的現象是，吐蕃期均由寺院貸出，而未見 1

表 3-2　消費借貸券契寺、僧放貸身分類別表

借方 ＼ 貸方時間	寺　院			僧　尼			總　　計
	唐前期	吐蕃期	歸義軍期	唐前期	吐蕃期	歸義軍期	
官人	0（件）	0	2	1	0	0	3（7.69%）
百姓	1	13	2	1	0	5	22（56.41%）
僧道	0	13	0	0	0	1	14（35.90%）
總計	1	26	4	2	0	6	39（100%）

説明：1. 消費借貸券契中未見麴氏高昌期有宗教類放貸，故表中刪除此期。
　　　2. 道觀貸與百姓者僅 1 件，此處略去。
　　　3. 凡為殘契，不明借用人之身分者，不計入表中。

例由僧尼個人貸出。吐蕃期沙州寺院由 13 所發展到 17 所，僧尼數由 300 餘人增至 600～700 人，甚至 1000 人，依附人口少說也約有 1000 人，寺院經濟力量相當強大[25]，但這並不代表僧尼私人放貸不存在，或許私貸案就適巧湮沒在諸多殘契中，抑或適巧未收入藏經洞中。另外，歸義軍期僧尼放貸的部分，是否還有未篩檢出實由寺院貸出者，也不確知。儘管這樣的樣本在了解寺院或僧尼放貸比例上，有些疑慮，但卻無礙於用來分析借用人之身分。

　　寺院與僧尼之放貸對象可大別為官人、百姓、僧道三類。凡帶官稱，無問品秩高卑、職司文武，皆入官人類。凡無任何稱銜，又非僧道之屬者，皆入百姓類。凡寺觀各級出家人，兼及依附人口，均為僧道類。這三類中，百姓借用之比例最高，占半數以上；僧道其次，約 1/3 多；官人最少，不到 1 成。此種分布狀態，似正說明社會上最貧窮，最需要靠借貸維生者，就是一般平民，因為他們既不能享有稅役特權，又不能倚恃官權，擅做威福，更不能如僧道般地還有儭利、法事所得等可憑藉[26]，其借貸比例偏高，殆有其故。

　　唐前期百姓類借者中，有健兒一例（附表一70）。健兒由諸軍召募而來，長年在邊區作戰和防守，自玄宗天寶以來，已有多次健兒因軍鎮長官剋扣衣糧而造反的記錄[27]。健兒日常生活貧困，或許是其向人借貸之因。吐蕃期之百姓借者，大抵皆以某部落百姓稱之（83、88、92、93、94、96、97、100、101、102、103、105、106、107、108），這是吐蕃統治者廢鄉里制，改行千戶部落、將頭制的結果。歸義軍期之百姓借者，較特殊的一是以子弟名義為借主（121），一是出現「龍家何願德」字樣（131）。前者如依唐〈雜令〉，子弟不得家長允許，不得私自舉借財物（《宋刑統》卷26〈雜律〉「受寄財物輒費用」條），則不知歸義軍期是否依然奉行此令。後者之龍家或龍部落，自焉耆東遷而散布於河西諸州，曾臣屬於歸義軍，此件之借用人何氏，大概是與龍家有一定親緣關係的粟特人[28]。

　　僧道類借者，此處雖未見道士，但不詳放貸者之殘契中有之（55、56、57），其一且註明「龍興觀常住處沙□」（57）。就借貸雙方均不多見道士或道觀而言，這樣的資料已算是彌足珍貴，卻也突顯出西北邊區道觀的經濟力量顯得薄弱。在僧人及寺院依附人口方面，他們往往因其近便，直接取借於當寺佛帳所或當寺僧（79、82、85、86、89、147）。具農奴性質的寺戶，吐蕃期隸於都司，編製為團，但也配於各寺服役[29]，借契中之寺戶、當寺人戶（78、80），無疑指此類依附人口。鹹字59號背的一組請便牒，是以團頭或頭下人戶之名，集體向都司申請的借貸，而這裏的借契則是寺戶單獨向某寺提出，不再透過團頭名義申借。另外，「當加（家）人使奉仙便仏（佛）帳麥」（84），似使氏亦為該寺寺戶。然據《釋氏要覽》卷下〈淨人〉條：「今京寺呼家人緣起者。……唐言

賤人。」則使氏為寺奴、部曲之類㉚。

官人類借貸之例甚為罕見，蓋其政治社會地位有助於經濟生活之提升。三例中，行官不詳其品秩與職權（69），但從「為無糧用」而借貸來看，生活狀況似乎欠佳。兵馬使（143、144）原為使府重要軍將，職在治兵作戰，但唐末以來職位漸趨降低，普通兵馬使的身分幾與尋常百姓無異㉛，契中言借用之因有「招將覓職」一語，大概其人不是什麼位尊權重者，才希望由借貸而行諸秘事，求取較好職務。三年後其人被派往西州充使，由於先前所餘欠物未處理妥當，遂有二次立契之必要。官人職位有高低，家庭負擔有輕重，縱然整體形勢較一般人為佳，也還偶有一些特殊情況需要借貸。

表現消費借貸雙方身分特色的資料，除了券契這一類型外，還有數量龐大的便物曆。便物曆是一種結合簡式借契與帳册的文書，它把各條借貸記錄臚列在一起，既方便經營管理，憑帳索還，也易於查核算會，統計盈虧，是貸與者為簡化借貸手續所編造的帳册，其作用與效力，仍同於契約㉜。附表三的102件便物曆，貸方不明者計75件，純由寺院、僧尼、官人、百姓貸出者各13件、6件、2件、3件，一人分別向兩個以上不同來源借用者有3件（1、4、50）。便物曆中，僧俗放貸幾乎不成比例，道士或道觀的放貸也未看見，這可能與道教在沙州式微，便物曆得自藏經洞，甚或僧界貸主漸習以帳曆取代借契有關。

便物曆之寺院放貸，可知其名者只淨土寺（19、53、54、55）、靈圖寺（1、43）、顯德寺（56）、大雲寺（4）4所。標明由寺倉或寺庫貸出者有7件（19、43、51、53、54、55、56）。但寺院的貸出與回收機構有可能是分開的，如淨土寺分別由東庫（19）、常住庫（53、54）貸出，而入破曆則見西倉

為主要回收利潤的機構（P.2032 號背、P.2040 號背、P.3234 號背）。至於其他寺院是否亦如此，貸出與回收機構間的財源該如何調配，似又為宜深思的課題。

貸出機構中較具爭議的，是易與官方的公廨本錢制度發生聯想的公廨司㉝。S.2472 號背辛巳年（921）十月三日由押衙、隊頭等算會之「州司倉公廨斛斗」，應屬官方性質。反之，S.5753 號癸巳年（933）入破曆算會牒之公廨氾法律、公廨蘇老宿，P.4649 號丙申年（936）報恩寺算會抄錄之大眾功（公）廨司靈進，S.6981 號辛未至壬申年（971～972）領得曆之公廨司法律法晏，均應指寺院的公廨司。附表三 15 貸出公廨麥粟，因借用人義忠為當寺僧，故知為某寺之公廨司。另一文曰「公廨司出便物名目」（65）的便物曆，出貸形式與一般公廨司相同，亦附入寺院類。公廨司隸屬於都司，有可能設在報恩寺，大抵是將施給大眾的糧食貸放出來的機構㉞。

都司是都教授或都僧統的辦事機構，位在各寺之上。敦煌文書中都司的不少下屬機構在置本取息。附表三 12 社人於燈司倉貸粟，而燈司將社人所交利息買油燃燈用，這個燈司正是負責臘八夜遍窟燃燈等的籌畫工作㉟，應是都司的下屬機構。又如 S.474 號背戊寅年行像司算會牒，乃都僧統與法律、徒眾等共同算會行像司斛斗本利，說明行像司隸屬於都司，而且「逐年於先例加柒生利」，早已執行放貸斛斗的任務。都司轄下另一重要放貸機構是都司倉，都司倉為教團倉庫，既非官倉，亦非各寺寺倉㊱。北圖鹹字 59 號背的一組請便牒，是吐蕃丑年二月龍興寺、開元寺、安國寺、靈修寺、金光明寺、報恩寺等六寺寺戶，或以團頭並頭下人戶之名，或單獨以團頭名義，或逐由各寺戶自署而聯合呈請方式，向都司倉借貸種子年糧。據其後判辭可知，這種借貸是要經都教授審核的，通常牒

狀單獨由團頭提出的，都教授總是依所請全數發放；由各別寺
戶提出的，則會酌量刪減⑫。另外，《沙州文錄補》載有金光
明寺直歲、都維那、寺主三人聯合向「教授都頭倉」請貸麥粟
的文牒，原因是當寺虛無，家客貧弊，寺舍破壞，無力修營。
由是可見都司倉（都頭倉）是高於各寺寺倉，歸都教授所管的
教團機構⑱。再者，S.5832號請便佛麥牒，可能也是吐蕃期某
寺經樓頹朽，戢繕不得，向都司倉請貸的殘件。都司倉放貸的
文書並不多，吐蕃期大體是以寺院或隸屬於都司的寺戶為主要
借用對象，至於其是否亦如一般寺院之常住處或佛帳所，開放
給俗界官民借用，則無其證。歸義軍期經張議潮實施分都司的
改革，整理僧團財產後⑲，十世紀的敦煌文書就很少看到都司
倉的放貸，似其經濟權力已被大幅削減了。

　　關於僧尼個人之放貸，在放貸者之下均有「少有斛斗」
（附表三20、46、47）、「小有斛斗」（24、87）、或「手下
斛斗」（11）出便與人等字樣，其寫法與寺院或都司機構貸出
者不同，判斷其為僧尼個人之私產放貸。放貸者的身分配合借
契來看，似以上座、法律、闍梨等寺院中層級較高者為多，這
或許與他們參與較多宗教活動，故宗教收入較豐富有關⑳。

　　便物曆是集合多數借者的帳冊，不少資料較細緻地記載便
物人的身分，這比只能表現一對一借貸關係的契約，更能反映
不同階層借者的生活狀況。以下將19件屬於寺院、都司機構
或僧人貸出的便物曆，就各便物人的身分，列表說明之。

　　便物曆的吐蕃期資料不多，主要代表十世紀歸義軍期的放
貸情形。表3-3之借用人以百姓為最多，其百分比遠超過官人
與僧道，而與消費借貸券契（表3-2）呈現同一趨勢，二者之
暗合，恐非偶然，無異更確證這是一群在社會底層掙扎的貧苦
大眾。僧尼向寺院之借貸，似乎較多於向僧尼個人之借貸，這

表 3-3　便物曆寺、僧放貸身分類別表

貸方 / 借方	寺院（13件）	僧尼（6件）	總計
官人	16（筆）（6.45%）	5（4.46%）	21（5.83%）
百姓	150（60.48%）	97（86.91%）	247（68.61%）
僧道	82（33.06%）	10（8.93%）	92（25.56%）
總計	248（100%）	112（100%）	360（100%）

說明：1. 寺院包括各寺及都司的下屬機構。文書中未明言某寺，但可推斷為寺院
　　　　貸出者，皆計入。寺院貸出的 13 件即附表三編號 12、15、19、37、
　　　　43、45、51、53、54、55、56、65、69。
　　　2. 6 件僧尼貸出者為附表三編號 11、20、24、46、47、87。
　　　3. 表中筆數以人次計；有名無姓，又未註其身分者，視情形歸類；借用人
　　　　姓名身分太過殘缺者，不計。

可能是因為寺院放貸盛行，借用人與其另尋貸主，不如就近向
各寺院借之，還更安全而有保障。然例外情形也相當多，如僧
尼向他寺借貸，或以整所寺院之名向他寺融通，無論在借契或
便物曆中都可見到。敦煌各寺院在都司指揮下，經常共同舉辦
各種法事與活動，彼此的關係因此相當緊密，僧尼或寺院如有
生活或財務上的需要，除了想到自己所屬寺院外，應該就是日
常較熟悉、往來較頻繁的其他寺院。敦煌僧尼雖然享有寺院經
濟的利益，有宗教收入可以補貼，但因寺院不供應僧尼日常飯
食，僧人還要承擔官府稅役與寺院勞務[40]，故仍有不算太低的
比例需向人告貸。官人之借貸比例素來偏低，固然與官人數少
有關，然又何嘗不是其生活來源較穩定，稅役壓力較輕，故反
映之經濟狀況較百姓、僧道為佳。

　　便物曆中借用者之詳細身分，所知有限，但這對了解何種
社會階層的人在從事借貸行為，頗有助益，故仍就表 3-3 所
得，整理歸納如下。

　　從身分表可見，貸方似乎只將有特殊頭銜或職稱的人，加

表 3-4　便物曆寺、僧放貸身分表

官	人		百	姓		僧	道	
身　　　分	筆數		身　　　分	筆數		身　　　分	筆數	
長　　　史	2		都　　　料	1		上　　　座	3	
兵　馬　使	2		紙　　　匠	1		寺　　　主	4	
都　　　頭	4		皮　　　匠	1		僧　　　政	7	
押　　　衙	7		金　銀　匠	1		法　　　律	16	
都　　　衙	2		油　　　梁	2		闍　　　梨	3	
錄　　　事	1		磑　麵　人	1		所　　　由	1	
孔　　　目	1		合　種　人	1		行　　　者	4	
知　馬　官	1		婢	1		人　　　戶	2	
合　　　計	20		合　　　計	9		合　　　計	40	
官人借用總數	21		百姓借用總數	247		僧道借用總數	92	
所 占 百 分 比	95.24%		所 占 百 分 比	3.64%		所 占 百 分 比	43.48%	

說明：1. 妻女之借貸，以其父或夫所屬身分歸類。
　　　2. 奴婢雖屬賤民，因所見案例太少，故附入百姓類。

以註記，給予專稱，並非每個人都要詳註其身分，蓋貸方的重
點並不在辨析是什麼樣的人來借貸，也無意給予特殊稱銜者利
率方面的優惠，故記與不記，無關緊要。宗教類放貸，官人借
用者總計 21 例，除官貸一例含糊其詞外，全數皆可知其職稱。
另外，僧道明載教中層級者亦近半數，可是百姓知其工作性質
者尚不足其總數的 4%，可以說借用類別之筆數（表 3-3），正
好與詳列身分之筆數（表 3-4）成反比，亦即借用人數越少的
官人，所知職務越詳；借用人數越多的百姓，95% 以上只記其
名，不詳其職業類別。此一異常現象，不禁讓人懷疑便物曆中
所敘身分，究竟能反映多少真實情形。

　　就表中所列官人身分言之，長史為府州上佐，位秩尊崇，
但唐後期多為閒員。兵馬使、押衙具是使府中之軍事僚佐，押
衙的員數多，品類雜，構成歸義軍政權的中堅力量。都頭可為

都知兵馬使的簡稱，但涵義更廣，是節度使的親信。都衙則可能是都押衙的簡稱。錄事是錄事參軍之屬員，掌勾稽。孔目綜理諸事，尤以財計為要⑫。知馬官大概是長行坊或傳馬坊專領馬匹的官⑬。上述職任，具可謂是使府或相關機構中的要員，但何以獨不見佐、史之類地位較低的職官，或更基層的小吏來借貸，殊為可疑，難道是貸主未特別註明層級較低者之職稱，致其與百姓相混淆歟？如其果然，則便物曆官人借貸的比例，可能要比目前所知者稍稍高些，而百姓部分則會略為下降一點，但調整幅度應該不會太大。再者，長史米定興一次就借迴造麥 100 碩，還有二判官作保（附表三 56），另一例直言「官貸」者，與同件其他各筆最不一樣的是既無簽押、勾銷號，亦無至秋數（19），想來所謂的官人借貸，有些竟然就是官府借貸吧！

百姓詳載身分或職業的案例極少，奴婢屬於賤民，因為只有一例，又看不出其為寺奴，故且附於本類。都料是手工業各行中技術級別最高的師傅，紙匠、皮匠、金銀匠為各類專技工人⑭，油梁似指租取寺院油梁經營的梁戶⑮，磑麵人可能即受雇承工價之磑博士⑯，這些屬於手工業類的百姓，固然可以說明歸義軍期城市經濟正在興起，工商業者增加，借貸者的身分自然表現在便物曆中，但對 95% 以上未記職業的百姓而言，是否意味其絕大多數仍為農民，只因貸主煩於一一具錄，故反易讓人忽略其存在，僅見者不過是個合種人而已。若真是如此，則便物曆中著錄身分的手工業者，便不能認定其為百姓中的主要借貸階層。

在僧道方面，看似出家人名而未帶法號者中，是否包括道士，不得而知，但就已知身分者來看，似皆屬佛教中人，上座、寺主是寺院綱管；僧政、法律是任職於都司的僧官，或在

寺中指導、監督寺眾[47]；闍梨職司糾正，有時也負責寺院出納事宜[48]；所由指的是普光寺執事女尼，均為教階中層級較高者。這些人極可能因身分特殊而留下較多記錄。然而，高階僧尼在僧道類借貸中比例偏高，是否合理，令人質疑。如〈周僧正於常住庫借貸油麵物曆〉（51），可能是以執掌僧的身分，向庫內提貨供支用，而非真正的借貸，因此也不計息。另外，〈某寺貸油麵麻曆〉（45）的便物人，共計上座、寺主、僧政、法律、所由等 11 人次，以及大庫 3 次，同樣也不計息。該件帳曆，部分可能是寺中各部門互貸支用，部分可能是他寺以三綱、所由名義，或都司所屬機構以負責人之名，向某寺調度的記錄。嚴格說，前者不能算是借貸，後者即使是借貸，也非因個人因素，而是取供公家之用。這或許就是表 3-4 所見，高層僧職所佔借貸比例偏高的原因。但亦由是可證，凡寺院之借貸，無分僧職高低，公私用途，都要筆筆入帳，記錄清楚。如此嚴密管理，蓋為防止寺產流失，為人侵吞。至於寺院下層或執賤役的便物僧尼，反而因名號略而不載，難得其詳，但他們大概才是真正為自己生活而借貸的人。

　　附帶說明的是，編號 12 的借方，是以社邑之名整批向燈司倉借貸的社人，包括官、民、僧三類。可見社邑的組成不僅複雜，其與寺院的關係除了受其指導，助其興辦各類齋會外，還包括借貸在內。再者，前文提及之僧道，無論貸方或借方，大概皆以男性為主，其出自寺尼，或稱號上帶尼字，或稱為女冠者，極其少見。究竟是何道理，一時還難有定見。102 件便物曆裏，可知寺、僧貸出者，僅 19 件，易言之，便物曆著錄的身分資料，要比此處的分析複雜許多。但我們從上述的討論中依然可以看出，便物曆表現的身分特徵有其侷限性，如將有特殊稱銜者類推於全體借用人，以為借用人之身分主要就是那

些類別，則很容易誤導我們對借貸階層的認知。

　　與便物曆有相互對應關係的是諸色入破曆算會牒中的利潤入部分[49]。算會牒是一種收支決算書，採四柱式結構編製而成[50]，利潤入是所收利息，通常列於第二柱「自年新附入」中。現今惟十世紀前半沙州淨土寺的入破曆利潤入部分，保存得還算完整。淨土寺是沙州較晚出，規模不太大的寺院，該寺的西倉是專門收取麥、粟、豆利潤入的機構，茲依各不同年度，表列借用人之身分如下（表3-5）。

　　由該表可見，西倉借用人身分大致也與前述二類文書同一趨勢，只是在比例上各類差幅加大而已。官人借貸之案例依然最少，百姓來借貸者則高達9成以上。這雖然是淨土寺的個別狀況，或許不足以如實反映其他各寺的情形，但仍可證明社會階層愈低的百姓，通常愈貧窮，愈需靠借貸度日。反之，身分地位愈高的官人，或生活上可有其他憑藉的僧人，依賴借貸的機率就大為降低。

　　西倉利潤入中各類人之身分，百姓均未載其職業，僧人所知者，僧政為地位尊崇的僧官，判官負責教團財務或巡檢諸寺[51]，知客為寺中執事僧，此外亦多不詳其稱銜。惟官人部分在重出之餘，另有不少前所未見之官稱，如都知可能為都知兵馬使之簡稱，歸義軍時位任已輕，虞侯職管治安軍法，亦掌領兵，倉曹通掌經濟財政[52]，平水專主均平用水[53]，駱駝官大概與官營牧業有關，而鄉官在歸義軍期取代里正的地位，將頭則是吐蕃期部落制的遺留，職在訓練軍隊，帶兵打仗[54]。其中較特殊的是退渾營田，指的應是退渾軍事部落負責屯營田的職事官，但不知是以官方立場或個別名義來借貸。

　　寺院借用人中具官方身分者並不多，三類文書都是如此，但寺院對官府或官人的貸出，承擔的風險似乎要比對百姓、僧

表 3-5 淨土寺西倉利潤入借用人身分表

文書號(年度)	P.2049 號背(1) 後唐同光三年(925)			P.2049 號背(2) 後唐長興二年(931)		P.2040 號背 (936-946)							P.2032 號背 (十世紀中)			P.3234 號背(十世紀中)	總計
						乙巳年(945)		後晉(936-946)	己亥年(939)		甲辰年(944)						
件次(行數)	(72-123)	(144-193)	(222-240)	(76-104)	(123-127)	(144-153)	(162-175)	(六)(386-400)	(八)(434-465)	(八)(494-495)	(一)(16-31)	(一)(41-64)	(十七)(603-612)	(十七)(623-673)	(十七)(693-708)	(1-50)	
物種 / 借方	麥	粟	豆	麥	粟	麥	粟	豆	粟	豆	麥	粟	麥	粟	豆	豆	
官人	3(筆)(3.23%)	1(1.19%)	1(3.23%)	0(0%)	0(0%)	0(0%)	2(6.67%)	2(6.25%)	2(2.35%)	0(0%)	0(0%)	0(0%)	1(5.26%)	0(0%)	2(5.88%)	3(3.37%)	17(2.26%)
百姓	85(91.40%)	82(97.62%)	27(87.10%)	43(97.73%)	5(100%)	9(90%)	20(66.67%)	30(93.75%)	80(94.12%)	1(50%)	27(100%)	49(85.96%)	15(78.95%)	104(94.55%)	30(88.24%)	80(89.89%)	687(91.36%)
僧道	5(5.38%)	1(1.19%)	3(9.68%)	1(2.27%)	0(0%)	1(10%)	8(26.67%)	0(0%)	3(3.53%)	1(50%)	0(0%)	8(14.04%)	3(15.79%)	6(5.45%)	2(5.88%)	6(6.74%)	48(6.38%)
總計	93	84	31	44	5	10	30	32	85	2	27	57	19	110	34	89	752

說明：
1. 本表據唐耕耦輯編《敦煌社會經濟文獻真蹟釋錄》製成，表中之年度、件次、行數等，悉據唐氏之考證。
2. 引用文書中凡不屬於西倉利潤者，皆略去。

道大些。前引長史米定興一次就借迴造麥 100 碩，而另件「官貸」的一筆，沒有還數，也沒有勾銷號。鉅額借貸固然考驗寺院的經濟實力，不過更令他們膽顫心驚地，無疑是不能不借，又恐怕賴債不還，「官貸」之例就隱約透露出這樣的訊息。另外，P.2032 號背淨土寺破曆中竟看到兩次「張縣令貸將（留入）不得用」（498～499 行）的記載。以縣令之尊都要向寺方借貸，則寺方的放貸實力，確實不容忽視，但寺方將該條列入破用部分，依稀說明該縣令倚勢不償，寺方也莫可奈何。想來寺方於官府或官人借貸，不能無所顧忌吧！

在消費借貸方面，傳統文獻宗教類貸出的資料因太過零星，無法予人清晰的印象。出土文書的券契類較具代表性，顯示俗界的放貸比例比僧道高，即使排除麴氏高昌期亦如此。便物曆與淨土寺西倉利潤入的數量雖然龐大，但較偏於歸義軍期佛門放貸的情形，照顧的面相對地狹隘。就這三類資料來觀察，其共同趨勢是平民借貸的比例遠高於官人或僧道，官人借貸的比例尤為其中之最低者。不過這三類資料所顯示的借用狀況，仍有相當大的差距：

表 3-6 宗教類放貸資料比較表

借方＼資料類別	消費借貸券契	便物曆	淨土寺西倉利潤入
官人	3（件）（7.69%）	21（筆）（5.83%）	17（筆）（2.26%）
百姓	22（56.41%）	247（68.61%）	687（91.36%）
僧道	14（35.90%）	92（25.56%）	48（6.38%）
總計	39	360	752

說明：本表據表 3-2、表 3-3、表 3-5 製成。

三類資料中，百姓的借貸比例差距最大，高達 34.95%，僧道次之，亦有 29.52%。不同形態的資料，傳達的訊息出入如此之大，除了前已述及之各類資料的代表性有其侷限外，貸與人無需詳著借用人的身分，或借用人的職位過低，不足引人注目，可能都是其中之原因。另外，個人可以同時擁有數種身分，貸主不經意的載錄其一，也是造成該種現象的原因之一。如丙辰年（956）〈氾流□賣鐺契〉（北圖圖字 14 號），氾氏的稱號是「神沙鄉百姓兵馬使」，官人與百姓兩種身分集於一人之身，其實是不相衝突的。又如〈董保德建造蘭若功德頌〉（S. 3929），建造人所帶銜為「節度押衙知畫行都料」；莫高窟第 39 窟供養人之一是「孫木行都料兼步軍隊頭」⑤，都是一人同時有兩種身分。由於貸與人的重點並不在分辨是什麼身分的人來借貸，故僅登錄其名，或隨意載其一種身分，也是非常可能的。表中三類資料基於上述諸般原因，所反映的借用人身分，可能與實際狀況略有出入，只可惜在無進一步確證下，很難對各類人的百分比做一適切調整。不過可以肯定的是，百姓的借貸比例在三類資料中都如此居高不下，正與其社會背景不如官人，經濟能力不如僧道之有所憑恃，有莫大關連。無論如何，百姓終究是社會上最有借貸需要的階層，而無聲無息的農民，大概為其中之尤甚者。

　　至於僧道部分，在邊州宗教盛行，教階等級差別大，一般社會經濟地位不如官人，資料來源又以藏經洞為主的情況下，其借貸率高於官人，並非不合理，但其間似乎混入部分以私人名義，借出公物者。官人借貸者多為使府中之重要僚屬，然若考慮佐史之類或更基層的小吏，因貸與人之輕蔑而視若平民時，官人借貸之比例，不無可能會比目前所知者稍稍高些。需進而說明者，唐代官府本有常平倉、義倉出貸的制度，但這通

常發生在災荒時，且隨著安史之亂，唐朝在西北邊區勢力的式微，官倉出貸制度似為民間富有者所取代，尤其是寺院更轉而承擔下此一政府機能⑯。沙州寺院經濟結構中，高利貸的比例愈見攀升⑰，當與官府未能恢復倉糧賑貸舊制，有著相互對應的關係。

　　有借貸需求的人到何處，向何人借貸，總會以自身利益做個綜合判斷。即使唐朝的倉糧出貸，或本錢出舉制度，無法在陷蕃後延續下來，但民間貸主也不是只有寺院，有錢有勢的財主或土豪，照樣有放貸實力，甚至不算富有的平民百姓，也不妨急人之急，替人周轉於一時，今日留存下來的放貸文書中，寺僧貸主相當不少，可見他在某些方面有其優越性，才會有不少不同階層的人選擇向寺、僧借貸。以下試從借貸雙方的距離遠近，觀察借貸的區域特徵與區位意義。

　　上述三類資料，除淨土寺西倉利潤入之借用人全不載其鄉里籍外，另兩類資料在這方面，還約略有跡可尋。消費借貸券契之宗教類貸主，只有沙州地區所記較詳，其中不少是由寺院直接放給當寺僧徒的（79、80、82、84、85、86、89、147），還有一例註明為當巷人之借貸（150），都是極近距離的。另外可見不同部落百姓，同時向一個寺院借貸的情形，如靈圖寺曾分別貸給下部落（93）、行人部落（94）、阿（紇）骨薩部落（83、88、105）與悉董薩部落百姓（92），永壽寺曾貸給寧宗部落（96）、悉董薩部落（97）與紇骨薩部落百姓（106、107、108）。吐蕃於庚午年（790）開始⑱，陸續將沙州居民依地域、階層、行業分為若干部落⑲，以靈圖寺、永壽寺的貸與範圍為例，東到相當於唐鄉里的懸泉鄉，西到洪潤鄉⑳，可說已橫亙整個敦煌縣，並可能包括散居在州城附近的居民㉑，可見寺院放貸的網絡相當廣闊，各寺院猶如一個小型

的金融中心。

便物曆中有時會附載借用人之鄉貫或所屬寺院，這對瞭解借貸雙方的遠近距離，借方選擇貸主的原因，不無幫助。茲表列如下：

表 3-7　便物曆寺、僧放貸之借用人住處表

貸主		附表三編號	借用人住處
寺院	？	15	赤心鄉、洪潤鄉、莫高鄉、玉關鄉、龍勒鄉、洪池鄉、平康鄉、普光寺、（當寺）
	淨土寺	19	玉關鄉、莫高鄉
	靈圖寺	43	洪潤鄉、莫高鄉、神沙鄉、靈圖寺（當寺）
	？	45	普光寺、開元寺
	淨土寺	53	龍興寺
	淨土寺	55	大乘寺
	？	69	壽昌（縣）、顯德寺、（當寺）
僧人	李闍梨	20	洪池鄉、通頰、退渾
	翟法律	47	慈惠鄉、赤心鄉、洪池鄉、龍勒鄉、神沙鄉、效穀鄉、平康鄉、退渾、孟受莊、捌尺莊

沙州寺院是否皆營放貸事業，固不可知，但顯德寺（56）曾貸給長史迴造麥，而該寺僧人卻於他寺借貸（69），可見借用人未必以近便為唯一的考慮。表中編號 15 的借用人，至少來自七鄉二寺，如再包括口承人所見之敦煌、神沙二鄉，以及與放貸寺院屬同一鄉，故未著鄉名者，則歸義軍期敦煌縣十一鄉[62]，就有九至十鄉人出現在同一便物曆，可以說該寺的放貸範圍，或其影響層面，幾乎遍於全縣八至九成的地區。類似情形亦見於編號 47，該件 23 筆借貸記錄分屬七鄉、二莊、退渾部落，及可能是與貸主同鄉、同寺，所以未註出之便物人。至於不明放貸者中，放貸區域最廣的一件便物曆，包括九鄉、通頰等部落與顯德寺等處（8），同樣展現其吸納各方借者的能

力與特色。

上述各件之放貸地點，通頰、退渾是入歸義軍期仍保留的兩個部落名，但已向鄉里制演化[63]，孟受莊與捌尺莊均因水渠得名，由灌溉方便演變為莊客聚集之居民點，大概分別在神沙鄉與平康鄉東南處[64]。其他各鄉具屬敦煌縣，有自最北的洪池鄉，到最南的神沙鄉，也有自最東北或最西北的效穀鄉、洪潤鄉，到最西南或最東南的龍勒鄉、莫高鄉，其直線距離均不超過 50 唐里[65]。《唐律疏議》卷 3〈名例律〉「流配人在道會赦」（總 25 條）疏議依令計行程，凡陸行：「馬，日七十里；驢及步人，五十里；車，三十里。」唐一里約合今 531 公尺[66]，50 唐里不過約 26.55 公里，以步行一小時 5 公里計，大概約需 5 個半小時。便物人如來回一趟在 50 唐里內，花個大半天光景，就可借得用物，就時效論，還算在可容忍範圍內。因此，只要貸方的相對位置不過偏，貸出條件不過苛，便物人應該會做個適當考量。至若借貸雙方住處緊鄰，則更可看出便物人取其近便之意，如「住在寺前大西街」、「舍在寺前」（19），或「同街」、「同巷」（8），就是其例。

便物人之鄉貫或住處，大抵皆不出敦煌縣，但有時也有例外，如表 3-7 編號 69 的便物人，有一個來自壽昌縣。該縣原為壽昌鄉，也是敦煌縣的一鄉，至歸義軍時期才獨立置縣，故城在敦煌西南 120 哩[67]。依常情判斷，即使便物人度越數鄉求貸，也應是其易於企及之處，否則貸主也不能放心付與。敦煌、壽昌二縣距離遙遠，單程即超過步行一日之里數兩倍以上，對借貸雙方而言，均極不便，故鄙意推測，該件便物人未必現住壽昌縣，而可能是剛自壽昌縣遷來，遂加上此一附註，以資辨識。

借契與便物曆中，或許沒有真正跨縣借貸、遠距借貸的情

形，但一件便物曆可包括全縣八、九成以上地區的人，其放貸範圍之廣遠，分佈地區之遼闊，不得不讓人訝異貸主之財力雄厚，足以應付來自各方的需求，也不得不感嘆借者之消息靈通，往往為區區之數而跋涉數小時。對於稍具規模的貸主，如果資料齊全，應可大致畫出理想中的放貸圈，而整個敦煌縣境，在借貸需求如此殷切下，大概會有不少個交互重疊，而又各自獨立的放貸圈。

借契與便物曆等反映的寺、僧放貸如此興盛，似乎與官本放貸及官倉出貸制度不健全，有密切關係。唐代官府本有各式本錢與倉糧出貸的制度，但隨著本錢制度弊端叢生，及安史亂後唐朝在西北邊區勢力的式微，官府放貸功能幾乎喪失殆盡。繼之而起的吐蕃與歸義軍政權未能注意及此，於是貧困百姓只好求助於非官方系統，今日所知件數可觀，筆數龐大的借契與便物曆，就是宗教界，尤其是寺院肩負起這個重任的最好證明，蓋寺院相對於俗界高利貸主，應是風險低而具慈善性的援助機構⑱。

在質押借貸方面，南朝寺院首開就庫質錢之風，於傳統的信用借貸之外，憑添另一種納質取息方式⑲。南齊褚淵為司徒，為官儉約，常以家中用物就招提寺質錢（《南齊書》卷23〈褚淵傳〉）；而首次以專業性質庫出現的例子是《南史》卷17〈循吏甄法崇傳〉：「法崇孫彬……嘗以一束苧就長沙寺庫質錢，後贖苧還，於苧束中得五兩金，……彬得，送還寺庫。」上述二寺地點分別在南京、江陵⑳，各據長江之一端，而具已成為時人重要的質借據點，其規模似有日漸擴大之勢，且正朝著專業化、制度化之途邁進㉑。

唐朝寺院之質貸求利，可能漸向區域性金融中心發展。《山右石刻叢編》卷9〈大唐福田寺□大德法師常儼置粥院

記〉：

> 造立舖店，並收質錢舍屋，計出繒鑼過十萬餘資。

　　質錢舍屋，大概是指質庫、質舍之類，是專營動產質的機構。福田寺將舖店與質庫收入並列，顯見二者均為寺院經濟之大宗。再者，寺院附屬之舖店，蓋即邸店之類，會昌五年（845）正月三日南郊赦文：「委功德使檢責富寺邸店多處，除計料供常住外，膦者便勒貨賣，不得廣占求利，侵奪疲人。」（《文苑英華》卷 429）寺院若只營住宿、飲食、倉庫等邸店的基本業務[72]，當不會招致「廣占求利，侵奪疲人」之譏，想來這些有多處邸店的富寺，其經營觸角已伸向金融業發展[73]，甚至包括動產質在內。福田寺既立舖店，又收質錢，兩種資本既可互通，寺營質業的規模必然大增，而且隨著舖店[74]、質錢舍屋各營業據點的設置，以寺院為中心的質借網路，似已隱然成形。

　　福田寺造舖店、質庫之事發生在貞元、元和間，當時類似福田寺經濟規模的寺院或許不少。建中三年（782）國家財政窘迫，政府覬覦質庫之豐厚利潤，括僦櫃質錢，其中應包括寺庫在內。元和十二年（817）銅錢數量不足，下詔禁私貯見錢過五千貫，寺觀就與官僚、坊市等同被點名（《舊唐書》卷 48〈食貨上〉）。雖然，今日所見文獻資料中直接言及寺庫質貸的例子極少，但生息求利既為佛教經律所允許，中唐寺院由建中、元和這兩項指標觀察，擁有雄厚財力的似不在少數，故吾人相信質借業普遍存在於各寺院，否則令狐峘等請禁僧尼交易時，洛陽同德寺僧無名不致強烈質疑：「不許交易，且將遣何生！」[75]此交易就包括最基本的納質取息在內[76]，亦惟如此，其反彈才這麼激烈。只是寺營之規模大小各不相同，專業程度亦

有分別而已。

寺院三寶物可各自放貸，附表四的動產質契，吐蕃期由寺院貸出者，都出自佛物處或常住處（2、3、6），另一件似由僧人私產貸出（5）。歸義軍期未特別註明者，末有「不就，便則至庫（？）」字樣，似亦由寺庫負責人貸出（11）。寺院質物的對象，因案例不多，無法做系統性分析，然以前述各例來看，兩件為部落百姓（2、6），一件為寺戶（3），一件無身分標示者大概亦為某鄉百姓（11），還有一件是地位甚低的沙彌（5）。這與前述消費借貸以百姓為主，僧人居次之趨勢，不謀而合。值得一提的是〈索豬苟欠麥質釧契〉（11），索氏初借時無質典物，至秋更欠不得還，才將大頭釧為質，這與前所提及的《根本說一切有部毘奈耶》卷22，索物不得而納質之情形，正可相互對照。故所謂的質貸，有初借質押與欠負質押兩種，後者以質物抵債之意味較前者明顯。其他由寺院質貸者，還零星散見在一些帳曆或抄錄中，如 P.3997 號庚子年（940）都寺主領得前寺主手下「白斜褐一段，鐵子作典」；P.4021 號庚子年（940）後寺主於前寺主手上領得迴殘物，包括「典麥一碩四斗」；P.3631 號辛亥年（951）僧保瑞欠常住斛斗，「入人上典物銅鑵子壹口」。前兩件雖是職務交代之際的點收，卻不得否認寺中許可以物質典。寺院、僧人質貸的規模或許沒有信用借貸大，但仍不失為一種可取信於貸主，方便於借者的救急方法。

寺觀因財務問題或有特殊原因時，也會典賣不動產應急，這在文獻資料中可見數例，如元和年間叔孫矩〈大唐揚州六合縣靈居寺碑〉：「起檀度門，剖方便法，大致資貨，遂收復常住舊典賃田三千餘頃，……矻矻然盡力惟持。」（《全唐文》卷745）會昌年間義叶〈重修大像寺記〉：「穎川郡陳公為左

神策將軍，……寺無居僧，爰詰耆舊曰：頃者莊田典賣於鄉里，……出清奉以收贖，因之請僧，重復其業。」（《全唐文》卷 920）唐末李蟾〈請自出俸錢收贖善權寺事奏〉，則是「依元買價收贖」寺產，施入常住（《全唐文》卷 788）。無論收贖寺產者是否為出典之寺院本身，也無論龐大寺產中是包含百姓出典而無力贖回之田地，但內地寺院典買或典賣不動產，應是確然存在的事實。至於出土文書，只在沙州契約中見到二則，〈張幸端典地貸絹契〉（附表四 B（2）2），是張氏向氾僧政貸生絹 2 疋，約定以渠地 3 畦任其佃種，地上物依回還日期長短，分折本利。出質人的身分是客將，殆為與本部族已相離之藩將⑦，他可能被派往于闐任職。張氏以地出典，既意味著一農季後才會回來，也因此需貸較多疋帛，才能支應在外地的生活。貸與人氾僧政是地位不低的僧官，大概不會自耕土地，但還不足以斷定氾僧政是寺院收取質物的負責人。另一例是〈高加盈等佃田折債契〉，應屬欠負質押之類，只是用來抵債的不是一般動產，而是土地的收成物，所以從契約形式上看，有點類似租佃契。

佛教為護持建立正法，聽弟子受畜奴婢等，但要需淨施⑧，亦即寺、僧是可以用淨人為僧作淨的，而其來源之一，就包括以人為質。契約中人質之例為〈吳慶順典身契〉（附表四 C3），吳氏是慈惠鄉百姓，因家中貧乏，將己身典在「龍興寺索僧政家」，任索家驅馳。龍興寺是沙州大寺，而當地僧官多出自高門大族⑨，吳慶順似非典身在龍興寺，而由有權有勢的索僧政家，收取為人質，為其工作。另外和闐出土的〈護國寺殘文書〉中有維那僧遺失典婢契一事⑧，亦可證明寺院收納人質，不拘良賤。

寺院以經濟強勢姿態，接受質物，貸出粟帛，無論在經律

上與事實上，都是被認可的。此質物包括動產、不動產與人質。然而，內律反對將寺中之田園庫舍等不動產，畜類等動產，僕使等賤役，分割、賣與他人，或被私占（《四分律刪繁補闕行事鈔》卷中 1）。只是內律不言以之出質或典賣，是否亦在禁止之列。《冊府元龜》卷 52〈帝王部・崇釋氏二〉德宗貞元十三年（797）十月條：

> 景公寺僧寂寬等於京兆府狀訴綱維乾俊等典賣承前敕賜御衣。府司推勘所典賣，並緣嘗（常）住寺用，禁繫乾俊等，奏請科罪。帝曰：「本來施與寺家之物，若自盜竊，法律有文，今乃不為私情，事緣嘗（常）住，正當施與之意，豈合書以罪名。」

僧寂寬等狀訴綱維乾俊等，究竟是因其有違內律禁止常住物出質之規定，抑或只是不當典賣敕賜御衣，有些語焉不詳。府司推勘若只有違常住寺用，只需依律處斷即可，何必奏請科罪。德宗的事緣公用，不為私情，又能否代表僧界看法，也待斟酌。敦煌文書 P.2187 號：「凡是常住之物，上至一針，下至一草，兼及人戶，老至已小，不許倚形恃勢之人妄生侵奪，及知典賣。」這是沙州寺院在歷經會昌毀佛浪潮與張議潮改革後，常住財產有被分割之虞，才以極嚴厲的口吻，做此宣示㊿。則常住物在一般情況下是否果真不可典賣，尚有疑議。至少由上例來看，在德宗許可下，寺院出質動產，已是不爭的事實。

如前所述，寺院典買或典賣不動產是確然存在的現象，但《五代會要》卷 12〈寺〉：

> 開運二年七月，左諫議大夫李元龜奏：「天下寺宇房屋，近日多聞元住僧轉與相典貼，伏乞明行止絕。」從之。

如本文第二章所論，唐中葉以來，政府已不禁止民間典貼不動

產，且以納稅使之合法化。後晉李元龜奏請止絕僧眾典貼寺舍，並獲出帝應允，大概指的不是尋常典貼，而是多次轉典，因其有損原出典人權益，故做此禁止建議。

道觀模仿佛寺納質取利，應該不是什麼稀奇的事，《全唐文》卷345陳希烈〈修造紫陽觀敕牒〉：

> 右修造外有前件迴殘，爲造觀成附奏，奉敕便賜觀家充常住。郡司已準數分付三綱訖。臣又與觀主道士劉行矩等商量，請於便近縣置一庫收質，每月納息充常住。

道觀置庫質貸，所收之息利迴充常住，在觀念與作法上，都與佛寺如出一轍。儘管有關道教質貸之例所見甚少，然以道教之教義、組織、儀式多仿自佛教而言，其接受質物，甚或以常住物出質，可能均與佛教相類似。

寺觀或僧道之特殊形態的放貸，史料中相當罕見。麴氏高昌期有一件〈道人智買夏田券〉，是道人以預租方式佃種土地。同期之〈范阿僚從道人元□邊取錢作醬券〉，則是道人以預雇形式給錢請人作醬。這兩件雖有可能在實質上是借貸契約，但還難以從形式上確斷其借貸性質。而另件屬於沙州的預雇契，是吐蕃期部落百姓張和子為永康寺造協籬（芘蘺），先向常住處取價麥的契約（附表六　B6）。張和子先取價麥的原因是「為無種子」，契末署名上冠以「取麥人」稱呼，而其相對人既未署名，也只簡單以「麥主」名之。這種先取工價與署名欄的寫法，與一般借貸契極為類似，應可視為寺院貸出的預雇型借契。

賒買型借貸與寺院相關的有一件，這是僧光鏡闕車小頭釧，向當寺僧神捷買，而將價值布填納於儭司的契約（附表六　C2）。儭司是都司的下屬機構，負責接受布施，分配儭利。P.

2638 號〈後唐清泰三年（936）沙州儭司教授福集等狀〉：
「請諸寺僧首、禪律、老宿等就淨土寺算會」，可能儭司就在
淨土寺，光鏡、神捷就是淨土寺僧⑧，而神捷是將布施給儭司
的釧，賣給光鏡的人。就此而言，神捷似是儭司的執事僧，光
鏡則為向儭司賒買釧，署名為「負儭布人」的借貸者。

第二節　民間個人與機構之放貸

　　佛道二教的盛行，許以三寶物出貸，固然帶起寺觀與僧道
之放貸風氣，但民間非宗教性個人與機構，其放貸情形，其實
無論就傳統文獻或出土文書來看，都較前者更為普遍。以下先
從信用借貸論起。

　　唐人的身分意識相當強烈，不僅認為市井子孫不得列預士
流，同樣地，也認為食祿之人不當自執工商，家專其業，以奪
下人之利⑧。開元十五年（727）七月廿七日敕：「應天下諸州
縣官，寄附部人興易，及部內放債等，並宜禁斷。」（附表二
10）官人放債出舉一如興易求利，同在限制之列，然天寶九載
（750）十二月敕：「郡縣官寮，共為貨殖，竟交互放債侵人。
……一匹以上，其放債官先解見任，物仍納官，有贓利者，准
法處分。」（《唐會要》卷69〈縣令〉）以如此嚴厲的舉措，
期於遏止官人放債，不亦正反映問題的嚴重性！唐初已有捉錢
令史出舉公廨本錢的事例⑧，或許為了防杜官吏借機用官本取
私利，唐政府原本禁止官吏個人出貸，但官府既已帶頭放債，
官人自然更有藉口，起而效尤。太宗時高季輔謂曰：「公侯勳
戚之家，邑人俸稍足以奉養，而貸息出舉，爭求什一。」（附
表二 1）即可見貴戚放貸之普遍。玄宗籍太平公主家，收子貸
息錢，數年不能盡（附表二6、7），其放貸規模之大，令人驚
異。開元三年（715）五月禁封家不得舉放（附表二9），是否

與此有關，值得注意。

　　前引玄宗二敕，已見中外官之放貸侵損黎庶之積弊，難於緝理。代宗以還，元載更以厚外官俸祿，反制樂仕京師者，致「京官不能自給，常從外官乞貸」（附表二16），使官吏放貸之風習，更趨惡化。但最讓人難以置信的，竟是官吏漠視法禁，不以放貸為非的觀念，《太平廣記》卷500〈雜錄〉「李克助」條：

> 李克助為大理卿，昭宗在華州，鄭縣令崔巒，有民告舉放絕絹價，刺史韓建令計以為贓，奏下三司定罪。御史台、刑部奏，罪當絞，大理寺數月不奏。建問李尚書，李云：聞公舉放，數將及萬矣。韓曰：我華州節度，華民我民也。李曰：華民乃天子之民，非公之民也。若爾，即鄭縣民，乃崔令民也。建伏其論，乃捨崔令之罪，謫潁陽尉。

唐代官吏好放債，似可由該條資料中反映出來。刺史、縣令均於部內放債，刺史只知計人之贓，而不知反躬自省，甚至還大言不慚地曲意為己迴護；大理卿則明知所為非是，卻隱匿其罪，不除惡務盡，實亦有虧職守。法司及一方之長對官吏的放貸，既持此種苟且一時，得過且過的心態，宜乎禁令形同具文，舉放不絕於官場，而此種風氣，甚至連清資官都未必能免俗⑧。自開元二十九年（741）首度禁止清資官置邸店等以來，詔旨即對名列清途者，一再重申防禁⑧。然利之所趨，禦之終難見效。放貸為邸店的相關業務之一⑧，清資官既私置邸店，營求商利，難保不就此兼帶放債，獲取息利。

　　唐後半期以橫暴著稱的諸軍諸使，其貸便牟利之情狀，可能更甚於一般官吏，《舊唐書》卷52〈后妃下〉：「有自神策兩軍出為方鎮者，軍中多資其行裝，至鎮三倍償之。」諸軍使

依例可出貸官本息利，不過此處顯然是軍中個人之放貸，與官本無關。神策軍之所以用高於倍稱之息的方式，出舉於赴任者，名義上在助其旅費，賀其得一肥缺，實際上因借者遠在他方，貸出的風險性高，所以加倍索還，防其拖欠或賴債不付⑳。與此類似的吏部選授，比遠官亦多帶息債到任，如開成五年（840）十一月嶺南節度使盧鈞奏：「（嶺中）今之弊是北資。……比及到官，皆有積債。」（《册府元龜》卷631〈銓選部・條制三〉）會昌元年（841）二月中書門下奏河東隴州鄜坊邠州等道比遠官：「選人官成後，皆于城中舉債，到任填還。」（附表二36）比遠官舉債，似乎遍及南北各偏遠道州，而此中之放貸者，不無可能就包括諸軍使在內。唐中葉以來，北衙諸軍及內諸司使多由宦官節制，或由宦官權充⑨，諸軍使的囂張跋扈縱恣狂暴，也表現在其出貸財物與無所不用其極的逼債方式上。如五坊使宦者楊朝汶，因賈人負息錢亡命，乃收其家簿，根引數十百人，箠挺交加（附表二28）。縱然此舉觸怒憲宗，而被誅殺，但諸軍使舉放取利深重，行為過於乖張者，想來不在少數，或許也正由於此，開成二年（837）八月二日敕，除了對不依法放錢之平民，處脊杖二十，枷項之刑外，還特別聲明：「如屬諸軍諸使，亦准百姓例科處。」（《宋刑統》卷26〈雜律〉「受寄財物輒費用」條引）從表面上看，這是對諸軍使違越放錢之限制與懲罰，但另方面，則無異認可諸軍使放債之合法性，也間接突破州縣官不准出舉之禁令。

　　商人富室收市廛之厚利，亦為重要之放貸來源。開元十七年（729）八月貨幣不足，詔曰：「藏鏹者，非倍息而不出。」（《册府元龜》卷501〈邦計部・錢幣三〉）長慶間楊於陵議錢少之一因為：「商賈貸舉之積」（《新唐書》卷52〈食貨二〉），皆可見豪富之家在整個放貸界，實具舉足輕重的地

位。唐代諸軍使雖然驕縱，但自大曆以後，債帥多矣，而其債主竟是京城一帶的富室豪家，史稱：「節度使多出禁軍，其禁軍大將資高者，皆以倍稱之息，貸錢於富室，以賂中尉，動踰億萬。」（附表二 32）等而下之的神策軍吏，亦有假貸長安富人錢八千貫者（附表二 23、24、25）。諸軍使等借貸數額之鉅，不得不讓人對放貸之家的財富，另眼相看。再者，富賈豪商厚賄於朝官或方鎮，以取朝秩者，不乏其人[92]，而一旦得官後，憑勢使氣，因茲放貸，更有其便，《新唐書》卷214〈藩鎮劉從諫傳〉：「賈人子獻口馬金幣，即署牙將，使行賈州縣，所在暴橫沓貪，責子貸錢，吏不應命，即愬於從諫。」交易、出舉之利便，蓋亦為賈人甘願輸納財貨，鬻得官爵的原因。由於放債之獲益高，本利之迴轉快速，富饒商賈大概鮮少會放過此逐利機會，元稹〈估客樂〉：「子本頻蕃息，貨販日兼并」（《元稹集》卷23），就正顯示商利與息利並重。

唐朝是一個具有國際化傾向的國家，外族陸續內徙[93]，長安、洛陽、揚州、洪州、廣州等大城市不僅為胡人匯聚之所，也沾染不少胡風[94]。出土文書所從出的西州、沙州一帶，有吐蕃、吐谷渾、粟特、回鶻等族活動的痕跡，其中，安、康、曹、史等姓，以及胡式人名，或帶突厥語之胡名，與通頗、退渾、從化鄉等居地的人，屬外族的可能性相當高[95]。從文獻資料顯示，胡人在唐代的經濟勢力不容輕忽，如北狄之突厥、回鶻、奚、契丹，西域之波斯、九姓胡，及印度商人等，都頗為活躍[96]。胡人滯居中國，從事放貸業者似也不在少數，貞元三年（787）檢括久留長安之西域使人，「皆有妻子，買田宅，舉質取利，安居不欲歸」（附表二 17），即使人出舉也。文宗〈禁止與蕃客交關詔〉：「頃來京城內衣冠子弟，及諸軍使，並商人百姓等，多有舉諸蕃客本錢。」（附表二 35）則胡商放

貸之層級、範圍，相當廣遠，與一般唐人，殊無二致。而其財力之雄厚，規模之大，也很可觀，如李晟子慇為右龍武大將軍，「子貸迴鶻錢一萬餘貫不償，為迴鶻所訴」（附表二34），似可略窺一二。另外，官吏買官求職，打通關節之費用，時而出自胡商之舉借，乾符二年（875）南郊赦在嚴禁此等取受之餘，特別註明「如是波斯番人錢，亦准此處分」（《唐大詔令集》卷72），可見蕃胡之放債實力不弱，已可自擁一片天地，連官人都不免仰求於彼等。

唐代的富室豪家許多亦是田連阡陌的大地主，對備受斂抑之苦的小農來說，青黃不接的糧食、種子，大率就是向這些富室豪家求貸而來，開元二十年（732）發諸州義倉制：「如聞貧下之人，農桑之際，多闕糧種，咸求倍息，致令貧者日削，富者歲滋。」（附表二12）《陸宣公集》卷22〈均節賦稅恤百姓第六〉說得更清楚：「富者兼地數萬畝，貧者無容足之居；依託強豪，以為私屬；貸其種食，賃其田廬；終年服勞，無日休息；罄輸所假，常患不充。」指得都是富戶豪強貸出穀物或種子給貧民，而貧民深受重息剝削，以致終日辛苦，猶不能足。唐代的城市規模小[97]，廣大的農村仍為經濟主體，即使經常可見官倉賑貸百姓，但賑貸仍需填還[98]，急賦暴徵又無已時，於是民間富豪仍有極廣的空間放貸求利，大曆年間德音：「宿豪大猾，橫恣侵漁，致有半價倍稱，分田劫假。」（附表二15）這正與陸贄所言之「有者急賣而耗半直，無者求假費倍」、「人小乏則取息利，大乏則鬻田廬」（附表二18、19），可以相互呼應。富室豪家乘人急切，高利放債，是相當普遍的現象，其影響範圍之大，殆及於整個農村社會，不是侷限於城市中以官、商為主體之出舉，所能相提並論。

官吏與富豪商賈之放貸對象極廣，絕不僅止於貸給數額甚

少的升斗小民，尤其當越大數額的舉放，越易累積財利時，貸主的興趣就越易被其牽引，前文提及為求賄或赴任乞貸之軍將官吏，已可見其一端，他如王侯、節度使、貴冑子弟或士人，負荷息債之例也不勝枚舉。章懷太子之子守禮，以外支為王，「常負息錢數百萬」（《新唐書》卷81〈三宗諸子列傳〉）；唐人所擬〈貲次如苴判〉：「舉半以遺侯家」，當是現實社會之反影（《文苑英華》卷552）；五坊使於賈人張陟家得私簿記，乃故鄭滑節度使盧群手書，蓋盧群亦為債帥（《舊唐書》卷170〈裴度傳〉）；德宗時常賦不充，徵及勳貴岳牧之後，致其子孫「乞假以給資裝」（《陸宣公集》卷12〈論敘遷幸之由狀〉）；詩人杜牧宦途不順，其〈上宰相求湖州第二啟〉中言：「某有屋三十間，去元和末，酬償息錢，為他人有」（《樊川文集》卷16），亦飽受借貸之苦。可見官吏與富豪商賈的放貸對象，上至文武官僚，擴及一般士人或商人，下迨貧困農民，含蓋範圍之廣，各階層無不包舉在內。無論各人借貸之原因何在，如此普遍的借貸行為，已透露出不尋常的社會訊息，與畸型的政治異象。

借貸關係中，除了數額較巨者須求助於規模較大的放債之家外，一般借貸，借方通常會先向住得較近的鄉里鄰人，或關係較密切的親故知交，尋求援助，《太平廣記》卷434〈畜獸部〉「戴文」條：「家富性貪，每鄉人舉債，必須收利數倍。」同書卷134〈報應部〉「童安玕」條：「與同里人郭珙相善，珙嘗假借錢六七萬。」《新唐書》卷194〈陽城傳〉：「里人鄭俶欲葬親，貸於人無得，城知其然，舉縑與之。」《唐會要》卷38〈葬〉李德裕奏：「閭里編氓，……歿以厚葬相矜，……或結社相資，或息利自辦」，相資之社邑中人，或自辦所取借者，大概仍為閭里鄉人。這些例子中，貸與人當然

不乏貪婪之徒，但也未必都是富饒之輩；借用人即使會遇到不講情面，照樣高利剝削的鄉人，但注重鄰里之誼，願意濟人之急者，應該也不在少數。最以諷刺世情著稱的王梵志，在看盡人間冷暖後，依然寫下「鄰並須來往，借取共交通，急緩相憑仗，人生莫不從」的詩句（《王梵志詩校注》卷4〈鄰並須來往〉），顯見地緣因素是了解借貸雙方關係的重要憑藉。

親故知交是借用人另種可倚恃的媒介，雖然他還是要仰人顏色，甚至處處碰壁，但也不是沒有解人之困，趨人急難的例子，《太平廣記》卷395〈雷部〉「史無畏」條：「與張從真為友，無畏止耕壠畝，衣食窘困，從真家富，乃為曰：弟勤苦田園日夕，區區奉假千緡貨易，他日但歸吾本。」即以無息借貸方式，主動伸出援手。《霍小玉傳》中的李益，為籌足盧氏要求的百萬聘財，「事須求貸，便托假故，遠投親知，涉歷江淮」，就是靠著這層戚友關係，得遂所願。《冥報記》卷上〈揚州嚴恭〉條：「嘗有知親，往從貸經錢一萬，恭不獲已，與之。」則在苦苦央託下，取得經錢。此種倚地緣或人情因素的借貸，通常數額不過巨，政治色彩不濃厚，想來應是農村社會中很普遍的一種借貸形態。

借貸的發生，當事雙方未必有特殊關係，或只出於一時憐憫，如太學生郭元振不識縗服者，仍願資錢四十萬，為之治喪（附表二3）；歸評事常懷卹人之心，求貸告丐者，皆拯其乏絕（《雲溪友議》卷2）；新授湖州錄事參軍未赴任，遇盜剽掠殆盡，於是「求丐故衣，逶迤假貸」而還（《太平廣記》卷167〈氣義部〉「裴度」條）。此種近乎乞求的借貸，雙方本不必相識，而貸者既基於同情心，似無必責其償還之意。另外，貸方的經濟能力相對於借方，一般來說或許較佳，但貸方本身的身分地位，也未必很高，《太平廣記》卷165〈吝嗇

部〉「王叟」條：「天寶中，相州王叟者，莊宅尤廣，客二百餘戶，叟嘗巡行客坊，忽見一客方食，……叟疑其作賊，問汝有幾財而衣食過豐也。此人云：唯有五千之本，逐日食利，但存其本，不望其餘，故衣食常得足耳。」客戶有五千之本，已不算少，更難得地是其深得理財之道，懂得放貸求利。寶應元年（762）九月敕：「客戶若住經一年已上，自貼買得田地，有農桑者，……勒一切編附為百姓差科。」（附表五　B6）這裏的客戶，已是可貼買田地小有資產的人，所以政府準百姓之例附籍。這些客戶或許為了逃避差科，寧可隱身莊宅，安於寄人籬下[99]，但仍無妨其小有經濟能力，可以出舉逐利，或貼買田地等。

　　文獻資料所見個人放貸之例不少，但出貸數額巨，規模大之個人，應該自有錢庫才是[100]。雖然史料中難以確證當時是否存在如質庫般對外公開，專營信用借貸的機構，不過仍可從某些行業、舖店中，發現其兼營放貸的痕跡。《唐令拾遺》卷33〈雜令22〉引開元二十五年令：

> 諸王公主及宮人，不得遣親事帳內邑司，如客、部曲等，在市興販，及邸店沽賣者（者疑衍）出舉。

邸店沽賣是指邸店自營商業，或助成客商交易，是邸店的相關業務之一[101]。〈雜令〉禁止諸王等之邸店沽賣出舉，表示邸店於販鬻之外，亦兼營放貸。〈名例律〉「平贓」（總34條）疏議：「邸店者，居物之處為邸，沽賣之所為店。」然就唐人實際用例分析，邸、店在機能上並無顯著差異，只在習慣上以建物大小為別，且時常與肆、舖等語連稱並用，如邸舖、店肆等[102]。邸店的營業項目或許相當複雜，但這可能是質庫之外，另種經營放貸的機構。

　　唐代官吏私置邸店者甚多，政府禁令也一再頒下，如大曆十四年（779）六月己亥赦：「王公百官既處榮班，宜知廉慎。如聞坊市之內，置邸舖販鬻，與人爭利，並宜禁斷。」（《册府元龜》卷160〈帝王部・革弊〉）會昌五年（845）正月三日赦：「如聞朝列衣冠，或代承華冑，或在清途，私置質庫樓店，與人爭利。今日已後，並禁斷。」（附表五A12）經常放貸的官人，不可能讓窮蹙卑微的借者輕易踏入豪門，而其擁有的邸舖樓店，自然成為從事出舉的據點。韓愈〈論變鹽法事宜狀〉：

> 平叔請限商人鹽納官後，不得輒於諸軍諸使覓職掌，把錢捉店，看守莊磑，以求影庇。（《韓昌黎集》文集卷8）

「把錢」義即捉錢，捉錢戶在唐代專門負責官本錢的出舉，則韓愈所謂的「把錢捉店」，似兼指舖店經紀與放貸求利，甚至二者無論在資本與利潤上，或在營業處所上，都可能已合為一體。唐後期商人富戶為免差科，常影庇於諸軍使司與藩鎮州縣[⑩]，而隱於幕後的官吏，則賴其打理事業。「把錢捉店」既是官吏與商人各取所需，互相幫襯的結果，相信有不少以邸店為中心，官人為貸主的出舉，隱沒在商販行為中。商人以邸店放債的例子雖未尋獲，然官人之邸店既有其例，法制又未見對商人之相關禁令，則更有理由相信商人也會以邸店來放貸。

　　其他兼營放貸的機構，或許還包括諸行肆[⑭]。《太平廣記》卷363〈妖怪部〉「王恩」條：

> 其妻扶風竇氏憂甚，……遂召卜焉，……曰：娘子酬答何物，阿郎歸，甚平安，今日在西市絹行舉錢，共四人長行。

行是同業商店街區，也是同業商人組織[⑮]。王恩在長安西市絹

行舉錢，是借自同業街區中的特定肆舖，或向該同業組織借
貸，文意並不明確。另外，該行的舉錢是偶一為之，抑或經常
性的營業，也不清楚。然絹行既可於主業務之外，開創新業
務，則只要客觀環境許可，在利字當頭下，也不是沒有可能如
邸店般，讓放貸業發展為重要營業項目之一。行肆遍於全國，
如長安東西市有 220 行，洛陽南市有 120 行⑱，房山石經題記
中的范陽郡約有 28 行⑲。每行肆數不一，大城市每行約在
30～40 肆間⑳。這些普及全國各地的行肆，大概總有兼營出舉
業務者，如其稍具規模，甚至還可能擴張為地區性金融中心。

　　唐代雖未發現直營信用借貸的專門機構，但從邸店、行肆
等不妨其亦負出舉功能，或成為放債據點推想，其他性質的行
業，似乎也不能排除有這樣的機會，尤其像積聚大量錢貨的寄
附舖、櫃坊等，在出納財物之際，或不免順勢延伸出新的業
務。僖宗乾符二年（875）南郊赦：「關節取受，本身值財，
素來貧無，亦多舉債。……自今已後，如有人入錢買官，納銀
求職，敗露之後，……其錢物等并令沒官。……如是波斯番人
錢，亦准此處分。其櫃坊人戶，明知事情，不來陳告，所有物
業，並不（應作令字）納官，嚴加懲斷。」（《唐大詔令集》
卷 72）赦文中在提及買官舉債，借貸波斯番人錢後，直接點名
櫃坊，是否櫃坊在擔負委託保管、移轉支付之外⑳，亦介入放
債事務，值得推敲。只可惜至今尚未發現如邸店、行肆那樣的
確證。

　　出土文書中的消費借貸，依前節表 3-1 所列，非宗教類放
貸的 61 件中，麴氏高昌期與唐前期共占 38 件，其中 30 件出
自西州，4 件來自龜茲，3 件是于闐契，1 件是廣德年間的沙州
借契。至於陷蕃以後至十世紀歸義軍期的 23 件借契，皆來自
沙州。西州、沙州這兩個地區的放貸狀況差異極大，前者全由

百姓貸出，官人未見 1 例；後者則吐蕃期只有 1 件由百姓貸出
（ 95 ），而在歸義軍期的 22 件中，官人、百姓貸出的比例分
別約是 1/3、2/3。雖然這裏的西州券契，無論貸方、借方均未
見官人，但並不表示西州券契沒有著錄官人身分的習慣，從買
賣、雇庸、租佃等契觀察，也有寫明如主簿、火長、校尉、別
將、隊正、知田等官人身分者，甚至連前里正都特別標出⑩，
似乎當地仍習於約中列示身分。但是，西州最有名的放貸者左
憧憙，阿斯塔那 4 號墓中至少存有 8 件舉錢契，4 件租佃契，
與 2 件買賣契，這些契中除了 1 件買奴契知其為前庭府衛士
外，其他各契均未寫出身分。西州未見官人放貸，不論是因出
土券契有限，或著錄有所疏漏，由上述官人之身分不超過從七
品來看，西州官人放貸的案例即便有，應該也不會多，而且大
概多屬中下階層官吏。茲據附表一將官、民放貸的情形列之如
下：

表 3-8　消費借貸券契官人、百姓放貸身分類別表

貸方　　　時間　借方	官人				百姓				總計
	麴氏高昌期	唐前期	吐蕃期	歸義軍期	麴氏高昌期	唐前期	吐蕃期	歸義軍期	
官人	0（件）	0	0	4	0	0	0	2	6（10.17%）
百姓	0	0	0	2	11	22	0	13	48（81.36%）
僧道	0	0	0	1	4	0	0	0	5（8.47%）
總計	0	0	0	7	15	22	0	15	59（100%）

說明：1. 凡為殘契，不明借用人之身分者，不列入表中。
　　　2. 借方數人，若身分不同，則依件次分別重複歸入各該項。
　　　3. 因計算方式不同，本表與表 3-1 數據略有差距。

官人放貸只見於歸義軍期，6 件出自押衙，1 件出自兵馬使。但特別的是，3 件由押衙貸給押衙（134、136、138），1件由兵馬使貸給兵馬使（148）。本表所列借方為官人者總共只有 6 件，其中 4 件竟是由具有同僚之誼的官人貸與，所憑藉的大概就是使府地利或知交人情吧！押衙與兵馬使是歸義軍期常見的武職軍將，數量不少，但有些職權地位並不高⑪。這些向人借貸的使府軍將，多少可反映其社會階層與經濟能力。

百姓之放貸，一般皆不明貸與人之來歷，目前僅知左憧憙是高昌縣崇化鄉人，身分是前庭府衛士，其放債範圍遠及天山縣，還曾到柳中縣買奴，墓誌上說他「財豐齊景」，「聲傳異域」⑫，可見是個財力雄厚，活動力極強的地方富豪。由同墓出土的 8 件舉錢契，及其對借用人既高利剝削，又近乎強奪其菜園的行逕看⑬，左憧憙無疑是個強勢又霸道的高利貸主⑭。另外值得注意的，一是自稱高參軍家人（37）的貸與者，一是曾在地方頗為活躍的基層僚佐史玄政（49）。西州都督府的參軍掌理一曹庶務，算是位高權重的職官，其家人放貸用其名號，似有威嚇借用人的意味。唐代家庭同居共財⑮，家人放債之資金，不啻就是高參軍的家財，或許是為了避開官吏放債之禁令，所以才用家人名義貸出。若果如此，此件契約或許可做為唐前期西州官人亦有放貸之旁證。另件貸主是史玄政，阿斯塔那 35 號墓葬中關於史玄政的文書非常多，有紀年的最早是龍朔三年（663），最晚是長安三年（703），前後至少相差 40年以上。史玄政的身分，龍朔三年已為崇化鄉里正，咸亨五年（上元元年，674）是隊佐，垂拱三年（687）的租契著錄為前里正，聖曆元年（698）牒件則稱為前官。史玄政的職位雖不高，但與官府互動頻繁，應該是地方頗有勢力的地主豪強之類，〈楊大智租田契〉的田主正是前里正史玄政，不能排除其

侵占逃戶田的可能性⑪；史氏在〈曹保保舉錢契〉中（49），不僅苛刻地要求債務人隨時準備還債，還要其以口分田地折充所欠本利錢。史玄政在則天以後似為一介平民，此契亦未著錄任何頭銜，故暫以百姓類放貸處理，不過史玄政顯然在地方基層頗有勢力。

消費借貸券契之貸與人，即使是數人合貸，絕大多數仍以個人名義為之，但龜茲出土以「藥方邑」為名之貸與人（65、66、67），是目前僅見由組織形態貸出者。龜茲佛教盛行，〈楊三娘舉錢契〉（65）的保人為僧侶，契中且有「其錢每齋前納」之語，則「藥方邑」極可能是與佛教有關的社邑組織。社邑的主要功能，本在成員之親睦互助，相卹周濟，只不知藥方邑所貸者屬社中成員，抑或社外民眾。龜茲三契若真為社邑放貸，則為其他社邑文書所罕見，在了解社邑功能與營運方式上，當可補其不足。

百姓之貸出者中，給官人者有2件（146、152），都是身負使命的押衙，大概為了這次遠行的額外開支，才來借貸。而貸與之百姓，1件註明是「耆壽」，另件要求借者友人梁都頭保證填還絹利，可見所謂的百姓，其實是地方上頗有勢力的鄉紳。百姓貸給僧道者只見於麴氏高昌期，2件逕名為「道人」（2、4），1件稱「張寺主道人」（13），另件則直呼「寺主」（31）。《北齊書》卷46〈循吏蘇瓊傳〉：「道人道研為濟州沙門統。」可知道人未必指道士，僧侶亦可用之，這幾件屬於六、七世紀麴氏高昌期的道人，有可能就指佛徒。至於借用人亦為百姓者中，唯知2例出自又老又盲，為兒媳棄養的卜老師（37、46）⑪，另2例分別來自臨時募行的征人與上番應役的衛士（38、39），想來是為籌備衣糧而借貸。其餘皆因未明身分特色，難道其詳。

　　另類借貸文書是便物曆，便物曆中非宗教類貸出者相當罕
見，附表三所列與官人或官方有關者，一出自王都頭倉
（76），一出自地子倉（86）。都頭是督統軍隊的將帥，是節
度使的親信，常兼知衙內宅庫諸司⑱，此處的王都頭倉，可能
是自王都頭管理的軍資財務之官倉中貸出者。地子在唐代用得
很廣泛，可以指官田之地租或地稅，也可指民田租佃之田租。
便物曆此件文書年代不詳，但可能主要反映歸義軍期的狀況，
歸義軍時地子成為向官府交納地稅的專稱⑲，故此處的地子倉
應是官倉，這大概是件官倉出貸的案例。另一件夾雜在民間貸
出資料中，但可確知為吐蕃期官倉出貸者是突田倉（1），突
稅是對突田課取的穀物稅，也是一種地稅，突田倉應該就是收
貯地稅的倉儲⑳。唐後期的官倉放貸在敦煌文書中很少見，這
或許不只因資料多來自藏經洞，似乎也顯示陷蕃後官府的賑貸
已較唐朝大幅減少，百姓多轉向寺院或民間富豪求助。

　　便物曆中非宗教性之民間貸出者，較特殊的是 3 件社司便
物曆（17、21、22）。社邑是敦煌很普遍的民間互助性結社，
具有經濟援助的功能，其中 21、22 兩件便物曆正由社邑貸給
社內成員，而社加（家）女人借便者（21），可能來自女人結
社㉑。社邑既可貸出物資，應有倉儲之類收存社人平日的獻納，
但社司貸出對象不能確定其僅止於社內成員，或許它也可借放
貸取息而增益社司財務。再者，社人有經濟困難時，社邑能否
提供最完整的幫助，也值得考慮，因為便物曆有 1 件是社人 1
批（10 人）向燈司倉借貸（12），而非向所從屬的社邑借貸。
社邑的互助精神雖然可於社條、社司轉帖等文書中表現出來，
但其互助方式究竟如何，則不清楚。這幾件便物曆應可提供吾
人較具體的思考方向。

　　便物曆一般是保留於貸主的帳册，只有 3 件是借用人個別

的借取帳冊。1 件是吐蕃期的借用人，同時向私倉、突田倉、
靈圖寺與百姓貸便之殘曆（1）。另 2 件（4、50）的貸與人包
括大雲寺、親人（姑姑）等常見的民間貸出者，及押衙、都衙
與官府宅司中管理各種加工業及工匠的宅官⑩。大抵不脫前述
的寺院、親鄰、官人之範圍。

　　無論是契約或便物曆，貸方不明者中，有些借用者的身分
較特殊，值得介紹。官人方面，消費借契中有 1 件借用人著錄
為副使（附表一 159）。副使是使府中的首席僚佐⑬，通署諸
務，似乎是今日所知出土文書中官人借貸之層級最高者。此外
在便物曆裏還見到鎮使來借貸（附表三 49、81）。鎮使是歸義
軍期的外職軍將，又稱鎮遏使，是鎮的軍事長官⑭。像這樣高
級的官人來借貸，借數又不是很多，究竟是何原因，頗令人費
解。

　　便物曆中另個引人注目的現象是出現以店為名的借貸（附
表三 52），而且借入的多是酒本，具有資本借貸的性質。經營
者包括押衙等官所設的店，法律等僧人開的店，與普通民眾之
商肆⑮。官吏、僧道之店大概不能任由所有者自行經營，但官
吏已預於工商，出家人也浸淫俗務，世俗社會對他們的影響顯
然是很大的。唐後期有榷酒制度，這些領得酒本的店鋪，是否
就是交納酒供或榷酒錢的酒戶⑯，可以再推敲。至於貸出龐大
酒本的貸主，在社會上應有相當高的地位，甚至不能排除是歸
義軍官府。與該件便物曆在借貸本數上有點類似的是〈孔再成
等貸麥豆本曆〉（附表三 8），雖然本件未見店名，但有幾筆
借數在 20 石以上，相當不少，而且各筆註明豆本、麥本，與
一般消費借貸記載方式不同，有可能也是一件資本借貸的帳
冊。

　　整體來說，敦煌吐魯番文書裏顯示借貸者的身分非常複

雜，遠較唐代史籍能呈現更多樣化的面貌。貸與者不僅有官人、官倉，更多的其實是寺院或富僧，而地方上有錢有勢的鄉紳豪強，往往也不會錯過任何出舉求利的機會。尤其是出土文書數見社邑貸出之例，更見基層組織匯聚的力量，可以填補官府照顧不足之處。在借用者方面，其涵括的層面就更廣了，無論漢族或姓氏、名字特異的異民族，也無論社會地位高的官吏、僧官，或低層的吏職、色役人、沙彌、寺户等，以及職業上屬農民階層（佃種、合種人等）、手工業者（博士、都料、各種工匠）、特殊技藝人（音聲、卜師等）、小業主（酒店、油梁户等）、畜牧業者（放駝人、牧馬人等）、及社邑成員等各種身分類別者，都曾捲進借貸關係中⑩。借貸問題普遍存在於社會各層面，這或許不是西北邊區獨有的現象，唐朝內地殆隨其區域特性，表現各自不同的身分特徵。

　　除了由借貸雙方的身分，察知其與相對人的關係外，還可從其他方面進行理解。敦煌文書 P.2979 號〈唐開元二十四年九月岐州郿縣尉勳牒判集〉「許資助防丁第廿八」：

　　39. 初防丁競訴，衣資不充，合得親鄰借助。當為准法無
　　　　例，長
　　40. 官不令，又更下狀云：雖無所憑，舊俗如此。……

判署曰：「既聞頃年防者，必擾親鄰。或一室使辦單衣，或數人共出袷服。此乃無中相恤，豈謂有而濟賴。……祇是轉相資助，眾以相憐。……借救於人，既非新規，實是舊例。亦望百姓等體察至公之意，自開救恤之門。」（44〜51 行）防丁取辦衣資，自動想到向親鄰借貸，此非官法規制，乃是舊俗如此。如判署所言，這種資助甚至是「無中相恤」，「眾以相憐」。由此類推，廣大民眾如有其他需要，首先想到的可能也是親

鄉。即使親鄰並不富裕,但本著相恤相憐,以有濟無的心理,多少還是會提供些資助,何況自己將來可能也有求於人。這種倚恃親鄰的借恤,正與文獻資料中反映的先向鄉里鄰人、親故知交尋求援助,不謀而合。

就非宗教類借契而言,親友關係較難看出,但鄉鄰關係還略可推究。唐前期西州借契時而附載借貸雙方之鄉里籍⑱,除去未著錄、殘缺或不可考者,附表一中異縣借貸有 3 件(34、44、46)⑲,同縣同鄉有 1 件(42),只知同縣者有 6 件(36、39、40、43、49、50),另 1 件為同行征人(38),還有 1 件只知貸主是北庭人,借者身分不詳,但應出自西州墓葬(61)。同縣無論是否同鄉,都具地緣色彩;同行不拘鄉里,稱得上是友人。異縣借貸中,高昌縣與天山縣、蒲昌縣都在西州,是鄰縣。西州與北庭是鄰州,唯與肅州酒泉城距離甚遠,隔越伊、瓜兩州。西州借契的鄉鄰關係尚屬明顯,即使有些非同鄉里的借貸,相信雙方總在某種機緣下會合在一起,應該不是特意為向某人借貸而長途跋涉。再者,如果鄉鄰關係的這層特質難以充分發揮時,親友人情或許正可適時遞補。當然,這兩種關係在傳統社會中經常是合而為一的。

沙州借契之雙方當事人如非官人或寺僧,通常會在百姓名字上冠以鄉籍,其中,確知 8 件為同縣異鄉之借貸(124、128、129、132、137、151、153、155),另 2 件有可能也出自敦煌縣(141、152),但真正屬於同鄉借貸,以及異縣借貸的例子,在此均未發現。以契中距離最遠的赤心鄉與龍勒鄉來說(132),其直線距離最多在 50 唐里上下⑳,約為步行一日之里程,故沙州借契的鄉鄰關係表現得比西州更顯然。

便物曆中官、民貸出或不明貸者的各件,除了社司出便給社人的幾件,大致可推測出應具地緣色彩外,僅〈孔再成等貸

麥豆本曆〉（8）註出借者之鄉里住所，包括敦煌縣的 9 鄉與通頰共 10 個地方，如與貸主居處相近，則以同街、同巷表示，這與前節所論財力雄厚之貸主的放貸範圍，約略相當。

在了解借貸雙方的身分背景上，傳統文獻與出土文書這兩類素材，所照應的層面，所揭示的效果，其實有相當大的歧出。傳統文獻最能表現中國內地，特別是京畿地區，城市官僚與富商大賈的放貸特色。由於借貸雙方多同樣為官商階層，而且出入的金額巨大，流通多憑藉貨幣，足以顯示上流社會特殊的生活需求，及活絡的城市金融。至於對一般貧困農民的放貸，除了具有同情心的官吏，以悲天憫人的口吻，描述其被榨取的原因及苦況外，在借貸雙方關係，與其他相關問題的呈顯上，反不如出土文書來得具體、細緻。出土文書雖然主要說明邊陲縣分的借貸情形，其中還因大量文書出自藏經洞，特詳寺僧之放貸。但大體上，出土文書勾勒的是地方基層或農村社會的狀態，所出現的官吏非中央朝官，而是使府僚佐與軍將，百姓中也有明顯的層級分化，貧富差距。出土文書觀照的面向，正是傳統文獻所缺略，而即使在中國內地也依舊出現的景象，只是官商階層的活動可能因時因地而異，寺僧在放貸中的分量未必各處都如是之高。唐代幅員遼闊，地區性的差別必不可免，這從敦煌、吐魯番文書中已可見其端倪，然若放寬歷史的視野，本著去其小者取其大，略其異者求其同的心境，體察這兩類資料各自傳達的訊息，及其各具的功能，則二者所反映的現象，不盡矛盾衝突，甚至可以互相補益，而使人於不同階層之借貸，與城鄉間之差異，得一綜合的、全面的理解。

唐代質押借貸的資料或許沒有信用借貸豐富，但質借依然盛行於僧俗官民各界，尤其是貧民對之依賴頗深。質庫是經營動產質借的專門機構，唐代官人既好從事貸息出舉，大概也會

聯想到設置質庫。像玄宗籍太平公主家，既曰：「督子貸，凡三年不能盡。」（附表二 6）又曰：「田園質庫，數年徵斂不盡。」（附表五 A2）似乎太平公主家就兼帶經常信用與質押放款。然而，太平公主家被籍沒之例，並沒有對官人質貸產生嚇阻作用，玄宗禁止之詔也只反映了問題的嚴重性，百餘年後的會昌五年（845）正月三日赦書竟出現如下文句，其間所透露的訊息，令人玩味：

> 如聞朝列衣冠，或代承華胄，或在清途，私設質庫樓店，與人爭利。今日以後，並禁斷。（附表五 A12）

利字當頭，有多少人能不動心？連清資要官都不免於此，又何敢奢望其他官吏呢？相隔百餘年的詔書，卻呈現質貸越禁越烈，官位越禁越高之勢，則某些官人對此的癖好，似已不言可喻，這又豈是會昌年的詔書所能輕易禁斷的呢？

官人營業的方式，可能不是大張旗鼓地以自己顯赫的身分，招來顧客，反而是因為敕旨、法令的連番禁止，遂不得不掩人耳目，隱身幕後，如開元二十五年（737）令：「諸王公主及官人，不得遣親事帳內邑司，如客、部曲等，在市興販，及邸店沽賣者出舉。」（《唐令拾遺》卷33〈雜令22〉）無論諸王公主及官人，是自恃高貴，或無暇自理，抑或為避開輿議非難，其經營之法通常是遣僕從代營，而自己不正式出面。同樣處境尷尬，又欲營質庫之官人，不會不知這些伎倆，想來亦如法炮製，指使依附性勢力為之經營，而自己仍維持虛假的體面與清高的聲譽。此外，開元敕又禁官吏「寄附部人興易及部內放債」（附表二 10），亦點出官人營利的另種方式，即資本寄附他人處，交由他人經營，自己再分得利潤。如此同樣具有隱密性，還可選擇比僕從更善於此道的合夥人來經營，這應

該也是滿理想的方式。前引會昌五年敕謂朝官「私設質庫樓店，與人爭利」，就不僅清楚指出官人經營質借的組織化與專業化，同時還由「私設」一語，將官人經營方式的曖昧性表露出來。

富商大賈以質庫為業者，在長安金融體系中占有舉足輕重的分量。建中三年（782）因河南北兵連不息，帑藏匱乏，遂看中質庫業之厚利，一切借四分之一。總計此次僦質與借商為 200 萬貫，扣除借商的 88 萬貫，餘僦櫃質庫均分之，再以借四分之一計，則長安質庫的營業額有 220 餘萬貫⑩，約占京師歲入的 1/4～1/5 ⑩，其規模不可謂不大，何況還有不少隱匿未括出者。正因質庫業在整個金融市場中的影響力甚大，是以涇原兵變，亂兵大呼長安市中曰：「不奪爾商戶僦質。」（附表五 A7）以收攬人心。號為「揚一益二」的揚州，應該也是質庫林立的地方，《國史補》卷中：「揚州富商大賈，質庫酒家，得四舅一字，悉奔走之。」特別點出質庫，可見其在當地占有一席之地。

做為專營動產質借的質庫，因其需有安全、堅固的櫃窖或庫，貯存各式質物，因應資金流通，所以投資質庫業的成本較高，所需財力較多，其普及率自會相對地受到限制，大概只有在人口較稠密的地區，才易吸引富豪之家做此投資。前所舉的長安、揚州之例，及朝官所置質庫，似皆集於城市，其故或在於此。

動產質借不應僅限於專業性的質庫，其他肆舖、旗亭或個人，只要有能力、意願，或開出較優厚的條件，照樣可填補質庫留下的空檔，或與之競爭。白行簡《李娃傳》：「生不知其計，乃質衣于肆，以備牢醴，與娃同謁祠宇而禱祝焉。」長安此肆兼收質物，蓋與質庫競營質業也。《太平廣記》卷 278

〈夢部〉「國子監明經」條：「忽見長興店子入門曰：郎君與食客畢羅，計二斤，何不計直而去也。明經大駭，解衣質之。」是店舖以質物代替賒帳。又，卷 77〈方士部〉「葉法善」條：「法善至西涼州，將鐵如意質酒肆。異日，上命中官託以他事使涼州，因求如意以還。」這是先用質物以求現，爾後他人再回贖原物。值得深思的是，中官應非憑帖收贖，難道只要有人願意出錢贖付，業者就只認錢不認人？與酒肆性質相近的旗亭㉚，同樣可以質物，同前書卷 79〈方士部〉「杜可筠」條：「有樂生旗亭在街西，……值典事者白樂云：既已嚙損，即需據物賠前人。樂不喜其說。杜問曰：何故，樂曰：有人將衣服換酒，收藏不謹，致為鼠嚙。」將衣服換酒，又需據物賠償，其非旗亭亦收質物而何？肆舖、旗亭兼做質業，從事小規模經營，其財力既不需過大，還可賺取本業之外的利潤，故一般小商販也可以肆舖、旗亭為據點，為附近急困居民，提供質借之處。然亦由於肆舖、旗亭遍於各地，深入農村，可以想見質業亦隨之由城市而入於鄉間，由內地而及於邊區，前述葉法善質物處為涼州酒肆，即見一端。敦煌文書 P.3212 號辛丑年惠深牒，漢兒將立機褋到「石家店內典酒五升，被至小師績（贖）。」依舊是向偏遠店肆質借。

在個人質貸方面，這類質權人可能多屬臨時性、偶然性之取質，如陽城「常以木枕布衾質錢，人重其賢，爭售之。」（附表五 A10）願以出質人之賢否來考量，該質權人似非充滿市儈氣之業者，而係個別行為。此外，附表四 A 的動產質契，宗教類之外可知質權人的 3 例中，2 例身分不明（7、12），亦未著其是否為店主，1 例言明是「悉董薩部落王華子家」（4），但由王華子向人租地，又另借種子來看，其為普通百姓之可能性甚高。這些非專業性的質權人，無論其是否以營利

為目的，終究是因應社會需求，自然衍生而來，對民間小額融資甚有助益，其影響力是不容忽視的。

　　至於出質人的身分，由於有求於人，是經濟上的弱勢者，想來皆潦倒不堪之人才是，但事實並不盡然，像前述之杜甫、白居易、元稹等騷人墨客，不拘小節，不以官人身分為忤，照樣典錢買醉，只為一時享樂。陽城為諫官，不護細行，俸入有餘則送酒家，與二弟延賓客日夜劇飲，自己竟常以寢具質錢（《新唐書》卷 194〈卓行陽城傳〉）。這些特例或許說明，質借的身分觀念在唐代還不那麼強烈，有些官人絲毫不忌諱自己出入質家，甚至還寫成詩文，留為紀念。不過一般來說，靠質借維生的多是貧困下民，這從傳統文獻裏較不易看出，但出土文書則實例較多。

　　吐魯番出土了一分流傳自長安的質庫帳歷，僅正月十八日至三十日，就約 30 筆記錄，顯見來往於該質庫的人相當頻繁。由這樣的資料推證出質者的財富狀況與身分特徵，應當頗具代表性。據學者考證，該帳歷是高宗後期，長安城東面偏南，延興門及新昌坊、昇道坊一帶坊曲居民的質借帳歷[34]。新昌坊離熱鬧繁華的東市不太遠[35]，卻已被形容為「市街塵不染，宮樹影相連，省史嫌坊遠，豪家笑地偏」的偏遠地區[36]。該帳歷中的質物多屬裙衫、巾履、絹練、飾物等生活用品，質數多不超過 150 文，鮮有真正為貴重物品者。至於出質人身分，有釵師、染匠等小生產者，也有一般坊民、村婦與小兒等，可說來借貸的人應是缺吃少用，急於一時周轉的貧苦人家，其用途似以日用消費為主。贖付質物時，本人之外，也委託親屬、鄰里代取，而質權人似也與之熟識，許其贖出。據近年長安城考古探測，新昌坊、昇道坊東西寬約 1125 米，南北各為 515 米、525 米[37]，即長約 650 步，寬約 325 步，若再加上坊距 47 步，

夾城 100 步⑱，及延興門外市郊地，則放貸範圍大概總在方圓 1000 步之內，約 3 唐里左右⑲。這樣小的質借區域，住著這麼多生活水準偏低，需要告貸的居民，以長安百餘坊，百萬人口測度，難怪質庫的營業額會居京師歲入的 1/4～1/5，也難怪有那麼多富貴人家或店肆，願意投資或兼營質業。與該帳歷質貸規模相當或更大的質借據點，在長安可能相當不少。

來質借的人其實並不見得都是貧戶，腦筋轉得快的富商更會運用質庫，從事大額投資。建中三年因國庫空竭，強括民間僦櫃質錢，《通鑑》卷 227 云：「凡蓄積錢帛粟麥者皆借四分之一。」一般為家用不足而質借者，由來自長安的那份質庫帳歷看，質押品多為衣物雜類，而非正是百姓需要之錢帛粟麥類，則櫃坊、質庫積貯如此多的錢帛粟麥，除了供一般百姓質借外，似乎還另有其他來源。宋代情形或可於此提供一些線索，《宋會要輯稿》〈食貨〉58 之 22，兩浙飢疫，權兩浙運副沈詵言：「今來米價已高，……探聞商販之家，多有積米，藏寄碓坊，質當庫户，猶欲待價。」這些糧商將屯積的穀物寄於碓坊或質庫，既可省下自設囷倉與保管費用，又可將質借來的錢收購更多穀物，故可謂是一舉兩得的投資方法。唐代中晚期諸道頻有閉糴處分，米粟未得流通。最善於控制物價的糧商，正可藉此機會質錢買占穀物，以待善價⑳。故就唐代質庫的蓄積物，及其具有屯積居奇的客觀環境衡量，反應機敏的商人或許正利用質庫，以穀質錢，從事大額投資。

唐代土地兼併問題嚴重，貧困百姓的被迫典貼產業是形成原因之一。天寶十一載（752）十一月乙丑詔：「如聞王公百官及富豪之家，比置庄田，恣行吞併，……爰及口分永業，違法買賣，或改籍書，或云典貼，致令百姓無處安置。」（附表五 B4）富貴人家以典貼為餌，巧取豪奪，移轉地權；百姓既

入絕境，故明知為陷阱，仍入彀中。長慶、寶曆年間的數道赦書，均禁止典人借戶稅「組織貧人」（附表五 B13、14、15）。可見出典田宅的百姓，多已為窮極無奈之人。不動產的價值通常較動產為高，典價一般只較賣價低些，有能力負擔這筆質借數額的，應該不是尋常百姓，雙方在經濟力量上當有一段差距。

典貼的原因很多，情形也很複雜，質權人固然不乏官吏富豪，但有的身分也不高，如客戶亦有貼買田地，自置產業者（附表五 B6）。反之，出質人未必盡皆貧弱百姓，有些還是財利甚豐的農商之家，《太平廣記》卷 172〈精察部〉「趙和」條：「東鄰則拓腴田數百畝，資錙未滿。因以莊券質於西鄰，貸緡百萬，……至期，果以腴田獲利甚博，備財贖契。」這種具有投資性的質借，需要眼光與手段俱佳，才不致血本無歸，這大概不是深受債負之累的貧民，敢於輕易嘗試，或有把握贖回質物，免於被兼併的。官人貼典園田宅店似乎也不十分罕見，開元二十五年（737）令、元和八年（813）十二月敕，都不禁官人貼典（附表五 B3、12）。無論官人貼典的原因是如偽稱衣冠戶之典賣本鄉家業，以破戶籍（附表五 B16），還是因位卑俸薄及他故，出質以償債負⑩，總之，典貼並非貧弱百姓的專利，只是貧弱百姓的回贖能力與可尋求的助緣，終究不若官吏富商來得多而強。貧民典貼土地是過渡到豪強兼併的津梁，以唐代嚴重的土地兼併與逃戶問題來看，這類典貼似隨著百姓的貧窮化，在持續不斷地進行著，而當事雙方的身分特色，似亦可於其中反映出來。

出土文書的不動產質典契件數不多，但也大致可見如上之情形。附表四 B 中 6 件非宗教人士貸出的不動產質契，2 件質權人為都頭（（1）1、2），1 件為押衙（（2）3），都是使府

中的重要僚佐。另 3 件的質權人是百姓，其中 2 件為當地著名
的放貸家左憧憙（（3）1、2）。上述各契的出質人均為無任
何頭銜的百姓。來自河南縣的 1 件索還贖宅價錢契（（2）
1），出質人可能是唐平高昌後，隨從高昌王內遷的將吏㊿，大
概因遠道而來，財力不豐，所以無力回贖。其他文牒中偶亦可
見不動產質，如 P.3324 號背天復四年（904）〈應管衙前押衙
兵馬使子弟隨身等狀〉，諸人抱怨官稅差點頻繁，致需「典家
買（賣）舍」，以應所求。出土文書中，我們即使看不到顯赫
高官、富商巨賈，藉機舉放，取人不動產，但等而下之的基層
官吏與地方勢方，依然在民間放貸界扮演重要的角色。這個基
本現象，其實與傳統史料呈現的狀態頗為吻合，只是在層級上
有所區別而已。然則，出土文書所代表的，不僅是西州、沙州
等邊區的情形，在某種程度上，亦應可由此推想及於內地或基
層社會，這或許正是出土文書另一重要的貢獻與意義吧！

　　人情之常，皆不忍骨肉無端離析，故戚戚然以妻女為質
者，大抵皆困迫已極之百姓。如附表五 C 所見，除了流落異
鄉，遭人典賣者外，多數出質者是在官人徵擾之後，或飢歉劫
餘之時，家庭為生生之計，而舉債仍有不足，乃不得不典賣男
女，以濟窮急。此外，主掌官吏因失職（6），將士為雜徭所
困（2），也都可能在債務逼迫下，陷入此境，故其共同特色，
終不離乎貧窮。出土文書中的典身契（附表四 C），出典者無
不是家中貧乏，虧於物用的百姓（1－5），其中甚至有 1 件
來自塑匠都料家庭（3），都料是高級工匠，按理還不致一貧
如洗，只因「闕少手上工物」，只好典男以度難關。但令人訝
異的是，質取其男的竟是與其有親戚關係的「親家翁賢者」，
而且典期長達 6 年，出典條件與一般典契比較，絲毫不寬假。
典身契的定型化趨勢，及雙方經濟力的懸殊差距，多少於此可

體會一二。

　　特殊形態的借貸，當事雙方的身分無論在文獻資料或出土文書中，都難以確切掌握，以下且就較具意義者略做說明。附表六中可知的三類型借貸，除與寺僧相關者外，多屬百姓間的借貸，其中註出鄉里者，同鄉有 4 件（A2、A11、A12，B3），同縣異鄉有 2 件（A3，C1），鄰縣軍府衛士的借貸有 1 件（B2），可說民間借貸表現明顯的鄉鄰關係。在特殊型借契中，身分最特別的是一個稱為地主僧或百姓僧的地主（A12）。這種兼具僧、民兩重身分的人物，是僧侶世俗化，寺院權力擴張，以及中晚唐官府賣空名度牒下的產物。不少百姓為了逃避兵役、徭役，於是既入僧籍，卻又不真入空門，生活上一如俗人，且仍保有田產，並納官稅，是為地主僧或百姓僧⑩。P.3155 號背天復四年（904）〈令狐法性出租土地契〉中的令狐法性，就是這樣一位游走於僧俗兩界的人。只是有了僧籍，也不見得能保證生活富裕，無求於人。令狐法性為要物色用度，將田地預租於人二十二年，平均每年每畝收取地租約麥粟 1 斗⑭。如此低廉的預租值與特殊的借貸關係，不禁讓人懷疑地主僧或百姓僧是否均有令人欣羨的社會地位與財力⑯。

　　互助型借貸的資料很少見，文獻中韋宙置社立會，採名市牛的作法（《新唐書》卷 197〈循吏韋宙傳〉），是以集體力量幫助無牛之貧民，則該社之經濟互助功能，與社中多數成員之貧民身分，可以約略窺出。唐代各類社邑，突破六朝基於佛教信仰之形態，深入社會，廣在民間結成，尤其是隨著工商業的發展，行業性社邑在內地增多起來。參與者的身分，就社司轉帖、納贈歷等名簿，及房山石經題記觀之，有上自節度使及其僚屬等官人，有包括都僧統、三綱在內的各級僧尼，有工商業者及城市居民，但最普遍的還是區域性或跨區域的一般鄉村

居民⑯。從社邑名稱來看，有出自特定行業職能者，有以親情、兄弟、女人為名者，也有直接標示州郡縣名及坊巷村鄰的社⑰。無論社邑的形成是緣自信仰、同業或同好，可以相信的是，親鄰關係在其間應發揮重要的媒介作用，而它也應是表現互助性借貸的典型特色之一。

註釋

① 森慶來著，高福怡譯，〈唐代均田法中僧尼的給田〉，《食貨半月刊》5：7，（1937），頁35；謝和耐著，耿昇譯，《中國五～十世紀的寺院經濟》，（臺北，商鼎文化公司，1994），頁172～186；何茲全，〈佛教經律關于寺院財產的規定〉，《中國史研究》1982：1，頁68～69。

② 道端良秀，〈佛教寺院と經濟問題〉，收入：《唐代佛教史の研究》，（京都，法藏館，1957），頁518～523；謝和耐著，耿昇譯，《中國五～十世紀的寺院經濟》，頁185～186。

③ 何茲全，〈佛教經律關于寺院財產的規定〉，頁71～73。

④ 張弓，〈唐五代的僧侶地主及僧侶私財的傳承方式〉，《魏晉南北朝隋唐史資料》11，（1991），頁197、202；何茲全，〈佛教經律關於僧尼私有財產的規定〉，《北京師範大學學報》1982：6，頁79～82；曹仕邦，〈從宗教與文化背景論寺院經濟與僧尼私有財產在華發展的原因〉，《華岡佛學學報》8期，（1985），頁164～174。

⑤ 關於亡僧財物之處理，義淨《南海寄歸內法傳》卷4〈亡財僧現〉條、道宣《四分律刪繁補闕行事鈔》卷9〈二衣總別篇〉及《量處輕重儀》2卷，皆有詳細規定。僧尼私產以入常住或僧眾為原則，但有時也會迴授近親。有關僧尼私財及遺產之討論，見：張弓，〈唐五代的僧侶地主及僧侶私財的傳承方式〉，頁199～204；何茲全，〈佛教經律關於僧尼私有財產的規定〉，頁86～92；曹仕邦，〈從宗教與文化背景論寺院經濟與僧尼私有財產在華發展的原因〉，頁164～174；黃敏枝，《唐代寺院經濟的研究》，（台大，台大文史叢刊，1971），頁123～127；道端良秀，〈佛教寺院と經濟問題〉，頁502～511；謝和耐著，耿昇譯，《中國五～十世紀的寺院經濟》，頁89～116。

⑥ 討論寺院經濟之文章甚多，如黃敏枝，《唐代寺院經濟的研究》3、4章；謝重光，〈晉～唐時期的寺院莊園經濟〉、〈晉～唐寺院的商業和借貸業〉、〈吐蕃時期和歸義軍時期沙州寺院經濟的幾個問題〉，收入：《漢唐佛教社會史論》，（臺北，國際文化事業公司，1990）；道端良秀，〈佛教寺院と經濟問題〉，頁441～492，514～540；Denis C. Twitchett, "The Monasteries and China's Economy in Medieval Times", *Bulletin of the School of Oriental and African Studies*, Vol.XIX, part 3, 1957, pp.528～541.

⑦ 黃敏枝，《唐代寺院經濟的研究》，頁1～12。

⑧ 敦煌文書 P.2187 號〈保護寺院常住物常住户不受侵犯帖〉:「凡是常住之物,上至一針,下至一草,兼及人户老至已小,不許倚形恃勢之人,妄生侵奪及知典賣。」

⑨ Denis C. Twitchett, "Monastic Estates in T'ang China," *Asia Major*, New Series, Vol.5, part 2, 1956, pp.125~126.

⑩ 張澤洪,〈唐代道觀經濟〉,《四川大學學報》(哲社版)1993:4,頁88~92。

⑪ 關於僧道的給田年限,森慶來認為在開元年間,道端良秀則提前至貞觀二十二年以前。二說見:森慶來著,高福怡譯,〈唐代均田法中僧尼的給田〉,頁35~39;道端良秀,〈佛教寺院與經濟問題〉,頁497~500。另外,寺觀或僧道之田產來源,見:道端良秀,〈佛教寺院と經濟問題〉,頁492~502。

⑫ 《吐魯番出土文書》(簡)九/144,(圖)肆/338。

⑬ 塚本善隆著,周乾榮譯,〈北魏之僧祇户與佛圖户〉,《食貨半月刊》5:12,(1936), 頁26。

⑭ 唐前期包括建中、貞元以前,在時間上與西北諸州鎮之陷蕃期有些重疊,但契中既奉唐正朔,又無與吐蕃相關之用語,且多屬貨幣借貸,與吐蕃期之穀物借貸不同,故姑且歸入唐前期。

⑮ 謝重光,〈麴氏高昌的寺院經濟〉,收入:《漢唐佛教社會史論》,頁161~178。

⑯ 道教與佛教之關係,可參考:福井文雅,〈道教と佛教〉,收入:《道教》2《道教の展開》,(東京,平河出版社,1983),頁95~123。

⑰ 唐代敦煌的道觀數及其存在時間,較難考證,諸家說法互有異同,姑列出以備查檢。秦明智,〈關于甘肅省博物館藏敦煌遺書之淺考和目錄〉,收入:《一九八三年全國敦煌學術討論會文集-文史・遺書編(上)》,(蘭州,甘肅人民出版社,1987),頁467~470;李正宇,〈敦煌地區古代祠廟寺觀簡志〉,《敦煌學輯刊》1988:1、2,頁73~74,本文又收入:《敦煌史地新論》,(臺北,新文豐出版公司,1996),頁62~66;陳祚龍,〈新校重訂「敦煌道經後記彙錄」〉,收入:《敦煌學要籥》,(臺北,新文豐出版公司,1982),頁197~214。

⑱ 麴氏高昌寺院經濟雖盛,但放貸卻很少見,唐代西州可能即沿續此風。有關麴氏高昌情形參見註15。

⑲ 羽溪了諦著,賀昌群譯,《西域之佛教》,(上海,商務印書館,1933),頁231~232。

⑳ 同前書,頁289~290。

㉑ 社邑與佛教的密切關係,敦煌地區與河北房山雲居寺一帶皆可印證,或許西北邊鎮也有此特色。敦煌地區的情形見第二章註96,房山石經與社邑的關係可參考:梁豐,〈從房山「石經題記」看唐代的邑社組織〉,《中國歷史博物館館刊》10,(1987);唐耕耦,〈房山石經題記中的唐代社邑〉,《文獻季刊》1989:1;氣賀澤保規,〈唐代幽州の地域と社會-房山石經題記を手がかりとして〉,收入:唐代史研究會編,《中國都市の歷史的研究》,(東京,刀水書房,1988)。

㉒ 關於吐蕃期與歸義軍期之寺院數及其變化,可參考:謝重光,〈吐蕃時期和歸義軍時期沙州寺院經濟的幾個問題〉,收入:《漢唐佛教社會史論》,頁

205～210；姜伯勤，《敦煌社會文書導論》，（臺北，新文豐出版公司，
1992），頁 203～204；姜亮夫，《莫高窟年表》附錄〈敦煌寺名錄〉，（上
海，上海古籍出版社，1985），頁 643～661；藤枝晃，〈敦煌の僧尼籍〉，
《東方學報》（京都），29 冊，（1959），頁 287～290；又，〈吐蕃支配期
の敦煌〉，《東方學報》（京都），31 冊，（1961），頁 264～268。

㉓ 那波利貞，〈燉煌發現文書に據る中晚唐時代の佛教寺院の錢穀布帛類貸附
營利事業運營の實況〉，《支那學》10：3，（1941），頁 144。

㉔ 山本達郎認為其代表寺院，那波利貞則不太肯定。二説見：山本達郎，〈敦
煌發見の消費貸借に關する一史料〉，《國際基督教大學アジア文化研究》
11，（1979），頁 103；那波利貞，〈燉煌發見文書に據る中晚唐時代の佛
教寺院の錢穀布帛類貸付營利事業運營の實況〉，頁 149。

㉕ 有關吐蕃期沙州寺數、僧尼數、依附人口數，各家説法同中帶異，但大致皆
在文中範圍內。請參考：姜伯勤，《唐五代敦煌寺戶制度》，（北京，中華
書局，1987），頁 41～44；謝重光，〈吐蕃時期和歸義軍時期沙州寺院經濟
的幾個問題〉，頁 205～209；謝和耐著，耿昇譯，《中國五～十世紀的寺院
經濟》，頁 16～17；竺沙雅章，〈敦煌の寺戶について〉，收入：《中國佛
教社會史研究》，（京都，同朋社，1982），頁 450～451；藤枝晃，〈敦煌
の僧尼籍〉，頁 323～326。

㉖ 敦煌僧尼的宗教收入有多種，見：郝春文，《唐後期五代宋初敦煌僧尼的社
會生活》，（北京，中國社會科學出版社，1998），第 5、6 章。

㉗ 張澤咸，《唐五代賦役史草》，（北京，中華書局，1986），頁 406～408。

㉘ 關於龍家之來源、在河西一帶之地位，及其與歸義軍、粟特人之關係，見：
黃盛璋，〈敦煌漢文與于闐文書中龍家及其相關問題〉，收入：《全國敦煌
學研討會》，（嘉義，國立中正大學出版，1995），頁 57～67；池田溫，
〈開運二年十二月河西節度都押衙王文通牒〉，收入：《鈴木俊先生古稀記
念東洋史論叢》，（東京，山川出版社，1975），頁 16；陸慶夫，〈從焉耆
龍王到河西龍家〉，收入：鄭炳林編，《敦煌歸義軍史專題研究》，（蘭州，
蘭州大學出版社，1997），頁 486～503；又，〈略論粟特人與龍家的關
係〉，收入：同前書，頁 504～513。

㉙ 姜伯勤，《唐五代敦煌寺戶制度》，第 2 章。

㉚ 姜伯勤認為是寺戶，見：《唐五代敦煌寺戶制度》，頁 43。

㉛ 嚴耕望，〈唐代方鎮使府僚佐考〉，收入：《唐史研究叢稿》，（香港，新
亞研究所，1969），頁 211～220，馮培紅，〈晚唐五代宋初歸義軍武職軍將
研究〉，收入：《敦煌歸義軍史專題研究》，頁 109～113。

㉜ 關於便物曆之類型與作用，可參考：唐耕耦，〈敦煌寫本便物曆初探〉，收
入：《敦煌吐魯番文獻研究論集》第 5 輯，（北京，北京大學出版社，
1990），頁 167～169；又收入：《敦煌寺院會計文書研究》，（臺北，新文
豐出版公司，1997），頁 380～385；拙著，〈從便物曆論敦煌寺院的放
貸〉，收入：《敦煌文獻論集－紀念敦煌藏經洞發現一百周年國際學術研討
會論文集》，（瀋陽，遼寧人民出版社，2001），頁 439～440。

㉝ 玉井是博以公廨本錢制度來理解，仁井田陞、那波利貞認為是貸出官府麥粟，
池田溫則相信某些稱為公廨或公廨司的機構存在於寺院，郝春文推測是寺院
教團參照官府公廨本錢的模式建立的機構。各説見：玉井是博，〈燉煌文書
中の經濟史資料〉，收入：《支那社會經濟史研究》，（東京，岩波書店，

1943），頁 350～353；仁井田陞，《唐宋法律文書の研究》，（東京，東京大學出版會，1983），頁 271～274；那波利貞，〈燉煌發見文書に據る中晩唐時代の佛教寺院の錢穀布帛類貸附營利事業運營の實況〉，頁 156～157；池田溫，〈敦煌の便穀歷〉，收入：《日野開三郎博士頌壽記念論集》，（福岡，中國書店，1987），頁 381～382；郝春文，《唐後期五代宋初敦煌僧尼的社會生活》，頁 328～329。

㉞ 郝春文，《唐後期五代宋初敦煌僧尼的社會生活》，頁 326～329。

㉟ 有關臘八燃燈之討論，見：金維諾，〈敦煌窟龕名數考〉，收入：《中國美術史論集》，（臺北，明文書局，1984）；馬德，〈十世紀中期的莫高窟崖面概觀－關於《臘八燃燈分配窟龕名數》的幾個問題〉，收入：《1987 年敦煌石窟研究國際討論會文集》石窟考古編，（瀋陽，遼寧美術出版社，1990）。

㊱ 仁井田陞較傾向於都司倉是官倉，藤枝晃則認為是寺倉，謝重光、姜伯勤都以都司倉為超越各寺之上，管教團借貸的機構。另外，竺沙雅章據兩件寺户向靈圖寺佛帳所、常住處之借貸契，認為靈圖寺倉是當時之都司倉。見：謝重光，〈吐蕃時期和歸義軍時期沙州寺院經濟的幾個問題〉，頁 223～225；姜伯勤，《唐五代敦煌寺户制度》，頁 49；仁井田陞，〈唐末五代の敦煌寺院佃户關係文書〉，收入：《中國法制史研究－奴隸農奴法・家族村落法》，（東京，東京大學出版會，1981），頁 45、60～61；竺沙雅章，〈敦煌の寺户について〉，頁 452。

㊲ 童丕著，余欣、陳建偉譯，《敦煌的借貸：中國中古時代的物質生活與社會》，（北京，中華書局，2003），頁 43～44，69～70。

㊳ 敦煌文書中另有一種由使府軍將都頭負責管理的都頭倉，顯然與文中所引由都司教授管理的都頭倉（都司倉）不同，有學者將此二倉混淆，如：鄭炳林、馮培紅，〈晚唐五代宋初歸義軍政權中都頭一職考辨〉，收入：《敦煌歸義軍史專題研究》，頁 85～86。

㊴ 姜伯勤，《唐五代敦煌寺户制度》，頁 145。

㊵ 郝春文，《唐後期五代宋初敦煌僧尼的社會生活》，頁 363～366。

㊶ 郝春文，《唐後期五代宋初敦煌僧尼的社會生活》，頁 76～94、101～110、365～366。

㊷ 嚴耕望，〈唐代方鎮使府僚佐考〉，頁 201～203，211～220，228～233；又，〈唐代府州僚佐考〉，收入：《唐史研究叢稿》，頁 105～115；榮新江，〈唐五代歸義軍武職軍將考〉，收入：《中國唐史學會論文集》，（西安，三秦出版社，1993），頁 78～82；馮培紅，〈晚唐五代宋初歸義軍武職軍將研究〉，頁 99～114、124～130。

㊸ 長行坊、傳馬坊的組織系統中只見馬子，未見知馬官，但踖子既有知踖官總領踖料事，相信坊中也應有知馬官。關於長行坊、傳馬坊之組織，參見孫曉林，〈試探唐代前期西州長行坊制度〉，收入：《敦煌吐魯番文書初探》二編，（武漢，武漢大學出版社，1990），頁 204～217；盧向前，〈伯希和三七一四號背面傳馬坊文書研究〉，收入：《敦煌吐魯番文獻研究論集》，（臺北，明文書局，1986），頁 674。

㊹ 有關手工業類各層級人之稱呼及意義，可參考：馬德，《敦煌工匠史料》，（蘭州，甘肅人民出版社，1997）；姜伯勤，《唐五代敦煌寺户制度》，頁 286～290。

㊺ 那波利貞對梁户問題做了基礎研究，但對梁户的性質未有清楚界定。姜伯勤認為梁户是油梁的承租户，與竺沙雅章認為的僱工不同。關於梁户之工作與性質，見：姜伯勤，《唐五代敦煌寺户制度》，頁 246～247；那波利貞，〈梁户考〉，收入：《唐代社會文化史研究》，（東京，創文社，1977），頁 269～393；竺沙雅章，〈敦煌の寺户について〉，頁 469～470。

㊻ S.6217號〈某寺諸色斛斗破曆〉中有「寺家磑麵人五日供餺麵二斗，酒一斗」之記載，此種磑麵人似是寺方雇來，支付工價的磑博士，而非租取碾磑，支付磑課給寺方的磑户。表中之磑麵人名稱既與上件相同，蓋為同一性質之磑博士。有關磑之經營方式，工作者之名稱與性質，見：姜伯勤，《唐五代敦煌寺户制度》，頁 226～246；那波利貞，〈中晚唐時代に於ける燉煌地方佛教寺院の碾磑經營に就きて〉，《東亞經濟論叢》2：2，（1942），頁 181～185。

㊼ 竺沙雅章，〈敦煌の僧官制度〉，收入：《中國佛教社會史研究》，頁 378～389。

㊽ 《釋氏要覽》卷上〈闍梨〉條引南山鈔云：「能糾正弟子行故。」另外，敦煌文書 S.1600 號庚申年至癸亥年靈修寺招提司諸色斛斗入破曆：「官倉佛食闍梨手上領入常住倉頓設料」。

㊾ 唐耕耦曾將便物曆與入破曆利潤入部分，做出對照表。見：〈敦煌寫本便物曆初探〉，收入：《敦煌吐魯番文獻研究論集》第 5 輯，頁 178～183；又，〈敦煌寺院會計文書殘卷的剖解和綴合〉，收入：《敦煌寺院會計文書研究》，頁 199～213。

㊿ 楊際平，〈現存我國四柱結算法的最早實例〉，收入：《敦煌吐魯番出土經濟文書研究》，頁 162～187；韓國磐，〈也談四柱結帳法〉，收入：同前書，頁 188～198；唐耕耦，〈乙巳年（公元九四五年）淨土寺諸色入破曆算會牒稿殘卷試釋〉，收入：《敦煌吐魯番學研究論文集》，（上海，漢語大辭典出版社，1991），頁 248～249；又，〈敦煌寺院會計文書概述〉，收入：《敦煌寺院會計文書研究》，頁 33～52。

51 竺沙雅章，〈敦煌の僧官制度〉，頁 391～392。

52 嚴耕望，〈唐代方鎮使府僚佐考〉，頁 220～228；又，〈唐代府州僚佐考〉，頁 145～146；馮培紅，〈晚唐五代宋初歸義軍武職軍將研究〉，頁 111～112、117～118。

53 王永興，〈唐天寶敦煌差科簿研究〉，收入：《敦煌吐魯番文獻研究論集》，（臺北，明文書局，1986），頁 106～107；又收入：《陳門問學叢稿》，（南昌，江西人民出版社，1993），頁 78～79；西村元佑，〈唐代敦煌差科簿を通じてみた均田制時代の徭役制度〉，收入：《中國經濟史研究－均田制度篇》，（東京，東洋史研究會，1968），頁 575～576。

54 馮培紅，〈晚唐五代宋初歸義軍武職軍將研究〉，頁 140～141。

55 敦煌研究院編，《敦煌莫高窟供養人題記》，（北京，文物出版社，1986），頁 12。

56 池田溫，〈敦煌の便穀曆〉，頁 386～387；童丕，《敦煌的借貸》，頁 59～60。

57 姜伯勤認為高利貸在寺院經濟結構中之比例有上升趨勢。北原薰分析淨土寺會計文書後也持同樣看法，但發現十世紀中淨土寺的投資重點似向莊田經營移行。參見：姜伯勤，《唐五代敦煌寺户制度》，頁 311～328；北原薰，

〈晚唐、五代の敦煌寺院經濟－收支決算報告を中心に〉，收入：《講座敦煌》3《敦煌の社會》，（東京，大東出版社，1980），頁425～435。

58 吐蕃在敦煌建置部落，始於庚午年（790），但在九世紀二〇年代，又依形勢變化，有新的建置。關於吐蕃的部落建置，見：陳國燦，〈敦煌所出諸借契年代考〉，《敦煌學輯刊》1984：1，頁 1～2，又收入：《敦煌學史事新證》，（蘭州，甘肅教育出版社，2002），頁328～329；楊銘，〈吐蕃時期敦煌的部落及土地制度〉，收入：《吐蕃統治敦煌研究》，（臺北，新文豐出版公司，1997），頁21～27；池田温，〈丑年十二月僧龍藏牒〉，收入：《山本博士還曆記念東洋史論叢》，（東京，山川出版社，1972），頁34。

59 吐蕃所分之部落名稱，見：王堯、陳踐，《敦煌吐蕃文書論文集》，（成都，四川民族出版社，1988），〈沙州唐人部落名稱表〉，頁17。分部落的方式與部落組織，可參考：楊際平，〈吐蕃時期沙州社會經濟研究〉，收入：《敦煌吐魯番出土經濟文書研究》，（廈門，廈門大學出版社，1986），頁366；謝重光，〈吐蕃時期和歸義軍時期沙州寺院經濟的幾個問題〉，頁204～205；藤枝晃，〈吐蕃支配期の敦煌〉，頁226～237、240～245。

60 吐蕃期各部落與敦煌各鄉位置的對應關係，見：李正宇，《敦煌歷史地理導論》，（臺北，新文豐出版公司，1997），頁52～53。

61 行人部落散居州城附近，見：李正宇，《敦煌歷史地理導論》，頁53。

62 陳國燦，〈唐五代敦煌縣鄉里制之演變〉，《敦煌研究》1989：3，頁47～48；本文又收入：《敦煌學史事新證》，頁376～380。

63 通頰乃吐蕃的軍政組織，歸義軍時期由部落向鄉里演化。吐谷渾又名退渾，因吐蕃勢力發展，自青海而散住於敦煌，在十世紀三〇、四〇年代，向鄉里制演變。有關之討論見：楊銘，〈通頰考〉，《敦煌學輯刊》1987：1，頁113～116；本文又收入：《吐蕃統治敦煌研究》，（臺北，新文豐出版公司，1997），頁231～237；榮新江，〈通頰考〉，《文史》33輯，（1990），頁119～139；劉進寶，〈試談歸義軍時期敦煌縣鄉的建置〉，收入：《敦煌文書與唐史研究》，（臺北，新文豐出版公司，2000），頁134～140；山本達郎，〈敦煌發見の消費貸借に關する一史料〉，頁109～110。

64 二莊之由來與演變，以及莊園發展的意義，見：姜伯勤，《唐五代敦煌寺戶制度》，頁225～226；加藤繁，〈唐宋時代的莊園組織及其成為村落而發展的情況〉，收入：《中國經濟史考證》（中譯本）（臺北，華世出版社，1981），頁214～225。二莊的地理位置及水渠流經之處，可參考：李正宇，〈唐宋時代敦煌縣河渠泉澤簡志〉，收入：《敦煌史地新論》，（臺北，新文豐出版公司，1996），頁 121～122、136，插圖二，該文又見：《敦煌研究》1989：1。

65 敦煌縣各鄉位置及里程數之推估，據李正宇「唐宋時代敦煌縣諸鄉位置及渠系分佈示意圖」而來。該圖見：《敦煌史地新論》插圖二。

66 胡戟，〈唐代度量衡與畝里制度〉，《西北大學學報》1980：4，頁39。

67 陳國燦，〈唐五代敦煌縣鄉里制度之演變〉，《敦煌研究》1989：3，頁42～44、47，本文又收入：《敦煌學史事新證》，頁 367～370、377；李正宇，〈唐宋時代沙州壽昌縣河渠泉澤簡志〉，收入：《敦煌史地新論》，頁155～156，該文又見：《敦煌研究》1989：3。

68 童丕，《敦煌的借貸》，頁 59～60，65。

69 Yang Lien-sheng, *Money and Credit in China*, （Cambridge: Harvard University

Press, 1952），p.6.

⑦⓪ 曲彥斌，《中國典當史》，（上海，上海文藝出版社，1993），頁 28。

⑦① 拙著，〈唐代的質借制度〉，《東吳歷史學報》4，（1998），頁 51。

⑦② 日野開三郎，《日野開三郎東洋史學論集》17《唐代邸店の研究》，（東京，三一書房，1992），第 2 章。

⑦③ 同前書，頁 206～212。

⑦④ 寺院經營店舖如《金石萃編》卷 113〈重修大像寺記〉：「東市善和坊有六間半之店舍以營利。」《全唐文》卷 919 元應〈興國寺故大德上座號憲超塔銘〉：「吾今色身，應將謝矣。……金泉磑及梨園舖，吾之衣鈴，將入常住，以為永業。」

⑦⑤ 引文出自敦煌文書 P.3620 號。相關之討論見：陳英英，〈敦煌寫本諷諫今上破鮮于叔明令狐峘等請試僧尼不許交易書考釋〉，收入：《敦煌吐魯番文獻研究論集》，頁 511～526。

⑦⑥ 《根本說一切有部毘奈耶》卷 22〈出納求利學處〉論貸出不還曰：「索物之時，恃官勢故，不肯相還，佛言：不應共此而作交易。」可見佛教所謂之交易，意義廣泛，也包括借貸在內。戒律中關於商業、財稅、捉持貴重物品等交易行為之引文與討論，可參考：謝和耐著，耿昇譯，《中國五～十世紀的寺院經濟》，頁 172～185。

⑦⑦ 章群，《唐代藩將之研究》，（臺北，聯經出版公司，1986），頁 105～109，235～237。

⑦⑧ 道宣，《四分律刪繁補闕行事鈔》，（大正藏 1804 號，第 40 冊）卷 6，頁 70c。

⑦⑨ 僧官為敦煌名族，且與統治階層關係密切，論者甚多，如：史葦湘，〈世族與石窟〉，《敦煌研究文集》，（蘭州，甘肅人民出版社，1982），頁 152～156；姜伯勤，〈敦煌邈真讚與敦煌名族〉，收入：《敦煌邈真讚校錄并研究》，（臺北，新文豐出版公司，1994），頁 1～47；萬庚育，〈珍貴的歷史資料－莫高窟供養人畫像題記〉，收入：《敦煌莫高窟供養人題記》，頁 182～188；馬德，《敦煌莫高窟史研究》，（蘭州，甘肅教育出版社，1996），頁 245～248。

⑧⓪ 陳國燦，《斯坦因所獲吐魯番文書研究》，（武漢，武漢大學出版社，1995），頁 558～559。

⑧① 姜伯勤，《唐五代敦煌寺戶制度》，頁 152～153。

⑧② 《吐魯番出土文書》（簡）五/154，（圖）貳/250。

⑧③ 《吐魯番出土文書》（簡）五/56，（圖）貳/197。

⑧④ 郝春文，《唐後期五代宋初敦煌僧尼的社會生活》，頁 294。

⑧⑤ 關於商人不得入仕，官人不得自執工商之法禁，可參考：高橋繼男，〈唐後期における商人層の入仕について〉，《東北大學日本文化研究所研究報告》17，（1983），頁 153～154。

⑧⑥ 討論公廨本錢的文章如：馬世長，〈地志中的「本」和唐代公廨本錢〉，收入：《敦煌吐魯番文獻研究論集》，（臺北，明文書局，1986）；李錦綉，《唐代財政史稿》（上卷），（北京，北京大學出版社，1995）；橫山裕男，〈唐代の捉錢戶について〉《東洋史研究》17：2，（1958）；拙著，〈唐代官本放貸初探－州縣公廨本錢之研究〉，收入：《第四屆唐代文化學術研討會論文集》，（台南，成功大學出版，1999）。

⑧ 清資官或清官、清望官、清資要官之出身類別、入仕途徑，毛漢光有極深入的分析，請參考：〈唐代蔭任之研究〉，《史語所集刊》55：3，（1984），頁459～542；又，〈科舉前後（公元600年干300）清要官型態之比較研究〉，收入：《中央研究院國際漢學會議論文集》（歷史考古組），（臺北，中央研究院，1981），頁379～404。

⑧ 《舊唐書》卷9〈玄宗下〉開元二十九年正月：「禁九品以下（上？）清資官置客舍邸店車坊。」又，《冊府元龜》卷159〈帝王部・革弊一〉天寶九載十月戊辰詔：「南北衙百官等，如開昭應縣兩市及近場處廣造店舖，出賃與人，……其清資官准法不可置。」《文苑英華》卷429會昌五年正月三日赦：「如聞朝列衣冠，或代承華冑，或在清途，私置質庫樓店，與人爭利。」

⑧ 日野開三郎，《日野開三郎東洋史學論集》17《唐代邸店の研究》，頁201～206。

⑨ 「至鎮三倍償之」，固然不明索還限期，但想來借率應該不低，原因之一可能是借方遠在他處，貸方催討不易，而防其賴債。如引文下舉之例：「時有自左軍出為廊坊者，資錢未償而卒於鎮，乃徵錢於（蕭）洪，……又徵於卒者之子，洪俾其子接訴於宰相，李訓判絕之。左軍中尉仇士良深銜之。」即賴債不還。

⑨ 唐長孺，〈唐代的內諸司使〉（上），《魏晉南北朝隋唐史資料》5，（1983），頁1～9；又，〈唐代的內諸司使及其演變〉，收入：《山居存稿》，（北京，中華書局，1989），頁244～267。

⑨ 高橋繼男，〈唐後期における商人層の入仕について〉，頁154～161。

⑨ 如粟特族的安、康兩姓，東徙後沿途停居，中唐時江淮地區已有不少人。流寓長安的西域胡人，更是人數多且種姓雜。參見：章群，〈唐代的安、康兩姓〉，收入：《港台學者隋唐史論文精選》，（西安，三秦出版社，1990），頁48～57；向達，〈唐代長安與西域文明〉，收入：《唐代長安與西域文明》，（臺北，明文書局，1981），頁4～33；桑原隲藏，〈隋唐時代に支那に來住した西域人に就いて〉，收入：《東洋文明史論叢》，（東京，弘文堂書房，1934），頁277～424。

⑨ 向達，〈唐代長安與西域文明〉，收入：《唐代長安與西域文明》，（石家庄，河北教育出版社，2001），頁34～95。

⑨ 池田溫，〈八世紀中葉敦煌的粟特人聚落〉，收入：《日本學者研究中國史論著選譯》，（北京，中華書局，1992），頁153～155，168～171，192；山本達郎，〈敦煌發見の消費貸借に關する一史料〉，頁109～110及註28、29；Wolfram Eberhard, "Notes on the Population on the Tunhuang Area", *Sinologica*, IV-2,（1955），pp.690; and idem, "The Leading Families of Ancient Tunhuang", *Sinologica*, IV-4,（1956），pp.20932.

⑨ 胡商在唐的經濟勢力大，尤其活躍於金融界，見：日野開三郎，〈唐代の波斯錢について〉、〈唐代の回紇錢について〉，收入：《日野開三郎東洋史學論集》5《唐五代の貨幣と金融》，（東京，三一書房，1982）；佐藤圭四郎，〈唐代商業の一考察〉，收入：《加賀博士退官記念中國文史哲學論集》，（東京，講談社，1979），頁576～577。

⑨ 據趙岡的估計，以天寶年間為準，唐代城市人口的比重約20.8%。詳見：趙岡、陳鍾毅，《中國經濟制度史論》，（臺北，聯經出版公司，1986），頁391～395。

⑱ 貸借與賑濟不同，前者需納子或納利，後者是無償賑給。見：張弓，《唐朝倉廩制度初探》，（北京，中華書局，1986），頁130。

⑲ 唐代依託豪強的客戶，一直是政府檢括的對象，有關之討論可參考：唐長孺，〈唐代的客戶〉，收入：《山居存稿》，頁129～165。

⑩ 如《冥報記》卷上〈揚州嚴恭〉條：「恭入錢庫，見有萬濕錢如斯出水，恭甚怪之，後見前貸錢人，乃知濕錢是所貸者。」大概較富有的放債者，自有錢庫貯存錢物，一如寺院有寺庫、寺倉，或櫃坊等業有櫃、窖之類的設備。

⑪ 日野開三郎，《日野開三郎東洋史學論集》17《唐代邸店の研究》，頁154～198，240～254。

⑫ 日野開三郎，《日野開三郎東洋史學論集》17《唐代邸店の研究》，頁2～29。

⑬ 日野開三郎，《日野開三郎東洋史學論集》18《續唐代邸店の研究》，（東京，三一書房，1992），頁656～664；高橋繼男，〈唐後期における商人層の入仕について〉，頁157～161。

⑭ 邸店與行肆不同，如《河南志》卷1〈京城門坊街隅古跡〉南市條：「東西南北居二坊之地，其內一百二十行，三千餘肆，四壁有四百餘店，貨賄山積。」《長安志》卷8東市條：「市內貨財二百二十行，四面立邸，四方珍貴皆所積聚。」可見唐代的市是由行、肆與邸店共同構成。行肆是依商品類別，分行零售之商肆；邸店則合倉庫、旅宿、飲食業為一體，兼負交易、運輸、金融等功能。關於邸店、行肆之異同，可參考：李劍農，《魏晉南北朝隋唐經濟史稿》，（臺北，華世出版社，1981），頁245～246；日野開三郎，《日野開三郎東洋史學論集》17《唐代邸店の研究》，第1～3章。

⑮ 加藤繁，〈論唐宋時代的商業組織「行」並及清代的會館〉，收入：《中國經濟史考證》，頁378～399。

⑯ 加藤繁認為長安東市220行為120行之誤，但日野開三郎由每行平均肆數計，認為仍屬可能。兩京行數之討論見：加藤繁，〈論唐宋時代的商業組織「行」並及清代的會館〉，頁378～381，385～386；日野開三郎，《日野開三郎東洋史學論集》17《唐代邸店の研究》，頁354～369。

⑰ 曾毅公載錄24行，唐耕耦計有28行。見：曾毅公，〈北京石刻中所保存的重要史料〉，《文物》1959：9，頁16～19；唐耕耦，〈房山石經題記中的唐代社邑〉，《文獻季刊》1989：1，頁84。

⑱ 日野開三郎，《日野開三郎東洋史學論集》17《唐代邸店の研究》，頁363～369。

⑲ 櫃坊之業務，見：加藤繁，〈櫃坊考〉，收入：《中國經濟史考證》，頁447～454。

⑳ 如〈趙明兒買作人券〉有主簿，（《吐魯番出土文書》（簡）五/134，（圖）貳/241），〈范歡進買奴契〉有火長、校尉（《吐魯番出土文書》（簡）五/108，（圖）貳/224），〈石染典買馬契〉有別將（《吐魯番出土文書》（簡）九/48～49，（圖）肆/279），〈張君行租田契〉有隊正（ＴＴⅢＡ148／50），〈曹忠敏租田契〉有知田（《吐魯番出土文書》（簡）九/154～155，（圖）肆/345），〈楊大智租田契〉有前里正（《吐魯番出土文書》（簡）七/406，（圖）參/493）。

㉑ 馮培紅，〈晚唐五代宋初歸義軍武職軍將研究〉，頁101、111～112。

㉒ 侯燦、吳美琳著，《吐魯番出土磚誌集注》，（成都，巴蜀書社，2003），

頁 551～552。

⑬ 8 件舉錢契是附表一 34、36、38、39、40、41、42、43。又，〈唐總章三年（670）左憧憙夏菜園契〉就是取自張善憙的菜園（《吐魯番出土文書》（簡）六/428，（圖）參/222）。

⑭ 張蔭才，〈吐魯番阿斯塔那左憧憙墓出土的幾件唐代文書〉，收入：《敦煌吐魯番文書研究》，（蘭州，甘肅人民出版社，1983），頁 395～403；Valerie Hansen, *Negotiating Daily Life in Traditional China: How Ordinary People Used Contracts, 600-1400*,（New Haven: Yale University Press, 1995），pp. 35～39.

⑮ 拙著，〈「同居」析論－唐代家庭共財性質之探討〉，《大陸雜誌》100：6，（2000），頁 6～27。

⑯ 堀敏一，《均田制研究》，（臺北，弘文館出版社，1986），頁 302～303。

⑰ 卜老師之處境，可於儀鳳二年（667）〈西州高昌縣寧昌鄉卜老師辭為訴男及男妻不養贍事〉知之，見：《吐魯番出土文書》（簡）七/528，（圖）參/569。

⑱ 馮培紅，〈晚唐五代宋初歸義軍武職軍將研究〉，頁 126～127。

⑲ 陳國燦，〈唐代的「地子」〉，收入：《唐代的經濟社會》，（臺北，文津出版社，1999），頁 142～166；又，〈從敦煌吐魯番文書看唐五代地子的演變〉，收入：《敦煌學史事新證》，頁 275～297；雷紹鋒，《歸義軍賦役制度初探》，（臺北，洪葉文化公司，2000），頁 39～64。

⑳ 姜伯勤，《唐五代敦煌寺户制度》，（北京，中華書局，1987），頁 109；池田溫，〈敦煌における土地税役制をめぐって－九世紀を中心として－〉，收入：《東アジア古文書の史的研究》，（東京，刀水書房，1990），頁 50～51。

㉑ 女人結社盛行於北朝至隋唐五代，敦煌及吐魯番文書中的女人結社也有結義互助性質。見：寧可、郝春文，〈北朝至隋唐五代間的女人結社〉，《北京師範學院學報》1990：5，頁 17～18；郭鋒，〈吐魯番出土眾阿婆社約與唐代西州的民間結社活動〉，收入：《唐史與敦煌文獻論稿》，（北京，中國社會科學出版社，2002），頁 232～235。

㉒ 鄭炳林，〈唐五代敦煌手工業研究〉，收入：《敦煌歸義軍史專題研究》，頁 268～270。

㉓ 嚴耕望，〈唐代方鎮使府僚佐考〉，頁 179～187。

㉔ 馮培紅，〈晚唐五代宋初歸義軍武職軍將研究〉，頁 150～156。

㉕ 唐耕耦，〈敦煌寫本便物曆初探〉，收入：《敦煌吐魯番文獻研究論集》第 5 輯，頁 173～174；又收入：《敦煌寺院會計文書研究》，頁 392～394。

㉖ 姜伯勤，《唐五代敦煌寺户制度》，頁 304～308。

㉗ 唐耕耦，〈敦煌寫本便物曆初探〉，收入：《敦煌吐魯番文獻研究論集》第 5 輯，頁 176～177；又收入：《敦煌寺院會計文書研究》，頁 396～397。

㉘ 西村元佑曾比較西州、沙州契約之鄉名、身分的記載方式，可以參考。見：〈高昌國および唐代西州の諸契約文書にみえる鄉名記載とその消長の意義について〉，收入：《中國聚落史の研究》，（東京，刀水書房，1990），頁 134～140。

㉙ 編號 46〈卜老師舉錢契〉的貸與人竹住海，據同墓出土，同樣是儀鳳二年（677）卜老師與竹住海的租佃契約，知其為蒲昌縣人。山本達郎、池田溫所

編《敦煌吐魯番社會經濟資料》之推測有誤。〈竹住海租田契〉見：《吐魯番出土文書》（簡）七/530，（圖）參/570。山本達郎等編二件分別見：ＴＴⅢＡ 83/30、ＴＴⅢＡ 169/56。

⑬⓪ 據李正宇所繪「敦煌縣諸鄉位置圖」測知。但二鄉鄉界遼闊，李氏並未繪出其外緣。見：李正宇，《敦煌史地新論》插圖二。

⑬① 此數字據《舊唐書》卷 135〈盧杞傳〉。日野開三郎亦做此推估，唯其未分清櫃坊與質庫之別，而將之統合計算，但加藤繁早已於此有精詳的辨析，見：〈櫃坊考〉，頁 445～447。日野氏之推估見：〈宋代長生庫の發達について〉，收入：《日野開三郎東洋史學論集》7《宋代の貨幣と金融》，（東京，三一書房，1983），頁 242。

⑬② 建中元年京師錢額收入，《新唐書》卷 52〈食貨志〉與《通典》卷 6〈食貨・賦稅〉均為 950 餘萬貫，《册府元龜》卷 488〈邦計部・賦稅〉與《通鑑》卷 226 由推算得知約為 1089.8 萬貫，大概是長安質庫業營業額的 4～5 倍。

⑬③ 賣酒之家常立旗，故旗亭亦酒旗之亭也。見：日野開三郎，《日野開三郎東洋史學論集》17《唐代邸店の研究》，頁 71～72。

⑬④ 陳國燦，〈從吐魯番出土的「質庫帳」看唐代的質庫制度〉，收入：《敦煌吐魯番文書初探》，頁 328～331；又，〈唐代的典當業－質庫制度〉，收入：《唐代的經濟社會》，頁 232～235。

⑬⑤ 新昌坊北上經靖恭坊，再經常樂坊或安邑坊即可到達東市，與東市僅隔二坊之地。

⑬⑥ 《白居易集》，（臺北，漢京文化公司，1984），卷 19〈新昌新居書事四十韻因寄元郎中張博士詩〉，頁 415。

⑬⑦ 中國科學院考古研究所西安唐城發掘隊，〈唐長安城考古紀略〉，《考古》1963：11，頁 600、604。

⑬⑧ 城坊步數據平岡武夫編《唐代的長安與洛陽－地圖》，（上海，上海古籍出版社，1991），第一圖。

⑬⑨ 唐制 5 尺 1 步，360 步 1 里，1000 步合 2.78 唐里。

⑭⓪ 劉秋根、日野開三郎都有類似的看法，見劉秋根，《中國典當制度史》，（上海，上海古籍出版社，1995），頁 99～100；日野開三郎，〈櫃〉，收入：《日野開三郎東洋史學論集》5《唐五代の貨幣と金融》，頁 156；又 17《唐代邸店の研究》，頁 209。

⑭① 如杜牧《樊川文集》卷 16〈上宰相求湖州第二啟〉：「安仁舊第，置於開元末，某有屋三十間，去元和末，酬償息錢，為他人有，因此移去。」另據《舊唐書》卷 147 本傳，知杜牧常居下位，又數度因弟病棄官，其酬償息錢，或由於此。至於安仁舊第為他人有，亦據本傳「以疾終於安仁里」，推測其只是質而非賣，故回贖後以疾終於此里。這種情形大概與魏徵玄孫質賣故居類似，只是後者無力自贖而已。

⑭② 陳國燦，〈長安、洛陽よりトウルフアンに將來された唐代文書について〉，《東洋學報》72：3、4，（1991），頁 76～77。

⑭③ 地主僧、百姓僧之成因及特色，見：那波利貞，〈中晚唐時代に於ける偽濫僧に關する一根本史料研究〉，收入：《龍谷大學佛教史學論叢》，（東京，富山房，1939），頁 129～156，231。

⑭④ 那波利貞由天寶物價折算，恐怕未必符合天復年間沙州穀、帛之比價。但無論如何也仍遠低於一般租價。見：那波利貞，同前文，頁 197～203，

213～214。

⑭ 那波利貞認為，地主僧等出租土地，坐收佃租，過著富裕的生活，且受地方官及寺院特殊權力的保護，為有社會地位的人。見：那波氏，同前文，頁227～231。

⑭ 社人之身分或階層，可參考：竺沙雅章，〈敦煌出土「社」文書の研究〉，收入：《中國佛教社會史研究》，頁539～542；唐耕耦，〈房山石經題記中的唐代社邑〉，頁75～98。

⑭ 社的名稱與組織方式，見：竺沙雅章，同前文，頁542；姜伯勤，《敦煌社會文書導論》，頁233～234；唐耕耦，同前文，頁98～103。

第四章

借貸原因之分析

第一節　生活消費與賦稅

日常家用不足與賦稅過重，是造成借貸的重要原因之一。這種現象，尤其常發生在貧窮的農村社會裏。唐代的人口結構，城市人口只占約 20.8%[①]，其他的主要應是農民階層。廣大的農民階層既是最有借貸需要的一群，則由農家生活狀況了解民眾借貸的原因，應該最具代表性。

家用入不敷出，收支不相抵，是許多農民都曾有過的經歷。就一般農家而言，其收入的主要來源是土地，其他副業可能在紡織、園藝、畜養、短期雇工、手工編製、小商販、撿拾柴薪等中，兼有一至數種。在支出項目中，最大宗的應是衣食費用與稅賦，其他如醫療、社交、祠祀、修繕、燃料、器具設備等，也是頗有必要的開銷。以下且就農民生活中之要目，觀察其收支得否平衡。

農民收入多寡，與其土地大小有極密切的關連。均田制下，土地還授即使進行，也只授予一、二畝的小地塊，難以補足實際所需[②]，而武德令與開元令之受田標準亦有變動[③]，但大體上，唐前期之受田方式仍有其一貫性。茲據敘述較詳盡完整的開元二十五年（737）田令（《通典》卷 2〈食貨·田制下〉），表列寬鄉之受田情形如下：

表 4-1　開元二十五年均田制農戶受田表

土地名稱 受田對象		口分田	永業田	園宅地
丁男		80（畝）	20（畝）	良口三口以下給一畝，每三口加一畝
中男（18 歲以上）		80	20	
老男 篤疾 廢疾	當戶	20	20	
	不當戶	40	／	
寡妻妾	當戶	20	20	
	不當戶	30	／	
黃男、女④ 小男、女 中男（18 歲以下） 中女 丁女	當戶	20	20	

附註：1. 不當戶之老男、篤疾、廢疾、寡妻妾之受田，先有永業者，通充口分之
　　　　　數。
　　　2. 狹鄉新受者，減寬鄉口分之半。

　　　均田制之受田額只代表政府照顧農民之意，與農民實際所
有畝數頗有一段差距，如貞觀十八年（644）太宗幸靈口，「問
其受田，丁三十畝」（《冊府元龜》卷 105〈帝王部・惠
民〉）；高宗為太子時上〈請家令寺地給貧人表〉：「關輔之
地，萌庶孔殷，丁壯受田，罕能充足。」（《文苑英華》卷
605）敦煌文書 P.3813 號文明判集：「雍州申稱地狹，少地者
三萬三千戶，全無地者五千五百人。」（38～39 行）⑤，顯見
唐初關輔一帶民戶，受田已普遍不足。隨著人口陸續南遷，江
南開發程度亦不淺，江州地區在武周時，一戶不過 5 畝、10 畝
大小⑥，至元和長慶年間，平均約增為 12.6 畝⑦。另據《元和
郡縣圖志》推估，潤州每戶約為 12.14 畝，浙西為 18.46 畝⑧，
均遠低於均田制之理想受田數。西北邊陲的西州、沙州，由敦

煌吐魯番户籍、手實等資料得知,西州的標準受田額每丁常田4,部田6畝⑨;沙州每户的受田數,天寶以前平均為43.4畝,總計大歷以前情形,每户平均有地47畝,受田率在3~4成間⑩。唐朝無論何時何地,農民實有田數似始終未臻於政府之構想,即使其間農民會因土地肥瘠、種植方式、作物種類等因素,改變可以維生之所需畝數,但土地面積大小,仍不失為判斷農民貧富的重要指標。

均田制之受田對象主要是丁男,婦人非寡或當户,不在受田之列,而且就算是户內有寡妻妾,從西州給田證明,其所受之照顧最少,欠田最多⑪,故有丁男之户,户內婦人受田之機率非常低,欲由此增加户之受田數,恐怕不容易。其他身分者,中男18歲以上距成丁不遠,可併入成丁視之。家中有篤疾、廢疾者似屬特例。唐人之平均壽命不太可能超過40歲⑫,則60歲以上之老男受田,或許相當罕見。由籍帳、差科簿等知,户等愈低,通常丁數愈少,差科簿中之單丁户更占半數以上⑬。故户內之實受田者,愈是貧户,就愈有可能只是丁男一人,而此種單丁户之田數應該不會多。一般而言,唐人認為土地不滿50畝是貧户,如貞元二年(786)詔諸道進牛,給京兆府有地無牛百姓,袁高上疏曰:「有田不滿五十畝者尤是貧人。」(《舊唐書》卷103〈袁高傳〉)這應是栽種粟麥地區判斷貧户的標準,也是最有可能需要借貸的人。由沙州受田率在3~4成間來看,中原地區的單丁貧户大概不會超過三、四十畝的土地,等而下之者的生活就更不堪聞問,是以此處以民户有田三、四十畝,為貧困、有借貸需求的觀察點,似乎還算合理。

畝產量亦是影響農户收入的因素之一,有借貸需要,處於經濟弱勢的農民,大概不易占到或擁有太肥沃的田地,故以中

等地利觀察其收成,應該較可靠。《新唐書》卷 54〈食貨志〉:「代宗即位,…當時議者以為,…田以高下肥瘠豐耗為率,一頃田米五十斛。」唐人以平均地利計算,得出米的畝產量為 5 斗。粟 1 斛折算米 6 斗,米 5 斗相當於粟 8.3 斗餘。寶曆元年(825)河陽節度使闢荒田 200 頃,歲取粟 2 萬斛(《冊府元龜》卷 497〈邦計部・河渠二〉),畝收粟 1 石。元和七年(812)開振武天德田 4800 頃,收穀 40 餘萬斛(《通鑑》卷 239),每畝產量約合未脫殼的粟 8.3 斗至 1 石間⑭。另外,《通典》卷 7〈歷代盛衰戶口〉宇文融建議取寬鄉剩田給浮戶營種,「公田一頃,…計平收一年,不減百石。」(《唐會要》卷 85〈逃戶〉作裴耀卿)以及李翱〈平賦書〉:「一畝之田,以強並弱,水旱之不時,雖不能盡地力者,歲不下粟一石。」(《李文公集》卷 3)則平收之地或未盡地力者,畝產量至少為粟 1 石。

從租價估計畝產量,亦可見如上之情形,《陸宣公集》卷 22〈均節賦稅恤百姓第六〉:「私家收租,殆有畝至一石者,……降及中等,租猶半之。」如以主佃對半分成方式論之,民間中等田地的租價 5 斗,畝產量就正是粟 1 石。在西州、沙州的租價方面,民田實物地租一般在每畝 5 斗至 1 石間,折合畝產量為 1～2 石⑮,適在陸贄所謂私家收租的上田至中田間。

綜上可知,中等地利的農田,畝收粟均在 1 石上下,故取其中者 1 石來推算貧戶收入,應屬持平。貧戶之田數如以前述稍高之 40 畝計,每畝收粟 1 石,則農耕的總收入為粟 40 石,這不但是農民一切開銷的最大來源,而家庭收支能否相抵,也主要繫乎這筆收入是否穩定或足夠。

在主食收入之外,農民可能還有其他開源之道。玄宗開元五年(717)五月詔:「使及秋收,仍令勸課種黍稷及旱穀等,

使得接糧。」（《册府元龜》卷 105〈帝王部・惠民〉）會昌元年（841）〈彗星見避正殿德音〉：「其近江州縣，今正當農隙，……勸課百姓種植五豆，以備災患。」（《文苑英華》卷 441）北方的粟麥或南方的稻作是唐代人民的主食，也各有其適宜生長的季節、氣候與土壤。為了彌補災荒損失，進而增加糧食生產，選擇適當作物進行輪作、間作或混作，不失為改善土壤物理性質，調節土壤營養成分，防治病蟲害與雜草，均衡分配勞力運用的好辦法⑯，像農隙種植豆、黍等作物，正有恢復地力，補充糧產的作用。唐人的栽培技術有長足的進步，尤其是中原地區已發展出粟麥豆二年三作的複種制度，有益於提高畝產量⑰，舒緩土地不足農戶的壓力。再者，菜蔬也是重要的糧食作物，〈軍防令〉曰：「各量防人多少，於當處側近給空閑地，逐水陸所宜，斟酌營種，並雜蔬菜，以充糧貯及充防人等食。」（《唐律疏議》卷 16〈擅興律〉「遣番代違限」（總 239 條））防人於空閑地雜種蔬菜，可能是仿效自民間穀物與蔬菜混作，或於宅舍田邊隙地栽種而來。另外，有些農作非供人食用，如唐人視豌豆「唯充畜料」⑱，但仍可以之餵養牲畜，或販易以賺取收活費用。

均田制的設計本是耕織並重，以織助耕，「每畝課桑五十根以上」（《通典》卷 2〈食貨・田制下〉），就是意在通過紡織等副業，達到衣物自給自足，庸調之徵無虞，甚而可以補貼家用的目的。據學者估算，畝桑 50 根的專業桑園，可產絹14.4 匹⑲，以盛唐比價匹絹值米 14 斗計⑳，植桑 50 根約合粟20 石。但一個受田只有 3～4 成的農戶，折算其由紡織業的獲利，不過合 6～8 石粟。這樣看來，土地不足 50 畝，或受田3～4 成的農戶，穀物與織物的年產總值，大約不超過50石粟，其他輪作、間作、混作的收穫，未必是貧農真能掌握的穩定財

源。

其實，農民於主要衣食收入之外，只要人力、資本、技術、土地、環境等條件能夠配合，仍然有其他途徑可增加家庭收入，如農民可兼作小商人，販鬻剩餘物資於市集；或於農閒時分，上山坎伐柴薪，並兼為短期雇工，賺取外快。而家中婦女於養蠶繅絲織絹帛外，也可飼養雞鴨豬牛等家禽或牲口，或於園圃種植水果蔗茶等經濟作物㉑。前所勾勒的農家景象，忙碌而不失秩序，相信在某種程度上，可彌補受田不足之缺憾。然而，以現今資料所及，除了主食或織物收入稍可略估外，其他生產方式究竟能提供多少助益，或各種生財之道是否均能順利運作，皆無可證。不過從以下農民支出狀況，及其生活實情來觀察，土地不足 50 畝的貧農即使終年辛勤勞作，也不見得能求得溫飽。

在日常生活費用中，糧食是最重要的支出項目，《新唐書》卷 54〈食貨志〉：「少壯相均，人食米二升。」同書志卷 53：「兵十七萬戍邊，……月給粟十七萬斛。」人月食粟 1斛，相當於日食米 2 升。同書卷 145〈嚴郢傳〉論有司募營田之人：「一農歲錢九萬六千，米月（當為歲之誤）七斛二斗。」（又見《唐會要》卷 89〈疏鑿利人〉）折合每人日給米2 升。《陸宣公集》卷 18〈請減京東水運收腳價于緣邊州鎮儲蓄軍糧事宜狀〉：「總計貯備粟一百三十五萬石，是十一萬二千五百人一年之糧。」即每人年糧粟 12 石，或米 7.2 石，亦合於前述之米粟日食量。《夏侯陽算經》卷中〈計給糧〉條論兵食：「人日給米二升。」㉒李筌《神機制敵太白陰經》卷 5〈人糧馬料篇〉：「人日支米二升，一月六斗。……一人一日支粟三升三合三勻三抄三圭三粒，一月一石。」都以日食米 2 升或粟 3.3 升計。一般學者亦據這些資料，認此為丁男之標準食量。

然而，前文所述多為兵士或募人之口糧，政府是否會因別給歲費，或如府兵之令其自備「麥飯九斗，米二斗」（《新唐書》卷50〈兵志〉），而相對扣減其實需數，似不易斷定，故此究為丁男一人之食量，或為「少壯相均」的平均量，需進一步推究。

唐代官給公糧皆有定數，《唐六典》卷19〈司農寺太倉署〉：「丁男日給米二升，鹽二勺五撮，妻妾、老男、小則減之。」官奴婢之給糧，同書卷6〈刑部都官郎中員外郎〉條：「其糧丁口日給二升，中口一升五合，小口六合。」但諸戶長上者：「丁口日給三升五合，中男給三升。」官奴婢長役無番，一切衣食費用皆由政府負擔，故丁口日給米2升，可視為其維生最低消費量，而諸戶長上之給糧，則使其能維持較佳生活水準。由此推想良人丁男之糧食費用，日食米2升大概也只能讓其免於飢餓，若要得到口腹之飽足，其量或許需略做提升。

官賤人給糧數，可提供不同年齡層之消費量，但出土文書中還可見到更為細緻的數據：

表 4-2　蘇海愿等戶給糧表[24]

身分類別	日食量	
	粟（升）	米（升）
丁男	3.33	2
丁妻妾	2.5	1.5
中男	2.5	1.5
中小	1.5	0.9
老小	1.5	0.9
小男	1	0.6

表 4-3　唐定興等戶給糧表㉔

性別與年齡	男		1-5	6-10	11-14	15-17	18-59	60-
	女	1-5	6-10	11-14	15-			
食量（米）	年（石）	2	3	4	5	7	8	6
	日（升）	0.56	0.83	1.1	1.4	1.9	2.2	1.7

由前引《唐六典》二條知，官府給糧依身分、年齡、性別而異，上列二表適可為證。表 4-2 是太宗高宗間西州的給糧帳，西州在初入大唐版圖時，丁中制暫仍麴氏高昌制，或遠祖魏制㉕。本帳諸身分中，中小、老小未見於唐令，可能因此時尚未改行新制。唯給糧數上，丁男、中男、小男與官賤人情形相互對應，中小、老小則介於中男、小男間，而丁妻妾較丁男降一等，比照中男辦理。女子給糧差男子一等，是自漢代以來之慣例㉖，唐代大體承襲之。表 4-3 是八世紀中河西支度營田使之給糧簿，其特色是 15 歲以下之年齡組別畫得相當細瑣，大致以 5 歲為一組距，而且與唐歷次丁中制變動時，黃小中之年齡上下限都不盡相同㉗，而 18 歲以上可受田之中男，併與丁男同樣給糧。另外，表 4-3 各組之給糧數皆異於表 4-2 或一般文獻資料，如丁男給糧顯然高於尋常之日食米 2 升；唐之中男從未低過 16 歲，而 15～17 歲組的給糧逼近一般丁男食量，卻遠高於官奴中口的食量；男子 14 歲以下的給糧，各年齡層不但依發育狀況異動，其數額也遠高於官奴小口之標準。女子給糧除了與男子有差等外，同樣也隨年齡層而遞變。如果丁男日食米 2 升為維生基本消費量，那麼表 4-2 的給糧數近於各年層的維生最低食量，而表 4-3 可能是特殊狀況下的配給，不能代表維生最低需求。由上述討論可知，日食米 2 升大體為丁男維生之食量標準㉘，是各年齡層中之最高食量，並非「少壯相均」之平均量。

　　不同的家庭組合，在計算糧食消費上會有些許差距。如以維生基本需求，即官賤人與表 4-2 之丁、中、小男給糧標準，配合丁妻降丁男一等來估算，就最平常的成年夫婦，帶中男 1 人及 15 歲以下 2 小男女組成的五口之家為例，其家的日食量為米 6.2 升，年需米 22.32 石，或粟 37.2 石，才能維持生計[29]。這樣的糧食消耗量，不過是最通常之家庭組合下，最基本的生活需求。如果生活狀況要好一點，平均食量必不能低過上述標準，如陸龜蒙〈送小雞山樵人序〉：「余家大小之口二十，月費米十斛。」（《全唐文》卷 800）折合每人的平均日食量為米 1.67 升，高於前例之平均日食量米 1.24 升。可見一個擁有 40 畝地，年收穫量為粟 40 石的農戶，光是糧食消耗，就已幾乎罄其所有。這在沒有天災人禍的平歲已然如此，若是年景稍差，再加上其他各項必要支出，難怪會逼得小農不得不走上借貸之途，甚或更悽慘的絕境。

　　有學者推估，敦煌地區有 64% 的居民，吐魯番地區則有 76% 的居民，是在生存線上掙扎，或在生存線以下極困苦的狀態[30]。唐代全國各地究竟有多高的人口比例在生存線上徘徊，或許難有定論，但可以肯定的是，這些人如果不願自己貧病凍餓而死，或不願向下沉淪為奴婢，甚至不願拋棄田產成為專業雇工或佃客，那麼他為了維持生計，最方便而又最可能的優先考慮就是借貸。這對於受田不足 3～4 成的農戶來說，借貸的經驗大概不會少吧！

　　衣服用度同樣是農民家庭重要支出項目之一。唐人四季衣裝稱春、冬衣，如果由國家發給，春衣一般在二月，冬衣在十月。春、冬衣的需求，隨身分、身材、材質、年齡、性別而異，衣服用料的多寡，與衣服的形制、單複有關。目前可知春、冬衣資料者為官人時服、官奴婢衣物及軍士春冬衣[31]。為

了蔽體與禦寒，貧民衣物採取同於官奴婢的標準與發放方式，應是最起碼的要求。以下將官奴婢衣物用料情形列表顯示：

表4-4　官奴婢春冬衣用料量表

丁奴				丁婢				10歲以下奴				10歲以下婢			
春衣		冬衣		春衣		冬衣		春衣		冬衣		春衣		冬衣	
種類	用料量	種類	用料量	種類	用料量	種類	用料量	種類	用料量	種類	用料量	種類	用料量	種類	用料量
布衫	3丈	襦	4.5丈綿2屯	衫	3丈	襦	4.5丈綿2屯	布衫	3丈	布襦	4.5丈	布衫	3丈	布襦	4.5丈
布袴	1.25丈	複袴	2.5丈綿1屯	裙	1.25丈	複袴	2.5丈綿1屯	鞋	0.3丈	韈	0.3丈	裙	1.25丈	韈	0.3丈
頭巾	0.3丈	牛皮鞾	0.3丈	絹襌	2丈	牛皮鞾	0.3丈			鞾	0.3丈	韈	0.3丈	鞾	0.3丈
牛皮鞾	0.3丈			鞾(2)	0.6丈										
個別用料量	4.85丈		7.3丈綿3屯	6.85丈			7.3丈綿3屯	3.3丈			5.1丈	4.55丈			5.1丈
總用料量	12.15丈，綿3屯			14.15丈，綿3屯				8.4丈				9.65丈			

説明：1. 本表各類衣物的用料量，據黃正建〈敦煌文書與唐代軍隊衣裝〉一文的推估（《敦煌學輯刊》1993：1），衣物原料為絁。
　　　2. 黃文的衣物種類是軍衣，與官奴婢衣物的名稱略異，但可相互參照對應，表中布衫的用料量比照衫，布袴、裙比照褲奴，頭巾比照幞頭，鞾、鞋比照鞋，襦比照襖子，複袴比照複綿褲，韈比照襪。
　　　3. 表中各衣物均為1件或1量，唯丁婢春衣的鞾為2量，所計為用料總量。
　　　4. 表中之布襦比照襦，但去掉綿2屯。《釋名》卷5〈釋衣服〉：「襌衣，言無裏也。」其用料可能較（布）衫略少，比照汗衫計之。另外，氈無可比，略去。
　　　5. 春衣每歲一給，冬衣二歲一給。

　　如上述人口結構的五口之家，包含 2 丁奴，1 丁婢，10 歲以下小男、女的春、冬衣用料量，總共是絁 56.5 丈，綿 9 屯。《新唐書》卷 48〈百官志〉織染署排列紡織品的質量，絁在絹、布之上。吐魯番出土〈唐天寶二年（743）交河郡市估案〉絁的價格也高於絹、布⑫。官奴婢服物許多直接用布料製作，對一個貧戶來說，他可能會用最便宜的布料來作衣服。中原地區欠缺布價資料，姑且從邊區情況來觀察，以資參考。市估案帛練行絁的價格，極近於敦煌文書 P.3348 號背〈唐天寶四載（745）河西豆盧軍和糴會計牒〉的絁價，這兩件文書無論在時間、地域與物資背景上，都無太大差異，故物價資料大體可以互通。市估案欠缺粟價，和糴會計牒無布價。市估案□布行最低價位小水布的下估為 1 端 300 文，和糴會計牒粟斗估 32 文。唐前期和糴估通常每斗加時價 2〜3 錢㉝，市估是市司「准貨物時價」做出的公示價格㉞，二種估價並非市場自由交易價格，但應該仍有重要參考價值。從上述布與粟的價格看，大致是布 1 端約合粟 1 石。絹絁 2 丈合布 2 丈 5 尺，布 1 端為 5 丈㉟。官奴婢家庭春、冬衣用料量為絁 56.5 丈，相當於絹絁 14.125 疋㊱，或布 14.125 端，亦即粟 14.125 石。市估案綿的最低價屯估 170 文，和糴會計牒為屯估 150 文，五口之家至少用綿 9 屯，折合為粟 4.2〜4.8 石，總計官奴婢家庭一年的衣物用料量約合粟 18 石多。官奴婢衣物的替換率為春衣每歲一給，冬衣二歲一給。就生計困頓的貧戶而言，每年衣物的消費量其實是可以再壓低的，甚至縫縫補補，還可多撐些時日。

　　衣食費用之外，賦稅是農民另一項極沈重的負擔。租庸調制下，每丁納粟 2 石，調絹 2 丈，綿 3 兩，歲役 20 日。如不服役，折庸日 3 尺，共 6 丈。另外要繳地稅畝 2 升，40 畝地即為 8 斗，戶稅依九等貧戶計，以 222 文為率（《通典》卷 6〈食

貨・賦稅下〉）。總計每戶每年需納粟 2.8 石，絹 2 匹，綿 3
兩，錢 222 文。《新唐書》卷 51〈食貨志〉論開元天寶間物
價：「是時，海內富實，米斗之價錢十三，青齊間斗才三錢，
絹一匹錢二百。」物價雖然因時因地有所波動，此處以唐內地
安定時之平歲價格略估農民賦稅，可能是較通常之物價水準。
米斗 13 錢折合原糧粟斗 7.8 錢。絹 2 匹價 400 錢，相當於粟
5.13 石。戶稅錢 222 文約為粟 2.85 石。綿價據市估案，中估每
屯在 180～200 文間，綿 6 兩為屯[37]，則綿 3 兩值 90～100 文，
約合粟 1.2 石上下。總計農民在租庸調制下應納之常賦，就有
粟 12 石。此外，農民還需承受各種附加稅、攤派、折納，以
及巧立名目，甚或不需立名目的追徵與需索，其入不敷出的窘
況，是可想而知的。而妨害農功甚大的兵役、色役、雜徭等，
尚未計入其中[38]。

　　唐後期改行兩稅法，據《通典》所載，建中定制時得土客
戶共 310 萬戶，歲歛稅錢 3000 餘萬貫，米麥 1600 餘萬斛[39]。
以其時米價斗 200 錢計[40]，平均每戶年需輸米 10 石，即粟 16.67
石[41]。這個數字看似比前期農民的負擔多不了太多，但如考慮
到唐後期的戰亂多，社會不安定，物資匱乏程度遠甚於前期，
糧價常是前期的十數倍，或數十倍時[42]，則農民要籌足這樣的
稅額，所花心力豈能以尋常眼光視之。何況其時藩鎮割據，常
稅之外私下刻剝的聚歛又不知凡幾，農民生活的困苦是可想而
知了。

　　賦稅支出是小農家庭中最缺乏彈性，而且數量常會逾於明
文規定的項目。從表面上看，糧食消費占支出之最大宗，但事
實上，農民迫不得已時，可以其他替代物，盡量減低對粟米等
主食的需求。如開成年間，河北、山東旱蝗為災，圓仁等一行
常無粥飯可吃，乃以「少豆為飯」（《入唐求法巡禮行記》卷

2 開成五年（840）四月二十五日條）。其尤甚者如《通鑑》卷252 僖宗乾符元年（874）盧攜之言：「關東去年旱災，自虢至海，麥才半收，秋稼幾無，冬菜至少，貧者碾蓬實為麵，蓄槐葉為齏」，因乞停徵欠稅及發義倉賑給，「至深春之後，有菜葉木牙，繼以桑椹，漸有可食。」蓬子芽葉桑椹等，無物不可充飢，連德宗於朱泚之亂時，都食蕪菁根以裹腹（《通鑑》卷229 建中四年條），更何況一般小民，在必不得已時，寧可節衣縮食，或隨意採集撿拾野菜維生，而將省下來的米糧，充做官稅之用。

　　唐人詩中亦不乏描述此番情景者，元結〈舂陵行〉：

　　　　朝飧是草根，暮食是樹皮，……但有迫促期，欲令鬻兒女。

（《元次山集》卷3）

白居易〈觀刈麥〉：

　　　　復有貧婦人，抱子在其旁，右手秉遺穗，左臂懸弊筐，……家田輸稅盡，拾此充飢腸。（《白居易集》卷1）

皮日休〈橡媼歎〉：

　　　　山前有熟稻，……持之納于官，……自冬及于春，橡實誑飢腸。（《皮子文藪》卷10）

然而，農民即使盡量壓低生活水準，減少糧食消費，也未必能應付官稅剝削，因為其所感受的不僅是量的壓力，還有官吏無情的催逼與苛索，張籍〈野老歌〉：

　　　　苗疏稅多不得食，輸入官倉化為土。（《張司業詩集》卷1）

杜荀鶴〈山中寡婦〉：

> 桑柘廢來猶納稅，田園荒後尚徵苗。（《全唐詩》卷 26）

杜甫〈歲晏行〉：

> 況聞處處鬻男女，割恩忍愛還租庸。（《杜詩鏡銓》卷 19）

柳宗元〈田家三首〉之二：

> 蠶絲盡輸稅，機杼空倚壁，……東鄉後租期，車轂陷泥澤。
> 公門少推恕，鞭扑恣狼籍。（《柳宗元集》卷 43）

白居易〈杜陵叟〉：

> 急斂暴徵求考課，典桑賣地納官租。（《白居易集》卷 4）

官不懷惠，重傷疲人，務於聚歛，斷民生機，賦稅支出成為百姓心中的最痛，亦是導致其無論豐凶，常與借貸為伍，非至室家破敗而不止的主因。李翱〈疏改稅法〉：「一年水旱，百姓菜色，家無滿歲之食，況有三年之蓄乎？」（《李文公集》卷9）由於百姓平常已「家無滿歲之食」，更談不上有何蓄積，是以稍逢水旱，便深受其困。白居易〈息游惰〉一文，就將農民無論豐凶，皆無指望的情境描述出來：

> 當豐歲，則賤糶（糶）半價，不足以充緡錢；遇凶年，則息利倍稱，不足以償逋債。豐凶既若此，爲農者何所望焉？（《白居易集》卷 63〈策林二〉）

百姓終年辛苦，猶患不足，逋租宿債，無有已時，這或許不是少數農民偶然的遭遇，從五代宋初時人竇儼〈上治道事宜疏〉中，可以揣想其有相當程度的普遍性：

今編戶之甿，以債成俗，賦稅之外，罄不償債，收穫才畢，
率無囷倉。官有科折之弊，私有酺醵之縟，倍稱逮息，半價逮
賣，則利貸一斗而償四斗矣。欲民不困，豈可得哉！

既云百姓積債成俗，則此舉債之俗非唯可上推於唐，亦當是廣
大農村社會常見的現象。借債的理由，除了賦稅科折外，私家
交誼聚會之需，亦使其窮乏。然逼致百姓「倍稱逮息，半價逮
賣」者，證之他說，非賦稅而何？《陸宣公集》卷22〈均節賦
稅恤百姓第四〉：「上司之繩責既嚴，下吏之威暴愈促，有者
急賣而耗其半直，無者求假而費其倍酬。」白居易〈贈友〉詩
之三：「胡為秋夏稅，歲歲輸銅錢，……賤糶粟與麥，賤貿絲
與綿。歲暮衣食盡，焉得無飢寒？」（《白居易集》卷2）百
姓忍餓受凍，以輸官稅為先，小農一年40石粟的歲入，扣除
正稅及一切雜項、勾徵，能否剩下20～25石，大成問題。狄
仁傑曾為彭澤等九縣民乞免租稅曰：「百姓所營之田，一戶不
過十畝、五畝。準例，常年縱得全熟，納官之外，半載無
糧。」（《全唐文》卷169〈乞免民租疏〉）彭澤一帶為水
田，水田的收成較粗放的旱作為高，估計畝產量，一般約在3
石上下⑬。黃滔〈長安書事〉：「若有水田過十畝，早應歸去
狄江村。」（《全唐詩》卷705）似認為十多畝水田，若無意
外，就夠維生了。但因官稅過重，彭澤即使豐年，仍有半載無
糧，其情形與華北農戶，年需穀食37.2石粟，稅後剩下不到
20餘石，亦是半載無糧，頗為相似。大概唐朝無論南北，也無
論實施何種稅制，糧用不足的問題，直是終身纏擾小農，令其
揮之不去的夢魘。

衣食與賦稅這三大支出外，應付吉凶慶弔、送往迎來、祠
祀活動的社交費用，可能也是一筆不輕的負擔。竇儼疏中「私

有酺釀之緡」，酺釀本指古代里社之共祭合飲[44]，降及隋唐五代，春秋二社依舊存在，酺釀之會想來是人民無可避免的一項開銷。唐代的民間私社是百姓相聚互助，發展私誼最重要的地方，李德裕論百姓厚葬曰：「或結社相資，或息利自辦，生業以之皆空，習以為常，不敢自廢，人户貧破，抑此之由。」（《唐會要》卷38〈葬〉）結社相資是一種互助性借貸，與息利自辦之出舉，可能只是借取對象與利率上的差異，對百姓來說，為了講求排場，並撫慰死者來世的生活，不惜傾其所有，甚至靠借貸來辦理喪事。李德裕痛陳此項習俗，並認為是導致人户貧破，生業皆空的一個原因，可見其對民生的影響相當不小。喪葬事宜只為百姓諸多社交生活中之一端，其他喜慶、祠祀、送迎等，無不需相酬酢，一則這是禮尚往來所必須，再則也是維護自己顏面，保持與鄰里、社人良好關係所必要。為了應付各式社交活動，貧民舉債行事，並不令人意外。

迎神齋賽等祠祀活動，是鄉里社會不敢掉以輕心的大事，而愈是無知愚民，就愈不敢冒事神不敬之大不諱。元稹〈賽神〉詩就有一段刻畫入微的描述：

> 楚俗不事事，巫風事妖神，事妖結妖社，不問疏與親。……家家不斂穫，賽妖無富貧。……吏來官稅迫，求質倍稱緡。貧者日消鑠，富亦無倉囷。不謂事神苦，自言誠不真。……此事四鄰有，亦欲聞四鄰。（《元稹集》卷1）

無論貧富，不問親疏，大家結社事神，惟恐怠慢神明。如此耗散家財，到了要交官稅時，只得借貸倍稱之息，或出質取錢，暫度難關。元稹雖謂這是岳陽楚俗，但「此事四鄰有，亦欲聞四鄰」，顯然賽神習俗至少遍及長江流域一帶。其實，與此類似之齋賽事神之風，同樣也漫衍於北方各村落間，前引竇儼疏

中繼之曰：

> 鄉閭之中，嘗有酒食之耗，諂僧佞佛，相扇成風，……小民
> 無知，競作齋賽，…齋賽之蠹民也，又等於王租。

竇儼歷仕五代各朝及北宋，主要陳述的應是北方風俗，而且此
風直上承唐朝，或者更早時代而來。祈神齋賽在各地百姓生活
中占有的分量，可見一般。前已述及，百姓納官稅後已半載無
糧，而今，如此龐大的祠祀、社交費用幾同於公賦，小民若不
求助於借貸，豈能濟其所無？

祈福消災所做之借貸，亦常見於互助性社邑。敦煌文書裏
有許多立社之社條，而立社之要義，不外追凶逐吉、建福施功
德。為祠祀事神向所屬社邑借貸，此乃順理成章之事。龜茲出
土文書中有一件向藥方邑舉錢的契約（附表一 65），文中載
有：「其錢每齋前納」，似乎該地盛行某種齋會，納月息便以
齋期為準。齋會的目的在祈福消災，雖然舉錢未必是為了齋
會，但百姓因頻繁的齋會，必然耗損其鉅，由此增加借貸機
率，也是非常可能的。同樣向藥方邑舉錢的另兩件殘契（附表
一 66、67），或許可說明有不少百姓正面臨著相似的處境。社
邑成立宗旨在成員間的互助，即使不能排除社物也貸與外人，
但主要還是在幫助社內成員，故向藥方邑舉錢者，有可能就是
社人，而其向社邑舉借之因，直接間接的都與祈福消災之齋會
相關。

個別性的祈福，或寺院舉辦的法會，在必要時亦有賴於借
貸之助力，如《冥報記》卷上載揚州嚴恭知親，從其貸經錢一
萬；《太平廣記》中一經生，以一部新寫法華經質錢於人（卷
99〈釋證部〉「劉公信妻」條）。敦煌地區僧官於七月十五日
依常例巡寺，都要借用諸寺幢傘，莊嚴道場（S.2575）。儘管

這幾例借貸的方式都不相同，分別是消費借貸、動產質與使用借貸，但彼等祈福的心意卻無二致。吉凶禍福，人皆知所趨避，誠如杜牧〈杭州新造南亭子記〉之感歎：官吏小胥與工商，平日恣其所為，「心自知其罪，皆捐己奉佛以求救」；「至有窮民，啼一稚子，無以與哺，得百錢，必召一僧飯之，冀佛之助，一日獲福。」（《樊川文集》卷10）這與竇儼批評的無知小民，為了祈福消災而「諂僧佞佛」、「競作齋賽」，在心態上實無所異。民心之趨向若此，惟罪福是懼，其有能力者，固然施捨在所不惜，其困乏者則不免從人假貸，冀能得福報，解災厄。

在其他雜支方面，升火煮飯需柴薪，寒天衣單買炭燒，這項燃料費用，可能不是一般百姓靠著自己採樵，就能省下的。白居易口中的賣炭翁：「一車炭，千餘斤」，「賣炭得錢何所營？身上衣裳口中食」（《白居易集》卷4〈賣炭翁〉），指得正是專業性「伐薪燒炭」的人。但《王梵志詩校注》卷5〈貧窮田舍兒〉：「婦即客舂擣，夫即客扶犁，黃昏到家裏，無米復無柴，男女空餓肚。」則是描述貧民辛苦度日，還是沒錢買柴薪煮飯。薪炭之重要亦可於會昌二年（842）四月敕中窺得：「勸課種桑，比有敕命，……比知並無遵行，恣加剪伐，列於廛市，賣作薪蒸。」（《舊唐書》卷18上〈武宗紀〉）種桑以養蠶織絹帛，百姓竟然斲以為薪蒸，可見其於燃料之需求，並不減於衣物等用度，是以當家貧飢饉，穀食踊貴時，如韓思復、柳璨、徐文遠、杜甫等，都曾採樵鬻薪以自給（《舊唐書》各本傳）。至於種子、農具、耕牛等種植時之投資，更是農民家庭賴以創造生機，必不可少的費用，這部分且待下節再討論。他如家具、食器、教育、醫療、修繕、娛樂等雜支，則或多或少，或有或無，隨生活狀況而調整。總之，貧

窮家庭憑藉農耕收入，實難支應衣食、賦稅等開銷，為此而借貸者已很普遍，若再加上其他各項消費性或投資性支出，就更是窘態畢露了。

　　人民在收支不相抵，困厄無計施時，借貸無疑是暫度難關之不二選擇，只是借貸之數量與方式，及所承受之後果，將隨年之豐凶，乏少之程度而異，《陸宣公集》卷22〈均節賦稅恤百姓第五〉：

> 人小乏則求取息利，人大乏則賣鬻田廬。幸逢有年，才償逋債，欲穫始畢，糇糧已空，執契擔囊，行復貸假，重重計息，食每不充。倘遇薦飢，遂至顛沛，室家相棄，骨肉分離，乞為奴僕，猶莫之售，或行丐閭里，或縊死道途。

小農家庭的入不敷出，不單是青黃不接的季節性匱乏，即使豐年歲熟，也難保其不需借貸，或償債後還能維持溫飽。前引〈橡媼歎〉：「農時作私債，農畢歸官倉。」韓愈〈論變鹽法事宜狀〉：「百姓貧虛，或先取麥粟價，及至收穫，悉以還債，又充官稅，顆粒不殘。」（《韓昌黎集》文集卷8）又，《順宗實錄》卷1京兆尹李實言：「人窮至壞屋賣瓦木，貸麥苗以應官。」如此惡性循環下，食糧何得而濟，貸假如何可免，相信這種以債養債的日子，是許多農民皆有的經驗。

　　大致說來，豐年小乏求取息利，以穀物金錢借貸，衣物等日用品出質，或特殊形態的借貸居多，尚不至於動搖農家根本，但若遇到飢饉荒年，或官方臨時性的額外抽徵，就難保不有賣鬻田廬或骨肉分離的風險了，如僖宗乾符二年（875）南郊赦：

> 近年以來，節度觀察使或初到任，或欲除移，是正、二月百

> 姓飢餓之時，公遣二日，條先抽徵見錢，每一千文令納三、四
> 百，此時無不兩倍三倍，生生舉債，至典賣男女，以充納官。
> （《唐大詔令集》卷72）

正、二月正是農村青黃不接時，百姓已不免有債負之累，至是更以抽徵三、四成的重賦加諸其身，百姓如何承受得了，於是只好舉債、典賣以應催逼。又如大中四年（850）正月制：

> 豪富之家，尚不恭守，皆是承其急切，私勒契書，……須議
> 痛懲，其地仍便勒還本主。（《唐會要》卷84〈租稅下〉）

豪富之家的承其急切，當指農民勞於形神，所求僅一活，而積債猶不得還，又無土地以外可資借貸之憑信，所以只好孤注一擲，將土地典賣予豪富家。陸贄所謂「人大乏則賣鬻田廬」，或許就正在「承其急切」的情況下發生。至於賣鬻的方式，應包括不動產質在內。農民既連生活都成問題，要想籌措大筆款項，贖回田宅，談何容易。久之，典質形同賣鬻，去者難再復返。農民於窮蹙無奈時，以宅地等不動產來質借，其實是一種殺雞取卵，竭澤而漁的辦法，甚至可以宣告此將為奴僕之預兆，為逃戶之前驟。

與典質不動產幾乎同時發生，在親情上尤難取捨的，是以男女質錢於人。韓愈〈應所在典帖良人男女等狀〉：「原其本末，或因水旱不熟，或因公私債負，遂相典帖，漸以成風。」（《韓昌黎集》文集卷8）可見人質亦起於家用不理，生計有缺，而其與不動產質相類似的，恐怕也在不易回贖。故農民一旦出此下策，人質隸於出錢之家的機會就非常高，而夫妻子女要想有完聚之日，無疑相當困難。

出土文書在反映民生疾苦上，也依稀可見如上的情景。吐

魯番文書一般沒有寫借貸原因的習慣，但敦煌文書中所見較多，如〈張七奴便麥契〉就緣起於「納突不辦」（附表一94）。這裏的突，極可能是吐蕃當局要百姓交納的突稅。預雇型借契中的 2 件註明：「為負□□□納不辦」，「為負官債填納不辦」（附表六 B8、9），應該也是為官稅而借貸。〈靈圖寺僧神寶便麥契〉、〈靈圖寺僧神寂便麥契〉與〈某人便麥粟契〉（附表一 79、85、113），則是因為欠負他人，遷延不還，只好另行借貸，以債養債。至於消費借貸契與動產質契中言明「急要錢用」、「為少糧用」、「今緣家中闕少年糧」、「為緣家內欠少疋帛」，或相近語辭者，更是不勝枚舉，皆顯示百姓在日常生活消費上，有著入不敷出的困擾。

不動產質、人質的借貸原因，看似與前者如出一轍，如：「家內欠少，債負深廣」（附表四 B（1）1）、「家內窘闕，無物用度」（附表四 B（2）3）、「家中闕少極多，無處方始」（附表四 C1）、「常虧物用，往求無地」（附表四 C2）、「家中貧乏，欠負廣深」（附表四 C4）。但從語氣中體悟，則發現其困迫之程度，似較前者略勝一籌，而所採用的借貸方式，竟是最足以侵蝕生機的讓渡土地，或人情最不堪忍受的典賣人身法。邊區百姓所遭逢的問題，及其應對的方法，與中原地帶殊無差異。可見為生活或賦稅之借貸，殆為遍及全國各地之共象，非僅一時一地之特例。

唐代農民需借貸的比率已無從知悉，這或許可參考近代農村的情形，以得一概念。據民國 24 年土地委員會在全國所做的「農家收入調查」發現，收支有餘者僅占 23.21%，收支不足者則超過 1/3。對收支僅能平衡者而言，因無多餘積蓄，故一旦有變，也須舉債應付[65]。民國 19 年上海社會局調查該區農家的借債比率，自耕農占 55.1%，半自耕農占 78.7%，佃戶占

72.7%，總平均為 68.6%[46]。近代農村超過半數以上的農戶有借
貸需要，唐代的情形雖然不敢完全由此斷定，想來也好不到那
裏，甚至還可能比之猶且不如。以其時典賣田宅，質妻鬻子的
慘狀，經常反映在詔敕奏疏與詩文中，即知普通的消費借貸已
有所不足，非以極特殊的方式，不得償付為數不貲的逋債。不
僅農民生活捉襟見肘，困於債負，在經濟上分別與之對應的小
工商業者，可能也難倖免於借貸，像前引預雇契中 2 件負官債
的契約，就是百姓為人刈麥，預取工錢，隱含借貸的例證。故
竇儼疏所謂：「今編戶之甿，以債成俗」，恐非虛語。

第二節　投資周轉支出

　　無論農人或工商業者，為了經營生產事業，都需有必要的
投資費用。先就占絕大多數的農民而言，其最重要的固定資本
就是土地。唐代即使在均田時期，土地不足或沒有土地的農民
相當不少，在禁止土地任意買賣，農民也未必有足夠資力購買
土地的情況下，較普遍而可行的方式，大概是以租佃來彌補這
項空缺，直待收成後再償付地主。載有租佃原因的敦煌契如
〈乙亥年（915）敦煌鄉百姓索黑奴等租地契〉：「伏緣欠闕
田地。」（S.6063）〈乙丑年（965）龍勒鄉百姓祝骨子合種地
契〉：「為緣家中地數窄狹。」（P.3277 背）就是以租佃取得
土地資本。由於租佃多採後付租價形式，故此種土地成本尚不
致造成農民立即的負擔。相對於土地資本的其他經營資本，反
易形成農民迫切性的壓力，這包括有生固定資本如牲畜，無生
固定資本如農具、灌溉設施，以及流動資本如種子、肥料、飼
料，或需雇工時之費用。這些經營資本，可以說在農民開始耕
作時即需有著落，否則不是延誤農時，形成廢耕，便是要向人
購買或借貸。

農民的經營資本其實都可於市場中購得,如交河郡市估案有菜子行,專門提供蔬菜的種子,有鑑釜行及賣刀斧等器具的某行,其中的斧、鋤、鋼鐮等物似乎就是農具,還有與櫸炭、苜蓿或屬同一行的糞肥⑰。至於人工的取得,則可於現存不少的雇工契中見之。但如前節所論,一般貧戶在生活費用上已左支右絀,罕有蓄積可置辦經營資本,於是其借貸的機率遂大為增加。農民從事生產事業的投資,與為了生活或賦稅支出不同,因其目的在積極地創造利益,增加收入,而非單純的消費,故就功能上區分,為投資者乃資本性借貸,供家用或賦稅者乃消費性借貸。

百姓經營資本的借貸,不外官、民兩途,然文獻資料所見以官方為多。大體言之,官府對百姓的賑貸本著「尚不足於食,豈有餘於播種」的心態(《册府元龜》卷106〈帝王部・惠民二〉),亦即以口糧為優先,種子次之。至於耕牛、農具等則多在較不尋常的狀態下予之,如乾元元年(758)賜與流亡復業者種子、犁牛(《唐大詔令集》卷9〈册太上皇尊號赦〉);貞元三年(787)賜戍卒耕荒田者農具、麥種,約明年倍償其種(《通鑑》卷232);寶曆元年(825)市耕牛以賜畿內貧下百姓(《舊唐書》卷17上〈敬宗紀〉);太和三年(829)賜麥種、耕牛給齊州等殘存百姓(《册府元龜》卷106〈帝王部・惠民二〉);會昌六年(846)接借死囚特許生全者農具,務使耕植(同前書卷503〈邦計部・屯田〉);大中元年(847)令長史起營田,量與糧食種子及耕農具(《全唐文》卷82〈大中改元南郊赦文〉)。這些予耕牛、農具、種子的例子,不是為了墾種公田,就是耕者的身分較特殊,再不然則明示為賜。官府賑貸種食,通常至秋收後照數徵納,唯耕牛與農具之情形稍複雜些,因其非消費品,若是使用借貸,則應

為無償，如其不然，除非是賜與，則當從田租或稅賦上反映出來，《新唐書》卷143〈徐申傳〉：「申按公田之廢者，募人假牛犁墾發，以所收半畀之。」種子與牛、具，同為農民經營資本，但其性質並不完全相同，予種子明顯的是消費借貸，予牛、具即使有借貸義涵，也常與租佃連繫在一起，徐申之「假牛犁」，並「以所收半畀之」，就是採取官府供牛具，然後與民對半分成的方式。文獻資料中官府對百姓之賑貸，多只限於糧、種，極少兼帶牛、具，這或許與牛、具之價值高，官府存量不多，回收估算不易有關。

其實，百姓期待官府給予牛、具，並不下於其對種子的渴求，這從出土文書中可略窺其意。S.1438號吐蕃期沙州官吏狀上節兒尚論為民請牛、具曰：「又緣種蒔，例乏耕牛，農器之間，苦無鋼鐵，先具申請，未有支分。冬不預為，春事難濟，伏惟照察。」（84～85行）又：「沙州官吏百姓，特沐　贊普鴻恩，　相府仁造，各居產業，……更蒙支鐵，遠送燉煌，耕農具既多，耕自廣。」（125～127行）然在中原內地，這樣的貸與畢竟遠沒有種子多。

官府的賑貸本為濟民窮乏，並助其生產，但在行政效率低落，官吏漠視民情下，賑貸緩不濟急，所給減於所需，甚或惜而不肯與，開元二十年（732）二月辛卯制：「如聞貧下之人，農桑之際，多闕糧種，咸求倍息，致令貧者日削，富者歲滋。」（《冊府元龜》卷105〈帝王部・惠民一〉）即說明百姓經營資本的借貸，除了官府一途外，可能更多的是不得不取給於豪家。正如前引陸贄之言：「斂穫始畢，糧糧已空，執契擔囊，行復貸假。」農民於秋收後已有乏糧之歎，其於春耕時若不「行復貸假」，則又該如何自處？敦煌文書P.3449號所擬借貸春種書儀，應可印證陸贄的憂心絕非誇大其辭，狀曰：

「去歲並遭時疫，秋稼薄收，遂致債借稍深，年計有闕，況臨春種，交甚困懸，…伏望某不遺眷愛，…輕垂假借之便，專俟夏稔，必卻諧還。」（39～47行）為了從事再生產，向人周轉投資費用有時是必要的，文獻中求取息利的農民，其中大概就包括借貸種子，或牛、具在內。

在借貸方式上，除了像章宙那樣集民力、合會錢以市牛的互助型借貸外（《新唐書》卷 197〈循吏章宙傳〉），契約中註明乏少種子或欠糧種子者，消費借貸券契有 8 件（附表一 83、88、89、93、96、101、105、111），質典契有 5 件（附表四 A2、3、4、6、11）預雇型借契有 1 件（附表六　B6）。另外在便物曆中，亦見 2 例借貸豆或黃麻供「種子用」（附表三 51）。敦煌文書還留有不少入破曆與算會牒，茲將其破用部分與種子有關者表列之，以供參考（表 4-5）。

表中所列包括百姓與寺僧田地所用種子，破用方式無論是否限於借貸，皆可見人民對穀物或蔬菜種子需求之殷切。北圖鹹字 59 號背的一組諸寺寺戶向都司倉請便牒，種子尤其是主要借貸物，如龍興寺寺戶團頭等狀曰：「家無著積，種蒔當時，春無下子之功，秋乃憑何依託。今人戶等各請貸便，…每頭請種子伍拾馱，至秋輸納，不敢違遲。」農人若無種子，將如巧婦難為無米炊，整個生活環節都會因此中斷，一年生計便也全無著落。由此可見，種子殆為農業投資中最關鍵的一項，這就難怪種子的借貸，經常與糧食借貸同時出現在不同形式的文書中了。

相對於種子的借貸，出土文書中提及其他經營資本的機會很少，除了前引向官府支借牛、具的書狀外，還見到數則，如 S.5927（4）戌年某寺破用曆：「麥四斗，雇牛具種菜用」（14～15行）；S.6341 號是習書時錄下的雇牛契：「洪池鄉百

表 4-5　入破曆、算會牒破用種子表

編號	年代	破用內容		出處
		數量	用途	
1	亥年三月	麥 6 碩 8 斗	充種子	S.4191 背
2	亥年三月	豆 2 碩	充種子	S.4191 背
3	戌年	菜子 7 升	戌年春種菜用	S.5927（4）
4	丁卯或戊辰年	麥 1 碩 2 斗	孟受兩處種子用	S.1035 背（2）
5	後晉時期	麥 9 斗	生地種子用	P.2040 背
6	甲寅年	麥 2 碩 5 斗	與東河柴全定種子用	P.2846
7	庚寅年	黃麻 1 碩 5 斗	清忽種子（用）	P.4907
8	庚寅年	黃麻 1 碩 5 斗	長員種子（用）	P.4907
9	（十世紀）	麥 2 碩 2 斗	間渠種子用	S.4642 背（1）
10	（十世紀）	麥 1 碩 8 斗	城西張法律廚田種子	S.4642 背（1）
11	（十世紀）	麥 1 碩 3 斗	左憨多廚田種子用	S.4642 背（1）
12	（十世紀）	麥 1 碩 1 斗	與城南菜田渠種子用	S.6330
13	（十世紀）	麥 6 石 3 斗	大讓種子用	P.4906
14	（十世紀）	麥 2 碩 5 斗	園門種子用	P.4906

姪（姓）厶乙，闕少牛畜，遂雇同鄉百姓雷粉搥黃自（牸）牛
一頭。」前者確然用於種菜，後者從雇期自該年十月至來年九
月末推測，大概主要也用於稼穡。本文第二章第一節已辨析使
用借貸與雇庸之別，不在用物上，而在其是否有償。當農民欠
缺牛、具等經營資本時，即使是一如借貸種子般，欲借貸牛、
具，但因其必需有償，故在名義上多出之以雇，而其實仍具借
貸之意圖。還有 2 件是借貸肥料的文書，一是吐魯番出土高昌
延壽元年（624）閏七月〈張寺主賃羊尿糞刺薪券〉：「任
（賃）羊尿糞，要八月九月。任（賃）□□壹車，此辛（刺
薪）五車，要到舍。」[48]另一是附載破用原因的敦煌便物曆：
「（正月）廿一日，粟兩碩，取粟人杜家，買糞用。」（附表
三 51）北方作物以粟麥為主，然無論春種或秋播，如能在整地

翻土時配合施肥,將可增進土壤的腐熟效果,提高產量⑲。張
寺主所賃的羊尿糞,是相當不錯的有機肥料⑳,時間又在八、
九月間,或許其目的就正做整地翻土時之肥料用。後件便物曆
的買糞人,是代表寺院向民間購買的僧正,當時的寺院多有為
數不少的莊田,正月買糞,同件又記二月、三月買種子,聯想
起來不難推知,所買的糞也是做肥料用。

農民在整個生產過程中,除了絕對必要的種子之外,其他
方面均可做效生活上的節衣縮食,盡量以最克難的方式,減少
投資成本的支出,如《新唐書》卷 197〈循吏韋宙傳〉:
「(永州)民貧無牛,以力耕。」就是增加人力的使用來取代
動物力,以更辛勤的勞作來彌補所無,壓低需求。這其中可能
還包括以木石農具,從事較粗放、原始的耕作,以腐爛的動植
物或人畜糞便,充當肥料。總之,農民經營資本的支出,應與
其生活狀況成正比,而生活上愈是入不敷出,就愈需先考慮種
子的來源,此所以無論文獻資料或出土文書,種子的借貸均遠
多於其他經營資本的借貸。

以價值較高的不動產向人周轉農業資本,或許可借得更多
款項,牟取更大利潤。《太平廣記》卷 172〈精察部〉「趙
和」條:

> 時有楚州淮陰農,比莊俱以丰歲而貨殖焉。其東鄰則拓腴田
> 數百畝,資鏹未滿,因以莊券質於西鄰,貸縚百萬。…至期,果
> 以腴田獲利甚博,備財贖券。

東鄰是資財甚豐的園主,也有借貸需要,可見向人周轉農業資
金者,不盡皆是困頓小民。東鄰以莊券質於西鄰,期間又墾植
腴田獲利,則該質物未曾移轉於西鄰,東鄰仍可使用收益,此
為不動產無占有質或指名質,是較占有質進步,對出質人較有

利的借貸方式。

可惜地是，唐代投資性不動產質之例甚為罕見，倒是宋代民間這類投資性借貸可能不少，只是仍以貧窮小農為主。蘇東坡〈奏浙西災傷第一狀〉：

> 春夏之交，雨水調勻，浙西喜於豐歲，家家典賣，舉債出息，以事田作。…計本已重，指日待熟，而淫雨風濤，一舉害之，民之窮苦，實倍去歲。（《蘇東坡全集》卷 57）

春夏順調，未必就保證秋收豐實，農民以家業為賭注，萬一天公不作美，則此偌大投資將化為泡影。這裏所謂「家家典賣」，可能包括移轉非生產用地為質，或指名宅地等為質兩種情況。二者都可取得資金，並無礙於農作，但後者屆期若不得回贖，農地將交付與質（典）權人，後果甚為嚴重，如《續資治通鑑長編》卷 88 宋真宗大中祥符九年（1016）九月甲辰詔：「民負息錢者，無得逼取其莊土牛畜以償。」同書卷 106 仁宗天聖六年（1028）九月甲辰詔：「河北災傷，民嘗以桑土倚質與富人者，悉歸之。」前者還有可能是債務不履行時，被逼以其他家資償債，後者則正是將不動產質典給富人。唐代以不動產質做投資性借貸之例，遠不如宋代多，然由《太平廣記》東鄰之舉措推想，當時或許不算普遍，也已有之。只是不動產質之風險似較消費借貸或動產質大，貧戶既已為生活所困，在沒有把握年成豐順有餘的情況下，恐怕不敢輕易嚐試出質不動產，來做資本借貸。

以織助耕，是小農經濟生活結構的特色，有補貼農業收入不足的作用。但貧農之穀物投資已然短絀，豈有餘力再事蠶桑，於是借貸之法遂應運而生。宋代王旭知潁州，「因歲飢出庫錢貸民，約蠶熟，一千輸一縑」，其後「行於天下，於歲首

給之，謂之和買絹，或曰預買」（《澠水燕談錄》卷 9〈雜錄〉）。王旭於歲首給蠶民庫錢，似是仿自五代，《通鑑》卷273 後唐莊宗同光二年（924）：「（租庸使）孔謙貸民錢，使以賤估償絲，屢檄州縣督之。」五代的舉絲絹與北宋的預買絹，雖然在估值貴賤，斂財或濟民的用意上都有出入，但在貸錢予蠶民，使其有資力務於紡織上，則無二致。此一構想最初是否源自五代官方，已難詳考，不過由此舉自孔謙行之，而藩鎮諸使相率效之[51]；王旭貸之，而天下亦紛然用之來看，輾轉模倣極為容易，只要有利可圖，相信官人或民間豪強都不會輕易放過這樣的機會。唐代便錢的實施，宋代交子、關子、會子的發行，都是政府取法自民間而加以推廣運用[52]。如前所論，農戶欠缺穀物資本時，會向豪強借貸，方其欠缺織物資本時，又豈會聽任自己坐困愁城，而不如法炮製，亦向人借貸乎？故若謂舉絲絹亦淵源於民間，甚至早在唐代已普遍有之，又誰曰不宜？

織物採何種方式來融資，需視農戶的能力及其所擁有的資源而定，如唐聶夷中〈傷田家詩〉：「二月賣新絲，五月糶新穀。」（《全唐詩》卷 636）絲穀未成而預先賒貸絲價穀價，可能就為籌措紡織費用或其他急迫性支出。宋人文同的詩在敘說借貸織物資本上，似乎更清楚，《丹淵集》卷 3〈織婦怨〉：「質錢解衣服，買絲添上軸。」則是運用動產質方式，融通資金，購買紡織品原料。吐魯番出土的質庫帳歷，可知之出質時間均在正月，質押物品多為衣物類，取贖期間自數日至數月不等（參見表5-4）。雖然帳歷未載出質原因，但由王旭、文同等例推想，該帳歷未必全為消費性借貸，其中或許也參雜投資性借貸在內。即使該帳歷中實無與紡織有關之融資，但也不應排除民間存有類似借貸之可能性。

　　唐代商業發達，經濟流通量大，邸鋪店肆林立，往來販運者多。商人為使投資事業獲致足夠資金，無論行商坐賈或經營規模大小，都不妨其有借貸需要。《太平廣記》卷134〈報應部〉「童安玗」條：「童安玗者，鄉里富人也，初甚貧窶，與同里人郭珙相善，珙嘗假借錢六、七萬，即以經販，安玗後遂豐富。」又，卷395〈雷部〉「史無畏」條：「與張從真為友，無畏止耕壠畝，衣食窘困，從真家富，乃為曰：弟勤苦田園日夕，區區奉假千緡貨易，他日但歸吾本。無畏忻然齎緡，父子江淮射利，不數歲已富。」二者均以借貸方式，周轉商販資金。韋述《兩京新記》記長安化度寺之無盡藏：「燕、涼、蜀、趙，咸來取給。」以借用者不遠千里，來自四方觀之，其目的應非困於生活之零細的消費性借貸，而是以商業經營為主，數量不菲之資本性借貸[53]。

　　唐代金融業活躍，質庫、櫃坊、邸店、寄附鋪等都有朝金融業發展的趨勢[54]。前文述及，有些大商人以穀物向質庫融通資金，再轉而用錢收購更多穀物，從而由此牟利，或控制物價。則京城等地規模大的質庫，無異為另種放款中心，而向其質錢的大商人，正是在做資本性借貸。

　　出土文書中資本借貸的例子頗不少，在商業方面如〈何願德貸褐契〉：「龍家何願德於南山買買（賣），欠小（少）褐，遂於永安寺僧長千面上貸。」（附表一131）〈龍鉢略貸褐契〉：「龍鉢略欠闕疋帛，遂於押衙王萬端面上貸，…其鉢略任意博買。」（附表一140）都是為做生意，缺少本錢，才向人借貸。在製造業方面，出現較多的是供酒本用的借貸。酒户是歸義軍期榷酒制度下的產物，有官店榷酒與酒户出榷酒錢兩種[55]。取得賣酒資格者，有個別身分的酒户，也有些是店鋪，如辛巳年～壬午年（981～982）〈付酒本粟麥曆〉中的氾法律

店、氾押衙店、鹽子磨店、幸通店等（附表三 52），就分別有官吏、僧人、百姓開設的酒店，相當引人注目。酒户或向官倉借酒本，供酒給官府；或由寺院預付酒本，再以低價購得⑯。無論酒本來自何處，都是酒户欠缺釀造資本的借貸。另外，雇庸契中的〈王慶祐等三人取銀錢作孤易券〉與〈范阿僚取錢作醫券〉⑰，都是先向雇主取得錢貨後再事製造，殆亦為資本借貸之類型。

出土文書中為資本而借貸，情況最特殊的一個，莫過於〈趙僧子典男契〉：「塑匠都料趙僧子，伏緣家中户内有地水出來，闕少手上工物，無地方覓，今有腹生男苟子，只（質）典與親家翁賢者李千定。」（附表四 C3）都料是手工業各行中的師傅，屬高級工匠，趙僧子竟以缺少手上工物，不惜以親生兒子為質，取得工作資本。生產事業是維繫家庭經濟的命脈，無法獲致必要的資本以營生，將使整個家庭頓入絕境，其後果甚至比缺乏日用或賦稅更嚴重、更迫切。故趙僧子之以男為質，其心境與苦衷應是不難理解的。

第三節　求職赴任與其他

為生活與賦稅的消費性借貸，最常出現在與貧困搏鬥，掙扎在飢寒邊緣的小民身上。至於資本性借貸，不僅富商巨賈會用此創造更多利潤，貧乏百姓也同樣有此需要，以維持最基本的生產能力。本節主要論述之借貸原因，與前相較稍具特殊性，因借者以官人或欲求官者居多，其目的在追求權勢名位，以及緊隨而至的財富。至於其他雜多之借貸原因，則略附於後。

傳統的階層結構，受到君子勞心，小人勞力，君子治人，小人治於人意識型態的影響，官僚確實較常人享有更多的特權

與社會地位❽，故無論其原為平民或已為官人，也無論其使用何種手段，只要力所能逮，罕有不奔競於途，或鑽迎以求更上層樓的。然人們於求職赴任之正常途徑外，往往需準備為數可觀的活動交際或旅宿等候費用，於是非唯資力不足者要求貸於人，就是財力雄厚者亦不乏因重賄而求假於人，遂形成唐代相當特殊的借貸文化。

在方鎮與軍中，如《通鑑》卷 243 文宗太和元年（ 827 ）條：

> 自大曆以來，節度使多出禁軍，其禁軍大將資高者，皆以倍稱之息，貸錢於富室，以賂中尉，動踰億萬，然後得之。

同一事於《新唐書》卷 171〈高瑀傳〉中則記曰：

> 自大曆後，擇帥悉出官人中尉，所輸貨至鉅萬，貧者假貸富人，既得所欲，則椎剝膏血，倍以酬息，十常六七。

如此節度使，資財高低不計，皆帶息債至鎮，時人號為「債帥」。既至之後，竟不顧民生，專務重斂於人，以償已債。其他軍中之出鎮者，或因買官求職，或為旅程供費，亦多負營債❾，如《舊唐書》卷 52〈后妃下〉：「有自神策兩軍出為方鎮者，軍中多資其行裝，至鎮三倍償之。」似是頗為普遍的現象。為求職赴任的借貸，大概無分唐前後期，都可能會發生於軍中，只是在政風敗壞的中晚唐，尤多見於藩鎮。

不僅出鎮之軍將、兵士有借貸之困擾，文職官吏同樣亦深陷此漩渦中。《唐大詔令集》卷 72〈乾符二年南郊赦〉：

> 處分關節，取受本身值財，素來貧無，亦多舉債。…自今以後，如有入錢買官，納銀求職，敗露之後，言告之初，取與同

罪。

唐代史料中自命官及於商賈、胥吏，因贓賄而升朝籍，齎金玉以補吏職者，隨處可見，多不勝舉，其中想必不乏舉債而賄於人者，否則該赦後文不致言道：「既越舊規，過於債負，雖累有明敕，尚不遵行。」可見假貸取資以為遷除之憑藉，早已公然行之，政府且無力禁絕。《雲溪友議》卷8：「（石雄）尋授石州刺史，有李弘約者，以石使君許下之日，曾負弘約資貨，累自窘索，後詣石州，求其本物。」所謂「許下之日」，當指石雄債負李弘約，以得刺史之事。唯石雄既得之後，似有賴帳之嫌，累弘約數索不得，此或為官人之債主所特需承擔之風險歟？為求職或覓得高位而賄賂要津，這筆數額通常相當鉅大，極易連帶造成吏治的貪污腐化，以及官吏個人的奢侈消費，這對社會再生產能力的進行，財富分配的平均化，與政府權威的維繫，無疑產生很不利的影響[50]。

　　唐代凡六品以下官，考滿需赴京師集選，等候新職派任。但候選期間的旅途往返與生活費用，以及不為人知，難以計量的干謁訪求費用，使官人數年一度的宦遊生活，成為其沈重的經濟負擔[51]。德宗時趙匡〈舉選議〉曰：「舉選人以初秋就路，春末方歸，…羈旅往來，糜費實甚，非唯妨闕正業，蓋亦隳其舊產，未及數舉，索然已空。」（《通典》卷17〈選舉典・雜議論中〉）沈既濟更指陳懷祿之人至「貨鬻田產，竭家贏糧」的地步（同前書卷18〈選舉典・雜議論下〉）。唐代傳奇曾敘述一則杭州王生為求一官，行至都下的故事，竟因「伺謁之事，期方賒緩，即乃典貼舊業田園，卜居近坊，為生生之計。」（《太平廣記》卷453〈狐部〉「王生」條）王生雖非赴京候選之人，然其例已足可說明求職過程之艱辛，耗費之糜

繁，以及不惜典貼家業，借貸度日之窘境。

蔭任與貢舉是唐代入仕之兩大途徑。前者為五品以上高官子孫之特權，通常需在京師先擔任見習性職務或就學[62]。後者若士人想求得一出身，尤其是進士，就不得不遠自四方，雲集京師，參加會考。蔭任者之家世背景較佳，為生活而假貸於人的機率，應遠低於科舉赴考者。唐代學人則除了學館中之生員，食宿由官供給外[63]，其他赴試者之一切經費，都需自行籌措，故史書中不乏描寫應舉者窮途潦倒，困頓異常的情景[64]。如《歐陽行周文集》卷8〈送張尚書〉言其應制舉期間，「至東洛，舊負人錢五萬，卒然以逢」，「唯一驢一馬，悉以償之」，自此「遍祈於人，人無非常所與，唯疋帛斗粟供朝夕，則才可過。」歐陽詹的舊負人錢，應為借貸所致，其後之懇請接濟，也未必無需償還。歐陽詹為閩越世家[65]，猶為赴考費用如此愁苦，由此推想等而下之者的生活狀況，則可思過半矣。或許就因為唐代科舉赴考者常有經濟上的難題，故宋代以下，政府與民間都設有特殊組織，專門補助應試者之旅費，如官方的貢士莊、興賢莊、學田等，紳民自設的家族性義莊、同鄉會館等[66]。以免重蹈唐人舊轍，並鼓勵貧寒學子勇於一試。

舉債求職之外，赴任時之行旅、食宿或排場費用，可能也是導致官人借貸之一因。武宗會昌二年（842）李德裕〈論河東等道比遠官加給俸料狀〉：

> 選人官成後，皆於城中舉債，到任填還，致其貪求，罔不由此。其今年河東隴州廊坊邠州新授比遠官等，望許連狀相保，戶部各借兩月加給料錢，至支給時除下。所冀初官到任，不帶息債，衣食稍足，可責清廉。（《李德裕文集校箋》卷12）

李德裕深知赴任舉債之弊，故奏請戶部借給二月俸料錢，以免

比遠官為還息債而貪贓枉法，危及地方吏治。選人帶京債，號為比遠之例，亦出現在嶺南，文宗開成五年（840）十一月節度使盧鈞奏：「嶺中往之弊是南選，今之弊是北資。…更以俸入單微，每歲號為比遠，若非下司貧弱令史，即是遠處無能之流，比及到官，皆有積債，十中無一，肯識廉恥。」（《册府元龜》卷 631〈銓選部・條制三〉）選人官成後，之官應有裝束程限，依公式令：「在京諸司有事需乘驛，諸州有急速大事，皆合遣驛。」（《唐律疏議・職制律》「文書應遣驛不遣」（總 125 條））給驛的標準，公式令中亦有詳載（《唐令拾遺》卷 21〈公式令二一〉引開元二十五年令）。選人既得派令，應於程限內到官，則其因公要求驛館免費提供食、宿、乘騎等服務，於今雖未見明文規定，但從相關法令推測，及州縣上官乘傳赴任之實例來看，應該還算合理⑰。然如李德裕所言：「選人官成後，皆於城中舉債，到任填還」，似乎於官制常儀之外，赴任者另有許多排場，別有其他花費，才需大肆借債，到任填還。

李德裕奏請户部量借河東、關內等道比遠官俸料錢，除了本於愛民惜民之心，不忍已甚困苦的百姓，被榨乾民脂民膏外，該區地近京師，若有飢民騷亂，影響殊大，可能是其更重要的考量。然李德裕奏狀所暴露者，僅是問題的冰山一角而已，盧鈞所言的嶺南，更屬比遠地區，就不在借俸範圍內，可見户部之借俸具選擇性，而帶京債赴任者，恐怕為數不算少⑱。

為求職赴任之借貸，出土文書中也同樣有不少案例。如麟德二年（665）〈趙醜胡貸練契〉：「西域道征人趙醜胡，於同行人左憧憙邊，貸取帛練參定。其練迴還到西州拾日内還練使了。」（附表一 38）似乎就與赴軍行旅費用有關。另外，乙巳年（945）〈徐留通便絹殘欠契〉：「龍興寺上座深善，先

於官中有恩擇（澤）絹柒疋，當便兵馬使徐留通，招將覓職。」（附表一143）則可能供作求官職時，上下打點疏通之用。在因公奉使當差方面，消費借貸契中有2件僧人往西州充使，向人借貸之例（附表一135、147）。九、十世紀的敦煌寺院，除了與絲路道上的僧侶進行宗教交流外，有時還應統治階層之請，負有政治外交使命，寺院會計帳簿與府衙破用曆中就留有不少迎送使僧的記錄⑥。為官充使，按理應由官府提供一切必要費用，但若官府供給不足，或希望在路上有多一點的經濟保障，則借貸不失為一可行途徑。借契中有更多情形是歸義軍期之押衙、兵馬使或某官人，自沙州往於西州、伊州、甘州、于闐充使，或入京奏事，因缺乏絹疋等物，遂向人借貸（附表一126、134、135、136、138、139、144、146、147、148、152、156、161）。絲路道途迢遙，自然環境險惡，復以盜賊猖獗，各族環伺，歸義軍政權為求突破孤立局面，於是頻繁派遣使人，往來各處，期以和平通好手段，維持其與中原王朝及周邊各族的親睦友善關係⑦，但也由使人多需另行借貸來看，使府即便供給旅宿費用，也相當有限，何況使人們還可能以之用作通使貿易的資本⑦。

附帶一提地是，奉使者常需另雇駝或驢，以供乘騎或載物，這在雇契中見到不少例⑦。依前引公式令，諸州有急速大事者方合遣驛；準駕部式，省司差使者才給馬驢（《唐律疏議‧職制律》「增乘驛馬」（總127條））；若是遣使詣闕，所司亦應遣驛（《唐律疏議‧職制律》「文書應遣驛不遣」（總125條））。無論諸契中之奉使當差者，是否合於供驛標準，也無論沙州陷蕃後，唐之相關令式能否仍被援用，似乎使者自解私囊，補其所缺，是當時之常態。

如本文第三章之分析，邊區官人借貸的比率，居各類身分

之末,尚不足一成。出土文書中官人借貸需求最多的,最將其視為耗費資財之大事的,或許正是奉使當差。這雖然是資料所及之故,未必得窺官人借貸之全貌,但以中原內地的官人,同樣不乏奉使當差之情形思之,地方僚屬或中下層官吏,恐怕也常面臨類似的困擾。

唐代官人另一項煩心事是官俸太薄,無以養家活口,致有借貸之困擾,這在大曆以後尤為明顯,《通鑑》卷225代宗大曆十二年(777)四月條:

> 元載以仕進者多樂京師,惡其逼己,乃制俸祿,厚外官而薄京官,京官不能自給,常從外官乞貸。

唐初內重外輕,外官給祿亦降京官一等[73]。但自安史亂後,中央權削,藩鎮勢盛,外重內輕之局漸成,復以元載私心,制祿反於昔時,於是情勢丕變,仕宦者常嫌京官俸薄,欲求出為外職[74]。以大曆十二年之官俸格局言之,京兆及諸府尹比於東宮三太、左右僕射,具為80貫;奉先等次赤縣令與司錄,比於左右丞、諸司侍郎、給事中、中書舍人、御史中丞等,具為45貫;甚至連次赤縣之主簿、尉,都與郎中、侍御史同一等級,得25貫(《唐會要》卷91〈內外官料錢上〉)。貞元至會昌年間,雖然順應輿議,做了些調整[75],但京官營求外職之例仍層出不窮[76]。杜牧〈上宰相求杭州啟〉:「作刺史,則一家骨肉,四處皆泰;為京官,則一家骨肉,四處皆困。」(《樊川文集》卷16)京官在不勝俸養之薄,而又不能出為鎮守的情況下,從外官乞貸,並不令人訝異。

雖然資料所見與求職赴任有關的借貸,多屬唐中晚期,但吾人相信,只要造成這類借貸的原因不消失,即便是唐前期,也應依然有之。不同層級、不同職務的官人,無論是為了公事

或私人目的，從事為數不等的借貸，都將有損官人盡忠職守、專注任事的心情，並進而破壞官場清譽，紊亂升遷途徑，模糊公私分際，其影響之大，實不可言喻。

借貸原因殊多，除了為生活之消費性借貸，為投資之資本性借貸，以及為求職赴任，以官人為主之借貸外，其他雜多事項，雖難聚為大類，要之，亦可略作歸納，以便說明。首先是為興學而做的教育放貸。如天寶中苗晉卿至壺關本貫，「出俸錢三萬為鄉學本，以教授子弟。」（《舊唐書》卷113〈苗晉卿傳〉）韓愈為潮州刺史，「出己俸百千以為舉本，收其贏餘，以給學生廚饌。」（《韓昌黎集》外集上卷〈潮州請置鄉校牒〉）前者有可能只是興學資金，但亦可能為舉本，以生生不息地提供教育費用，後者確然用放貸法，供給學生糧料，二者之用途或許稍有區別，然興學之宗旨無殊，其資金來源亦皆以俸錢為本，而借用人在出息利時，也明知其有特定目的。此法稍有公廨本錢之身影，只是舉本來自私人，非由官府所置，故純為民間事業。

假貸不是貧民的專利，富有者為生活上的享受，時而亦從事奢侈性借貸。《舊唐書》卷133〈李晟傳〉：「（子）慈累官至右龍武大將軍，沈緬酒色，恣為豪侈，積債至數千萬。其子貸迴鶻錢一萬餘貫不償，為迴鶻所訴。」李慈因豪侈而積債，其中有相當數量大概即來自借貸迴鶻錢。在傳統禁奢尚儉的觀念下，少有人真正認識到管子「侈靡論」的意義，尤其當社會貧富差距過大，人民連生活都成問題時，更不易產生「奢侈浪費造成繁榮」的論調[77]。何況李慈的豪侈，還牽涉到假官勢積債而不償，則文宗怒貶其官，實不足為怪。類似李慈的奢侈性借貸，以唐代富人假貸之頻繁言之，應有不少例子隱沒其中，如左神策軍吏李昱貸長安富人錢八千緡，三歲不償，為京

兆尹許孟容收繫，且不奉詔出之，原因是：「非抑豪強，何以
肅清輦下！」（《通鑑》卷238元和四年條）李昱既為豪強，
其貸錢之用途絕不在生活消費，想來於投資、賄賂之外，也有
部分用於大興土木、購置珍奇、或聲色宴遊等奢侈享樂方面。
李憕、李昱等囂張之輩，唐代可能為數不少，則奢侈性借貸的
發生，似非不可思議的事。

　　因不良風俗的借貸，是較特殊的一類原因，這從南海邊民
之質賣子女上，表現得尤為明顯。《太平廣記》卷483〈蠻夷
部〉「南海人」條：

> 南海貧民妻方孕，則詣富室指腹以賣之，俗謂指腹賣。或己
> 子未勝衣，鄰之子稍可賣，往貸取以鬻，折杖以識其短長，俟己
> 子長與杖等，即償貸者。鬻男女如糞埌，父子兩不戚戚。

南海貧民的指腹賣，屬於未生賒賣，預得賣價之類型。賣鄰
子，待己子長大以償貸者，則是親情澆薄，唯利是圖之表徵。
或許由於人們久困於貧窮，不得不用此法貸子以食，而長久下
來，遂漸發展為當地習俗。南海雖列入蠻夷之部，其實與嶺南
風俗無殊，彼此亦互相習染。大中九年（855）閏四月〈禁嶺
南貨賣男女敕〉中已指明：「嶺外諸州居人，與夷獠同俗。」
（《唐大詔令集》卷109）故前所言及之南海土俗，或亦出現
在中國南疆。嶺南風俗自古即與中土有異，父子別業，兄弟異
財，娶妻讓兄，買賣子女，不僅倫常蕩然，且由於人民貧困，
遂格外重利⑦。敕中續言曰：「晝乏暮飢，迫於征稅，則貨賣
男女。姦人乘之，倍討其利，以齒之幼壯，定估之高下。……
為吏者謂南方之俗，夙習為常，適然不怪，因亦自利。……縱
有令式，廢而不舉。」嶺南之貨賣男女，實與南海地區以人賒
賣、質賣只如一線之隔，而此不良風俗，蓋主要導因於人民貧

困，姦人乘利，與吏不盡責。此種迫於生計而衍申出的風俗，應也見於中國其他各地，但是否亦為「鬻男女如糞埌，父子兩不戚戚」，則就很難說了。

為進行某項工作而借貸，其實也是重要原因之一。吐魯番文書〈麟德二年（665）五月高昌縣追訊畦海員賃牛事案卷〉，海員辯曰：「實借牛兩頭與運貞踐麥是實。」㉙這是借牛進行加工工程，以壓麥脫粒。另外，敦煌文書 S.5832 號某寺請便佛麥的原因是：「緣龍興經樓，置來時久，舊土地浸濕，基階頹朽，若不預有修葺，恐後費功力。」《沙州文錄補》金光明寺直歲明哲向都頭倉貸便的原因也是：「寺倉破壞，敢不修營。」屋宇之修繕，通常所費不貲，既然獨力難以勝負，只好取借於人。連經濟來源多端之寺院都有此需要，何況是一般小農之家了。而《太平廣記》所載的一則笑話：揚子村嫗告里胥借牛牽碑，誤損其足（卷 290〈妖妄部〉「諸葛殷」條），其實是里胥為討好上司，顯示神蹟，特意向村嫗所為之借貸。

借貸原因甚雜，因個人之特殊需要而異，勢難一一備舉，其他如不良嗜好、貪懶、或為聘財，也可能導致借貸。《新唐書》卷 206〈外戚楊國忠傳〉：「嗜飲博，數丐貸于人，無行檢，不為姻族齒。」就是因其好酒貪杯，酷愛賭博而乞借於人。《太平廣記》卷 363〈妖怪部〉「王恝傳」：「前揚府功曹王恝，自冬調選，…在西市絹行舉錢，共四人長行。」也是借錢為博戲。至於杜甫的「朝回日日典春衣，每日江頭盡醉歸，酒債尋常行處有，人生七十古來稀。」（《杜詩鏡銓》卷 4「曲江二首」之二）或白居易的「賣我所乘馬，典我舊朝衣，盡將沽酒飲，酩酊步行歸。」（《白居易集》卷 6〈晚春沽酒〉）則大概是詩人墨客，欲借杯中物激發雅興也。

另外，《續高僧傳》中記洛州宋尚禮，數於寺中貸粟而不

還（卷 25〈京師普光寺釋明解傳〉），似非勤於生計之人。
《太平廣記》載薛氏子向人詑稱地下有黃金寶劍，於是貸於親
友（卷 238〈詭詐部〉「薛氏子」），亦欲不勞而獲。《李娃
傳》中之鄭生，貪戀男女之情，資財用盡，乃質衣於肆，備牢
醴之費，則是為婚事而借貸。類似情形亦出現在《霍小玉傳》
中：隴西李益為娶表妹盧氏，遠投親知，求貸百萬聘財。而以
籌措婚娶之資，預為謀逆之實的，則是玄宗時京兆人權梁山的
詭稱婚集，多假貸（《新唐書》卷 124〈宋璟傳〉）。

在旅途中遭逢意外事故，或為治喪而借貸，史書中亦可見
數起，如元和中新授湖州錄事參軍，赴任時遇盜，剽掠殆盡，
遂求丐故衣，迤逦假貸而返（《太平廣記》卷 167〈氣義部〉
「裴度」）。楊再思調玄武尉，使至京師，舍於逆旅遇盜，亦
假貸以還（《新唐書》卷 109〈楊再思傳〉）。孝女王和子，
父兄防秋戰死，徒跣單身，日丐貸，護喪還葬於鄉（同前書卷
205〈列女王孝女傳〉）。郭元振、陽城也俱曾舉借喪者，助
其葬親（同前書卷 122〈郭元振傳〉、卷 194〈陽城傳〉）。
只是這些案例，借貸之意較淡，施捨、憐憫之意反濃。

借貸之發生，終因有所不足而起，然無論借貸雙方之身分
或借貸之方式若何，其因之犖犖大者，不外消費性借貸、資本
性借貸、與求職赴任借貸三類，至於其他細瑣者，則因人隨事
而異，無法詳加備論。

本章所舉借貸事例，多與官人或百姓相關，鮮少提及僧道
等人，但如第三章所論，在敦煌寺院經濟興盛之際，僧尼借貸
的比例竟有二、三成之多，且不乏地位甚高者。僧尼借貸的原
因，除了偶見為出使而借貸外，多與借種、糧等生活消費有
關。僧尼在生活上有常住、布施之憑藉，衣食服用以清淡簡樸
為尚，又可承受師父遺產⑳，按理無虞匱乏才是，何以仍有這

麼多僧尼有借貸需求，很值得注意。日僧圓仁於會昌毀佛前夕，渡海經山東各州至長安，沿途所見，不乏寺院破敗，僧侶散去，布施無人，糧食難覓之情景[81]。可見唐朝內地於諸多富有寺院之外，其實也存在著不少極貧寒者。隨著寺院之世俗化，連帶出現的可能就是寺內僧尼間，貧富差距的擴大。而寺院與僧尼經濟地位的分化，應是造成下層僧尼借貸比例攀升的重要因素。事實上，內地僧尼直到會昌毀佛時，仍然是個「待農而食，待蠶而衣」（《舊唐書》卷 18 上〈武宗紀〉）的寄生階層，其稅役負擔也一直較百姓為輕，保有相當程度的經濟特權[82]，這比敦煌僧尼既未脫離農業生產，日用生活需靠自己打點，又要負擔國家稅役[83]，情況似乎稍好些。是以內地僧尼即使也有生活困頓的時候，其借貸比例或許沒有敦煌僧尼高，而借貸的原因，大致皆以生活消費為主。

註釋

① 趙岡、陳鍾毅，《中國經濟制度史論》，（臺北，聯經出版公司，1986），頁 391～395。

② 關於土地還授問題，學者看法頗為分歧，如鈴木俊認為户籍上的土地，不過是農民現有土地的登記；但西嶋定生、西村元佑則由欠田、退田、給田與田籍文書，證明土地還授按規定實施；此外，楊際平進而主張經常性的還授未曾正常進行；堀敏一則以為西州、沙州的均田制有地區特殊性；而池田溫則視西州、沙州的土地還受有獨特性、現實性、通融性，且隨統治力的衰退而鬆弛。各人論點見：楊際平，《均田制新探》，（福建，廈門大學出版社，1991），第 3 章；鈴木俊，〈唐の均田制度と敦煌户籍〉，收入：《均田、租庸調制度の研究》，（東京，刀水書房，1980），頁 92～133；西嶋定生，〈吐魯番文書より見たる均田制の施行狀態〉，收入：《中國經濟史研究》，（東京，東京大學出版會，1966），頁 431～726；西村元佑，〈唐代均田制度における班田の實態〉，收入：《中國經濟史研究－均田制度篇》，（東京，東洋史研究會，1968），頁 302～466；池田温，〈初唐西州土地制度管見〉、〈唐代敦煌均田制考察之一－以天寶後期敦煌縣田簿為中心〉，收入：《唐研究論文選集》，（北京，中國社科學出版社，1999），頁 268～278，314～331；堀敏一，《均田制研究》，（臺北，弘文館，1986），第 4 章。

③ 武德令與開元令異同之辨析，及各書所載受田數比較表，可參考：楊際平，

《均田制新探》頁 92～104。

④ 丁男與 18 歲以上中男，無論當戶與否，均需受田，則所謂「黃小中丁男女」當戶之中男，應指 18 歲以下者，丁則僅指丁女。

⑤ 劉俊文，《敦煌吐魯番唐代法制文書考釋》，（北京，中華書局，1989），頁 439。楊際平認為此數字為虛擬，似有可能，但無礙其說明該處受田不足之情形。楊氏之說見：《均田制新探》，頁 280。

⑥ 《全唐文》卷 169 狄仁傑〈乞免民租疏〉：「彭澤九縣百姓，……所營之田，一戶不過十畝、五畝。」

⑦ 吳章銓，《唐代農民問題研究》，（臺北，中國學術著作獎助委員會，1963），頁 16。

⑧ 同前書，頁 15～16。

⑨ 這是貞觀後期以來，西州每丁受田的最高限額，其實多數受田，不及此數。但也有學者視此為受田標準額，而認為另有基準額、折算額。有關討論見：池田溫，〈唐代西州給田制之特徵〉，收入：《敦煌吐魯番學研究論文集》，（上海，漢語大辭典出版社，1991），頁 71～74；韓國磐，〈再論唐朝西州的田制〉，收入：《敦煌吐魯番出土經濟文書研究》，（廈門，廈門大學出版社，1986），頁 5～19；盧向前，《唐代西州土地關係述論》，（上海，上海古籍出版社，2001），頁 93～112；西村元佑，〈唐代均田制度における班田の實態〉，頁 416～424。

⑩ 楊際平，《均田制新探》，頁 248 附表四。

⑪ 池田溫，〈唐代西州給田制之特徵〉，頁 71。

⑫ 李燕捷計算的唐人平均壽命至少為 57.55 歲，但他不認為已反映唐代的真實狀況，見《唐人年壽研究》，（臺北，文津出版社，1994），頁 115。劉燕儷估算玄宗時期中等之家 15 歲以上的預期壽命，男性為 46.53 歲，女性 41.53 歲，見：〈試論唐玄宗時期的人口死亡現象－以墓誌銘為中心的探討〉，收入：《第四屆唐代文化學術研討會論文集》，（台南，成功大學出版社，1999），頁 824～835。但如果加入考慮生活困頓的廣大貧民，則唐人之預期壽命應會降低。另外，學者推估近代中國人之生命預期，也大致未超過 40 歲。如袁貽瑾估計廣東中山縣李氏在 1365－1849 年間之生命預期，男女約在 32－38 歲間；費景漢、劉翠溶估計蕭山徐氏家族 1600－1829 年間的生命預期是 33.55 歲；李中清估計滿洲道義地區的生命預期是 32 歲。有關傳統時代平均壽命之探討，可參考：拙著，〈漢代分家原因初探〉，《漢學研究》11：1，（1993），頁 150 及註 27。

⑬ 戶等與丁數的對應關係，天寶差科簿與天寶六載敦煌縣龍勒鄉籍中可以反映出，見：那波利貞，〈正史に記載せられたる大唐天寶時代の戶數と口數との關係に就きて〉，《歷史と地理》33：4，（1934），頁 324～335；池田溫，《中國古代籍帳研究》，（臺北，弘文館，1985），頁 29～30、257；西村元佑，〈唐代敦煌差科簿を通じてみた均田制時代の徭役制度〉，收入：《中國經濟史研究》，頁 642～648。

⑭ 粟是未脫殼的穀，米指已脫殼者。根本誠於穀物之種類、名稱、折算率有概略的討論，見：〈唐代の主要物資の價格に就いて〉，《史觀》65、66、67 合冊，（1962），頁 123～136。

⑮ 拙著，〈唐代西州、沙州的租佃制〉（中），《大陸雜誌》87：5，（1993），頁 12～15。

⑯ 盧英權，《作物學》，（臺北，國立編譯館，1994），頁53～58。
⑰ 西嶋定生等學者認為，唐代中原已發展出多種作物的複種制，但李伯重以為粟─麥─豆二年三作制的可行性較高。見：李伯重，《唐代江南農業的發展》，（北京，農業出版社，1990），頁250～251。
⑱ 《陸宣公集》卷20〈請依京兆所請折納事狀〉：「豌豆為物，入用甚微，舊例所支，唯充畜料。」
⑲ 李伯重，同前書，頁213。
⑳ 胡如雷，〈論唐代農產品與手工業品的比價及其變動〉，收入：《隋唐五代社會經濟史論稿》，（北京，中國社會科學出版社，1996），頁152。
㉑ 唐代農村副業的主要項目及其發展，可參考：李伯重，《唐代江南農業的發展》第5章。
㉒ 應為《韓延算經》，見錢寶琮校點《算經十書》的考證。
㉓ 本表根據程喜霖〈試釋唐蘇海愿等家口給糧帳〉之表改編成，見：《敦煌學輯刊》1985：2，頁30。
㉔ 本表據黃正建〈敦煌文書與唐五代北方地區的飲食生活〉之表改編成，見：《魏晉南北朝隋唐史資料》11，（1991），頁270。
㉕ 西州初時的丁中制與唐制不同，唐長孺有很詳細的考證，見：〈唐貞觀十四年手實中的受田制度和丁中問題〉，收入：《敦煌吐魯番文書初探》，（武漢，武漢大學出版社，1990），頁114～123。
㉖ 漢代男、女消費量之差等關係，可參考拙著，〈鄭里廩簿試論─漢代人口依賴率與貧富差距之研究〉，《新史學》3：1，（1992），頁32。
㉗ 唐代的丁中制，自武德七年（624）定令後，至天寶三載（744）改制前的120年間，除神龍元年（705）至景雲元年（710）因韋后之故，稍做變動外，大抵皆維持黃（1～3歲）、小（4～15歲）、中（16～20歲）、丁（21～59歲）、老（60歲以上）的制度。至天寶三載（744）改以18歲以上為中男，23歲以上為成丁。廣德元年（763）再改以25歲為成丁，55歲入老。
㉘ 有學者認為成年男子日食3餐，用糧3升，這大概是較富足的食量，非維生之基本需求。見：黃正建，〈敦煌文書與唐五代北方地區的飲食生活〉，頁270～271。
㉙ 韓國磐估算天寶時代五口之家的糧食消費，一則未說明不同身分者之食量標準，再則未注意其食量用米計，而農地收入用粟計，二者未做妥善折換，故其估算頗有可疑。該文見：〈唐天寶時農民生活之一瞥〉，收入：《敦煌吐魯番文書研究》，（蘭州，甘肅人民出版社，1983），頁371。
㉚ 毛漢光，〈敦煌吐魯番居民生存權之個案研究〉，收入：項楚、鄭阿財編，《新世紀敦煌學論集》，（成都，巴蜀書社，2003），頁319～322；又收入：毛漢光，《中國人權史：生存權篇》，（宜蘭，佛光人文社會學院，2004），頁363～367。
㉛ 官員、官奴婢與軍士春、冬衣的衣物種類及其特點，黃正建做了詳細的比較與介紹，見：〈S.964V號文書與唐代兵士的春冬衣〉，收入：《英國收藏敦煌漢藏文獻研究》，（北京，中國社會科學出版社，2000），頁246～250。
㉜ 此處據池田溫的整理：《中國古代籍帳研究─概觀・錄文》，（東京，東京大學東洋文化研究所報告，1979），頁448。關於市估案的分析討論，可參考池田文：〈中國古代物價の一考察〉（一）（二），《史學雜誌》77：1，2，（1968）。

㉝ 拙著，〈唐代和糴問題試論〉，《新史學》15：1，（2004），頁 82 及註137。

㉞ 這是參考日本《令集解》卷9〈關市令〉「每肆立標」條而來。唐令可能亦有之。但公示價格之作出，有一定的程序與方式，與市場價格可能有些差距，見：王永興，《敦煌經濟文書導論》，（臺北，新文豐出版公司，1994），頁452～454。關於市估法的作用，見：盧向前，〈唐代前期市估法功能〉，收入：《敦煌吐魯番學研究論文集》，頁697～707；池田溫，〈中國古代物價の一考察〉（一），頁31～35。

㉟ 《通典》（點校本），（北京，中華書局，1988），卷6〈食貨‧賦稅下〉，頁107～108。

㊱ 李筌《神機制敵太白陰經》卷5〈軍資篇〉：「軍士一年人支絹布一十二匹。」這是軍士一人用料量，上述是官奴婢一家用料量。軍士衣物磨損率大，邊地禦寒更需多些，兩種數據比較，可供參考。

㊲ 池田溫，《中國古代籍帳研究－概觀‧錄文》，頁449。另參：胡如雷，〈《唐天寶二年交河郡市估案》中的物價史料〉，收入：《隋唐五代社會經濟史論稿》，頁168～169。

㊳ 唐代各類賦役，張澤咸有相當詳盡而完整的介紹，見：《唐五代賦役史草》，（北京，中華書局，1986）。

㊴ 兩稅法期各書之戶數與賦入數，頗有出入，然據岑仲勉、張澤咸、李錦綉等人考證，以《通典》較準確。見：張澤咸，同前書，頁123～126：李錦綉，《唐代財政史稿》（下卷），（北京，北京大學出版社，2001），頁651～653。《通典》載「米麥一千六百萬斛」，因米麥不知各占比例，此處姑且以米計。日野開三郎認為各史料皆誤，但其考證結果已為學者所批駁，本文不採日野論點。日野說法見：〈楊炎の兩稅法における稅額の問題〉、〈兩稅法と物價〉，收入：《日野開三郎東洋史學論集》4《唐代兩稅法の研究‧本篇》，（東京，三一書房，1982），頁122～124，145～146，415～416。

㊵ 《李文公集》卷9〈疏改稅法〉：「自建中元年初定兩稅，…當時絹一匹為錢四千，米一斗為錢二百。」

㊶ 日野開三郎估計兩稅戶之平均負擔額為23.3貫，以米1石折2貫計算，相當於米11.65石或粟19.42石。見：〈楊炎の兩稅法における稅額の問題〉，頁153。

㊷ 安史亂後，物資匱乏，糧食價格尤其漲得厲害，如大曆元年（766）「粟一斗，估錢五百尚賤」（《元次山集》卷9〈問進士〉），比起開天盛世漲了60餘倍。實行兩稅法後，穀物價格稍趨回穩，「米一斗為錢二百」（《李文公集》卷9〈疏改稅法〉），仍約是盛唐時期的15倍多。其後物輕錢重，物價再度下跌，元和間「米一斗不過五十」（同前文），還是玄宗時穀價的4倍。粟米是民生必需品，也是課稅時不可少的物資，其替代性不大，是觀察農民生活的重要指標。整體來說，唐後期物價雖有起落，但因物資不足，農民的實際負擔要比前期來得沈重許多。即使元和間米價下跌，那也是幣值變動所導致，並不代表物資豐裕。有關唐前、後期物價變動與比價關係，可參考：胡如雷，〈論唐代農產品與手工業品的比價及其變動〉，頁153～155。

㊸ 李伯重，《唐代江南農業的發展》，頁141～144。

㊹ 杜正勝，《編戶齊民》，（臺北，聯經出版公司，1990），頁203～209。

㊺ 天野元之助，《中國農業經濟論》（中），（東京，改造社，1942），頁207。

㊻ 馮和法，《中國農村經濟資料》（上），（臺北，華世出版社，1978），頁302～303。

㊼ 池田溫，〈中國古代物價の一考察〉（一），頁11～13；（二），頁47～48。

㊽ 《吐魯番出土文書》（簡）三/205，（圖）壹/392。

㊾ 盧英權，《作物學》，頁232～235，340～342。

㊿ 同前書，頁235。

51 日野開三郎，〈五代藩鎮の擧絲絹と北宋朝の預買絹〉，收入：《日野開三郎東洋史學論集》5《唐五代の貨幣と金融》，（東京，三一書房，1982），頁369～370，374～375。

52 日野開三郎，〈唐代便換考〉，〈便錢の語義を論じて唐宋時代における手形制度の發達に及ぶ〉，收入：同前書，頁99～101，21～22。

53 日野開三郎，〈宋代長生庫の發達について〉，收入：《日野開三郎東洋史學論集》7《宋代の貨幣と金融》，（東京，三一書房，1983），頁241。

54 日野開三郎，《日野開三郎東洋史學論集》17《唐代邸店の研究》，（東京，三一書店，1992），頁205以下。

55 権酤制度與歸義軍期之酒戶，可參考：姜伯勤，《唐五代敦煌寺戶制度》，（北京，中華書局，1987），頁307～308。

56 姜伯勤，《唐五代敦煌寺戶制度》，頁302～305；308～309。

57 《吐魯番出土文書》（簡）三/40～41、五/56，（圖）壹/321、貳/197。「孤易」的解釋，王素以為是做買賣，吳震指稱為土磚。由該券文意推測，「孤易」似指某項製作之器物，故券文有到作孤易之日，雇主應給製作工具，而孤易破損，雇主不要等語。山本達郎、池田溫將該券歸入雇庸承包類，蓋亦以「孤易」指某種器物。王素、吳震等論點見：〈吐魯番所出高昌取銀錢作孤易券試釋〉，《文物》1990：9，頁94；又，〈《吐魯番所出高昌取銀錢作孤易券試釋》補說〉，《文物》1993：8，頁66～67。

58 傳統社會階層的形成，任官資格的變動，以及官僚權力結構的特質，見：瞿同祖著，劉紉尼譯，〈中國的階層結構及其意識型態〉，收入：《中國思想與制度論集》，（臺北，聯經出版公司，1979），頁267～291。

59 呂思勉，《讀史劄記》，（臺北，木鐸出版社，1983），戊帙「營債」條，謂兵士舉錢於軍吏、同營人或權要豪民，受其羈軛者，歷代皆有，宋以下尤酷。

60 陳衍德，〈試論唐後期奢侈性消費的特點〉，《中國社會經濟史研究》1990：1，頁18～20；又，〈唐後期奢侈性消費的社會影響〉，《中國社會經濟史研究》1991：2，頁15～20。

61 唐代官人宦遊在京之生活費用，及其困頓無奈之情狀，可參考：甘懷真，〈唐代官人的宦遊生活－以經濟生活為中心〉，收入：《第二屆唐代文化研討會論文集》，（臺北，台灣學生書局，1995），頁39～54。

62 蔭任是高官子孫的特權，出身管道主要有衛官、齋郎、學館。他們在獲得正式官職前，常需至京師擔任見習性職務，或於學館就學。關於蔭任問題可參考：毛漢光，〈唐代蔭任之研究〉，《史語所集刊》55：3，（1984），頁459～542。在學館蔭任制度方面，見：高師明士，《日本古代學制與唐制的

比較研究 》，（臺北，學海出版社，1986），頁73～78。

㉓ 高師明士，《日本古代學制與唐制的比較研究 》，頁91～92；又，《唐代東亞教育圈的形成 》，（臺北，國立編譯館，1984），頁236～237。

㉔ 甘懷真，〈唐代官人的宦遊生活 〉，頁42～46，51～52。

㉕ 《新唐書 》卷203〈文藝歐陽詹傳 〉：「泉州晉江人，其先皆為本州州佐、縣令。」故知其為當地世家。

㉖ 楊聯陞，〈科舉時代的赴考旅費問題 〉，《清華學報 》新2：2，（1961），頁116～128。

㉗ 因官命往來或為公事，皆可利用驛館設備，但自安史亂後，驛制漸壞，非唯館遞匱乏，鞍馬多闕，用者亦不遵品式，逾越條流，而官吏赴任可能也只限於刺史、州上佐等高級官員，故中晚唐之選人初得派令者，是否皆能得到驛館之服務，似還不能驟斷。關於唐代驛制之功能與演變見：青山定雄，〈唐代の驛と郵及び進奏院 〉，收入：《唐宋時代の交通と地誌地圖の研究 》，（東京，吉川弘文館，1969），頁51～74。

㉘ 選人帶京債赴任，不只盛行於唐代，後世亦有之，故各代多由官府預借養廉，以免丐貸也。請參考：顧炎武，《日知錄集釋 》，（臺北，世界書局，1968），卷28〈京債 〉條；趙翼，《陔餘叢考 》，（臺北，新文豐出版公司，1975），卷27〈預借俸錢 〉條。

㉙ 拙著，〈歸義軍期敦煌寺院的迎送支出 〉，《漢學研究 》21：1，（2003），頁209～215。。

㉚ 鄭炳林、馮培紅，〈唐五代歸義軍政權對外關係中的使頭一職 〉，收入：《敦煌歸義軍史專題研究 》，（蘭州，蘭州大學，1997），頁48～70；榮新江，《歸義軍史研究 》，（上海，上海古籍出版社，1996），第8、10、11章；童丕，《敦煌的借貸 》，（北京，中華書局，2003），頁97～99。

㉛ 拙著，〈歸義軍期敦煌寺院的迎送支出 〉，頁200～202。

㉜ 沙知，〈般次零拾 〉，收入：《周紹良先生欣開九秩慶壽文集 》，（北京，中華書局，1997），頁145～146；榮新江，〈公元十世紀沙州歸義軍與西州迴鶻的文化交往 〉，收入：《第二屆敦煌學國際研討會論文集 》，（臺北，漢學中心出版，1991），頁548～591。

㉝ 唐初內重外輕之情勢如《舊唐書 》卷74〈馬周傳 〉疏曰：「今朝廷獨重內官，縣令刺史頗輕其選。刺史多是武夫勳人，或京官不稱職，方始外出。」內外官在俸祿上亦有差距，《新唐書 》卷55〈食貨志 〉：「外官降京官一等。」

㉞ 唐代內外官輕重形勢之演變，見：趙翼，《陔餘叢考 》，（臺北，新文豐出版公司，1975），卷17〈唐制內外官輕重先後不同 〉條。

㉟ 關於唐代官俸制的沿革，及內外官俸之比較，可參考：清木場東，〈隋唐俸祿制の研究IV－俸料編2 〉，《產業經濟研究 》27：1，（1986），頁1～40；劉海峰，〈唐代俸料錢與內外官輕重的變化 〉，《廈門大學學報（哲社版 ）》1985：2，頁106～112。

㊱ 王壽南所集例證甚多，見：《唐代藩鎮與中央關係之研究 》，（臺北，大化書局，1978），頁416～417。

㊲ 關於侈靡論之來源，其對經濟生活之影響，以及在經濟學理上的意義，見：楊聯陞，〈侈靡論－傳統中國一種不尋常的思想 〉，收入：《國史探微 》，頁169～188；陳國棟，〈有關陸楫「禁奢辨」之研究所涉及的學理問題 〉，

《新史學》5：2，（1994），頁159～179。

⑦ 嶺南風俗之特色，可參考：曾華滿，《唐代嶺南發展的核心性》，（香港，香港中文大學，1973），頁2～10。

⑦ 劉俊文，《敦煌吐魯番唐代法制文書考釋》，頁538。

⑧ 僧尼衣食住用之日常生活，可參考：王景琳，《中國古代寺院生活》，（西安，陝西人民出版社，1991），第4章。

⑧ 如開成五年（840）正月圓仁行經登州文登縣時，赤心院眾僧及押衙、村人皆云：「青州以來諸處，近三四年有蝗蟲災，喫卻穀稻，緣人飢貧，多有賊人，煞奪不少，又行客乞飯，無人布施。」（《入唐求法巡禮行記》卷2）同年四月六日至淄州長山縣醴泉寺，圓仁形容為：「寺舍破落，不多淨喫，聖跡陵夷，無人修治，寺庄園十五所，于今不少，僧徒本有百來僧，如今隨緣散去，現住寺者，三十向上也。」（同上卷）。

⑧ 唐前期寺院僧尼免納租庸調制之正賦正役，兩稅法時僧尼失去免稅特權，但仍可避役。見：謝重光，〈略論唐代寺院、僧尼免賦特權的逐步喪失〉，《中國社會經濟史研究》1983：1，頁66～72。

⑧ 僧尼的生活方式與稅役負擔，可參考：郝春文，《唐後期五代宋初敦煌僧尼的社會生活》，（北京，中國社會科學出版社，1998），第2章。

第五章

借貸之期限、數量與利息

第一節　借貸之期限

　　無論是為了生活消費或生產投資，廣大的農民階層均是最有借貸需要，而且最易表現季節性借貸特色的一群。文獻中官倉賑貸種、食的資料俯拾皆是，已約略可看出農民的窮困，遠非其他階層可比。對官吏、士人或工商業者而言，若其亦為生活消費而借貸，則其受穀物盈縮之影響，應與一般農民相當近似，可以在借貸期限上反映出來。但若為投資或求職赴任而借貸，則選舉期間或赴任之前，尚可略估為官吏、士人之借貸熱季；而商人可能在穀物或蠶事成熟時，因大量收購而做投資性借貸外，似乎較難在史書中發現明確的借貸期限。故本節且以占絕大多數的農民為主要討論對象，兼及一般人的生活，以了解借貸問題中期限所代表的意義。

　　人民生計與作物生長季節息息相關，更與借貸期限產生連動效果。《通鑑》卷 252 僖宗乾符元年（874）正月丁亥盧攜上言曰：「臣竊見關東去年旱災，自虢至海，麥才半收，秋稼幾無，冬菜至少。……乞敕州縣，應所欠殘稅，並一切停徵，以俟蠶麥。仍發所在義倉，亟加賑給。至深春之後，有菜葉木牙，繼以桑椹，漸有可食。在今數月之間，尤為窘急。」盧攜之言，不僅透露出凶荒所導致的生活困頓、賦稅無出，更重要

的在指出深春之前，萬物尚未滋長，是百姓最難挨過的時分，直待蠶麥收後，情勢才漸緩和。盧攜雖然建議在此數月間，由官倉賑給，「而有司竟不能行，徒為空文而已。」想來這些未加存撫的百姓，不會不有借糧度荒之事實或意圖。

唐代的主要作物，北方以粟麥為主，南方有稻作。元和六年（811）二月二十八日制：「京畿之內，緣舊穀已盡，宿麥未登，尚不足食糧，豈有餘於播種。」（《文苑英華》卷435）唐人所謂的穀，一般就指粟①，粟的品種甚多，但通常於二、三月間起種（《齊民要術》卷1〈種穀第三〉），三月尤為種穀之上時（《四時纂要校釋》三月篇），四、五月種者已較晚而少。南方的稻作大概也約在二、三月間下種（《齊民要術》卷11〈水稻第十一〉）。穀禾的收成多在秋季，玄宗「禁刈禾充馬藁詔」：「每至秋中，穀禾熟時，即賣充馬藁。」（《全唐文》卷32）《齊民要術》引《說文》曰：「禾，嘉穀也。以二月始生，八月而熟，得之中和，故謂之禾。」（卷1〈種穀第三〉）《四時纂要校釋》記煞穀地、殺春穀地、收五穀種、收粟種，也都是在秋季（七、八、九月篇）。然早粟有至六月即收，晚粟有至十月初才收者②。

麥的時序與粟稻頗不相同，宿麥於去歲播種，春麥於來年春解凍後耕種③，但通常於四、五月間夏收，俗謂之「麥秋」④。白居易〈觀刈麥〉詩：「田家少閑月，五月人倍忙。夜來南風起，小麥覆隴黃。」（《白居易集》卷1）正形容地是五月裏農家收割小麥的忙碌景象。紡織作物中最受重視的是絲絹，蠶絲的成熟期約與麥相當，都在五月左右，唐人且常將二者連稱並用，儀鳳二年（677）四月劉思立諫止敕使撫巡的理由是：「今麥秀蠶老，農事方殷。」（《通鑑》卷202）待至五月，則可收畢，故開元二十三年（735）五月詔有「如聞關輔蠶麥

雖稍勝常年」之語（《册府元龜》卷 147〈帝王部·恤下
二〉）。

作物的生長過程，深刻影響糧食的供需狀況。春季正在多
數作物需播種，而粟、稻消費已有半載，蠶麥將熟未熟之際，
可說是一年中種食需求量大，供給量相對貧乏的季節，開元六
年（718）三月存問河南河北詔：「今舊穀向没，新麥未登，
蠶月務困，田家作苦，不有惠恤，其何以安？」（《册府元
龜》卷502〈邦計部·常平〉）就正説明新陳交替時民生之苦
況。而且，四、五月間即使已麥秀蠶老，但只要蠶麥一日未
收，匱乏的情形便不會稍減，甚至還因人們預期看壞的心理，
導致物價大漲，如《舊唐書》卷 12〈德宗紀上〉貞元二年
（786）五月丙申條：「自癸巳大雨至於兹日，飢民俟夏麥將
登，又此霖澍，人心甚恐，斗米復千錢。」

就主要作物的生長期與物資的盈虛言之，農家生活最艱困
的，一般正是一年中的前四個月。待至夏秋之間，部分作物雖
已陸續上市，但百姓可能還要經歷一個「蠶麥時熟，穀米必
貴」的階段。縱然此時物價，因蠶麥及「豆等堪煮者熟」
（《册府元龜》卷502〈邦計部·常平〉），或許不如青黃不
接之時高，但只要秋中穀米沒有收成，大宗糧食無法投入市
場，物價便不會真正下降，而百姓因用度不足，受剝削，需借
貸的程度，也無由大幅改善。作物生長過程與人民生計間，有
著如此互相依倚的關係，而物價的季節性變動，就成了瞭解百
姓借貸期限的重要指標。

如前章所論，賦稅的苛重、不時，是導致人民「有者急賣
而耗其半直，無者求假而費其倍酬」的重要原因（《陸宣公
集》卷22〈均節賦稅恤百姓第四〉）。以唐代稅法的納課時間
論之，租庸調時代，租粟依各地收穫早晚，路程遠近，自十一

月起輸，至次年正月納畢；庸調自八月上旬起輸，三十日內納畢。兩稅法時代，夏稅六月內納畢，秋稅十一月內納畢（《通典》卷6〈食貨・賦稅下〉）⑤。輸稅季節配合穀物或織物的收穫來進行，在制度設計上本是相當合理的，故只要官吏不額外苛索，期前催逼，在豐年或平歲，都應可避開四、五月以前物資的季節性匱乏，或高物價時代。對一般農戶來說，其最大的困擾或許不在收成是否足供賦稅，而在稅後還能有多少餘糧餘物，以供來年全家開銷，所謂：「典桑賣地納官租，明年衣食將何如」、「持之納於官，私室無倉廒」、「蠶絲盡輸稅，機杼空倚望」等⑥，都在形容農民因課稅，而幾乎罄其所有。但稅期畢竟離收成季節不太遠，農民儘管擔憂稅後的日子，卻依然如詩中所言，勉力先持現有物，渡過眼前難關。故依常情推斷，其於稅期便行借貸的機率，大概不會高過來年時分。

　　文獻資料已將一年中的物資豐欠、稅期及與一般農家的借貸關係，勾勒出一個輪廓。出土文書則可進一步提供更詳實的量化數據。

表 5-1　消費借貸券契物種與借期關係表

物種	借期												總計
	正月	二月	三月	四月	五月	六月	七月	八月	九月	十月	十一月	十二月	
穀物類	2	12	11	14	1	3	1	0	1	0	1	3	49
絹帛類	2	5	6	10	4	3	1	5	1	2	0	2	41
貨幣類	2	3	3	3	2	1	3	0	1	1	2	0	21
總計	6	20	20	27	7	7	5	5	3	3	3	5	111

說明：1. 本表據附表一製成。凡同時借不同物種，視為2筆，重覆計數。如只泛言「物」，則不計入。

　　　2. 編號28借期失載，依其後附券推定為四月。編號69為閏正月，歸入正月項。編號132同時載借期為四月、五月，此處姑取四月。

　　　3. 編號62是便衫契，雖曰是因無糧用而借貸，姑且仍計入絹帛類。

　　從表 5-1 可知,六至十世紀的西北邊區,二、三、四月進
入百姓的借貸高峰期,共計 67 筆,占總數的 60.36%。但自五
月以後,借貸數量陡降,與四月以前的情形呈明顯區隔狀態。
直到該年年底與明年初,才略有回升之勢。如就個別物種觀
察,則上述之趨勢又稍有不同。穀物類的高峰期表現得最突
出,二、三、四月的借貸筆數占該類總數的 75.5%適與前文所
述之春季播種,以及舊穀向沒,宿麥未登,種食最缺乏的季節
相互吻合。然自五月麥熟,尤其是七、八月粟秋收後,穀物借
貸便跌入谷底,即使是秋冬之間的納稅季節,也未見大量增加
借貸次數。絹帛類的高峰期沒有穀物類顯著,但由四月以前借
貸次數遞增,仍可說明此時之借貸需求較旺盛。尤其值得注意
的是三、四月,三月有 3 件標明充使(附表一 126、134、
147),四月有 4 件亦出使(138、144、146、152),占負使
命件數的 70%(另 3 件為 135、136、139),這麼高的比例,
似乎意味著春暖花開以後,正是人們外出活動的好時節。絹帛
類還有一特殊處,是八月的借貸數量異峰突起,與另兩類的逼
近至低點,大異其趣。查這 5 件借貸的原因,西州的 2 件不詳
其由(36、38),沙州的 3 件僅以「欠少疋帛」一語含混帶過
(122、133、137)。故此時借貸數何以突增,此究為常態或
特例,在資料不足的情況下,均只能闕而不論。貨幣類春種時
期的借次雖然較其他月份為多,但整體而言,其借期表現得最
平穩,沒有太明顯的季節性變化,這或許與貨幣利率通常高於
穀物類、絹帛類,以及農民春借秋還,甚不利於折為貨幣計算
有關(詳下節)。該類借貸遠不似穀物類來得集中,其情形是
可以理解的。

　　上述之借期變動趨勢,亦同樣反映在動產質中。依附表四
A 統計,可知質典日期的 8 件,適巧全屬穀物類,其中,春季

質借者有 6 件（2、3、4、5、6、11），夏季有 2 件（7、12），秋冬則尚無其例，與表 5-2 的情景頗為雷同。消費借貸與動產質借之借期，之所以集中於春夏間，其實還可直接從券契中找出原因。

表 5-2　穀物類借期與借貸原因關係表

借貸類型	借貸原因	借期			
		春季	夏季	秋季	冬季
消費借貸券契	無糧	3	7	0	2
	無種	5	1	0	0
	納突不辦	0	0	0	1
	負債	2	0	0	0
動產質契	無糧	4	2	0	0
	無種	5	0	0	0

說明：1.吐魯番出土的借契一般多未寫明借貸原因，故此處只包括敦煌、和闐與庫車契。
　　　2.消費借貸與動產質之性質有些相近，也常著出借貸原因，故以此二類型為代表。
　　　3.此處只論穀物類，絹帛類、貨幣類之借貸原因常含混不明，故未列出。
　　　4.借貸原因中，為無斛斗驅使計入無糧類；為無糧、種則分別重覆計入無糧類與無種類；一次借多種穀物，只要借因相同，以一次計。
　　　5.此處依唐曆之四季，即春季指一月～三月，夏季四～六月，秋季七～九月，冬季十～十二月。

正如表中所示，農民的借貸需求，幾與糧食的供需狀況呈反向關係。糧食愈充足的秋冬季，借貸機率就愈低，尤其是穀物剛收成的秋季，表中竟無借貸記錄。但自冬季末至來年春、夏間，缺糧借貸便持續增加，這兩類借契都明顯反映這一趨勢。而在夏季借貸中，消費借契四月即占 5 件，五、六月各 1 件；動產質契之四、五月各 1 件，更可證明四、五月以前是農村裏青黃不接、民生最艱困的時節，直到粟麥等穀物相繼上市後，情況才顯有改變。種子的借貸，兩類借契僅 1 件為四月，

尚可趕在播種末期外，其他均在春種旺季的二、三月間⑦。如此高度密集的借期，正與穀物耕作時序相互呼應。另外，北圖鹹字59號背的6件寺戶請貸都司倉種子、年糧牒，都在二月，亦是通常缺糧、種之時，可見上述論斷在不同性質的文書中，能禁得起考驗。納突不辦是指賦稅交不出來，只在消費借契中十一月出現1件，又在預雇型借契中見到2件（附表六　B8、9），惜其月數不明。此3契俱屬吐蕃期，吐蕃政府在控制漢人後，實施部落體制，並清查戶籍，分配土地，征集賦稅⑧。據《吐蕃簡牘綜錄》62號簡：「兔年秋，統計尚論所屬民戶從事農事者，哪些田賦已經交納，哪些未交，逋欠者唱名登記。」⑨足見吐蕃稅期亦在穀物收成後之秋季。敦煌文書P.2163號背〈寅年沙州左三將納丑年突田曆〉所錄納稅月份，以八月為多，時而亦有十一、十二月或來年正月。一般而言，秋冬之間是借貸的淡季，但仍不免有些百姓在為官稅而傷神。至於因負債而借貸，債務來源即使不明，這些人或許曾為缺乏種、糧或稅務而借貸過，但怕得是以債養債，就此深陷在負債的泥淖中！

　　由上述討論可知，無論是中原或西北邊區，人們借貸的需求，常隨作物生長狀況與糧用、賦稅情形而起伏變化，這從以小額借貸為主，且借貸方式簡便的消費借契與動產質契上就可反映出來⑩。至於不動產質、人質等類型之借貸，不是如〈呂住盈兄弟典賣土地契〉，因為「債負深廣，無物填還」（附表四B（1）1），才出以質典土地之下策，便是如各典身契所言：「家中闕少極多，無處方始」、「常虧物用，往求無地」、「家中貧乏，欠負廣深」（附表四C1、2、4），以出質子弟為對應之道。通常這種借貸的需求量甚大，欠負的情形相當嚴重，不是單純的只因季節性匱乏而致，多是在長期貧

困，或併發凶荒、意外事故、惡吏侵逼等因素下，才產生的結果。是以這類借貸的借期，未必有明顯的季節性，可能較分散，但這也正顯示借用人在做出決定前，不僅曾費心張羅債務，其內心必也經過一番痛苦掙扎。

在借期上，中原與西北邊區大致可以彼此對應，而在還期上，豐富的出土文書或可補文獻資料之不足。如前文所示，不同的作物有不同的成熟季節，就官倉賑貸而言，如開元十五年（727）四月〈緩逋賦詔〉：「其貸糧麥種穀子，…候豐年，以漸徵納。蠶麥事畢及至秋收後，並委刺史縣令專勾當，各令貯積。」（《册府元龜》卷147〈帝王部‧恤下二〉）官倉賑貸的回收期，因所貸物種而異，若是蠶麥，當在五月以後，若是穀禾，則在八月以後。賑貸多因災荒而起，待至豐年才徵納，是政府的恤民之心。文宗開成三年（838）正月〈淄青蝗旱賑恤制〉：「公私債負，一切停徵，至麥熟，即任依前徵理，及準私約計會。」（《文苑英華》卷436）雖說公私債負一體適用，但民間苛刻如虎狼般的債主，能否等到豐年或穀物熟後再徵納，則大有可疑。從出土文書未來看，除了載明借期、還期外，契約皆未附錄可以緩納債務的但書。邊民對還納欠負的概念，當可供做了解中原地區的參考。以下將借契所示還期之特色，表列分析之（表5-3）。

整體來說，春夏秋冬四季中，除了特殊歸還方式外，秋季尤為歸還的旺季。如再配合物種來觀察，則最顯著的特色是，穀物類借貸75%以上是於秋季償付，但其他兩類卻無此現象。故一般認為的春借秋還，主要指的應是穀物類[11]。

中原地區的麥通常於五月收成，粟於八月收成，但沙州地區可能有七月才收成的麥，如〈令狐善奴便劉價麥契〉：「限至秋七月內苅（刈）麥。」（附表六 B7）〈賀胡子預取劉價

表 5-3　消費借貸券契物種與還期關係表

物種	還期					總計
	春季	夏季	秋季	冬季	其他	
穀物類	0	8	37	4	0	49
絹帛類	3	2	5	2	23	35
貨幣類	0	0	2	0	14	16
總計	3	10	44	6	37	100

說明：1. 本表據附表一製成。凡不同物之償還，視為 2 筆，重覆計入適當還期。
　　　2. 各季月分，見表 5-2 說明 5。
　　　3. 凡償還方式特殊或還期不固定者，歸入其他類。
　　　4. 編號 64 取錢還麥，還期物種歸入穀物類。麥熟日通常在五月，計入夏季。

契〉、〈王晟子預取刈價契〉：「其刈麥限至秋七月已前須刈了。」（附表六 B8、9）西州的大麥、青麥，通常限於五月內償還（附表一 26、27、53），小麥於七月內償還（附表一 26、27）。西州、沙州地理位置相近，作物生長的自然環境也應相差不遠，則沙州七月所刈之麥，大概是小麥。然沙州穀物類無分粟、麥、豆、床，也無論收成早晚，消費借契均以秋八月為還期。另外，便物曆中可知還期的 63 件，無一例外均於秋季償還。伯希和藏文文書 P.T.1203 號和 P.T.1104 號論噓律卜藏借貸蕎麥、粟的還期，分別為七月十五日、九月十五日，也在秋季內⑫。而動產質契裏註有還期的 10 件，全數是秋季（附表四 A 2～4，6～12），其中 7 件且在八月（2～4、7～10）。故沙州地區自吐蕃期至歸義軍期，穀物類的還期似皆限於秋季，而尤以秋八月最普遍。這種無分借期早晚，而還期如此一致的立限方式，顯然是為配合穀物收成而來，亦即貸與人及至農民收成後，再要求其清償。

　　相較於沙州地區還期之如此規整，西州地區的償還時間則往往隨作物之成長時序，或借貸雙方之議定，略做彈性調整。

目前可知麥的限期在五、六月間的有 7 件，七月有 3 件，八月
1 件，另 3 件粟在十月到期。至於于闐、龜茲情形，因案例太
少，難以為準。

　　作物生長過程與糧食消費狀況，固然深刻影響人們的借貸
需求，不過何時立限償還何物，似隨各地習俗而異，未必很一
致，只是大體皆在該種作物收成之後，或如沙州鄉例，不分粟
麥豆床，慣以秋季償還，表 5-3 穀物類秋季還期比例如是之
高，原因就在此。只有少數情況，是允許稍事拖延到十月。至
於夏季償還的數例，都是出自西州的麥類，也正是作物收穫之
後。一般印象中的春種季節與青黃不接時分，貸主通常會體恤
借者處境，不要求在此時償還，表 5-3 穀物類春季還期未見其
例，想來不是偶然的。

　　穀物借貸的期限一般均不超過一年，並不從借期計量期限
長短，也不以此為估算本利的依據，甚至還有六、七月借，八
月便還，極短期借貸的例子（附表─57、102、103）。即使過
了秋收，於九月以後才借貸，也不違反此慣例，如麴懷讓九月
五日舉青麥，「至來年五月卅日付了。」（附表─53）曹先玉
十二月二十八日便小麥，「其麥自限至秋八月內還足。」（附
表─87）儘管還期著錄方式有時不盡寫明來年，但借貸雙方似
心照不宣地知以來年為限，否則不會只載索還月分，而忽略掉
最重要的年分。其實穀物之一年期借貸，並不僅是西州、沙州
的鄉俗，而是通行全國，內地百姓也照樣奉行的做法，《宋刑
統》卷 26〈雜律〉「受寄財物輒費用」條引唐〈雜令〉：

　　　　諸以粟麥出舉，還為粟麥者，任依私契，官不為理，仍以一
　　　年為斷。

正可見中原與西北邊區，在穀物還期上的看法相當一致，都以

一年為期。

　　絹帛類與貨幣類之還期，由表 5-3 所示，與穀物類之集於秋季成熟期，頗不相同。絹帛類與貨幣類議定還期的方式，較諸穀物類多樣化，而不必以成熟期為準繩。表中絹帛類出現 3 次春季歸還的記錄，正可說明穀物類的借貸旺季，未嘗不是其他物種之還期。絹帛類與貨幣類之還期，常不寫明特定月分或季節，表 5-3 裏被歸入其他項的件數如此之多，即顯示這兩類借貸與糧用盈虛大勢，相關性不大。而即使有少數註出特定還期，也未必能對應於穀物之成熟季。

　　就其他項分析，消費借契中絹帛類還期之寫法大體有三種，一是雙方不定確實還期，而以貸主之意思為意思，借方隨時需有償還的心理準備。如〈龍惠奴舉練契〉：「如懂（憧）憙須練之日，並須依時酬還。」（附表一 36）二是自借方到後，在一定日數、月數或限期內，必須分別或同時還本或本利。如〈趙醜胡舉練契〉：「其練迴還到西州拾日內，還練使了。」（附表一 38）〈賈彥昌貸絹契〉：「若平善到，利頭當日還納，本物限入後壹月還納。」（附表一 139）三是本物還期以來年某時為限，利則另有還期或還物。如〈曹延延貸絹契〉：「其絹利頭，現還麥粟肆石。其絹限至來年。」（附表一 128）〈氾懷通兄弟貸絹契〉：「其絹貸後，到秋還利麥粟肆石。比至來年二月末，填還本絹。」（附表一 150）

　　這三種還期的表示法，第一種最嚴苛，也最不確定，借方在全無預警的情況下，即可能突然面臨還債的壓力。第二種之還期雖然也不很固定，但至少借方可事先預估，早做籌謀。該種還法之借者，不是到外地經商，便因他故需暫赴異地，如〈何願德貸褐契〉：「於南山買買（賣），欠少褐。」（附表一 131）就是貸褐到南山營生；〈康員進貸絹契〉：「往於西

州充使，欠少疋帛。」（附表一 148）則為公出而借貸。第三
種還法乃一年期之借貸，如〈張保全貸絹契〉：「其絹限至來
年立契月日，當須填還。」（附表一 129）而在來年立契月日
之前一天或同月到期者，亦可視如一年期（附表一 149、150、
151）。由此推想，契中若只寫來年，而未註出確切月日者，
借貸雙方不無可能依上述慣例，做相同之認定。

　　貨幣類之歸還方式在許多方面與絹帛類相近，其還期的寫
法大體亦有三種，前兩種與絹帛類如出一轍，均是貸主需錢之
日，借方本利俱還，或借用人到後若干日內需還。第三種方式
是以月數計，如：「逐五個月還」（附表一 8）、「計六箇
月，本利並納」（附表一 65），較諸絹帛類的一年期借貸，時
限短而表示更明確。

　　大體上，穀物類借貸不問所借時間早晚，總以作物收成後
為還期，亦即春耕秋收與春借秋還間有密不可分的關聯，是一
種為配合農民實際需要採行的借貸方式。同樣為實物借貸的絹
帛類，其商品性質就較穀物類明顯，特別在還期方面，無論是
以貸主需日、借主到日為準，或是來年再還的一年期借貸，都
已幾乎擺脫掉農業時序的影響，而只考量雙方的經濟能力與客
觀形勢。表 5-1 貨幣類借貸的借期，最與糧、種之季節性需求
疏離，而還期以月數計，則比其他兩類借貸都具機動性，這與
西州及中原之商業、金融業發展，需要更精準的本利計算，似
不無關連。以下且以吐魯番出土高宗時代長安地區的質庫帳
歷，進一步說明之（表 5-4）。

　　在質借期完整的 28 筆中，一月就有 26 筆，二月有 2 筆，
但回贖期也同樣在這兩個月的，一月只有 6 筆，二月有 11 筆。
另外三、四、八、九月各 2 筆，六、七、十二月各 1 筆。殘存
的帳歷不足以證明長安貧戶春借特質，卻依然可從回贖期的分

表 5-4　質庫帳歷期限表

編號	質借人	質錢數	質借期	回贖期	期限	編號	質借人	質錢數	質借期	回贖期	期限
1	衛　通	120 文	1/18	1/24	6 日	15	張元爽	30 文	1/19	8/16	204 日
2	尹　娘	50 文	1/18	1/23	5 日	16	張元爽	10 文	1/19	8/16	204 日
3	尹　娘	50 文	1/18	1/23	5 日	17	曹阿金	100 文	1/19	2/10	21 日
4	何思忠	？文	1/18	2/15	27 日	18	曹阿金	150 文	2/9	2/10	1 日
5	支　才	？文	1/18	9/27	245 日	19	宋守慎	1800 文	1/19	2/4	15 日
6	支　才	？文	2/15	9/27	218 日	20	楊　娘	100 文	1/19	12/7	313 日
7	楊二娘	20 文	1/18	2/7	19 日	21	劉元感	30 文	1/19	1/20	1 日
8	口阿四	50 文	1/18	1/19	1 日	22	楊金剛	80 文	1/19	4/26	96 日
9	李思慶	120 文	1/18	2/10	22 日	23	崔　基	100 文	1/19	7/18	176 日
10	何七娘	65 文	1/18	2/1	13 日	24	牛　婆	60 文	1/20	3/8	47 日
11	口嘉寂	500 文	1/19	3/6	46 日	25	王　爽	40 文	1/20	4/11	80 日
12	劉　娘	100 文	1/19	2/27	38 日	26	張元亮	220 文	1/20	1/25	5 日
13	王玄敬	150 文	1/19	2/22	33 日	27	王團仁	160 文	1/24	6/4	128 日
14	何山剛	100 文	1/19	2/25	36 日	28	董　元	60 文	1/30	2/2	2 日

說明：1. 本表出自《吐魯番出土文書》（簡）五/314～340，（圖）貳/328。
　　　2. 本表只將質借期與回贖期完整者列出，以便計算期限。時間表示法為月／日。
　　　3. 期限之計算，自質借日起，至回贖日之前一天為借期。但因不知帳歷之年分，暫且以正月為
　　　　大月，大、小月輪替方式來估算。唐代大月三十日，小月二十九日。有關之曆法問題，見：
　　　　平岡武夫編，《唐代の曆》，（京都，同朋社，1985）。

散看出，市民沒有必要至穀熟才還，只要自己賺得生活費，一切開支有著落，早些回贖，便可省下利息費用，豈不更好？故知借還期限的訂定，會因所在地點為城市或農村，所用物種為穀物或貨幣，而在方式或習慣上有些出入。

　　借貸立期限，是為了保障貸方利益，不使借方藉機拖延不還。反之，若借方自認有能力，也不妨期前還付，以免背負利息。前述貨幣借貸之帳歷，就 28 筆記錄觀察，借期最短的只有一日，五日以下有 7 件，半個月以內有 10 件，不滿一個月的占半數，共 14 件。但借期長至百日以上者也有 7 件。稍具規模的質庫，應有一致的期限計算標準，如就該質庫言之，以月數立限，時間既不過長，亦不過短，計算起來也不煩瑣，應

是合於帳歷實情，能為借貸雙方接受之折衷作法。然而該帳歷中，不足月便回贖者占 50%，一、二日就回贖者也有好幾筆，其主要原因，可能就在計息方式上。從帳歷中的崔基、王爽 2筆，借期中先還部分本、利來看，此質庫是要求出質人付息的。然而，如果實際質借期不足一個月，而利息以一個月計，則出質人吃虧太大，也不甚合理。何況質錢數多在 150 文以下，不過折合唐前期之米 1 石左右⑬。這樣的小額借貸，大概不會太難找到貸主，是以質權人若太苛刻，借者大可另覓他處，或改換其他借貸方式，無需忍受其剝削。由已殘缺漫漶的帳歷，包括回贖期已佚者，僅正月十八日就借出 10 筆，十九日有 14 筆，出入相當頻繁來看，出質人應無被壓榨的感受。由是推測，帳歷期限原則上以月數計，但質借期不足一個月者，利息可能不以一個月計，而是以日計⑭。否則，出質人待至月滿再還納本利也不遲，何必一、二日便急急回贖？

　　期前回贖或償付，在唐代是否很普遍，似乎頗難證明。由於穀物借貸多具季節性，農民在收成前還債的可能性應該極低。在絹帛類與貨幣類方面，借主到日立限，本無期前償還的問題，但貸主需日還付，或立固定期限者，則不無此可能。蓋期前償還最有利於借方的，便是不必累積利息。尤其絹帛類與貨幣類不乏隨月計息者，時間拖得愈久，付息愈多，與穀物類之不問借期遲早，皆依固定利率納息不同，故此兩類借貸，期前償還或回贖之機會，應較穀物類高些，只是借貸者中究竟有多少人能提前了結債務，則不易略估。

　　就前所見之借貸期限，除部分較不確定外，一般多屬一年以下的短期借貸。在習慣上傾向於較長期的，大概就屬不動產質與人質。不動產質有三種形式，無占有質原與消費借貸只一間之隔，其期限概念亦頗相近，出土文書現存的 2 例，均採貸

主需錢日即還之模式（附表四B（3）1、2）。傳統文獻《太平廣記》卷172〈精察部〉「趙和」條，東鄰「以莊券質於西鄰」，且言「來歲齎本利以贖」，由前所論之書寫方式揣想，仍應以一年為期。不動產質的另兩種形式，均需將宅地移轉於質權人。對於此種規模較大，價值較高之質物的變動，質借期限自然趨於較長，方才合乎變動之代價。如〈龍章祐兄弟質典土地契〉：「其地佃種，限肆年內，不喜地主收佫。」（附表四B（2）3）就是四年為期之占有質，出質人在四年後才可回贖。不動產的典賣，如魏徵子孫質賣宅舍（附表五B9、10、11），或呂住盈兄弟典賣土地、宅舍契（附表四B（1）1、2），皆未明定年限，似乎只要出典人有能力，隨時都可收贖。然如《通典》卷2〈食貨二・田制下〉引北齊故事：「帖賣者，帖荒田七年，熟田五年，錢還地還，依令聽許。」則以較長期限，保障貸與人開發利用土地的權力。帖賣土地之年限規定，雖未直接見諸唐代史料，想來北齊距唐不遠，民間行為又多相互模仿學習，故不動產典賣議定較長回贖期，或事實上在較長期以後才回贖，應是非常可能的。

　　在人質方面，《新唐書》卷168〈柳完元傳〉：「柳人以男女質錢，過期不贖，子本均，則沒為奴婢。」顯然人質亦有回贖年限，只不明其年限長短若何。同書卷180〈李德裕傳〉：「蜀人多鬻女為人妾，德裕為著科約，凡十三而上，執三年勞；下者，五歲。及期則歸父母。」如此科約，縱然為李德裕所私訂，或有善待人質之意，但也應與社會通例相差不太遠，方能為質權人接受。出土文書〈趙僧子典男契〉於此可提供進一步訊息：「限至六年，其限滿足，容許修贖。若不滿之時，不喜修贖。」（附表四C3）趙僧子將腹生男苟子典與人，無論苟子年齡大小，六年期終比德裕科約要嚴格，卻不失為了

解民間人質期限的一個重要參考指標。另外，人質契約有時亦不立固定年限，而以出質人籌足錢物為回贖期，如〈吳慶順典身契〉：「比至還得物日，不許左右。」（附表四Ｃ４）可見人質年限或有或無，或長或短，因人因情況而隨宜調整，並無絕對一致的標準。

　　特殊形態的借貸期限，依不同類型而各有其特色。預租型只在付租先後上與租佃區分，二者在租、還期上無甚差別，亦即通常於春耕前或秋收後立契，耕種與收成時間則視作物種類而異，期限以一、二年的短期租為主，但也可能偶有例外⑮。預雇型大體依工作物或工作性質之所需時間而定，從附表六Ｂ歸納，短則十數日，長則不逾一年，或限定在特定期日內。賒買或賒貸型借貸，若是預賣絲、穀等農作物，大概總在青黃不接之際，而其還期，則需待至收成後。另外如附表六Ｃ的〈張潘堆賒賣草契〉，採賣方到日為準的方式（１）；〈郭法律賒買斜褐契〉，則斷以麥粟秋收後償還（３），均依稀可見前述各種還時、還法之身影。互助型借貸僅知章宙置月會錢一例（《新唐書》卷198〈循吏章宙傳〉），故按月計期可能是當時通行辦法之一。另外，可能是向具有互助功能之社邑借貸的幾個例子，貨幣類者適巧都限期六個月（附表一 65、66、67），仍是按月計期；穀物類殘存還期者，無不是至秋才還（附表三 17、44），與一般通例無二。

第二節　借貸之數量

　　不同的借貸類型與用途，可以在借用數量上反映出來，貸方與借方各自的經濟能力，亦可從數量分析裏見其特色。文獻中的數據資料，雖然不如出土文書來得細緻、周全，但也具有出土文書未能展現的一面。

　　在消費借貸方面，史書中言及借貸數量者，其用途多非供日常生活消費所需，如《新唐書》卷171〈高瑀傳〉：「自大曆後，擇帥悉出宦人中尉，所輸貨至鉅萬，貧者假貸富人，既得所欲，則椎骼膏血，倍以酬息。」債帥為求美職而廣輸重賄，其借貸數量迥非升斗小民斤斤於數石米粟，所能相提並論。「入錢買官，納銀求職」，在唐代早已不是什麼祕聞，攀附權貴若太寒酸，豈能收到預期效果，故高額舉債有時不得不然。同樣是賄賂，即使情狀不同，在數量上也未必能大幅縮減，《太平廣記》卷117〈報應部〉「裴度」條：「婦人曰：阿父無罪被繫，昨貴人假得玉帶二，犀帶一，直千餘緡，以賂津要。」玉帶、犀帶為奢侈品，賂之於人後，借者只能以其代價償還貸主，是以亦為消費借貸之儔類。至於千餘緡之借數，就算救得了眼前急難，恐怕也難度日後的債務難關，除非貸主原無讓其償還之意。

　　奢侈性借貸通常出現在官宦或富貴人家，如章懷太子子守禮，以外支為王，不修風教，高歌擊鼓，「常帶數千貫錢債」（《舊唐書》卷86；又《新唐書》卷81作：「常負息錢數百萬」）；李琚官至右龍武大將軍，「沉緬酒色，恣為豪侈，積債至數千萬，其子貸迴鶻錢一萬餘貫不償」（《舊唐書》卷133〈李晟傳〉）。這些不愁吃穿的官人，卻有如此鉅額的借貸，其中必有相當大部分用於生活享樂。對於靠舉債維生的百姓來說，這大概是其永不敢奢想的借貸數量與用途吧！

　　文獻資料中載明數量的資本性借貸，極少與小農相關，多只限於一般商業投資。如史無畏勤苦田園而衣食窘困，其友張從真乃奉假千緡，使之貨易（《太平廣記》卷395〈雷部〉「史無畏」條）；童安玕初甚貧窶，里人郭珙嘗借錢六七萬，與之經販（同前書卷134〈報應部〉「童安玕」條）。另外，

竇乂資財甚豐，「街西諸大市各千餘貫，與常住法安上人經營，不揀日時供擬。」（同前書卷 243〈治生部〉「竇乂」條）雖然這可能屬委託經營，要之亦為商業性投資。

其他雜途支用或不明原因的借貸，即使借處來自多方，借數也很少低於萬錢，如山東高門盧氏，聘財必以百萬為約，李益涉歷江淮，求貸才足（《霍小玉傳》）；軍使吳宗嗣之父吏，從之貸錢二十萬，不復肯還（《太平廣記》卷 436〈畜獸部〉「吳宗嗣」條）；嚴恭知親向其借萬錢，以為寫經或祈福消災用（《冥報記》卷上「揚州嚴恭」條）。若似許元之父夢中的烏衣客，貸錢三百，只值三十卯的借數（《冤債志》「許客還債」條），在文獻中反不多見。蓋史書一般為官僚富豪之實錄，為統治階層或上層社會之反影，這些人出手闊綽，不計後果，不懼威迫，只以達到目的為要務，與貧困小民之補貼生活日用，惟恐借而不能還，受豪強貸主之凌逼，大不相同。史料中多屬這種大手筆借貸，其故當在於此。

做為高額借貸的貸主，其財力豐厚自不在話下。但放貸者本身並不盡皆以營利為目的，其放貸規模也未必都這麼大。如教育性投資，韓愈出已俸百千錢為舉本（《韓昌黎集》外集上卷〈潮州請置鄉校牒〉）。從元和物價米斗不過 50，絹匹不過 800 計（《李文公集》卷 9〈疏改稅法〉）[16]，則相當於米 200 石，或絹 125 匹。放貸者著眼於百年大計，而不自行回收利潤，納入私囊，故以其用途論之，貸數雖不算太少，又豈不冀其多多益善？

為供平民種、食之用的放貸數量，文獻中只有一、二例可供參考。《太平廣記》卷 165〈吝嗇部〉「王叟」條記天寶中一客戶衣食豐足之因是：「唯有五千之本，逐日食利，但存其本，不望其餘，故衣食常得足耳。」以天寶物價米斗 13 錢，

絹匹 200 錢計（《新唐書》卷 51〈食貨一〉），五千之本僅合
米 38 石餘，或絹 25 匹。對一個未地著的客戶來說，雖可說是
小有資產，然如何能與專業性子錢家相提並論？何況如此放貸
數量，也只能應合小額借者之需求，是無法滿足有特殊目的者
的。再如于逖《聞奇錄》「李克助」條引昭宗故事：「李云：
聞公舉放，數將及萬矣。韓建曰：我華州節度，華民我民
也。」韓建貸放的對象正是華州百姓，而其貸放總數將及萬
錢。唐末因動亂頻仍，物價巨幅震盪，如以寶曆以後常價為
準，米斗值 40～60 文，絹匹值 900～1000 文[⑰]，則韓建所貸，
不過米 16～25 石，或絹 10～11 匹。大概韓建並不欲假大肆放
貸來剝削百姓，而華民也只以維持生計為主要目的。像這類小
型貸主，其所面對的應該不是一次即數以萬計的借貸，而是少
量多人次的形式。只可惜文獻資料對基層民眾的生活，多以憐
憫、同情的口吻，做概括性的描述，而未能如出土文書之以實
物，具體呈現其所遭遇之困境與應對之道，故文獻資料付之闕
如的部分，出土文書適可補其不足。

　　出土文書中的消費借貸券契與便物曆，數量龐大，記錄真
確，是了解下層社會借貸需求最直接的第一手資料。消費借貸
券契中可知借數者共 141 筆，依其物種與時期分布表列如下
（表 5-5）。

　　各物種中，以穀物類的借貸筆數最多，占總借數的
53.19%，且各期分布較另兩類稍平均些。絹帛類的歸義軍期借
貸筆數占該類的 85% 以上，呈一枝獨秀之勢。貨幣類只出現在
陷蕃前的唐以前，陷蕃後的沙州落入實物經濟，未再見到使用
貨幣的痕跡。不同物種的借數，蘊含各自不同的意義，茲先就
穀物類之借貸數量分析之（表 5-6）。

　　穀物類借貸以粟麥較普遍，尤其是麥類，無論在西州、沙

表 5-5　消費借貸券契物種與時期分布表

物種 時期	穀物類	絹帛類	貨幣類	總計
麴氏高昌期	28（筆）	4	4	36
唐前期	10	2	14	26
吐蕃期	33	1	0	34
歸義軍期	4	41	0	45
總計	75	48	18	141

說明：1. 凡一人借數筆，或一契數人各自借貸，皆分別各計筆數。
　　　 2. 編號 62 三人各便衫 1 件，因不明其所用丈尺或疋段，不計入。

州都是大宗，配合著碾磑業的發展，磨麵製粉業的興盛，麥類在北方主食結構中的地位顯然已大幅上升[18]。就穀物類之借數觀之，吐蕃期有些以蕃制來計量，其與漢制之折算率是一蕃馱約當 1.4～2 漢碩（石）[19]，此處姑且以 2 漢碩（石）計，則穀物類之借數在 3 石以下者占 53.33%，5 石以下者占 66.67%，10 石以上者僅有 17.33%，故儘管借數之最小值與最大值相差達 60 倍（ 0.5 與 30），但一般仍以 3 石以下的小額借貸占最大多數。就第四章第一節推估之五口之家日食量米 6.2 升或粟 10.33 升計，粟 1 斗約合麥 1 斗，則粟麥 3 石只能提供一戶約一個月之口糧。由此推測，若該農戶想完全憑此撐過青黃不接時節，實非易事，大概家中尚有餘糧或還在想其他辦法，而僅以此做補貼之用而已。蓋消費借貸券契只代表借用人有所匱乏，需賴借貸救急於一時，但不能據此認定農戶靠這樣的借數，便可應付接踵而來，或突發而至的難關。故上表之借數，不過是一次之借量，未必是借用人實際需要之總量。

　　另需斟酌的是以種子為名的借數。據《齊民要術》記載，小麥每畝需種子 1.5～2.5 升，大麥 2.5～4 升，一般約需 3 升[20]。依〈游意奴便麥契〉，為無種子，借麥 12 石（附表一 111），

表 5-6 消費借貸券契穀物類借數與筆數表

粟		麥		豆		床		穀	
借數（石）	筆數	借數（石）	筆數	借數（石）	筆數	借數（石）	筆數	借數（石）	筆數
1.6	1	0.5	1	1	1	4	1	0.82	1
1.9	1	1	3	1.8	1	（二蕃碩）	(1)		
2	3	1.4	1	2.8	3				
2.8	1	1.5	1						
3	1	1.7	1						
4	1	1.8	1						
5	1	2	12						
6.2	1	2.4	1						
8	1	2.5	1						
12	1	2.6	1						
13.5	1	2.8	2						
17	1	3	2						
		3.5	1						
		（一馱半五斗）	(1)						
		4	4						
		5	2						
		5.5	1						
		5.9	1						
		6	3						
		（三蕃馱）	(1)						
		7.5	1						
		8	4						
		10	2						
		10.4	1						
		12	2						
		13	1						
		13.2	1						
		15	2						
		30	1						
總筆數 14		總筆數 54		總筆數 5		總筆數 1		總筆數 1	
平均數 5.79		平均數 5.41		平均數 2.24		平均數 4		平均數 0.82	

說明：1. 本表據附表一製成。凡一件數筆者，均分別計數。

2. 大、小麥均包括在麥類中；編號 96 總借麥及青稞，姑且入麥類；編號 107 不詳其物種，單獨列入穀類。

3. 括號內為蕃制之借數與筆數，核算為漢制之借數與筆數，即其上一列之數量與筆數。

如全數用於耕植，可栽種 400 畝地。一個擁有 400 畝地的大地主，尚需為 12 石種子而煩惱，似乎有些於理不通。類似情形亦出現於北圖鹹字 59 號背 6 寺寺戶請貸都司倉牒上，其中，龍興寺戶與靈修寺戶申明只請便種子麥，前者之每戶馱數不明，如以後者 15 馱分給 4 寺戶，每戶 3.75 馱計，則 7.5 漢碩可種 250 畝。無論這是寺院分種地或寺戶自有地，都遠超過一個人耕種能力的極限[21]。是以當借數與借因對照考量時，吾人似應以更謹慎的態度，一方面肯定種子對農戶有其必要性，另一方面也不排除其實際用途，不如契中所寫的那麼單純。畢竟貸與人重視的不是借貸原因，借用人如何處分借物，也與貸與人毫不相關，甚至西州借契就根本沒有書寫借貸原因的習慣，因此契中所載之借因，固然為了解農家生活狀況之重要參考，但也不宜過於拘泥，執此以為不可兼做他用。

　　穀物借貸另一類數量更龐大的資料是便物曆（附表三）。便物曆各件雖多已殘缺不全，然主要穀物粟、麥、豆、麻可知之總筆數高達 706 筆，遠多於消費借貸券契之樣本數，故對了解人民之借貸行為，深具意義。（表 5-7）

　　便物曆是九世紀後半，尤其是十世紀的借貸記錄，表中粟麥所借筆數之多，無論是用做支付手段或做主食，都反映其在百姓日常生活中的重要性。便物曆粟麥豆的平均借數均較消費借契低，但借數的分布區域則較後者更廣，顯示便物曆不僅招納了大量平民來借貸，貸主的富厚財力對較大借主，也同樣具吸引力。表中各類穀物的借貸筆數超過 10 筆的，一次借數大體都在 3 石以內，只有麥借 4 石的筆數稍例外，由此更可與消費借契 3 石以下小額借貸為主之趨勢，相互印證。再者，從表 5-7 所借筆數來看，一般人似較習慣以石（碩）為單位之整數借貸，此不獨 3 石以下為然，4 石以上亦可做如是觀。此一情

表 5-7 便物曆穀物類借數與筆數表

粟		麥		豆		麻	
借數（石）	筆數	借數（石）	筆數	借數（石）	筆數	借數（石）	筆數
0.1	4	0.1	1	0.3	2	0.04	1
0.4	5	0.2	1	0.4	3	0.05	1
0.5	6	0.3	1	0.5	10	0.1	42
0.6	11	0.4	5	0.6	3	0.15	1
0.7	15	0.5	6	0.7	2	0.2	39
0.8	1	0.6	3	0.8	5	0.22	1
1.0	30	0.7	4	0.9	1	0.24	2
1.1	3	0.8	2	1.0	28	0.25	2
1.2	3	0.9	1	1.3	1	0.3	29
1.3	1	1.0	48	1.4	2	0.4	13
1.4	7	1.2	5	1.5	9	0.45	3
1.5	16	1.3	2	1.6	2	0.5	5
1.6	1	1.35	1	2.0	14	0.6	14
1.8	1	1.4	7	2.197	1	0.7	10
2.0	38	1.5	8	2.4	1	0.75	1
2.1	6	1.7	1	3.0	3	0.8	4
2.2	1	1.8	2	3.94	1	0.9	1
2.4	2	2.0	31	4.0	2	1.0	8
2.5	5	2.2	1	4.129	1	1.1	1
2.75	1	2.4	1	4.5	2	1.2	1
3.0	25	2.5	4	6.0	1	1.3	2
3.5	2	2.58	1	9.0	1	1.4	2
4.0	8	2.75	1	13.8	1	1.5	3
4.2	2	2.8	1			2.0	1
4.5	1	2.9	1			2.8	1
4.9	1	3.0	23				
5.0	2	3.06	1				
6.0	2	3.1	1				
6.75	1	3.7	1				
7.0	5	3.9	1				
7.4	1	4.0	11				
8.0	1	4.39	1				
15.0	1	4.5	3				
18.0	1	4.6	1				
		5.0	6				
		5.07	2				
		5.38	1				
		5.4	1				
		5.8	1				

表 5-7　便物曆穀物類借數與筆數表（續）

粟		麥		豆		麻	
借數（石）	筆數	借數（石）	筆數	借數（石）	筆數	借數（石）	筆數
		6.0	7				
		7.0	1				
		7.05	1				
		7.56	1				
		7.84	1				
		9.59	1				
		10.0	1				
		13.8	1				
		19.0	1				
		19.7	1				
		19.82	1				
		22.1	1				
		100.0	1				
總筆數	210	總筆數	212	總筆數	96	總筆數	188
平均數	2.16	平均數	3.19	平均數	1.66	平均數	0.41
中位數	2.0	中位數	2.0	中位數	1.0	中位數	0.3

說明：1. 本表據附表三製成，一件中之各筆均分別計數。
　　　2. 凡所借物種不明，或只為各部門間的轉用，或是本利合計數，或由還數及利率倒推出者，均不計入。
　　　3. 馱為吐蕃制之計量單位，折為漢制計算。
　　　4. 便物曆中床、麩、蘇等筆數太少，略去。

形同樣反映在表 5-6 中，只因便物曆資料豐富，看得更為真切。便物曆中的麻大概為供食用、製油或播種。敦煌地區麻的比價，麻 1 升約合麥粟 2 升，約可榨油 1 升至 1.4 升餘㉒。表中麻每筆的借數較粟麥豆小許多，或許與其主供榨油有關。

　　表 5-7 借數的分配趨勢非常不對稱，絕大多數的借貸偏向小額，且隨著借數的增多，筆數呈遞減趨勢，這從以下的分析中可以如實呈現出來（表 5-8）。

　　表 5-8 中無論粟、麥、豆、麻，3 石以下累計的借貸比例沒有少過 75% 的，而其中尤以 1 石以下的借次高過其他單位之

表 5-8　便物曆穀物類借數分析表

物種 筆數 借數	粟			麥			豆			麻		
	筆數	百分比	累計百分比	筆數	百分比	累計百分比	筆數	百分比	累計百分比	筆數	百分比	累計百分比
～1 石	72	34.29%	34.29%	72	33.96%	33.96%	54	56.25%	56.25%	177	94.15%	94.15%
1～2 石	70	33.33%	67.62%	57	26.89%	60.85%	28	29.17%	85.42%	10	5.32%	99.47%
2～3 石	40	19.05%	86.67%	33	15.57%	76.42%	5	5.21%	90.63%	1	0.53%	100%
3～5 石	16	7.62%	94.29%	26	12.26%	88.68%	6	6.25%	96.88%	0	0%	100%
5～10 石	10	4.76%	99.05%	18	8.49%	97.17%	2	2.08%	98.96%	0	0%	100%
10 石～	2	0.95%	100%	6	2.83%	100%	1	1.04%	100%	0	0%	100%

説明：本表據表 5-7 製成。表中借數 1 石以下，包含 1 石在內，1～2 石指 1 石以上，包含 2 石在內。以下類推。

借次，最引人注目。該種零碎細小的數斗之需，大概只有在用簡式借據的便物曆裏才看得到，而較正式的消費借貸券契或都司倉請便牒，極少有 1 石以下的借數[23]，甚至十世紀的 37 件借契（附表一 119～155），除 2 件借物不明外（123、145），只 1 件是穀物類（119），其他全部是絹帛借貸，似乎便物曆成了十世紀穀物借貸的專用帳冊。此外，表 5-8 各物種 2 石以下的借次累計百分比均超過 60%，麻且接近 100%，而 3 石以下的累計百分比，粟已高達 86.67%，麥也躍至 76.42%，豆麻就更不用説了。由於各物種的借數明顯成偏態分配，所以表 5-7 用中位數來表示集中趨勢，比用平均數更可靠。

　　小額借貸的現象，在現今留下大量的寺院算會牒裏，也可一探究竟。十世紀中淨土寺的西倉是專門收取粟、麥、豆利息收入的機構，相當能代表以地緣為中心借貸者之需求。下表以資料最豐富的淨土寺為例，再次證明小額借貸的普遍化。（表 5-9）

表 5-9　淨土寺西倉利潤入借數與筆數表

粟			麥			豆		
利潤入（石）	借數（石）	筆數	利潤入（石）	借數（石）	筆數	利潤入（石）	借數（石）	筆數
0.2	0.4	1	0.1	0.2	4	0.1	0.2	6
0.25	0.5	4	0.15	0.3	1	0.15	0.3	2
0.3	0.6	4	0.2	0.4	22	0.2	0.4	17
0.35	0.7	1	0.25	0.5	3	0.25	0.5	15
0.4	0.8	2	0.3	0.6	11	0.3	0.6	13
0.5	1.0	42	0.35	0.7	1	0.35	0.7	1
0.7	1.4	5	0.4	0.8	14	0.4	0.8	4
0.75	1.5	8	0.45	0.9	1	0.5	1.0	54
0.8	1.6	2	0.5	1.0	46	0.6	1.2	1
0.9	1.8	10	0.6	1.2	8	0.7	1.4	6
1.0	2.0	58	0.7	1.4	4	0.75	1.5	10
1.2	2.4	1	0.75	1.5	3	0.8	1.6	3
1.25	2.5	1	0.8	1.6	1	0.9	1.8	5
1.3	2.6	1	0.9	1.8	7	1.0	2.0	24
1.5	3.0	22	1.0	2.0	32	1.1	2.2	1
1.6	3.2	1	1.1	2.2	2	1.25	2.5	4
1.75	3.5	2	1.2	2.4	1	1.4	2.8	2
1.9	3.8	9	1.4	2.8	3	1.5	3.0	8
2.0	4.0	14	1.5	3.0	8	1.8	3.6	1
2.5	5.0	1	1.8	3.6	1	1.9	3.8	3
2.9	5.8	5	2.0	4.0	6	2.0	4.0	4
3.0	6.0	3	2.1	4.2	1	2.5	5.0	1
4.0	8.0	1	2.4	4.8	1	3.0	6.0	1
4.5	9.0	1	2.5	5.0	1			
5.0	10.0	1	3.0	6.0	3			
5.5	11.0	1	5.0	10.0	1			
10.0	20.0	1	10.0	20.0	1			
27.5	55.0	1	15.0	30.0	1			
總筆數		203	總筆數		188	總筆數		186
平均借數		2.68	平均借數		1.77	平均借數		1.35

說明：1. 本表據 P.2049 號背（1）後唐同光三年（925）、P.2049 號背（2）後唐
長興二年（931）、P.2040 號背後晉時期（936－946）、P.2032 號背後
晉時期（936－946）與 P.3234 號背（11）壬寅－甲辰年前後（十世紀
中），五件淨土寺入破曆算會牒之西倉利潤入部分分析出。
2. 淨土寺當時利率為 50%，借數即由此推算出。

　　由利潤入推估出的借數，除了粟一筆超過30石以外，一般借貸範圍，與借契或便物曆均無甚差別。來淨土寺借貸者，三種穀類3石以下借貸的筆數，粟占79.81%，麥竟高達91.5%，豆則有94.62%，其細瑣密集之情形，亦與表5-8極相似。十世紀的穀物借貸資料，主要集中於便物曆與諸色入破曆算會牒之利潤入部分，且彼此間常有密切關連，少數例證尚可查知是同一借貸事件，不同登錄過程中所各自編制之帳目⑳。十世紀的借貸契約以絹帛借貸為主，穀物反而不多見，然便物曆與諸色入破曆算會牒中大量的穀物借貸資料，顯示西北邊區的百姓賴此維生的傾向似乎一直存續著，而有別於契約的另種專帳，似正因應龐大的借貸需求，悄然流行著。

　　大量的借貸資料，代表社會上借貸的需求相當殷切，依前章五口之家食量標準推估，設若借粟 1 石，只能維持 10 日之需；借粟 3 石，也不過應一月之急，則農戶要想憑此撐過青黃不接時節，著實不易，這就難怪有些借者會一借再借，分次小額借入，如便物曆附表三編號 15、43、47 各有 2 人，編號 19、37 有 3 人，編號 45 有 6 人，編號 53 有 11 人，編號 20 有 12 人，都在同件便物曆中出現過 2 次以上，其中最多的還連續借 5 次，借 3、4 次的也約有 10 人。如再觀察算會牒的利潤入，則少量多次借貸的嚴重程度更會凸顯出來。以下再以淨土寺為例，將連續向同一貸主借 5 次以上者列出，以見民戶借貸次數之頻繁。

　　從殘缺的淨土寺算會牒中，可以發現不少相同的借貸人名。雖然這數件文書的年代前後綿延約 20 年，但同名者重複借貸之可能性仍極高，表中所列之 18 人，僅是出現達 5 次以上者，至於出現 2、3 次者，則多不勝數。這 18 人中，借數在 10 次以上的有 2 人（2、14），而石佛德在同一年中竟連續向

表 5-10　淨土寺算會牒利潤入多次借貸表

編號	借用人	物種	利潤入（石）	出處代號	行次	總次數	編號	借用人	物種	利潤入（石）	出處代號	行次	總次數
1	王安信	粟	0.5	1	191	6	10	曹安信	豆	1.5	4	201	7
		豆	0.5	3	487				豆	0.75	5	387	
		豆	0.5	5	361				豆	0.2	6	546	
		麻	0.1	5	352				豆	1.5	6	343	
		粟	1.0	6	42				粟	0.5	7	632	
		粟	0.75	7	657				粟	0.5	7	660	
									豆	0.75	8	33	
2	石佛德	麥	2.0	1	81	13	11	陳留信	麥	2.0	1	79	5
		粟	3.0	1	129				粟	1.0	1	177	
		粟	0.2	1	136				麥	0.2	2	93	
		粟	0.7	1	142				豆	1.0	5	384	
		粟	1.5	1	178				豆	0.5	5	397	
		麥	0.2	2	100								
		粟	1.0	2	114								
		豆	0.5	2	143								
		麻	0.35	5	351								
		豆	0.5	5	371								
		粟	1.5	6	52								
		粟	1.5	6	363								
		粟	0.2	7	630								
3	王富延	麥	0.5	1	85	5	12	張萬達	麥	0.1	2	64	5
		粟	0.5	3	458				粟	1.5	3	435	
		麥	3.0	6	16				豆	0.4	3	484	
		豆	0.7	8	10				麥	0.6	6	29	
		豆	0.5	8	44				粟	2.45	6	362	
4	安住子	麥	0.5	1	50	6	13	康擷擔	麥	2.0	4	144	5
		粟	0.5	1	151				粟	2.0	4	163	
		粟	1.0	1	152				粟	1.0	4	163	
		豆	0.8	1	205				麻	0.3	4	193	
		麥	0.6	2	82				麻	0.4	6	527	
		粟	1.5	3	452								

淨土寺借貸 5 次（出處 1），總利潤數是粟麥 7.4 石，如以利率 50%計（詳第三節），5 次借數為 14.8 石，平均每次借數為 2.96 石，仍可謂是少量多次之借貸形態。算會牒以會計年度為

表 5-10 淨土寺算會牒利潤入多次借貸表（續）

編號	借用人	物種	利潤入（石）	出處代號	行次	總次數	編號	借用人	物種	利潤入（石）	出處代號	行次	總次數
5	因會	麥	0.6	2	95	8	14	張麴子	粟	2.0	1	132	10
		粟	0.5	3	456				粟	0.3	1	138	
		粟	1.3	4	169				豆	0.5	1	203	
		豆	0.1	5	359				豆	1.0	3	482	
		粟	1.0	7	627				豆	0.2	3	489	
		豆	0.1	7	703				豆	0.2	5	372	
		豆	0.5	8	4				豆	0.2	5	394	
		豆	0.1	8	15				粟	1.5	6	53	
									粟	0.25	7	672	
									豆	0.2	7	704	
6	朱員住	麥	0.6	2	80	5	15	彭林子	麥	0.5	1	97	5
		豆	1.3	6	354				粟	1.0	1	133	
		粟	5.0	6	362				粟	0.6	1	143	
		粟	2.0	7	643				豆	1.4	1	206	
		豆	0.3	8	39				麥	0.15	2	70	
7	李君君	麥	0.5	1	80	5	16	義忠	粟	1.0	6	61	6
		粟	2.0	1	173				粟	2.25	6	62	
		豆	0.15	5	380				粟	6.0	6	346	
		豆	0.5	5	396				麥	1.0	7	605	
		麻	0.05	6	531				粟	1.5	7	626	
									豆	1.0	7	697	
8	李慶達	豆	1.5	1	203	7	17	趙江子	粟	1.9	1	149	6
		豆	0.5	3	484				豆	1.9	1	230	
		豆	0.25	5	377				豆	1.0	4	201	
		麥	0.3	6	19				麻	0.1	5	348	
		麥	0.5	7	608				麻	0.05	5	352	
		粟	0.5	7	633				豆	3.05	5	369	
		粟	0.3	7	648								

準，即使是如此片斷的資料，也已說明不少借用人每年需向同一貸主多次借貸，才能填補生計空缺。這其中尚不包括因資料不全，或向他人借貸，未留下記錄者。再說，十世紀中淨土寺的借貸需付 50%的利息，而其他的某些貸主可能只要求還本或

表 5-10　淨土寺算會牒利潤入多次借貸表（續）

編號	借用人	物種	利潤入（石）	出處代號	行次	總次數	編號	借用人	物種	利潤入（石）	出處代號	行次	總次數
9	岳安定	麥	2.0	1	68	6	18	鄧住子	粟	1.5	3	427	9
		麥	0.5	1	114				粟	1.5	3	458	
		粟	2.9	1	159				粟	0.3	4	173	
		粟	0.5	3	436				豆	0.15	5	379	
		豆	1.0	5	397				粟	1.1	6	63	
		粟	0.2	7	665				粟	7.4	6	347	
									麻	0.05	6	524	
									麻	0.1	6	534	
									粟	0.75	7	644	

說明：1. 本表據 P.2049 號背（1）後唐同光三年（925）（出處代號 1）、P.2049
　　　號背（2）後唐長興二年（931）（出處代號 2）、P.2040 號背後晉時期
　　　（出處代號 3 為己亥年（939）、代號 4 為乙巳年（945），代號 5 為後
　　　晉時期（936－946））、P.2032 號背後晉時期（出處代號 6 為甲辰年
　　　（944），代號 7 為壬寅－甲辰年前後（十世紀中））、P.3234 號背
　　　（11）壬寅－甲辰年前後（出處代號 8）之淨土寺入破曆算會牒之利潤
　　　入部分製成。
　　　2. 本表各件及行次據唐耕耦編《敦煌社會經濟文獻真蹟釋錄》。
　　　3. 本表以借用人出現次數計，如一次借用 2 筆，則分別記錄。

付低利，對借用人而言更具吸引力，故淨土寺算會牒顯示的借
次，不過是實際情形的冰山一角，求貸者可能還有更多辛酸，
隱含於未知之境。

　　表 5-10 中每筆利潤數，最多為粟 7.4 石（18），以利率
50%計，則鄧住子的借數應為 14.8 石，與表 5-7 粟之上限相去
不遠。由此利率類推於表 5-10 之其他各筆，依然可見其為密集
於 3 石以下的小額借貸，與表 5-6、5-7 反映之現象，實無所
異。

　　再就單一會計年度來觀察，僧人義忠（16）付出利潤最
多，計 9.25 石（出處 6），鄧住子（18）其次，為 8.65 石（出
處 6），石佛德（2）也有 7.4 石（出處 1），以 50%的利率計，

則此三人光是向淨土寺一年的借數，就有 14.8～18.5 石。義忠為一僧人，如以日食粟 3.3 升計，竟借有 560 日，約當一年半食量的數額，頗令人訝異。敦煌僧尼有不少與家人住在一起，寺院並不供應日常飯食，甚且還要負擔稅役㉖，難道義忠是為了養家活口才來借貸？上述三人每人各借 10 餘石，如以五口之家日食粟 10.33 升計，各約借 5～6 月糧，差不多是粟麥的整個生長期。本文第四章推估農家生活，曾謂農民有半載無糧之苦。從上述三例推證，應非虛語。

由敦煌地區借貸專帳、專庫可知，社會底層有不少人是靠著經常性的借貸，在苟延殘喘著。這些人如果能有辦法自謀生計，又何必過著看人臉色，仰人鼻息，還得額外付利息的日子？執此為數甚鉅之借貸資料，讓人不能不對小額多次之借用人，深深寄與同情之意。

出土文書中之每筆借數，一般在 3 石以下，超過 10 石的並不多見，這與文獻資料動輒數十百萬的高額借貸，成強烈對比。蓋升斗小民沒有轄下部民供其榨取財富，沒有可以倚勢的官權官威足以賴債，更沒有顯赫的地位讓貸主心存畏忌，故與其多借多還，不如借得恰到好處。在維持全家溫飽，不敢奢求生活享樂，不敢貪圖非分利益的前提下，這樣的小額借貸，反而更能真實說明農家急需急借，急借急用的生活景況，以盡量少負債務，少背利息。雖然本文因資料有限，唐朝內地百姓的借貸情形，不能如出土文書所示地那麼詳實，尤其不能向十世紀的敦煌描摹地那麼細緻，但只要唐朝的政治形勢不穩，社會動盪不安，苛捐雜稅逼迫，官吏貪殘榨取，農業生產破壞，則百姓借貸的壓力自然急速膨脹，類似邊民之少量多次借貸應該很難避免。由出土文書情形推想唐朝內地狀況，或許無大過矣！

數量較大的借貸，10石以上的筆數並不算多，便物曆裏較特殊的一例是鹽子磨店（附表三52），該店在同件便物曆中，共計借粟6次，借麥2次，一般在5或7石以下，唯一筆達15石，總計40.9石，全部充做酒本用，為數相當可觀。前述的小額借貸，大概是供貧困百姓的日常生活開銷，而像鹽子磨店這樣借數較大，又供釀酒之用的店鋪，屬於資本性借貸的可能性相當高。

另外2筆連續向顯德寺倉作100石和19石高額借貸的（附表三56），是有官方身分的長史，前者還有判官簽押為證，後者隨即轉付磑戶。這2筆借貸情況迥異尋常，應該是官府向寺院周轉，而非長史以私人身分的借貸。但由顯德寺在兩個多月間，能立即拿出百餘石穀物，可見其財力雄厚，令人歎異。官人與寺院的借貸關係，還可在淨土寺算會牒之利潤入中看到些例子，表5-9中借10石以上者，絕大多數是官人或官親，如羅平水利潤入麥15石，即借30石；另有4例是折豆替入，因與西倉利潤寫在一起，或許也是寺院貸出之利息收入，其中2筆是將頭，1筆是索家郎君㉖，還有1例逕言官折入。官折入1例高達粟27.5石，即借55石。官府竟然不能有足夠的倉糧，反而需向寺院借貸，更可印證前文所論，寺院已成為敦煌地區最具經濟實力的金融中心。

大體上，貸方對愈大數額的借貸，或許還會為自己的倉儲量，對方的清償力，做較多考慮，但對數額不是太大的借貸，借方的身分就不是那麼重要了。以97%以上的借數都在10石以下言之（表5-8、5-9），設若借方實無能力回還，一般契中言明之牽掣家資雜物，亦應可抵償之。何況前述之貸主多屬宗教界中人，有些還是無息借貸，多少有點慈善性質，而且就算真的形成呆帳，也不足以動搖豐厚之寺僧財力，故借方大致可

依其需求,獲得必要的協助,而貸方於來者,似亦無明顯的差別待遇。這在便物曆、淨土寺算會牒中是如此,在消費借貸券契中亦無殊於上述之分析。

　　附帶一提的是麵與油的借貸。麵是磑麥後的產物,油從壓麻而來,俱是穀物類的附產品。便物曆中麵的借貸單位有三種,分別是秤、斤、石。〈社加(家)女人便麵曆〉:「米流流便麵貳斤半,至秋壹秤。」(附表三 21)該件便物曆麵之各筆借率多為 50%,但借數帶畸零者計息時,或尾數不計,或凡0.25 或 0.75 個單位,一律進為 0.5 或 1 個單位。米流流借 2.5斤,如以 50%的利率計,還時本利共 3.75 斤。依 0.75 斤進為整數之通例,米流流應還本利 4 斤才是,而該筆至秋數為 1秤,以此推測,敦煌的 1 秤相當於 4 斤。《唐會要》卷 66〈太府寺〉天寶九載(750)二月十四日敕:「自今以後,麵皆三斤四兩為斗。」唐制 16 兩為斤,三斤四兩即 3.25 斤。天寶九載標出三斤四兩,當有特殊用意,或其即以三斤四兩為官訂之1 秤。然官訂斤兩、丈尺常與民間習用略有出入,中唐以後且有增大跡象[27]。便物曆中麵以斤計者有 3.5 斤,而無 4 斤,借 4斤者皆計為 1 秤歟?如由是估算量與衡的關係,則天寶制以32.5 斤為 1 石,十世紀沙州民間以 40 斤為 1 石。油由麻子(黃麻、麻)榨出,油、麻的折換率,淨土寺入破曆為麻 7～7.17斗押油 1 斗(P.2032 號背),〈平康鄉官齋籍〉為麻 8 斗出油1 斗(P.3231 號),〈歸義軍期張氏辰年某寺入破曆計會〉為麻 7.14 斗折油 1 斗(P.6002 號)[28],故大體上油 1 斗由麻 7～8斗榨出,或麻 1 斗可出油 1～1.4 升。便物曆中油的借貸單位有平(瓶)子與石兩種,但油一瓶容量多少不詳。茲將便物曆中麵與油的借貸,依不同計量單位,及以石為準之標準化方式,表列其筆數如下(表 5-11)。

表 5-11　　便物曆麵、油之借數與筆數表

麵								油			
秤			斤			石		平（瓶）		石	
借數		筆數	借數		筆數	借數	筆數	借數	筆數	借數	筆數
斤	石		斤	石							
8	0.8	1	7.5	0.1875	1	3.9	1	3	1	0.1	1
6	0.6	1	4.5	0.1125	1	3.0	1	2	2	0.065	1
4.5	0.45	1	3.5	0.0875	1	2.4	1	1.5	1	0.05	1
4	0.4	3	3.0	0.075	1	1.3	1	1	3	0.04	1
2	0.2	8	2.5	0.0625	1	0.8	1			0.03	2
1.5	0.15	1	2.0	0.05	5	0.6	2			0.02	4
1	0.1	32	1.5	0.0375	1	0.5	5			0.01	11
			1	0.025	1	0.4	1			0.005	1
						0.3	4				
						0.2	6				
						0.1	8				

　　從麵標準化的借數可知，多者以容量單位石計，少者以重量單位斤計，秤則是介於其間的另種重量單位。麵是由麥加工磨製而成，通常因磨成粉後，體積膨脹，容積增加，麵數較所碨前之麥數會略多一些㉔。但表 5-11 麵的借數，呈現密集於 1石以下小額借貸的趨勢，而且一般借數還不如表 5-7 未磨製之麥的借數，想來借麵者似難逃多次借貸的命運。油的借數，平（瓶）子部分姑且不論，以容量計者，全數在 1 斗以下，甚或只有數升。油主供食用外，還可燃燈，其消耗量雖然不像粟麥等穀物大，卻為日用必需品，若再考慮借麻或豆者有些可能是用來榨油，則油的重要性便更形提高。

　　相較於龐大的借貸需求，提供貸與的人數與財力，也應與之成對應關係才是。消費借貸券契只是個別性契約，難以看出貸方之財力，而且契中歸義軍期的穀物借貸極少，幾乎皆為絹帛類。比較能顯示貸方人數與財力的便物曆或入破曆、算會牒，也因資料殘缺，不能得到令人滿意的結果。以下仍只能以

表 5-12　淨土寺利潤入表

編號	年代	全年總收入（石）	利潤入（石）							利潤入總計（石）	總利潤／總收入	文書號
			麥	西倉麥	粟	西倉粟	豆	西倉豆	黃麻			
1	後唐同光三年（925）	541.99	51.5	70.9	27.6	103.7	50.4	33.5	0	337.6	62.29%	P.2049 背（1）
2	後唐長興二年（931）	253.24	12.85	14.75	10.85	4.15	7.25	0	1.05	50.9	20.10%	P.2049 背（2）
3	己亥年（939）	575.93	0	82.7	10.35	107.75	25.95	0.7	0.75	228.2	39.62%	P.2040 背
4	甲辰年（944）	542.34	9.5	37.7	3.0	152.2	7.35	29.4	6.25	245.4	45.25%	P.2032 背
5	後晉時期（936-946）	433.95	1.5	26.55	3.5	83.15	8.7	24.5	1.45	149.35	34.42%	P.2032 背 P.3234 背（6）

說明：1. 本表之全年總收入，移錄自該卷之自年新附入。
　　　2. 本表之利潤入部分，凡有明細帳之合計者，移錄之，無合計者，即自行計算之。唯明細帳之合計，與實際加總或自年新附入之該項，有時會有出入。
　　　3. 利潤入中偶有合本利計者，因次數與數量極少，故未檢出，一律依利潤入計入。

淨土寺為例，試觀其放貸收入在寺院經濟中之地位。

　　淨土寺不是沙州的大寺院，其一年利潤入的數量與比例也有不小的變動，這可能與資料是否齊全有關，但一般而言，其利潤入通常在 150 石以上，至少占全年收入的 35%，數量不可謂不多，比例亦不可謂不高[30]。復次，還可再從淨土寺的貸出筆數，推估敦煌一地的借貸人次。P.2032 號背〈淨土寺甲辰年（944）正月一日以後直歲惠安手下諸色入破曆算會牒稿〉有一部分大體逐錄自〈甲辰年二月後淨土寺東庫惠安惠戒手下便物曆〉（附表三 19）。該件便物曆總數 71 筆中，只有麥 1 筆，麻 4 筆，豆 4 筆未列入算會牒，亦即兩件文書的吻合度甚高。算會牒記錄麥入部分有 13 筆利潤入，西倉麥入有 22 筆，粟入 1 筆，西倉粟入殘存 67 筆[31]，黃麻入 36 筆，豆入 14 筆，西倉豆入全部佚失，總計淨土寺甲辰年放貸總數可知 153 筆，如再

考慮西倉粟入約 2/3 的筆數不存，西倉豆入利潤數是豆入的 3.8 倍以上㉜，則淨土寺該年貸出總數可能高達約 300 筆。淨土寺還不算敦煌的大寺，就有如此多的放貸筆數，如敦煌十餘寺每寺皆行放貸，則該區全年總借貸數不會少過 2000 人次。歸義軍期敦煌大約有戶 5000㉝，一戶以五口計，則全區約有 1 成的人曾至寺院借貸。但通常情況是，一人借貸，全家同享，故敦煌地區常有借貸需求，或曾向寺院借貸的戶口，會遠多於目前認知的比例。敦煌一地有這麼多的人口常在貧困邊緣掙扎，而十餘所寺院卻有這樣雄厚的財力，顯見社會貧富差距懸殊，經濟能力呈現兩極化現象。

吐蕃期缺乏較完整的算會牒，寺院利潤入之數量與所占比例難得其詳㉞，但從該期消費借貸契約之宗教界貸主全屬寺院思之，寺院為放貸中心，為當地民眾融通資金之重要場所，似非言過其實。沙州自陷蕃後至十世紀，宗教勢力膨脹，官府功能相對減弱，復以資料多與寺僧相關，故得出上述論點，並不令人意外，這與唐朝內地官府積極以賑貸、交糴等方式辦理消費性或資本性放貸㉟，情形大不相同。然無論何人貸與，只要人民有此需要，有可借取之處，借貸雙方就自然達成供需上的平衡。唯當百姓愈貧窮，社會貧富差距愈大時，財富愈可能集中於少數貸主，而貸主之財力也愈雄厚，十世紀的淨土寺或許可為一例。

消費借貸券契中的絹帛類，如表 5-5 所示，主要集中在歸義軍期，其他時段不算太多。借契中絹帛類的表示法，一般多以匹為單位，只偶見錦以張計（附表一 1、2）、褐以段計（130、131）。這樣的表示法有時不夠精確，為了昭信於對方，沙州地區似習慣詳列其長闊丈尺，以為借還之準據。西州則除了麴氏高昌期兩件錦的借貸亦用此例外（1、2），其他各

件均只言匹數，未再註其尺度（3、17、36、38）。由於真正
屬於唐前期的個案太少，只寫匹數是否為當地之常規，還難論
斷，但從吐魯番之各類文書亦多如此推想，西州絹帛類的表示
法異於沙州，非不可能。蓋唐前期匹以長4丈，闊1尺8寸為
定制，人民依循之即可，沒有附註丈尺的必要。但中晚唐以
後，匹制漸有改變，後周顯德三年（956）十月詔絹每疋「其
長依舊四十二尺」，即明顯加長㊱。對於受制於吐蕃或歸義軍
的沙州人民而言，匹制以何為準，則恐怕只有靠當事雙方的詳
加約定，才能免於日後紛擾。沙州借契之絹帛類於匹數之外，
增列丈尺，其理或在於此。

　　表5-13中用丈尺表示者，全不合於唐前期之規格。契中言
明為匹者，僅4例長度恰是4丈，其餘多在3.6～3.9丈間，還
有數例的長度竟不足3丈。寬度的情形與長度適相反，在留有
幅廣記錄者中，除2例正好是1尺8寸外，其他盡皆高於此標
準，達2尺以上者也有不少例。由是可見，沙州絹帛類的規格
似無定制，匹的概念應隨絹帛之實際長寬而定，與代表唐前期
之官訂匹制不太相同。借契中的褐以段計，然據 S.4884 號背
〈褐曆〉第1筆註：「壹段長丈四尺」，其下各筆皆准此丈尺
或段數登錄（附表三48），可知褐1段長1丈4尺，應為當時
之通例。

　　為進一步了解個人之借貸數量，本表將所計丈尺標準化。
其中同時借二物種，或借丈尺、段數不同之數筆者共7例，分
別是錦疊合借計61匹（3），絹與綿綾計1.57匹（139），尺
幅不同之二絹共2.05匹（133），另一是同借鍱3筆，共1.96
匹（156）。還有2例是分別借褐3段與4段（130、131），
各約1.05匹、1.4匹。就各例總借數言之，不足1匹者有6例
（1、2、121、127、140、161），1～2 匹者有 23 件 31 例

表 5-13　消費借貸券契絹帛類借數表

疊	錦			布	練			絹			綿綾			緤		褐	
借數 (疋)	借數			借數 (疋)	借數			借數			借數			借數		借數	
	長(丈)	闊(尺)	疋		長(丈)	闊(尺)	疋	長(丈)	闊(尺)	疋	長(丈)	闊(尺)	疋	長(丈)	疋	段	疋
60	0.4	4	0.22	1	3.8	2.1	1.11	3.47		0.87	2.36	1.95	0.64	2.4	0.60	1	0.35
	0.95	4.5	0.59	3			3	3.73	1.8	0.93				2.7	0.68	(共11筆)	0.7
			1				30	3.6	1.8	0.90				(共3筆)		2	1.05
								3.72	1.82	0.93						3	
								4	1.9	1.01							
								3.85	1.83	1.02							
								4	2	1.02							
								3.7	1.9	1.03							
								3.9	(共4筆)	1.03							
								3.66	2.03	1.03							
								3.75	2	1.04							
								3.8	2	1.06							
									(共2筆)								
								4	1.9	1.06							
									(共2筆)								
								3.8	2.05	1.08							
								3.9	2.1	1.14							
								3.7	2.6	1.34							
								3.7	2.7	1.39							
										3.5							
										7							

說明：1. 本表據附表一製成。原件中只有匹數者，列匹數；詳計長闊丈尺者，依其丈尺列出；只言長度或只殘存長度者，空其寬度；只言段數者，照列。

2. 表中依長 4 丈，闊 1 尺 8 寸之匹制標準化。有長而無闊者，姑且以其長度與標準匹制之長 4 丈合算；褐 1 段長丈 4 尺，同樣據上述方式估算匹數。

3. 表之筆數除特別註出者外，均只有 1 筆。

4. 編號 62 為便衫契，不計入。凡匹段借數不明確者，亦略去。

（124、125、126、129、134、137、138、146、147、148、149、150、151、95、120、128、130、131、139、152、153、155、156），這包括借一物不足 1.1 匹，幾可視同度量上之誤差的各例。2 匹以上者有 7 例（3、17、36、38、133、143、144），較特殊的是各借 30 匹（36）與 61 匹（3）的 2 例。從表面上看，借契絹帛類的借數除少數特例外，不算太高，但如進而考慮其價值時，則會發現該類借貸與穀物類有迥

然不同的情景。

　　絹帛類的價值因物種而差距甚大，在做物價比對時，常會面臨事實上的困難。中原與邊區的物價固然難以對照，即或西州與沙州地理位置相近，但時代間隔甚遠，經濟環境各異，復以物價變動瞬息萬變，相關資料多所闕略，故在做比價時，其準確度可能無法要求得太精細。以下試就有限資料，勉力為之。

　　《梁書》卷54〈高昌傳〉記當地人取白疊子織以為布，為交市用。《新唐書》卷40〈地理志〉記西州土貢為氈布。唐時該地居民庸調都納緤布[37]。疊布即氈布或緤布，是棉布或棉麻混紡物[38]，為五世紀末至六世紀中高昌的主要貨幣[39]，吐魯番出土的一件六世紀中的僧尼財物施捨疏，疊的價值甚高，每疋35,000～36,000文[40]，遠超過約略同時，每疋平錢45～50文的錦[41]。疊既為當時之通貨，其價值不應高過絲織的錦太多，何況七世紀初的疊被一床只需錢8文[42]，故上述疊價可能因情況特殊，不足為憑。但一人同時借疊60疋、錦1疋（3），無論比價如何，已是現今所知借貸疋數最多的一筆。布在麴氏高昌期亦流通於市場，為支付與交換手段，借券中有貸八縱布3疋者（17），七世紀初最差的八縱布每疋平錢五文[43]，銀錢、銅錢的比價為1：32[44]，相當於銅錢160文。唐前期較好的白布一端計銅錢300文[45]，折合每疋價值是240文。高昌延壽初粟、麥每石約銅錢二、三十文[46]，則布1匹160～240文，即粟、麥8～10石餘，3疋即合借貸二、三十石。前述穀物借貸一般在3石以下，超過二、三十石的已屬罕見，由此對證麴氏高昌期的借貸習慣，大概較大量者通常改用布疋類。

　　唐前期有借練3例（33、35、41），都在高宗期，有借數的前2例分別是借練3疋與30疋。高宗麟德二年（665）前後

和糴練 1 疋為銀錢 10 文[47]，或銅錢 320 文。唐政府通常規定和糴估加時價若干，以嘉惠百姓[48]。但有時時價仍略高於和糴估[49]，蓋二者互有起伏，差別應不太大。據敦煌文書 P.3348 號背天寶四載（745）河西豆盧軍和糴會計牒，粟斗估 32 文，大練疋估 460 文，1 石粟與 1 疋練的比價為 1：1.44 弱。吐魯番出土唐天寶二年（743）交河郡市估案，大練次估亦 460 文[50]，顯示天寶初西州、沙州的物資情況與物價水準頗為相似。如以前述粟與練的比價衡諸唐初西州，則麟德前後粟每石約 220 文，10 倍於七世紀初的高昌穀價。唐政府為籌西北軍糧，常以疋段為本，運往邊區，以收附斛斗[51]，故而牽動粟與疋段的比價關係。高宗期借練 2 例，練 3 匹（35）只合粟 4.3 石餘，雖非穀物類之小額借貸，卻也不算太多，但舉練 30 匹（33），就約借貸粟 40 石以上，應是一筆很不小的數額。

　　陷蕃以後的沙州，因與內地交通阻隔，不僅商品經濟萎縮，而且失去唐政府因推行和糴，運去絹帛，換取糧食以供軍的機會，故此後絹帛類價格上升，穀物類相應下跌，而改變了天寶時代和糴估二者之比價關係[52]。吐蕃期與歸義軍期實行物物交易，穀物類與絹帛類同具貨幣功能，運用得相當廣泛。借契中吐蕃期絹帛類的借貸只一件（95），為布 1 疋，約折麥 4～4.5 石間[53]。

　　歸義軍期絹帛類的借貸很普遍，P.2504 號龍勒鄉百姓曹富盈牒：絹一疋「斷麥粟二十七石。」則該期借數最多的 7 匹（143），合當麥粟 189 石，是借契中匹數相當大的高額借貸。其他借絹一匹上下的各契，也有麥粟 27 石左右，無論就借契、便物曆或入破曆算會牒之穀物借數來看，大概都在一次借用之上限邊緣（參考表 5-6、表 5-7、表 5-9）。由是可以推測，大於粟麥二、三十石的借貸，時人可能改以價值較高的絹代替。

絹的借貸用途多與出使、覓職、博買等有關，而其利於遠行，
輕便易攜的特性，迴非同等值之笨重的穀物類所能比。

　　十世紀練的價值找不到適當的對比，如果從 P.3841 號背開
元二十三年（735）練 1 疋折估錢 440 文，P.3348 號背天寶四
載（745）和糴大生絹疋估 465 文，大練疋估 460 文，以及 P.
3348 號背天寶六載（747）十一月和糴小生絹疋估 380 文，還
有吐魯番出土的天寶二年（743）市估案，大練 1 疋次估 460
文，小練 380～400 文，生絹 460 文等資料判斷，開元天寶年
間西州、沙州大、小練的價值，一直穩定追隨大、小生絹之價
值而變動，出入不太大，而十世紀練與絹的比價，或許亦如是
相近，則借練 1.11 疋（155），約折麥粟 30 石上下。綿綾是較
絹練價值更高的紡織品，天寶二年市估案綵帛行紫熟綿綾次估
尺 65 文，即疋 2600 文，是絹的 5.65 倍。敦煌文書 P.3935 號
丁酉年（937?）洪池鄉百姓高黑頭狀：「綿綾一疋斷生熟絹五
疋，准折麥四十石，粟四十八石。」則綿綾與絹的比價，200
年間西州與沙州似無太大差異。至於綿綾與麥粟的比價，1 匹
至少折麥粟 88 石，多則在 100 石以上，因此借 0.64 疋綿綾
（139），少說合麥粟五、六十石，如再加上合借的 0.93 疋生
絹，該例所借總數不會低過 80 餘石，同樣是頗為可觀的大量
借貸。絹、練、綿綾都是沙州高價位的織物，既不是歸義軍官
府的稅物[54]，也非一般百姓生活日用所必需，大概除了有較大
需求或遠行、商務等特殊目的，似不必動用到這些物品，而由
這類借貸通常數額巨大來看，這個推測應是合情合理的。

　　緤褐的價值遠低於絹等，P.4763 號己酉年（949）付鄧闍
梨細緤一疋，折物 6 碩，P.2049 號背長興二年（931）淨土寺
入破曆算會牒，緤每尺均折合麥 1 斗[55]。P.2638 號後唐清泰三
年（956）六月沙州儭司教授福集等狀：「生絹一匹，買龕緤

玖匹」。絹 1 疋斷麥粟 27 石，則繰依其精粗，1 疋折麥粟 3～6
石。以此推算借契中借繰 2 例，1 件在 2～4 石間（127），另
件在 5.88～11.76 石間（156），後者的數量較諸穀類借貸，已
不算少。在褐方面，P.3631 號辛亥年（951？）善因、願通等折
債抄錄：褐布、昌褐 1 尺均折麥粟 1 斗，褐 1 段長 1 丈 4 尺，
即麥粟 1.4 碩。同件又計，斜褐 1 段值麥粟 4.5 碩。P.3935 號
高黑頭狀：「出褐十段，折麥粟二十石。」褐 1 段只值麥粟 2
石。〈郭法律賒買斜褐契〉：斜褐 4 段，至秋斷麥粟 6 碩（附
表六 C3），即便無息，1 段也多不過麥粟 1.5 碩。總之，褐價
差距不甚小，其 1 段折麥粟自 1.4～4.5 石，這除了因質量精粗
稍異，一段丈尺可能小有出入外，也未嘗不受物易時個人主觀
認定之影響。借契中關於褐的 4 件，1 件每筆各借 1 段
（120），有 2 件分別借 3、4 段（130、131），還有 1 件竟高
達 14 段（152），亦即借數少說約 20 石，不能不說是較大量
的借貸。

　　消費借貸券契的絹帛類，似屬借貸數量較大，且非農業或
一般民生消費用途的借貸，而尤以歸義軍期的最顯著。同樣為
重要借貸資料的便物曆，其借貸品類卻非常單純，幾乎可視為
穀物類之專用帳，其他物種不過零星點綴，附帶一筆而已。便
物曆中記錄絹帛類借貸的只有 4 件，其中 2 件專門是貸褐曆
（附表三 16、48），除 2 筆例外地與麥有關，其他總計 1 丈 4
尺者 35 筆，記 1 段者 14 筆，另 1 筆為 2 段。以最低褐價 1 段
1.4 石核算，有 49 筆均借 1.4 石，只 1 筆借 2.8 石；如以最高
褐價 4.5 石核算，則最多 1 筆也不過 9 石。便物曆中紡織品的
借貸雖非大宗，但也獨具特色。由於零碎布頭用處不多，借者
需以大尺數或整段計，才有利用價值，所以核算後未見相當於
1 石以下的小額借貸，而與糧食類有時僅補充數日之用的情

形，頗異其趣。然 50 筆中最大的一筆也只借 2 段，稱不上是投資性借貸，大概仍只供生活消費用。

便物曆中偶然也有布的借貸，但所見到的數筆都以債務形式出現（編號 37、75），而非原始的借貸。以丈尺計者，長 15～70 餘尺，以疋計者，為 1～2 疋。布 1 尺約當麥粟 1 斗，則布的債務少說合麥粟 1.5 石，或竟至 7～8 石。以便物曆穀物類借貸密集於 1 石以下的情形相比較，布的借貸可能與褐類相似，雖非大額，但也有一定的數量，以方便借者使用。

便物曆絕大多數立於歸義軍期，而消費借貸券契的穀物類適巧集中在吐蕃期以前，最晚一件是天復九年（909）（附表一 119），自此以後則全是絹帛類的借貸。十世紀的借契與便物曆，分別各以絹帛類、穀物類為借貸主體，這是否意味著此時這兩類文書呈現各司其職，卻又互相補益的現象，很值得注意。便物曆雖說亦具契約效力，但畢竟只是一種簡化形式，既不如借契的完整、嚴謹，借用人也不能同樣保有一份文書以自證，終究不能與借契之正式及其法律功能相提並論。或許因為穀物類多為 3 石以下的小額借貸，其人次既多，貸主若一一做契，不免嫌煩，遂統籌登錄於一帳曆，附以簽押或勾銷符號，以取信於人，也便於自行檢索查核。至於數量較大，或需攜至遠處的借貸，不得不改以較輕便，而價值較高的絹帛類，但在擔心借者避不回還，或無力回還之考量下，為慎重起見，仍委以具正式效力的契約來辦理，自然較妥當並有保障，其心態是不難理解的。另一方面，製作便物曆的貸與人，大概是一方之財主，其所面對的，常是需要多次重複借貸的貧民，在自己具社會經濟地位，別人有求於己的形勢下，就算不立正式借契，也不怕借用人會故意賴帳。十世紀便物曆的大量出現，及其貸主多為寺僧，不啻說明宗教界的財力豐厚，與社會貧富差距的

增大。

敦煌文書中借契與便物曆在物種上的明顯區分，大體不會早過十世紀，因為沙州天復九年以前的借契，除了 1 件便衫契，2 件借布契外（附表一 62、95、110 ），幾乎都是穀物類，連天寶十三載的 2 件亦復如此（ 56、57 ），可見以契約規範穀物借貸，原本也是沙州地區的慣例，大概要到十世紀以後，隨著貧民借貸的日漸增多，其情勢才有所改觀，借契與便物曆在物種上的區分，也才漸顯著。

出土文書中的貨幣借貸，主要見於唐前期，沙州陷蕃後因落入實物經濟，已完全未見。貨幣的使用，麴氏高昌期舉凡政府稅收、買賣、地租、雇庸等，幾乎都用銀錢[56]。唐初西州深受其傳統影響，民間大致在高宗朝以前仍不改其習，直至八世紀以後才普遍行用銅錢支付。阿斯塔那 35 號墓武周如意元年（ 692 ）里正收領長行馬價抄：「付長行馬價銀錢貳文，准銅錢陸拾肆文。」[57]還可見七世紀末官府折算兩種貨幣的痕跡，而其比價為 1：32。

表 5-14　消費借貸券契貨幣類借數表

麴氏高昌期		唐前期		
借數		借數		銅錢（文）
銀錢（文）	銅錢（文）	銀錢（文）	銅錢（文）	
2	64	10（共 3 筆）	320	200
7.5	240	24	768	320
12	384	40	1280	1000（共 3 筆）
20	640	48	1536	10000
				15000（共 2 筆）

說明：1. 本表據附表一製成。以銀錢計者折為銅錢數，以銅錢計者照錄。
　　　2. 表中之筆數除特別註出者外，均只有 1 筆。

麴氏高昌期的物價甚低，七世紀初的粟、麥，每石約銅錢二、三十文，該期 4 例的借數，如以每石 20 餘文計，除一例

可能在 3 石左右外（ 13 ），另 3 例大致都在 10 石以上（ 6、7、
24 ），其一且至 30 石左右，逼近一般穀物借貸之上限（ 參照
表 5-6、5-7、5-9 ）。唐前期借銀錢的 6 件，均在高宗麟德前後
（ 34、37、39、40、42、43 ），依前文推估的粟價每石 220 文
計，各件都在 7 石以下，數額不算太多。西州這兩階段物價變
動的原因雖然不甚清楚，貨幣借貸的主要目的券契中亦未提
及，但從貨幣與穀物的比價中得知，麴氏高昌期的借數，實較
唐麟德前後的借數為多。

　　八世紀以後西州使用的貨幣皆為銅錢，長安三年（ 703 ）
的 1 件（ 49 ）舉取銅錢 320 文，約合粟 1.5 石，仍屬小額借貸。
但出土於龜茲、于闐，具是大曆、建中年間的 7 件借契，在借
數上則可畫為兩個層級，4 例借數在 1000 錢以下，包括 1 例言
明價值小麥 2 石（ 64 ），3 例分別是向社邑（ 65、67 ）與護國
寺僧借貸（ 70 ）；另外 3 件借契的數額高達 10,000～15,000 錢
（ 71、72、73 ），與前者頗不相當。借數之多寡固然視借方之
需求而定，但也與貸方之財力、意願，甚或整體經濟形勢密切
關連。這數件都在安史亂後，吐蕃侵略之際，故通貨膨脹的壓
力可能難免，如果再以開元天寶以前的物價水準衡量，恐怕反
而失諸真實。雖然于闐出土的〈 大曆十五年（ 780 ）梅捺舉錢
契 〉：「取小麥價錢貳佰文作小麥兩石」（ 64 ），穀物價值甚
至較唐前期低，但這是否為借貸關係中的特殊約定，尚待考，
故上述諸例在沒有適切物價資料可對照下，只好暫不做分析。

　　文獻中關於質借數量的資料，寥寥可數，且其多於不經意
間隨筆附載，故不甚精確。而質物價值與所質錢數的關係，在
不明詳細物種，缺乏物價資料下，也無從知悉。如《太平廣
記》卷 165〈 廉儉部 〉「陽城」條：「家貧苦，常以木枕布
衾，質錢數萬，人爭取之。」姑不論木枕布衾之實際價值若

何，人爭取之因，為「重其賢」也（《新唐書》卷194〈卓行陽城傳〉），是以質數可能高估，不符一般質借原則，所記又為概數，難免予人輕忽之感，顯見行文之目的，並不在如實反映質借觀念，只是適巧觸及而已。類似情形亦出現在不動產質。《太平廣記》卷172〈精察部〉「趙和」條：「東鄰則拓腴田數百畝，資鏹未滿，因以莊券質於西鄰，貸緡百萬。」此莊券未必即是東鄰所拓腴田，若使便是，如「貸緡百萬」指的是100萬錢，則每畝質價數千，尚有可能；如其指的是100萬緡，則每畝質價高達數千緡，甚且為金1斤10萬錢（100緡）的十數倍或數十倍[58]，就相當不合理。由於文獻中數據的可靠性有時不甚高[59]，故如此資料提供的質借數量，其意義有限。

在人質方面，《册府元龜》卷42〈帝王部‧仁慈〉太和八年（834）二月詔：

> 蘇州大水，饑歉之後，編戶男女，多爲諸道富家，並虛契質錢，父母得錢數百，米數斗而已。

又，開成元年（836）三月詔：

> 兩河之間，頻年旱災，貧人得富家數百錢，數斗粟，即以男女爲之僕妾。

以人為質，本非情所甘願，既屬迫不得已，如何能顧及質價高低。寶曆以後的米價，平年常時每石約600文[60]，則錢數百，米粟數斗，實只值1石餘的穀物。這些以「虛契質錢」，而事後又無力回贖的人質，已與奴婢沒有兩樣。文獻中奴婢價格差距甚大，自五、六萬至十幾二十萬的皆有[61]，但終究比錢數百，米粟數斗，高出不知多少倍。再如以官訂之1日3尺，計庸以當債直論（《唐律疏議》〈雜律〉「以良人為奴婢質債」（總

400 條）），寶曆以後絹價每疋約 1000 文⑫，3 尺合 75 文，則為庸 16 日已相當於 2 石的米價，超過貧人以男女向富家的質借數。今日所見人質借數如此之低，可能只是一時一地之特例，詔書舉此以令長吏緝理其弊。揆諸質數甚低之因不外有二，一是貧民走投無路，只好任憑富家剝削，而全無討價還價之餘地；一是質數少，回贖之數亦少，貧民既不選擇賣斷子女，就是期望保有回贖機會，若質價太高，恐怕永不能籌足質數，故只要子女有安身活命處，就算暫為僕妾，也無所謂，一旦年成稍好，攢得 1 石餘穀物，便可回贖子女，重享天倫之樂。由此想來，唐代的人質借數，可能因時地、隨人事而差異甚大。

　　比起文獻資料在質借數量上的貧乏與粗略情形，出土文書顯得要豐富、精緻些，而且也較能理出一些頭緒。附表四的 12 件動產質契，其質物大致可分為服物用品、車具牲口、工具器皿、與其他四類。服物用品中有 1 件典牙梳 500 文的于闐契（1），由前述貨幣類借契之錢數可知，此件質數不高，與一般人印象中梳乃廉價物，還算相當。另 2 件九、十世紀質典裙的契約，典價分別是麥粟 5 碩、4 碩（9、12），大概也與實價相近而略低。

　　車具牲口中，車的典價麥 15 碩，是 12 件動產質契中最高的，蓋其為大型重物也（2）。釧是車上用物，也可充抵質債（11），其典價麥 2 碩，即使計入利息，也較〈僧光鏡晞買釧契〉的釧價布 100 尺（約合麥粟 10 石）（附表六 B 2）低甚多。牲口有 2 件，驢 1 頭、牛 2 頭的抵押值分別是麥粟 9 碩、青稞種子 2 碩（8、4）。S.6233 號背吐蕃寅年〈報恩寺博牛及驢布契〉，青草驢 1 頭與細布 1 疋，博易紫㸠牛 1 頭。牛 1 頭通常斷絹 1 疋，即麥粟 27 石⑬。細布 1 疋大概合麥粟 4～6 石，

則驢的售價一般不應低於 20 石穀物，亦即典價 9 碩約只當售價的不到五成。借青稞種子 2 碩的典物是母牛 2 頭。青稞麥每畝用種 8 升（《齊民要術校釋》卷 2〈大小麥〉），種子 2 碩當合種 25 畝地，以每畝收成 1 碩計，每頭母牛的典價是 12.5 碩，也略低於尋常賣價的五成。由這幾件動產質契看來，質物本身價值愈高，取得的質價也越多，如車、驢、牛等皆是，但質價與實價間似有一段差距，這除了因質典人可視自己需要決定借數，不必貪圖一時多借，徒增回贖時之負擔外，更重要的，其實還是貸與人要承擔不回贖之風險，故刻意壓低質價或成數，以防損失。

　　工具器皿類的 3 件亦有類似現象，2 件典鐺 1 口，典價各為麥粟 8 碩、麥 4 碩與豆 1 碩（3、6）。另一件鑊與釜的典價是麥 6 碩與粟 3 碩（7）。北圖圖字 14 號〈丙辰年（956？）氾流□賣鑊契〉□斗五升鑊一口，斷麥粟 30 碩，遠超過上述 2 件鑊的典價。鑊、釜價值在敦煌文書中找不到可用之例，勉強以西州市估案，釜次估 700～1000 文做一參考⑥。天寶年間敦煌五穀時價粟斗值 34 文（P.2862 號背），則釜 1 口約合粟 2～3 碩。由於典物實價通常高於典價，故編號 7 如需換得麥 6 碩、粟 3 碩的典價，勢必於釜之外，另以他物為質方可，此應是本件質契同以二物為質之因。其他類的質典種金 1 件，價粟 3 碩（10）。P.2049 號背長興二年（931）淨土寺入破曆有買金 1 錢，麥 3～4 石的記錄，正合於不低過典價的社會習慣。

　　質物實價高於質典價，似為當時之通例，蓋出質人若無力回贖，拖欠不還，質權人即可以該質物抵充本息，而不致讓自己蒙受太大損失，同時，也不致像消費借貸的貸與人那樣，手上全無憑藉，只有全力催討。或許正因為貸方承自質典的風險，略小於消費借貸，是以允給借方的數額，也相對地略高於

消費借貸。12件動產質契中，除了1件無借數，1件無所比照外，其他8件的借數在麥粟4～15石間，只2件在3石以下。回顧表5-6、5-7消費借貸的數量，與表5-8的借數分析可知，借3石以下者占消費借貸的絕對多數，而與動產質契多數在3石以上的情形不太相同。但此10件質數，皆不超過絹1疋或粟麥30石，尚不足以予人鉅額借貸之印象。

動產質契外，出土於吐魯番，屬高宗時期長安東南隅的另一分精細的質庫帳歷，則可代表唐初中原地區，特別是京畿一帶的質借情形。茲將有相關資料可對照討論者，大致依質物類別，表列於下。（表5-15）

帳歷對質物的描述相當詳盡，舉凡物件之質料、樣式、顏色、單袷、數量、精粗、新故、替換等，無不仔細登錄，備載於帳中，以為估算質數的依據。一個具有規模的質庫，其作業規則應很嚴謹，主事者通常會事先擬出估算質數的標準，以應對經常往來的出質人。質物實價通常高於質價，故編號1、2折算出的絹、練定值，其時估應分別在343、427文以上。前文述及西州、沙州絹練的價值緊緊相隨，市估案中大練與絹同價，每疋中估都是460文。帳歷中折合的絹、練值小有差距，這是唐初長安物價之實態，抑或借方需求、貸方估算的問題，尚待進一步認定。

表中三件註明「故」布衫者都質100文（3、4、5），一件標為「極碎」的布衫只質30文（6），足見質物品質是決定質數之要因，而貸方考量質數時，並不是因人而異，任情高下，而是有一定標準的。以下2件小綾衫子（7、8）的質數都低於故布衫。綾屬較高級織物，其製成品似不應反遜於布衫，但市估案所記3種高布衫，每段次估在900～1200文間，遠超過帛練行與□布行任何一種定值的兩三倍以上[65]。或許唐人觀

表 5-15　質庫帳歷質借物與質錢數關係表

編號	品質	質借物（替）	數量	質錢數（文）
1		絹	1 丈 4 尺	120
2		白練	7 尺 5 寸	80
3	故	黃布衫	1	50 ＋ 50
4	故	白布衫	1	100
5	故	白布衫	1	100
6	極碎	白布衫	1	30
7	□	小綾衫子	1	50
8	故	白小綾衫子	1	45
9	故	縵紫紅小纈袂裙	1	150
10	故	青絁單裙	1	160
11	□	□絹單裙	1	150
12	故	白布裙	1	100
13	破	縵青單裙（替故破白絹衫子）	1	40
14	故	縵綠裙（替衫）	1	100
15	故	楄袘履	1 量	100
16	筵筵	麻鞋	2 量	60

說明：1. 本表據《吐魯番出土文書》〈唐質庫帳歷（？）〉編成，見：（簡）
　　　　五/314〜340，（圖）貳/328〜339。
　　　2. 質借物後附（替）字者，乃代替原質物之替換物。
　　　3. 質錢數若為同日分次取，累計於一處，但以加號表示；若異日另質他
　　　　物，則該物質錢另計。
　　　4. 凡質物或質數情況不明者，略去；無適當資料可比價或對照者，不錄。

念中的布衫，並非尋常葛布、麻布、緤布之類，而唐人所謂的
布衫、衫子，在用料、剪裁、穿著上都有不同，因而質數上差
異頗大。

　　裙有單裙、袂裙之別，其質數一般皆高於衫，唯註明為
「破」的一件替換單裙，只值 40 文（13），除因替換物本身
之品質不佳，也因原質物較前述的 2 件衫子更破舊之故（7、
8），由此亦說明貸方在質數的估算上是滿客觀的。裙之質數

也因質物之相關條件而定，市估案中絁的疋值高於絹[66]，而帳歷中絁單裙（10）的質數亦高於絹單裙（11），二者在價值高低上之相互呼應，恐怕不是偶然的。但布裙（12）不比布衫，其質數低於絹、絁裙，則與一般布價低於絹、絁價之趨勢相合。唐人計鞋的單位為量，帳歷中履與鞋名稱既異，明其質地或製作方式有所不同，何況所對比的還是「粗粗」麻鞋，自然二者在質數上相差懸殊（15、16）。總之，帳歷評斷質價有其準繩，質物實價與質數間也應有一定的對應關係。表中所見質物與質數之關係，比諸臨時質借，個別締約之質契更整然，大概就因其為專營機構也。

　　就質庫帳歷所計借數觀之，個人總質數在 50 文以下（包含 50 文）有 5 筆，50～100 文有 11 筆，100～150 文有 6 筆，150～500 文有 5 筆，最多的 1 筆一口氣以 5 件質物借得 1800 文。高宗期物價頗有起伏（見前文及註），賤則米斗 5 錢，貴則斗 220 文以上。質借 150 文，如以豐歲物價米斗 10 文計，不過折米 1.5 石，或粟 2.5 石；以斗 20 文計，只有米 0.75 石，或粟 1.25 石。質庫帳歷約 8 成的借數在 150 文以下，亦即大體皆屬粟 3 石以下的小額借貸，與消費借貸之趨勢相同，但略異於前述動產質契多在 3 石以上之情形，這可能與城鄉民眾之所用質物，及質借用途不同有關。

　　從帳歷中百姓的出質物來看，不是故舊破碎，甚劣不堪穿用，就是單裙單衫，正月寒冬不急用，沒有一件屬家中重器，則知質借的目的不過在應一時之急而已。質借的好處，在缺乏用度者可以暫時不用，或已用舊用破之物，換取所需，周轉於一時。這種質取法，使出質人在比較有尊嚴的情形下，獲得資金，而不必似消費借貸那樣，全然乞顏於人。出質者心理上的自在，或許使其不太在意拿出一件質物，是否就真比消費借貸

多借多少錢，尤其當該項質物隨時可以回贖，沒有失去之虞時，就更為出質者增添了幾分安全感。故借貸者在面臨消費借貸或動產質借這兩種類型時，該如何取擇，就要視個人心理上的感受，與實際需要而定。

　　出土文書中有關不動產質借數的資料相當少，可用以做說明之處非常有限。買回契約 2 件的典賣主都是呂住盈兄弟（附表四 B（1）1、2），一件以每畝 12 碩的價值，典賣 4 畝地；另件以每尺 2 碩計，典賣房舍一院。附買回條件之買賣與賣斷非常相近，姑且以敦煌文書中賣地、賣舍價比較之。S.1475 號背吐蕃未年〈安環清賣地契〉，畝斷麥粟 1 碩 6 斗；S.3877 號背唐天復九年（909）〈安力子賣地契〉，7 畝地共作生絹 1 疋，每畝約合 3.86 碩；P.3649 號背後周顯德四年（957）〈吳盈順賣地契〉，地價每尺 2 碩，30 畝地准生絹 5 疋與麥粟 52 碩，每畝約 6.23 碩。以尺為單位的計價方式，通常用於房舍[57]。S.1285 號後唐清泰三年（936）〈楊忽律哺賣舍契〉，舍 1 所東西 1 丈 5 寸，南北 1 丈 5 尺，院落 1 條東西 1 丈 4 尺，南北 5 尺，每尺斷物 1 碩 2 斗，都計 33 碩 7 斗。以舍總價除單價，楊氏所賣不過 28.08 平方尺，但依契中丈尺計，則達 227.5 平方尺。類似情形不僅出現在其他賣舍契，連各契之舍價尺數也差別甚大，北圖生字 25 號背宋開寶八年（975）〈鄭醜撻賣舍契〉，每尺 2.25 碩，總價 29.5695 碩，但實際有 1400 平方尺以上。S.6067 號舍地價斷片，1836.9 平方尺的地皮，竟合物 551.07 石。S.5700 號〈某人賣舍與姚文清契〉，舍價是每尺 2 石。S.3835 號背宋太平興國九年（984）〈馬保定賣舍契〉，只有每尺 2 斗。個案中地價、舍價的大幅落差，當與土地或房舍之座落位置、土質優劣、宅屋新舊、賣方或典賣主是否急於脫手，密切相關。

準動產質之例，質典價通常不超過實價，則呂氏兄弟典賣的土地、房舍，均應屬高價位物品，光是典賣土地一項，就淨得 48 碩，遠較一般消費借貸或動產質借的水準高，何況還有每尺 2 碩的房舍一院。從契中所述原因「債負深廣」推知，呂氏兄弟必是需數甚多，普通借貸實不能填補匱乏，才在無奈之際出此下策，以籌足大筆款項。然呂氏兄弟以典賣，而非賣斷方式處理之，當是冀望有朝一日能贖回可能是祖產的宅地，而不致背負敗家惡名。

占有質是不動產質的另種形式，唯一可知質典價的是〈龍章祐兄弟質典土地契〉（附表四 B（2）3）。龍氏兄弟以 4 年為期，將 2.5 畝的土地，質給押衙羅思朝，而借得麥 15 碩。這樣的借數雖不算太多，也很不少，尤其再考慮利息時，就更可觀了。例如單利年息 50% 的消費借貸，4 年下來，就要本利 45 石，是個極沈重的負擔。是以較大數量的借貸，借方為了少付利息，並獲取較多借數，有時會以不動產質方式取代之，只是他可能需承擔不能回贖的風險。對質典權人而言，限期內不動產之收益全部屬之，所獲利潤相當不少，而且限滿後出質人還要以原數回贖，乙方毫無損失，自然也樂於接受這種質押借貸法。無占有質至今僅見的 2 例，都在以不動產收益抵償欠負不還之債務，而非以不動產直接向人質押借貸，故嚴格說，這 2 例與前述質的形式略有差異。

以人為質是另一種較特殊的質借形態。人質契中可確知質典價者只有 2 件，分別是麥粟 40 碩、22.2 碩（附表四 C 3、4）。另外 S.5504 號丙戌年（926?）、丁亥年（927?）便與令狐願興付令狐願德身價麥粟憑：「付令狐殘奴姪願德身價麥拾碩，其物還債用」，又：「付願德身價粟捌碩、麥兩碩，准折身價。」此身價應該就是質典價，且 20 石中之半數供做便與

人還債用。由這 3 例看來，人質之價數似是頗有差距，其依據大抵不外人質之年齡、勞動力、質期長短等。在性質上可與人質身價相對照的，是一次賣斷的奴婢價格。S.3877 號背丙子年（916）〈吳氏賣兒契〉，7 歲兒斷作時價為 30 石。S.3573 號後梁貞明九年（923）〈都頭賣奴契〉，10 歲奴作絹 1.5 疋，約合麥粟 40.5 石。S.1946 號宋淳化二年（991）〈韓願定賣女契〉，28 歲女值生、熟絹 5 疋，內熟絹 1 疋斷褐 12 段。褐 1 段至少當麥粟 1.4 石，則 5 疋絹總在麥粟 80 石以上。大體上，一次賣斷的奴婢價格，年愈長，體愈壯，身價也愈高，連 7 歲小兒亦不低於 30 石，丁奴應該更在 80 石以上。從質價與奴價的比較中，再次證實了質價確然不超越實價。

　　一般而言，讓自己或親人委身為質，本是很不得已的事，如非有不小的債務壓力或普通借貸不能解決的難題，大概很少人會願意步上此途。蓋出質人失去的，是難以估計的人格與親情，而數年累計的勞力價值也相當可觀，故人質身價通常不會向絕大多數消費借貸數額那麼低，像前引虛契質錢，僅數百文、數斗米的情形，可能只是特例，不足為準。故當借貸者用度甚缺，需要較大數量時，人質似是不動產質之外的另一種選擇。

　　特殊形態的借貸，原就與佃、雇、買等典型所差幾微，不易辨識，再加上契中語意模糊，締約雙方的動機不明，更增借數討論之困難度。預租契固然以預付租價為特色，但預租契未必皆有借貸之目的，土地貧瘠，怕佃人屆時付不出租價，也是要因之一❸。至於西州、沙州的預租型借貸，還可以下述幾例稍推想之。

　　七世紀的唐朝預租型借貸，顯慶四年（659）〈白僧定租田舉麥契〉（附表六 A2）1 畝佃種 5 年，1 畝佃種 6 年，總租

價為麥 4 斛,則每畝租價大概在 3.3～4 斗之間。天寶五載
(746)〈呂才藝租田借錢契〉(4)2 畝地佃 6 年,租價 450
文,以粟斗 32 文計,每畝租價不足 1.2 斗。安史亂後西州的預
租型借貸,租價同樣壓得很低,每畝也只有 1～2 斗(7、9)。
唐代的民田租價,一般在每畝 5 斗～1 斛間,但天寶後預付型
與後付型租價呈現兩極化發展,前者盡量被壓低,後者可至每
畝 2 斛或更高[69]。如此偏離正常租價範圍,除了可能受土質良
窳、預付風險與壓死資金等因素影響外,社會貧富差距拉大,
農民急需錢物應急,無力爭取合理租價,或許才是最關鍵因
素[70]。沙州預租型借貸的 2 例,每畝租價亦在 5 斗以下,如〈奴
子租地借粟麥契〉7 畝地佃種 1 年,租價 2.5 碩,平均每畝不
足 3.6 斗(10),〈令狐法性租地取絹毯契〉,8 畝地預租 22
年,總付絹 1 疋,毯(氎)2 丈 5 尺(11)。依前所推估之物
價資料合算,則每年每單位租值約 1.7 斗。租佃形式的借貸雖
然不利於田主,甚至因每畝預租價不高,為了湊足所需借數,
只有用加多出租畝數,或延長租期等方法,應付眼前急困。但
無論如何,預租借者終究不需付高額利息,也不必擔心自己不
能回贖,而失去土地這項珍貴資源,故以租佃來借貸,可謂是
農民利益損失不算太大的另種方式。

　　預雇型借貸因個案之工作內容、工期長短與工作地點之不
同,在借數上很難與相關資料作一比較,而且就算其間有些微
差異,也很難看成是一種趨勢。附表六 B 西州有借數的 2 例,
各上烽 15 日,得銀錢 7 或 8 文(2、4),即銅錢 224 文或 256
文,不過合高宗時粟價的 1 石有餘。沙州 2 件也是很小額的借
貸(6、7),1 件限 25 日內完成工作,取價麥 1 蕃馱(2 石),
另件是刈 10 畝麥,只給 1.6 碩。這種短期工作,其借貸意味未
必很濃厚,蓋急籌用度者只要經雇主同意先付雇值,讓自己熬

過當前難關，再依約完成工作，則可在很有尊嚴，又不必出質動產或不動產，且無過重利息的情況下，靠體力或技能性工作，解決迫在眉睫的問題，故預雇型借貸有時反而不易顯現其借貸性質。

賒買或賒賣型借貸是以消極的延付貨款，或延期交物方式，達成借貸之目的。附表六 C 的 3 件，1 件賒賣草 90 圍（1），相當於銀錢 40 文，即銅錢 1280 文，或粟 5.82 石；另 2 件賒買釧、褐，各欠布 100 尺（麥粟 10 石）（2）、麥粟 6 碩（3）。這幾件的賒欠數量並不太大，但錢、物既為一方所急需，竟致不能不買，不得不賣之境地，則其以賒代借之意圖便昭然若揭。

互助型借貸之醵錢做會方式，在出土文書中沒有見到，有關之數量問題，亦無從討論起。

第三節　借貸之利息

借貸利息是指借用他人財物，而依一定比率及期間長短，支付予他人之對價。信用借貸中之使用借貸屬無償性質，自無利息問題。消費借貸之無息者不算太多，一般仍需付息，只是利率因時因地而異，且民間利率常高於法定利率。

唐代利率之計算單位多用「分」，當時似無「厘」、「毫」的概念。「分」指的是百分為率，與宋中期以後乃至現代之以十分為率，在表述上不同⑦。附表七之計利率者，無一例外的是若干分（7、8、9、10、14、16、19、26、28、29），而且由編號 7、28 所計數合算，一分代表的是 1%，而非 10%或 1/10。

唐代貨幣類計息的時間單位通常是月，如《通典》卷 11〈食貨・雜稅〉引開元十八年（730）李朝隱奏：「請薄百姓

一年稅錢充本，依舊令，高戶及典正等捉，隨月收利，將供官人料錢。」《柳宗元集》卷26〈螯屋縣新食堂記〉：「得羨財可以為食本，月權其贏，羞膳以充。」《太平廣記》卷436〈畜獸部〉「吳宗嗣」條：「嘗有父吏某從之貸錢二十萬，月計利息，一年後不復肯還。」另外附表七所列公廨本錢之「月納息錢」、「逐月收利」（1、2、3、15、29），或泛指以財物出舉之「每月取利」（14），都顯示官方或民間之借貸貨幣，大體皆採月利率來計算。

唐代也有以日或以年繫利者，如《太平廣記》卷165〈吝嗇部〉「王叟」條：「此人云：唯有五千之本，逐日食利，但存其本，不望其餘。」就很可能計日息。阿斯塔那40號墓有一件高宗期末的殘契：「◻◻◻月不畢，日別生利錢壹文。」⑫似乎是用日息計遲延利息。前文論及吐魯番出土之長安質庫帳歷，原則上用的是月利率，但期前回贖而不足1月，甚至不足3、5日者，如仍以月計，借方未免吃虧太大，以是推證其時也兼計日息。唯此法似只限於極短期借貸，而且不會很普遍。

年利率可能是與月利率同樣廣泛運用的一種計算方式，然多出現在穀物類借貸或貨幣經濟不發達的地區。附表七載李泌復府兵之策：「糶麥種，分賜沿邊軍鎮，……約明年麥熟倍償其種。」（20）就未以官錢習用之月利率計息，蓋粟麥等主要穀物類年約一熟，為配合其生長，需改採年息法，以順應穀物之季節性變化。官倉賑貸多以穀物熟時徵納，其故正在此。附表七中言及農民為缺糧種，或為償債納稅之借貸，常用「咸求倍息」、「息利倍稱」等語（13、17、22、24、30），也應該指的是年利率。廣大的農村社會裏貨幣經濟並不發達，陸贄痛陳兩稅之弊，其一即是：「違任土之通方，效算緡之末法」，「所徵非所業，所業非所徵」（《陸宣公集》卷22〈均節賦稅

恤百姓第二〉）。韓愈反對以錢糴鹽的理由之一是：「城郭之外，少有見錢，糴鹽多用雜物貿易。」（《通鑑》卷242）農民借貸既以實物居多，其計息方式自然受到物種的影響，而與捉官本錢，反映城市經濟之逐月取利有所不同。

　　如附表七所示，官方政令於貨幣類借貸，多計月息。但一年總計利息收入，視若年息，也是很平常的（4、5、6、12）。至於穀物類借貸，〈雜令〉裏的：「諸以粟麥出舉，還為粟麥者，…仍以一年為斷。」（《宋刑統》卷26〈雜律〉「受寄財物輒費用」條引）似乎隱有計年息之意。然從〈雜令〉另條：「諸公私以財物出舉者，任依私契，官不為理」來看（同上條引），只要舉借之利率折合起來，不超過法定標準，在當事人協議下，就算是穀物類借貸，也照樣可以以月繫利；同樣地，貨幣類借貸即使採用年利率，官方也不必干涉。

　　唐政府對利息之計算方式，採單利原則與一本一利主義[73]，並禁止虛立倍契。《唐會要》卷88〈雜錄〉長安元年（701）十一月十三日敕：

> 負債出舉，不得迴利作本，並法外生利。

不得迴利作本，指的是借方至期不償債，貸方不得以利充本，利上滾利，亦即不得用複利方式，增大原本，加重借方負擔。換言之，唐代實行的是單利原則。

　　長安敕中並言不得「法外生利」，此或可於開元諸令中，略見其意。《唐六典》卷6〈比部郎中員外郎〉條註：

> 凡質舉之利，收子不得踰五分。出息債過其倍，若迴利充本，官不理。

《宋刑統》卷26〈雜律〉「受寄財物輒費用」條引唐〈雜

令 〉：

> 諸公私以財物出舉者，……每月取利不得過六分，積日雖
> 多，不得過壹倍。……又不得迴利為本。

又條：

> 諸以粟麥出舉，還為粟麥者，……仍以一年為斷，不得因
> 本，更令生利，又不得迴利為本。

此數條除了重申不得迴利作本外，對一本一利主義也有較明確
的解釋。《唐六典》的「出息債過其倍，……官不理」，即是
〈雜令〉的「積日雖多，（取利）不得過壹倍」。但何時子本
相均，當隨利率高低而異，無固定期限，唯積日雖多，利息亦
不得過原本，貸方不得要求「法外生利」，額外取財。

　　〈雜令〉另條論及粟麥出舉，較特殊的是限一年為斷，並
禁止據舊本生利。該條是否同樣適用於非穀物類借貸，尚有疑
議。一來其他有關質舉各條均未見此時限規定，唯粟麥出舉者
有之；二來本條以「一年為斷」，終究與「積日雖多」，在期
限上不盡相合；三來貨幣等之借貸只強調不得迴利為本，而非
一年後之不得因舊本以生利。唐政府於粟麥出舉的計息規定，
似較嚴於貨幣類，這其中是否有保護農民借者之用意，值得深
思。

　　晚唐政府除了堅持單利原則與一本一利主義外，還明文禁
止虛立倍契，《文苑英華》卷 441 文宗太和八年（834）疾癒
德音：

> 其諸色私債，止於一倍，不得利上生利。

《宋刑統》卷26〈雜律〉「受寄財物輒費用」條引文宗開成二

年（837）八月二日敕：

> 今後應有舉放，……其利止於壹倍，不得虛立倍契，及計會
> 未足，抑令翻契，迴利爲本，如有違越，壹任取錢人經府縣陳
> 論。

《唐大詔令集》卷86懿宗咸通八年（867）五月德音：

> 不得許利上生利，及迴利作本，重重徵收。

由於唐政府一再重申不得利上生利，利過其本，放貸者為了規
避法禁，又為了不損及自己利益，故只好將借方過於倍息之欠
負部分，翻改契約，虛立倍契，以重計息利，為權宜便通之
計。然該種不依法執行計息規定的情形，最常應出現在負債不
償時[74]。

　　唐政府為了因應民間花樣百出，重利盤剝的計息方式，屢
次申明不得迴利作本，利止一倍的基本政策。儘管其所持之立
場是一貫的，態度是堅定的，但正唯其反覆申禁，益見其落實
不易。

　　唐代的借貸利率有法定利率與約定利率兩種。法定利率係
指官方依客觀環境與政策需要，所決定的利率標準，其中包括
對官本與私舉質之規定。約定利率係指民間借貸雙方，酌量資
金供需狀況與各種風險因素，私下協議出的利率。唐代的法定
利率大抵因時遞減，但也略有起伏變化。民間情形則與之頗有
一段差距。茲將附表七中已明示或可計算出者，表列如下，以
供說明。（表5-16）

　　法定利率無論是官本錢、公私舉質或其他雜項，除了糴麥
種一例外（20），均屬貨幣借貸，其利率變化大致可分為三個
階段。第一階段自唐初至開元以前（1～6），此期以武德、貞

表 5-16 傳統文獻官私借貸利率表

官方法定利率					民間約定利率			
編號	年代	事由	利率（%）月	利率（%）年	編號	年代	事由	利率（%）月	利率（%）年
1	武德元年（618）	公廨本錢	8%	（96%）	11	開元十七年（729）	藏鑛者	（8.33%）	100%
2	貞觀十五年（641）	公廨本錢	8%	（96%）	13	開元二十年（732）	闕糧種	（8.33%）	100%
3	貞觀十五年（641）	公廨本錢	8%	（96%）	16	代　宗	豪猾侵漁	（8.33%）	100%
4	高　宗	公廨本錢	7%	（84%）	21	貞元三年（787）	舉　質	（8.33%）	100%
5	唐　初	公廨本錢	7%	（84%）	22	貞元十年（794）	徵收迫促	（8.33%）	100%
6	唐　初	公廨本錢	（8.33%）7%	100%（84%）	24	憲　宗	官限迫蹙	（8.33%）	100%
7	開元六年（718）	公廨本錢	7%	（84%）	25	太和元年（827）	禁軍大將貸錢	（8.33%）	100%
8	開元七年（719）	食　本	5%	（60%）					
9	開元七年（719）	質　舉	5%	（60%）					
10	開元十六年（728）	私舉質官　本	4%5%	（48%）（60%）					
12	開元十八年（730）	公廨本錢	6%	（72%）					
14	開元廿五年（737）	財物出舉（私）財物出舉（公）	6%6%	（72%）（72%）					
15	玄宗（天寶年間）	官　本	6%	（72%）					
16	永泰二年（766）	監官學生之費	5%	（60%）					

觀朝的利率經常盤旋於月息 8%的高檔，最為突出，蓋與其時當喪亂之後，貨幣經濟未得順利發展有關。月息 8%折合年利率，幾近所謂的「倍稱之息」，《通鑑》直言：「息至倍稱，多破產者。」（6）殆有其故。高宗朝利率的走低，應由社會久安，復承貞觀之治的餘蔭而致。唯應思量的是，《新唐書》

表 5-16　傳統文獻官私借貸利率表（續）

官方法定利率					民間約定利率				
編號	年代	事由	利率（%）		編號	年代	事由	利率（%）	
			月	年				月	年
18	建中二年（781）	公廨本錢	5%	（60%）					
19	貞元元年（785）	考課納錢	5%	（60%）					
20	貞元三年（787）	糶麥種	（8.33%）	100%					
28	[長慶三年]（823）	食利本錢	4%	（48%）					
26	開成二年（837）	私舉放官法	5% 5%	（60%）（60%）					
28	會昌元年（841）	食利本錢	4%	（48%）					
29	會昌元年（841）	本　錢	4%	（48%）					

說明：1. 本表據附表七製成。凡資料概言數倍利息，不知期限者，不列入（23、
　　　　27、30）。
　　　2. 編號 29 準長慶三年敕，故亦附入該年利率，以見演變之趨勢。
　　　3. 利率欄無括號者，直接據附表得出；有括號者，則據以推算出。

及《通鑑》胡註提出的「收贏（利）十之七」（4、5、6）。
這裏的十之七可能不是月息或年息 70%，《唐會要》卷 91〈內
外官料錢上〉崔沔狀曰：「頃以州縣典吏，並捉官錢，且五千
之本，七分生利，一年所輸，四千二百。……未若……均戶出
資，……每丁量加升尺。」據此，崔沔狀中的七分生利應為月
息 7% 才是。但該段文字至《新唐書》卷 55〈食貨五〉中則改
寫為：「州縣典史捉公廨本錢者，收利十之七。……秘書少監
崔沔請計戶均出，每丁加升尺。」由是可之，唐人言及官本錢
十之六、七時，應指月息 6% 或 7%[75]，而與唐代史料論及他事
時，以十分為率之計法不盡相同。再次要附帶說明的是，《通
鑑》已言「息至倍稱」，胡三省猶依《新唐書》註曰：「收贏
十之七」（6），二者應非相互矛盾，蓋胡註引用實際月利率，

《通鑑》則強調出息至重的嚴重後果。雖然唐初的法定利率自月息 8%緩降至 7%，但就整體形勢觀之，仍然較後二階段為高。

　　玄宗開元天寶年間起，唐代利率邁入第二階段的調整修正期（7～15）。此期官本利率較唐初呈波動式下滑現象，尤其在開元六、七年間，月息直降 2 個百分點，跌幅近 3 成，極為可觀。不過，利率這樣地迅速下跌，或許會損及地方的財政收益，故不免有不循官方規定的情形，如阿斯塔納 223 號墓〈唐開元年間徵麥利殘文書〉：「呂都督異筆直取開七例，妄剝一分。」⑯似乎就是在開元七年（719）新利率水準上，擅自多加一分收取。開元十年（722）起，唐政府一度廢止行之有年，攸關官人俸料的公廨本錢，或許因此，在開元十八年（730）復置公廨本錢前⑰，官方利率始終在月息 5%的低檔盤旋。而也就在開元十八年重行置本取利時，利率隨即調高，當是著眼於原本的 5 分收利不足供外官用度吧！月息 6%大概直持續到安史亂前，但此期間利率有時還低於法定上限，如大谷文書 3500號開元二十六年（738）七月捉柳谷館本錢文書，實計月利率是 5%⑱，較開元二十五年〈雜令〉的「每月取利，不得過陸分」為低。可見只要不超越利率上限，各級官吏仍有彈性處理的空間。第二階段法定利率的時限最短，但利率變動最頻繁，尤其集中在開元年代。開元期的富庶繁榮，資金充裕，是導引官方利率調降的主因，但如何維繫政府的財政收益，也是重要的考量，開元十八年（730）以後月息調升至 6%的水準，大概就已在二者間找到了平衡點。

　　在私舉質方面，唐代於開元年間首度開創以法定利率來規範之先例，這可能是有感於民間高利貸猖獗，故欲以強制手段，抑壓貸方的殘酷剝削。現有資料雖然只有 4 例，除開元二

十五年（737）一例調升至月息 6%外（14），其他 3 例都只在
4%～5%間徘徊（9、11、26），衡諸官本利率，可謂甚低。然
而值得注意的是，當政府同時界定官、民利率時，法定民率始
終追隨官本利率而異動，且從未高於官率，這與民間約定利率
無分時段，一直處於極高境地，甚至是法定民率的 1 倍以上，
有相當一段差距。如果唐政府壓低法定民率，寓有保障弱勢借
者之用意，那麼身為貸主的唐政府，是否更應自我節制，更該
為捉官本錢者多設想一些呢？

蕭代以後之法定利率邁入第三個階段（16～29），此期除
1 例為穀物借貸外，其餘之貸幣借率，月息大致皆以平穩之
勢，微幅在 4%～5%間波動，是唐代利率最低的時期⑲。唐自
安史亂後，局勢一直不很穩定，人民生活不會比開元時代更富
足，尤其是農村經濟，方經戰亂蹂躪，復受稅制變動，貨幣不
足之苦，在資金普遍緊俏的情況下，官定利率卻有下滑之勢，
似頗悖於常情。此若非具政策意義，即政府欲以惠民善政，籠
絡百姓，就是只能行於少數工商發達，通用貨幣之大城市，否
則該種利率水準恐怕不易反映實情。

在此宜說明的是，法定民率固然未能被切實遵行，但文獻
資料中顯示的民間約定利率，究有幾分可靠性，尚待進一步證
實。從表 5-16 來看，民間約定利率無分穀物類與貨幣類，百年
間竟呈水平狀態，絲毫不因物種差異或政經情勢而波動，實亦
大異乎常情。蓋傳統文獻中如「倍稱之息」、「息利倍稱」等
語，旨在呈現高利貸問題的嚴重性，與百姓為其剝削之苦況，
殊無意於詳實記錄利率數據，故若率爾認定倍息即年利率
100%，似未免失之武斷。再者，表中民間之約定利率，從其事
由看，不乏與糶糧種或急徵賦稅有關，此迫切之間的借貸，常
使借方在利率上只得聽憑貸方取予求，而無置喙之餘地。

　　如表 5-16 所示，民間約定利率無不遠高於法定利率，這似乎透露出政府精心設計的制度，未必與民間資金供需狀況相符合，所以才出現官民兩套利率系統。而詔敕一再申禁違越，並委官吏檢勘，亦顯示民間其實在背離官定的利息政策，自行其是。但民間借者在事實上承受的壓力，或許比借貸利率還要大，竇儼〈上治道事宜疏〉：

> 倍稱速息，半價速賣，則利貸一斗而償四斗矣，欲民不困，豈可得哉？……是則債利之劫民也，將倍於公賦。（《全唐文》卷 863）

既為倍稱之息，如以年利率 100% 計，利貸 1 斗，一年本利也不過 2 斗，然則竇儼所謂「利貸一斗而償四斗」，難道包括過期不償之遲延利息在內？或倍息有時指得竟是數倍之息？附表七中「每鄉人舉債，必須收利數倍」（23），「軍中多資其行裝，至鎮三倍償之」（27），「此時無不兩倍、三倍，生生舉債」（30），以竇儼所言觀之，這些例子，究竟是久欠積債所致，或果真為數倍之息，似猶可推究。然無論如何，債利之劫民，不為不深，竇儼以「倍於公賦」為比，殆即有感於其蠹害之甚，而官府竟全然束手無策。

　　在民間盛行高利貸時，偶亦可見無息之消費借貸。《太平廣記》卷 395〈雷部〉「史無畏」條：「（張）從真家富，乃為曰：弟勤苦田園日夕，區區奉假千緡貨易，他日但歸吾本。」又，卷 243〈治生部〉「竇乂」條：「街西諸大市各千餘貫，與常住法安上人經營，不揀日時供擬，其錢亦不計利。」後者還有可能是委託經營，不計商利，前者則無疑是無息借貸。〈雜令〉曰：「諸公私以財物出舉者，任依私契。」又曰：「諸出舉，兩情和同。」（《宋刑統》卷 26〈雜律〉

「受寄財物輒費用」條引）契約既因兩情和同而締結，只要貸方不要求利息，自可任依雙方約定，採無息方式。

從上述分析可知，唐代的利率存在官民兩個系統。隨著法定貸幣利率的緩慢下跌，自月利率約8%折半至4%，其與約定利率的差距，似有漸趨拉大之勢。法定穀物利率則不然，雖然僅見糴麥種一例（20），卻反而與民間約定利率有暗合處，或許李泌的構想，就參考自民間的利率水準。而民間無論所貸為錢或穀，經常可見的是一年翻本一倍，年內即子本相當，甚至所謂的倍息，有些還可能指的是數倍之息。如此可怕的利率，吾人若因此名之為高利貸，似乎一點也不為過。

唐代的利率體系，非但不能一元化，且官民兩系統間的落差極大，顯示政府金融體系，無法滿足社會大眾對資金的需求，逼得人們只好干冒高利貸的剝削，轉而求助於民間有財力者。唐代不是沒有官方的放貸機構，只是官本錢出貸的目的不在救民乏絕，也不在提高社會生產力，它不過是假民力斂財，以供官吏、府司消費的一個工具⑧。至於官倉的賑貸，救濟意味濃厚，融資效果不彰，緩急之間常無時效可言，豈能做為一種信用機構。故嚴格說，唐政府根本沒有建立一套可供人民借貸的金融體系，也就難怪有需要的百姓只能自求多福，而助長了民間借貸活動的盛行，以及民貸利率的居高不下。

利率的變動本是總體經濟的反映，也與貨幣供需密切相關。均田時代授田常不足，農民生活頗為拮据，而施行實物經濟，也正是貨幣不足的表徵，在社會資本不易累積，借貸需求不為不切的情況下，利率自然難以壓低。即使開元年間因國力富厚，人民生活獲得改善，利率有緩降之勢，但隨之而來的安史之亂，至少應將肅代之際的利率，推到一個新高點。兩稅法時代，人們所享的經濟福利未見得較前好轉，尤其元和、長慶

以前，租稅納錢制使貨幣供需關係大為失調㊿，低落的物價，也說明百姓的投資意願不高，社會財力不足，如此之通貨緊縮，利率似乎不太可能降至如開元期之水準。故就唐代法定利率的基本走勢，與真實利率的對應關係而言，安史亂前的情形應較唐後期具參考價值，而唐後期大概參入更多的政治考量與政策目的。

　　資金供需之外，借用人的償還能力，對利率高低的影響也不容忽視。正因農村經濟無法維持繁榮，貧富差距甚為懸殊，來借貸的貧民往往不僅於季節性的有求於人，而是長期累積之根本性窮困。貸與人在考慮其還債能力時，為了不使自己放出的資本長久拖欠，血本無歸，故計入此風險因素，寧取較高利率，期於極短期內，快速回收。

　　雖然，官本利率長期以來走勢趨緩，看似有抑制民間利率的作用，但一則官本之強行抑配，只徒然使不會經營的貧典吏或窮百姓破產，故這筆資金之投入金融市場，其負面影響反而更大。再則，富戶捉錢的用意之一在牟利，其取得官本後之營運利率必高於法定利率，才得於上繳息利後有額外盈收，是以官方利率在引導民間利率下降上，效果微乎其微。

　　資金供需關係帶動的利率變化，不是一紙政令，一項體恤民生的善意安排，就能改變客觀形勢。法定利率始終與民間約定利率呈二元並存現象，如分別從經濟面與政策面來觀察，就不難理解其中道理了。

　　傳統文獻與出土文書這兩類素材，在利率問題上所顯示的特色，適呈互補現象。前者多只提示官方認可之原則，或施行之弊端，其所陳述之利率數據，民間部分尤其好用概括式的形容語辭來表達，常因不夠精確，讓人模稜生疑。後者以個案為主，鮮有官式文件說明政策取向，但詳實的數據，確切的計息

方式，正可彌補傳統文獻之不足，並進而印證官府之原則。

出土文書中不同物種之計息方式各不相同，先以穀物類借貸言之：

表 5-17 消費借貸券契穀物類借貸利率表

編號	年代	計息法	利率	備註
4	高昌延昌廿三年（583）	壹斗生壹半	50%	
15	高昌延和元年（602）	壹斗後生麥柒升	70%	
16	高昌延和元年（602）前後	□後生小麥五升	50%	
19	高昌延和五年（606）	麥一斗生作一斗七升	70%	生作數應含本利在內
20	高昌延和五年（606）	麥一斗生作一斗七升	70%	同上
21	高昌延和五年（606）	麥一斗生作一斗七升	70%	同上
22	高昌延和五年（606）	一斗生作一斗八升	80%	同上
26	高昌延和十年（？）（611?）	大麥一斗生作一斗半 小麥一斗生作一斗六升	50% 60%	同上 同上
27	高昌延和十年（611）	大麥壹斗生作斗半 小麥壹斗生作壹斗陸升	50% 60%	同上 同上
28	高昌義和三年（616）	壹斗（生）作二斗	100%	同上
59	唐（八世紀前半）	加柒生利	70%	
119	唐天復九年（909）	粟兩碩至於秋肆碩	100%	

說明：1. 本表據附表一製成，凡券契中計息法不明確，或無法推知者，皆不列入。

2. 穀物類利率的時間單位原件雖未注出，但應指年利率。

3. 編號 28 有一條是「壹斗上陸餅」，疑有誤，不計入。

　　消費借貸券契中，穀物類借貸之件數甚多，但留下利率者非常有限，且多屬麴氏高昌期，唐與歸義軍期只各 1 件。為本類大宗，由寺僧放貸之吐蕃期借契，則皆未見附載利息，可能屬無息借貸。

　　穀物類之借期不甚固定，自去歲末季至來年五、六月間皆有，唯還期一準穀物收成而定，差別不大。由於粟麥等主要穀物年約一熟，故不論借期早晚，利率皆以一熟為準，亦即原則上採取的是年利率。前引唐〈雜令〉：「諸以粟麥出舉，還為粟麥者，……仍以一年為斷。」或許就是在這樣的考慮下定令。南宋袁采《袁氏世範》卷下〈假貸錢穀〉：「貸穀一熟論，自三分至五分，取之亦不為虐，還者亦可无詞。」指的亦是年利率，可以為一佐證[⑩]。

　　就表中有利率者觀之，麴氏高昌期一般在 50%～70% 間，其變動幅度不算太大，但也有 1 例至倍息之境。唐代的一例言明「加柒生利」，這在 S.474 號背〈戊寅年（918）行像司算會分付紹建等斛斗數記錄〉中也見類似語法：「逐年於先例加柒生利」。該件「加柒生利」清楚標示為以年計息，本件借契之「加柒生利」，也非常可能是年利率 70%，因：「□□□五斗，加柒生利，青麥五斗 □□□ 本利共還壹碩□□□。」5 斗的 70%，本利 8.5 斗，兩物總借，本利正是壹碩有餘。最後 1 例屬歸義軍期，限滿本利相當，可視為倍稱之息。十世紀的穀物借貸主要見於便物曆，下文再論，但此期還有些例子也是倍稱之息，可供對照，如北圖生字 25 號是一份訴狀：「去甲戌年緣無年糧種子，遂於都頭高康子面上寄取麥參碩，到舊年秋翻作陸碩」；S.5811 號〈索豬苟借麥契〉：「乙丑年三月五日，索豬苟為少種子，遂於龍興寺張法律寄將麥參碩，亦無只典，至秋納麥陸碩。」（又見附表四 A11）P.4514.3A 背面〈農

民張骨子向靈圖寺寺倉借貸糧食契〉：「遂於靈圖寺倉內便麥
三石，至秋六石。」⑧前者純為百姓間之借貸，次例張法律是
否代表寺院，還有可疑，但末例顯然是向寺倉借貸。無論如
何，歸義軍期民間的穀物借率有的相當高，這幾例都達年息
100％。

　　如與傳統文獻相較，表 5-16 的穀物借貸，法定利率與約定
利率都是「息至倍稱」，而西北邊區的借契（表 5-17 ），唐以
前只 1 例為年息 100％，與內地情形頗不相侔。至於陷蕃以後
的敦煌，吐蕃期借契未見計息，是真的只還原本即可，還是仍
需依慣例付息，故不必載入約中，猶需再加斟酌。歸義軍期情
形又有不同，雖然上述各例與內地年息相當，但以次分析的便
物曆借率，卻是另具特色。茲將附表三有借還數，可推算出利
率者表列如下，以與借契比較之（表 5-18 ）。

　　不同物種借貸率之共同點，在於 50％之筆數均居各項中之
絕對多數，其所占比例分別是粟 70.54％，麥 83.62％，豆
86.96％，麻 70.59％。便物曆主要是十世紀與沙州寺院有關的
物件，穀物類之借率竟有如此高的一致性，可見在某種條件
下，這是相當具代表性的利率水準。

　　值得注意的是，吐蕃期便物曆僅 1 件有借率（ 1 ），粟麥
5 筆中，3 筆的借率均是 100％，包括 1 筆借自靈圖寺，2 筆來
自普通百姓，另 2 筆則未載還數。消費借契吐蕃期之寺院貸
主，除要求遲延利息外，一般不計借貸利息，此便物曆出現頗
為不同之情況，意義顯得很不尋常。該期之藏文借契 P.T.1297
號夏孜孜向永壽寺之便麥契（附表一 96 ），及 P.T.1203 號、P.
T.1104 號向寺庫貸粟麥之各筆⑭，皆無借貸利息之明文，但 P.
T.1101 號尚綺立息府之放貸，則訂下以一還二的高息⑧。這樣
看來，吐蕃期非宗教界之穀物借貸，一般仍計利息，甚至以年

表 5-18 便物曆穀物類利率與筆數表

粟		麥		豆		麻	
利率	筆數	利率	筆數	利率	筆數	利率	筆數
0%	7	0%	1	0%	4	0%	11
6.67%	4	10%	5	6.67%	2	30%	22
10%	2	13.33%	1	10%	1	40%	1
13.33%	2	25%	1	28.57%	1	46.67%	2
20%	7	30%	2	50%	60	48.89%	1
30%	8	50%	97	60.71%	1	50%	96
40%	1	57.5%	1			75%	1
43.33%	1	100%	8			100%	2
48%	1						
49.09%	1						
50%	91						
55.56%	1						
100%	3						

說明：1. 本表據附表三製成，利率由可知借、還數（至秋數）者算出，凡物種或借、還數不明者，不計入。
2. 表中少數幾筆的還數少於借數，其利率為負者，可能因借方未還足所致，故不列入表中。

利率 100% 為常態，唯寺院較具慈善性與社會救助色彩，通常不必付息，但也會有特殊情形。

歸義軍期穀物類之借契與訴狀，數量雖少，但年息均為100%，與便物曆以 50% 為主之趨勢，似有所異。表 5-18 呈現的利率數據看似複雜，其實約可分為 100%、50% 與 30% 以下三大數值區。利率 100% 者總計 13 筆，3 筆屬吐蕃期，5 筆年代不明，另 5 筆在十世紀（1、11、35、62、81、88）。利率50% 上下者可視為均以 50% 為標的，如粟之利率自40%～55.56% 者，同件其他各筆皆為 50%（27、40、63、65、79），而此些微出入，多與借數有畸零，還數不易歸整有關。

麥有 2 筆利率各為 13.33%、25%，均異於同件其他各筆的
50%，前者且畫有勾銷號，應該都是償付已訖（15、60）[，]可
見貸方雖以固定利率放貸，時而亦會因特殊狀況，予以寬貸。
麥還有 1 筆利率是 57.5%，同件各筆也均是 50%，但該筆下註
「內還麥肆石五斗」（42），似乎這多出的還數包含欠負數在
內，而該筆的實際利率仍是 50%。另外如淨土寺西倉利潤入，
一般利率亦為 50%，但偶然也會有例外，如後唐長興二年
（931）算會牒的西倉麥入：「諸家貸將每碩頭上壹斝（斗）
利潤入」（P.2049 號背（2）），就只有 10%的利率。豆、麻
情形大抵與粟、麥相似，所見利率零散之各筆，整件文書其他
各筆其實仍以 50%為主（20、24、31）。這些不符一般規律
者，想來多因欠負或還債所致，而由兵馬使借出的 1 筆，不無
可能與其身分特殊有關。

　　利率在30%以下者，從時間分布上看，意義相當重大，除
了年代不確知的 2 件（87、92），及時段難推估的 3 件（58、
59、61）外，另 3 件皆被斷定為十世紀末之物（49、54、
55），其中 2 件還出自淨土寺。淨土寺甲辰年（944）還以 50%
的利率放貸（19），同期前後的數件算會牒也證明這是十世紀
中期通行的利率水準。然該寺至十世紀末，2 件便粟與黃麻的
帳曆（54、55），共 22 筆皆改為 30%的利率，只 1 筆例外地
無息。一寺利率之遞減，蓋與時代利率變動之走勢相互呼應，
至少沙州十世紀出自藏經洞，以寺僧為主的放貸是如此。

　　表 5-18 中計借還數，而利率為 0%的無息借貸，只有編號
58、89 兩件，其特色是年內多次借諸物種，至秋一次或分次還
之。這兩件各有 1～2 筆欠負，其他似已清償。無息借貸有時
亦零星出現在收息之便物曆中，如其已有勾銷號，表示貸方已
視同償訖，不會再追索利息，這是對借者的特別優待。編號 59

各物種中，除了數筆還數不足，1 筆借率為 13.33%外，其他各物種的利率都不超過 10%，麻且皆不計息。以敦煌吐蕃期至歸義軍十世紀中期的利率水準來衡量，這數件無息或極低利的借貸，究竟是某些貸主的獨特作法，抑或具有時代變遷的意義，很值得玩味。

表中有不少件是只記借數，不記還數的。若該件全無勾銷號，則償付狀況不明；若部分有勾銷號，至少表示這些筆已還清，而該件屬無息借貸的可能性便大增，如編號 7、45、53、84 等皆是。然無論這些件所借物種為何，從前述分析可知，相同物種的利率變動有時頗為可觀，這除了反應時代趨勢外，貸主在決定利率上之自主性，也是不應忽略的因素，亦即他可借利率的高低有無，做為牟利的手段，或借以爭取貸出機會，甚至展現其慈善性。

在貨幣類利率方面，出土文書中以城居生活為主的唐代西州借契⑱，遠較文獻資料更能反映豐富確實的民間利率狀況。另外，龜茲、于闐契也各有幾件，可供參考。至於陷蕃後的敦煌地區，因倒退回自然經濟狀態，不再通用貨幣。以下據附表一，將貨幣類詳載利息者列出，以供分析討論。（表 5-19）

貨幣類借契中除了殘缺不明者外，真正不計利息的，只有張海歡、白懷洛貸錢契 2 件：「前庭府衛士張海歡於左憧憙邊，貸取銀錢肆拾捌文，限至西州十日內，還本錢使了。」（39、40）這 2 契只計遲延利息（詳下文），不計借貸利息，可能是因其與貸主同行上番之故，類似情形在另件舉練契中亦發生過：「西域道征人趙醜胡，於同行人左憧憙邊，貸取帛練參疋。其練迴還到西州拾日內，還練使了。」（38）舉貸錢練大概都為上番征行之用，貸主同樣是左憧憙，或許張海歡等與左氏有同行之誼，才有免除利息之殊遇，而素來以放貸著稱的

表 5-19　消費借貸券契貨幣類借貸利率表

編號	年代	計息法	利率	備註
34	唐顯慶五年（660）	舉取銀錢拾文,月別生利錢壹文	10%/月	
37	唐麟德二年（665）	舉取錢拾文,月別生利錢壹文	10%/月	
42	唐乾封元年（666）	舉取銀錢拾文,月別生利錢壹文半	15%/月	
43	唐總章三年（670）	舉取銀錢肆拾文,每月生利錢肆文	10%/月	
46	唐儀鳳二年（677）	舉取銀錢捌□□錢壹文	（12.5%/月）	
49	周長安三年（703）	舉取銅錢參佰貳拾文,月別依鄉法生利	鄉法	
65	唐大曆十六年（781）	舉錢壹阡文,每月納貳佰文	20%/月	
67	唐大曆十六年（781）	舉月抽錢壹阡文,每月納貳佰文	20%/月	
70	唐建中三年（782）	舉錢壹阡文,其餘每月頭分生利□（貳）陌文	（20%/月）	
71	唐建中七年（786）	限八月內內,還拾陸阡文	6.67%	七月廿□□…舉錢壹拾伍阡文

說明：1. 本表據附表一製成，凡券契中明計其息者，利率無括號，推測出者，附括號。
　　　2. 凡借還數或借期不明，無從推算出者，不計。

左憧憃，對其他借者則毫不寬假，照樣計息（34、42、43）。貨幣類借契的計息方式與穀物類顯然不同的是，人們習慣按月生利，而非依年付息，這與文獻資料規範公私舉質之逐月收利，頗相吻合。在利率上，表中前 6 例正屬唐政府直接控制下的西州，但無 1 例低於 10%，高者且至 15%[67]，皆遠多於同期之法定上限。另外，阿斯塔那 19 號墓咸亨四年（673）正月〈張尾仁舉錢契〉（44），如與同墓出土，極可能為同一事件的〈王文歡訴酒泉城人張尾仁貸錢不還辭〉合觀，則知張氏舉

錢 20 文，月生利 2 文，其息為 10％，也與表中之利率範圍相
當⑱。西州為唐政令所及之處，人們於官方利率之奉行程度卻
如此的令人訝異，以此推想於中原內地，大概放貸者也同樣地
自行其是，政府依舊無力干涉或取締。表中利率皆由當事雙方
自行約定，故無定準，甚至同一貸主之所設，也視情況而高下
有別（34、42、43）。

　　表中編號 49 的計息方式是「月別依鄉法生利」，此契不
直接言利率若干，而以「鄉法」一語概括之，似乎當地自有習
慣性的月利率，才用如此寫法。從表 5-19 西州可知利率的 5
例，3 例為 10%，再與消費借貸極相近的 2 件無占有質，月息
亦為 10% 來看（附表四 B（3）1、2），當地最常用的月利率
可能就是 10%。唐政府有法定利率，對於違法積利等行為一再
申明禁止，而契中不載確實利率，只略言依「鄉法」生利，此
不唯有規避法禁之作用，又可據當地慣例而浮動調整利率⑲。
然需注意的是，鄉法在唐人觀念中用得非常普遍，《唐律疏
議》卷 27〈雜律〉「非時燒田野」（總 430 條）註云：

　　　非時，謂二月一日以後，十月三十日以前。若鄉土異宜者，
　依鄉法。

疏議曰：

　　　北地霜早，南土晚寒，風土亦既異宜，各須收穫總了，放火
　時節不可一準令文，故云各依鄉法。

換言之，鄉法隨各地風土而異，具因地制宜之效果。唐人於授
田、課稅或諸多雜項上，廣為運用此概念⑳，甚至地方之人情
習俗，無論良善，只要行之既久，為大多數人遵循，亦可謂是
鄉法，如《舊唐書》卷 160〈柳宗元傳〉：「柳州土俗，以男

女質錢，過期則没入錢主，宗元革其鄉法。」正因鄉法緣當地風俗所便，長期為人奉行不違，沿承有自，故漸漸發展為鄉里原有之慣例，而「鄉原」、「鄉元」、「鄉原例」等語，遂常出現在唐代文獻或出土文書中[91]。

　　鄉法既有地域特性，一地慣例自難一體適用於其他地區，表中出自龜玆、于闐的借契（65、67、70、71），月息一般高達20%，幾乎倍於西州所見，即可說明之。但這也可能與代、德之際，河西擾攘，資金更為貧乏，利率因而暴增有關。末1例的借期甚短，或許因此不別計月息，但其總付利率較尋常為低，有學者推測這是自貞元年間開始的通貨緊縮，導致的物價回跌，利率下滑[92]。

　　貨幣類借貸之付息方式，就現有例證言之，大體有兩種，一是借方平時不需付息，至貸主需錢日，本利即共償清，如〈張利富舉錢契〉：「到左還須錢日，張即須子本俱還。」（34）〈卜老師舉錢契〉：「若未豐須錢日，本利俱還。」（37）另一種方式是借方按月或按期送利，但至清償期，子本亦應同時還了，如〈曹保保舉錢契〉：「月滿依數送利，如史須錢之日，利本即須具還。」（49）〈楊三娘舉錢契〉：「每月納貳伯文，……本利並納。……其錢每齋前納。」（65）其實無論是那種付息法，只要是高利盤剝，就註定了經濟弱勢者的悲哀，甚至其危害程度之深，連殷富者都未必招架得住。《太平廣記》卷134〈報應部〉「劉鑰匙」條：

　　　鄰家有殷富者，為鑰匙所餌，放債與之，積年不問，忽一日執券而算之，即倍數極廣。既償之未畢，即以年繫利，略無期限，送至資財物產，俱歸鑰匙。

不定期計本積利，逼得借方無力喘息，竟至傾家蕩產，此付息

法對借方之壓力,可見一般。

　　比較表 5-17、5-19,似乎貨幣借貸的年利率最少在 120% 以上,多且至240%,遠高於穀物類的利率。但不應忽略的是,農村借貸如果不幸捲入市場經濟,則穀物類利率將劇增,甚至是現有利率的 2 倍以上,這是季節性糧價波動造成的自然結果,還不包括人為哄抬因素在內⑧。在借、還皆為穀物時,上述現象並不明顯,如果借、還皆需折換錢計,此一考慮便會發生,如《舊唐書》卷 49〈食貨下〉天寶六載(747)三月太府少卿張瑄奏:「貴時賤價出糶,賤時加價收糴。若百姓未辦錢物者,任準開元二十年七月敕,量事賒糶,至粟麥熟時徵納。……其賒糶者,至納錢日若粟麥雜種等時價甚賤,恐更迴易艱辛,請加價便與折納。」百姓於青黃不接,穀價甚貴時借貸,於穀物收成,價賤時折錢還納,此種因季節性造成的高低價差,官方以賤價出糶,加價收糴來接近差距,但民間貸主自不願平白蒙受損失,故要求借方以利率形式反映在還價中。穀物利率在經此波折後,是否仍比貨幣利率低,可就不一定了。

　　絹帛類之借貸利率因物種複雜,折算不易,頗難盡如前兩類之計出百分比。其下主要在列示各契之計息法,並盡可能地略估出利率。(表 5-20)

　　絹帛類付本息的方式相當複雜,利率的估算既不易,也難確定。就表 5-20 分析,大致可歸納出三種,一是按月計利,此法只有西州 1 件(36),與當地貨幣類之逐月取利,有異曲同工之妙,連利率也很相近。另二種只出現於沙州歸義軍期,一是 1 年期之借貸,借方於來年只需還本絹,但需現付麥粟為利息(125、128、129、137、149、153、155),只 1 例言明至秋還穀利(150)。如以絹 1 疋斷麥粟 27 石計,此數件之年利率均為 14.81%,似遠低於穀物類與貨幣類之借貸利率,但如考

表 5-20　消費借貸券契絹帛類借貸利率表

編號	年代	計息法	利率	備註
36	唐龍朔元年（661）	舉取練參拾疋，月別生利練肆疋	13.33%/月	
125	辛巳年（921?）	太（貸）生絹壹疋，……其絹利頭，須還麥粟肆碩	14.81%/年	來年還絹
126	癸未年（923?）	貸生絹壹疋，……絹利白氈一令（領）	14.81%/?	到來十五日還本利
127	癸未年（923?）	貸𦅪一疋，……黑（利）頭現還羊皮壹章（張）	/	限至還本𦅪
128	甲申年（924 或 984）	貸白絲生絹一疋，……其絹利頭，現還麥粟肆石	14.81%/年	來年還絹
129	乙酉年（925）	貸黃絲生絹壹疋，……其絹利頭，現還麥粟肆石	14.81%/年	來年立契月日還絹
130	己丑年（929?）	貸紅褐兩段，白褐壹段，……還出褐參段，白褐壹段	11.11%/月	十二月十三日立契，三月十五日還
131	己丑年（929?）	貸出褐參段，白褐壹段，……還褐六段	50%/?	到來之日還
134	乙未年（935?）	貸生絹壹疋，……裏（利）頭立機細𦅪壹疋，官布壹疋	37.04%/?	來日還絹
137	乙未年（935?）	貸帛生絹壹疋，……其絹利頭，現麥粟肆碩	14.81%/年	來年今月還絹
138	辛丑年（941?）	貸生絹壹疋，……還納於疋數本利兩疋	100%/?	迴來之日還
139	辛丑年（941）	貸生絹壹疋，……又貸帛絁綿綾壹疋……迴日還利頭，好立機兩疋	8.89%/?	迴日還利，後一月還本
140	壬寅年（942）	貸生絹一疋，……其絹利頭，立機𦅪一疋	22.22%/?	到日一月還本絹
146	辛亥年（951）	白絲生絹壹疋，……其絹利頭，鍋鑑壹箇，重斷貳拾兩	/	到日九月前還本絹
147	丙辰年（956）	貸黃絲生絹壹疋，……其絹利頭，立機壹疋	22.22%/?	到日還絹及利

表 5-20　消費借貸券契絹帛類借貸利率表（續）

編號	年代	計息法	利率	備註
148	戊午年 （958）	貸生絹壹疋，……其絹斷 當利頭，見還麥肆碩	14.81%/?	到來限一月還絹
149	辛酉年 （961）	☐☐絹壹疋，……其絹 利圍見還麥肆碩	14.81%/年	來年今日還本絹
150	甲子年 （964?）	貸白生絹壹疋，…到秋還 利麥粟肆石	14.81%/年	來年還本絹
151	丙寅年 （966）	貸黃（絲）絹生絹壹疋， 其絹利頭，壹看鄉元例生 （利）	鄉元例	來年今月還本絹
153	壬午年 （982）	貸白絲生絹一疋，其絹利 頭現還麥粟肆碩	14.81%/年	來年還本絹
155	庚寅年 （990?）	貸帛練壹疋，…其絹利 頭，現還麥粟肆碩	14.81%/年	來年於月還絹

説明：1. 本表據附表一製成。凡清楚記錄借貸利息者，無論其是否可推算出利
　　　　率，皆計入。
　　　2. 利率時間單位之有無，視情況而異，應參酌備註欄之記載。有時間單位
　　　　者，繫上年、月；不明者以？表示。
　　　3. 若契中註明到日還本利，則利息未先付；若只言到日還本，或所還物與
　　　　利物不同，則視為利息已先付。
　　　4. 表中利率據前節所論之物品折換率，及文中分析的付本息方式得出。

慮到貸方要求現付穀利，借者需另行籌措，甚至因此借貸時，
則借方之實際負擔便大增。還有一種付本息法，係於借方迴日
或至限期再還本，但利潤或如上之先付（127、134、140、
146、148），或於到後、至限再付（126、130、131、138、
139、147）。這類付息法除 1 例現還穀物外（148），餘多以
疋帛計息。據本章前節引證之各實物的折換率，細緤一疋合麥
粟 6 碩⑳，緤、布 1 尺准麥粟 1 斗，錦綾 1 疋約當絹 5 匹或粟
麥 88 石，此處姑且取其中，以 4 疋計。另外，P.3631 號辛亥
年（951?）折債曆：白方氎一領當麥粟 4 石，其合算出之利率
如表 5-20 所示。表中不明期限之借貸，多屬出使或外出經商的
案例，貸方只能要求借方於到來日還本或本利，正因為貸方所

承擔之風險較諸定期者為大，故需視實際狀況決定利息多寡，以維護自己的權益，或許也因此這類借貸的利率差別頗大，不似定期者之利率具高度一致性⑧。

　　由上述可推算出利率者觀察，各例無論借期長短，絕大多數皆採14.81%的數值，這似已成為當地絹帛類借貸，無特殊風險者之利率慣例。有了這樣的習慣，鄉人立契便可能不再詳計息數多少，而逕曰：「壹看鄉元例生（利）」（151）。但利率高低畢竟是由當事雙方自行約定，只要一方要求提高利率，另方無異議，甚或無力抗衡，那麼就算違背鄉例，亦無不可，如編號138的借一還二，131的利為本之半，134的利數也明顯多於139、140、147，都是其證。

　　契中不計利息者如為無息借貸，則絹帛類西州有5件（1、2、3、38、41），沙州有4件（95、120、133、143），並不算多。然值得進一步說明的是，利息的交付時間，未必只是按月生利或限滿再還，如前引各例之現付麥粟為息，是於契約生效之初，借用人即先行給付。於此不免讓人對所謂的無息借貸，有更深層的考慮，是否契中看似不計息，而實際上貸方已先將利息扣下，借方只能得到扣除後之餘額，而不是契中所載借數⑧。絹帛類之現付麥粟為息，提示了這方面的可能性，而穀物或貨幣類之借貸，不無可能也出現類似狀況。

　　整體來說，出土文書中民間的穀物借貸利率，像麴氏高昌期那樣年約50%～70%的反而少見，一般多取100%的「倍稱之息」，適與文獻資料所示頗為相合。唯沙州寺院之貸放利率常自有準繩，不盡追隨民間通例，如借契與便物曆所示⑨，採無息借貸或50%以下低利者甚為普遍，但這只是沙州一帶的特色，抑或遍行於中原或其他地區，於今尚無以為證。唐前期邊區之貨幣利率，極少低於月息10%或年息120%，與官府之法

定利率相差極為懸殊，這不僅是資金緊縮，經濟發展不足之反映，也是政府政策製定能力與執行能力均甚欠缺之表徵。絹帛類之借貸利率看似不甚固定，高低差距亦大，不像前兩類有較明確的範圍，但因絹帛類多屬大額借貸，其所付利息少說折合麥粟4石，比一般小額借貸甚少超過3石之數量還要多，而且常需先付，故其負擔實不甚輕，或許也因此，多數貸主採稍低於穀物與貨幣之借貸利率。大體上，西北邊區民間非宗教界之借貸利率，確實均較唐代官方法定利率為高，高利貸之情形頗為明顯。然沙州宗教界大量採無息或低利放貸，應在相當程度上，有導引該區利率下降的作用。就此而言，沙州宗教界對當地金融體系的貢獻，是應予肯定的。

在質押借貸方面，文獻資料論及法定利率時，常並合出舉與質借而定之（附表七9、10），甚至有時只在表面上規範出舉之取利，其實也同樣兼及動產質之生息，如開元二十五年（737）〈雜令〉：「諸公私以財物出舉者，……每月取利不得過陸分。」（附表七14）看似只處理消費借貸之取利，然該條下文又曰：「若違法積利，契外掣奪，及非出息之債者，官為理。」唐政府連非出息之債都要理，當然不會不理也是屬於出息之債的動產質。再者，開元七年（719）令與十六年（728）詔既已同時提及舉與質之收利（附表七9、10），二十五年〈雜令〉又對違法積利有所限制，則該令自無理由再將動產質的出息問題排除在外。何況同條後文轉而科斷質物之計利過本不贖，更見前文之出舉取利亦包含動產質在內。動產質的法定利率隨出舉而同步變動，其詳情見於表5-16及相關分析，但民間約定利率若何，文獻資料則未見其跡，僅知大體亦按月生息而已，《全唐文》卷345〈修造紫陽觀敕牒〉：「請於便近縣置一庫收質，每月納息充常住。」《通鑑》卷232貞元三

年（787）條，李泌知長安胡客多舉質取利，胡註：「質者，以物質錢，計月而取其利也。」

不動產質與人質，一般來說沒有利息問題。附買回條件的買賣與占有質，都因不動產移轉於質權人，質權人可由使用收益之而獲益，故不要求出質者另付利息。人質是以人的勞動力充當債務利息，此與憑藉不動產收益抵銷利息的作法，用意相同。比較例外的是無占有質，因貸方未占有該質物，自不能由其上獲取收益，故要求借方依法出息，應是很合理的。

出土文書中的質押借貸案例，確實只見動產質以及無物可用益之無占有質計利息，其他不動產質與人質諸例，不是根本未提及此問題，就是在契中明示：「物無利頭，地無雇價」（附表四 B（2）3），或「人無雇價，物無（无）利潤（頭）」（附表四 C 3、4、5），清楚否定需計借貸利息。無占有質與消費借貸本極相近，其利率與付息方式亦頗雷同，所見 2 例月息均為 10%（附表四 B（3）1、2），正與表 5-19 所示，西州當地同期之通常利率相當。

出土文書中動產質的利率，有質庫帳歷與動產質契可供參考。唐及宋、金有逐日計息之例，元以下至民國的典當業則採零日抵月的算法，如取贖過月 1 日、5 日、10 日、15 日等才計全月利，不然，或不計息，或以半月計⑱。唐代質庫帳歷之質期皆有零日，相信典事者應有畫一之處理辦法。帳歷中僅有 2 筆付本利，一是崔基正月十九日取 100 文，至六月七日付本 40 文，利 9 文；另一是王爽正月二十日取 40 文，至四月十日付本 15 文，利 2 文。如果二人皆是因本付利，而非任意先付部分利息，則崔基付本利時恰為 4 個月 18 日，以 4.5 個月計，其月息正好是 5%；王爽付本利時為 2 個月 20 日，即 2.67 個月，也是月息 5%。

如果質庫當時的月息確為 5%，則值得注意的是，崔基實借 4.6 個月，卻只計 4.5 個月利息；王爽所借畸零日數超過 18 日，而竟逐日合月計息。這些微的日數差距，與所導致不同的計息方式，不禁讓人聯想到唐代的質庫業或許已採取零日抵月的辦法，亦即質借後極短日數內回贖，可能只需還本，不必計息。如表 5-4 所見，1 日即回贖者有 3 件，2 日回贖者有 1 件，這樣急急回贖，是否與此有關，很可玩味。再者，過半月而不超過計息寬免日，可能依崔基之例，以半月計；過半月而超過不計息日，則依王爽例，逐日合月計息。這分質庫的計息方式，究竟在長安地區或全國有多大的代表性，尚不可知，但出質人為了減輕利息負擔，採取期前回贖，或趕在計息寬免期內回贖，是非常可能的。只是目前的資料還不足以證明，無需計息的寬免日數到底有幾日。

如前文推算質庫帳歷之利率無誤，則高宗後期長安地區民間的質借月息，至少一度曾為 5%，但這個利率水準卻低於同期官本錢的 8.33%或 7%（表 5-16）。唯宜再思者，宋元以後至明清，官營典當利率一般低於私營[99]。唐代資料雖不完整，但就消費借貸而言，民間約定利率確實均較官方法定利率高。由此反觀高宗朝官民兩種質借利率，竟與通常的官低民高情勢不符，頗令人訝異。這或許是因為唐代社會承平已久，首都地區富庶繁榮，貨幣經濟發展，再加上人口密集，同業競爭激烈，而該質庫又規模不小，出質者回贖期短，資本流轉快速，所以質借利率才會壓得如此低。不過，吐魯番出土的這分質庫帳歷，只能說是大都市裏的利率，算是一項特例，它能否代表同期廣大的農村地區，或唐代不同時期的利率水準，則尚待其他出土文書的進一步證實。

就質貸利率的長期演變趨勢看，宋元以後的利率水準一般

較唐代為低[100]。利率的高低與資金的供需狀況密切相關，唐代
的利率相對偏高，固然顯示其時之資金較為吃緊，百姓質借的
難度或許稍高，但這並無礙於吾人理解唐人質借需求之殷切，
與質借活動之頻繁。

　　動產質借通常需計利息，以為借出錢物或保管質物之費
用。12件動產質契中，唐前期大曆年間的1例，從前後文及殘
缺之：「每月頭□□□□□錢」推測，這似乎就是借貸利息
（附表四　A1）。另外，吐蕃期、歸義軍期各有1件質契，利
率都高達100%，其一是典牛借青稞種子1漢碩，秋還2漢碩
（4）[100]；另一是質典裙便麥粟各2碩，至秋各還4碩（12）。
穀類收成以一穫為準，其計息方式一般不用貨幣類的月息，故
儘管質期長短不同，出質人在利率上的感受其實應是相同的。
各件質契中較引人注目的，是3件由寺院貸放的吐蕃期質契
（2、3、6），都無需於限內付息，似乎隱有慈善意味在內。
其他不載利息之諸契，除了契約本身殘缺不明外，在簡略的個
別約定背後，是否別有其他共同條款，就很費疑猜了。

　　要了解特殊形態的借貸是否計入利息，或如何計息，頗為
不易，而且也不能一概論之。一般而言，租佃的地租率無論內
地或邊區，大致採取對半分成方式，但有時也會因條件差異，
改變分成比例[100]。出土文書中的預租價，每畝可低至1～2斗[100]，
如以民田通常的畝產量1石衡之，其地租率只有10%～20%，
亦即田主（借方）只拿到1～2成的畝產量。佃人（貸方）如
此不合理的剝削田主，其一因可能就是預付租價時，已把利息
折算進去的關係。預租型借契雖有借貸之意圖，但田主（借
方）應還之本利，佃人（貸方）已於田土收成中得到償付，故
不需再有利息問題。

　　預先將雇價支付予借方，比起後付雇價來說，將使貸主在

此時間差中，失去利用該錢物，以創造財富的機會，故貸主即使不額外計息，也可先於借數中扣除應得之利息。唯附表六B的預雇型借契，有關製造、勞作的各件，均無適當之後付雇價可資對照，而表中上烽契的雇價在銀錢 7～8 文間（附表六B2、4），並不見得低於同類型屬後付者的 4～10 文間⑩，亦即貸方考慮利息的可能性非常低。這或許是由於上烽期只 15 日，時間太短，即使早付，於貸方亦無甚損失的原故。

賒買或賒賣型借貸，無論是買方的延期付款，或賣方的延期交貨，傳統文獻或出土文書皆罕有觸及利息問題者，因為兩者都是商品交換過程中發生的信貸行為，都是特殊的債務關係。這類消費者通常貧窮，缺乏現錢，債權人基於金額不大，時間不長，故多不計借貸利息，或只在逾期不還時考慮遲延利息。附表六 C 的 1 件借褐 4 段，至秋斷麥粟 6 碩的賒買契（3），如以褐 1 段 1.4 丈，合麥粟 1.4 石計，則 4 段總有 5.6 碩，如果這些微價差就是利息，7 個月的總借率也不過7.14%，是各類型民間約定利率中之極低者；但如思及借物每段尺數或褐麥兌換率會有變動，則鄉里間的小額賒貸可能根本不計息。

互助型借貸雖然在唐代有其事實，卻難得見其實例，除了僅知收月會錢外（《新唐書》卷 197〈循吏韋宙傳〉），別無其他有關利息的資料。可能與此類型有關的社邑貸放，已於消費借貸中論及，於此不再贅敘。

註釋

① 廣義地說，穀是五穀的總稱，但狹義地說，穀在南北朝及唐代就指粟。《齊民要術》中的穀田即粟田。有關討論見：西嶋定生，〈碾磑の彼方〉，收入：西嶋定生，《中國經濟史研究》，（東京，東京大學出版會，1966），頁

245～247。

② 早熟粟與晚熟粟的播種期與收成期雖有差異，但大體仍以春季二、三月間播種，秋季七至九月收成為多。見：張澤咸，《唐五代賦役史草》，（北京，中華書局，1986），頁 21；西嶋定生，〈碾磑の彼方〉，頁 256～277。

③ 麥有冬麥、春麥之分，冬麥又稱宿麥，春麥又稱旋麥。唐內外官職田收入，兩種麥即依其生長期畫分歸屬（《唐會要》卷 92〈內外官職田〉引大中元年（847）十月屯田奏）。此外，唐代北方粟、麥的生長時序不同，所謂「二稔職田，須有定制」（同前引），亦即在同一塊土地上可有不同作物生長，《四時纂要校釋》載有輪作搭配方式，如稻與小麥為陰陽，黍與小豆為陰陽，粟與大豆為陰陽（正月篇）。學者們對唐代農業生產方式也有不同看法，如西嶋定生主張唐中期出現粟麥粟二年三熟制，大澤正昭認為唐初已實行穀麥輪作，李伯重則斷為以粟麥豆複種制為主。但也都同意在此粟、麥等主要穀類之外，其他輪作物包括豆、黍、麻、蔓菁等，尤以豆類為要。關於唐代作物時序與輪作問題，可參考：西嶋定生，〈碾磑の彼方〉，頁 249～252，256～277；大澤正昭，〈唐代華北的主穀生產和經營〉，收入《日本中青年學者論中國史》（六朝隋唐卷），（上海，上海古籍出版社，1995），頁 391～394，398～400；李伯重，《唐代江南農業的發展》，（北京，農業出版社，1990），頁 108～115，250～251。

④ 吳曾《能改齋漫錄》卷 1〈麥秋〉條引註云：「故謂四月為麥秋。」又引蔡邕《月令章句》曰：「百穀各以其初生為春，熟為秋。故麥以孟夏為秋。」這是以四月為麥的成熟期。但《舊唐書》卷 190 中〈文苑劉憲傳〉引儀鳳二年（677）四月劉思立疏曰：「今麥序方秋，蠶功未畢。」（又見《通鑑》卷 202）則四月麥雖然已秀實，似尚待收割。唐人一般收割麥在五月，由文中白居易〈觀刈麥〉詩可為證。

⑤ 租庸調的輸納，可因物種做彈性調整，另外，玄宗對庸調交納時間，曾做過一點小變動。見：張澤咸，《唐五代賦役史草》，頁 44～47。

⑥ 《白居易集》卷 4〈杜陵叟〉；《皮子文藪》卷 10〈橡媼歎〉；《柳宗元集》卷 43〈田家〉之二。

⑦ 仁井田陞亦認為種子借貸通常在二、三月，可參考之。見：〈唐末五代の敦煌寺院佃戶關係文書〉，收入《中國法制史研究－奴隸農奴法・家族村落法》，（東京，東京大學出版會，1981），頁 57、68。

⑧ 吐蕃王朝實施的各項社會經濟制度，請參考：陳慶英，〈從敦煌出土帳簿文書看吐蕃王朝的經濟制度〉，收入《藏學研究論叢》第 3 輯，（西藏，西藏人民出版社，1991），頁 66～88。

⑨ 王堯、陳踐編著，《吐蕃簡牘綜錄》，（北京，文物出版社，1985），頁 38。

⑩ 便物曆有時亦記借期，但其計日習慣不盡周全，常只計起借日，而未詳細記錄每筆借期，故在了解借期趨勢上，可能不如消費借貸券契或動產質契的具有代表性。但便物曆中以二月為起借期者甚多，於此可略窺自此將進入借貸旺季。以下姑且仍將便物曆所著錄之借期，列表以供參考：

借期	正月	二月	三月	四月	五月	六月	七月	八月	九月	十月	十一月	十二月
件數	10	18	6	9	4	8	6	1	2	3	4	4

說明：1. 一件便物曆之借期，如有多個月分重出，則重複計入各月分。如為閏
　　　　月，則計入當閏之月。
　　　2. 一件便物曆中，同月借貸者無論有多少筆，都只計一件。

⑪ 仁井田陞也發現不同物種之借貸期間有所不同，但他並未就此詳細分析。他
　並引北宋歐陽修之觀察，麥於冬春借夏償，禾於夏秋借冬償。雖然在唐代史
　料中不易找到確切證據，但仍具參考價值。另外，唐耕耦、池田溫與陳國燦
　研究便物曆與借貸契約，也採穀物類春借秋還的看法。關於便物曆之借還期
　問題，本文及註 10 中別有討論。上述各說法見：仁井田陞，《唐宋法律文書
　の研究》，（東京，東京大學出版會，1983），頁 237、279、243；唐耕耦，
　〈敦煌寫本便物曆初探〉，收入：《敦煌吐魯番文獻研究論集》第 5 輯，（北
　京，北京大學出版社，1990），頁 171；又，收入：《敦煌寺院會計文書研
　究》，（臺北，新文豐出版公司，1997），頁 388；池田溫，〈敦煌の便穀
　歷〉，收入：《日野開三郎博士頌壽記念論集》，（福岡，中國書店，
　1987），頁 382；陳國燦，〈唐代的民間借貸〉，收入：《敦煌吐魯番文書
　初探》，（武漢，武漢大學出版社，1983），頁 234～235；又，收入：《唐
　代的經濟社會》，（臺北，文津出版社，1999），頁 185～187。

⑫ 王堯、陳踐編著，《敦煌吐蕃文書論文集》，（成都，四川民族出版社，
　1988），頁 25、26。

⑬ 本表屬高宗時期的物價水準。麟德年間物價甚低，米斗 5 錢（《通鑑》卷
　201），但其後物價漸漲，永淳元年關中且一度貴至斗 300～400 文（《通鑑》
　卷 203）。如以平歲物價米斗 10 文計，錢 150 文不過折米 1.5 石；以斗 30 文
　計，只 0.5 石而已。關於唐前期之物價水準，見：全漢昇，〈唐代物價的變
　動〉，收入：《中國經濟史研究》，（香港，新亞研究所，1976），頁
　148～156；彭信威，《中國貨幣史》，（上海，上海人民出版社，1988），
　頁 333～335。

⑭ 《太平廣記》卷 165〈吝嗇部〉「王叟」條：「此人云：唯有五千之本，逐
　日食利，但存其本，不望其餘。」很可能計得就是日息。

⑮ 有關租佃之期限問題，詳拙著，〈唐代西州、沙州的租佃制〉（上），《大
　陸雜誌》87:4，（1993），頁 6～7。

⑯ 中唐物價之變動與原因，見：全漢昇，〈唐代物價的變動〉，頁 185～201；
　日野開三郎，〈兩稅法と物價〉，收入：《日野開三郎東洋史學論集》4《唐
　代兩稅法の研究》，（東京，三一書房，1982），頁 346～348。

⑰ 唐末物價之變動與原因，見：全漢昇，〈唐代物價的變動〉，頁 202～206；
　日野開三郎，〈兩稅法と物價〉，頁 350～351。

⑱ 唐代碾磑事業的發展與特徵，西嶋定生有相當詳盡的分析，見：〈碾磑の彼
　方〉，頁 237～244。敦煌地區粟麥為主要支付手段，但寺院破用曆裏麥的總
　量卻非常龐大，時人已習慣將麥磨成粉，製成麵來食用。另外，《太平廣記》
　中涉及的北方食物，也以麵類為主。見：拙著，〈歸義軍期敦煌寺院的迎送
　支出〉，《漢學研究》21：1（2003），頁 217～218；黃正建，〈敦煌文書
　與唐五代北方地區的飲食生活〉，《魏晉南北朝隋唐史資料》11 期，
　（1991），頁 268～270。

⑲ 池田溫，〈敦煌における土地稅役制をめぐって〉，收入：《東アジア世界
　古文書の史的研究》，（東京，刀水書房，1990），頁 51～53；楊際平，
　〈吐蕃時期沙州社會經濟研究〉，收入：《敦煌吐魯番出土經濟文書研究》，

（廈門，廈門大學出版社，1986），頁 383；張亞萍、娜閣，〈唐五代敦煌的計量單位與價格換算〉，《敦煌學輯刊》1996：2，頁 39。

⑳ 《齊民要術》卷 2〈大小麥第十〉。

㉑ 以個人耕種能力言之，粟麥區以較粗放方式耕作，四、五十畝約是其可耕範圍。見：谷霽光，〈漢唐間"一丁百畝"的規定與封建占有制〉，收入：《中國社會經濟史參考文獻》，（臺北，華世出版社，1984），頁 298～299。

㉒ 唐耕耦，〈敦煌寫本便物曆初探〉，收入：《敦煌吐魯番文獻研究論集》第 5 輯，頁 184；又，《敦煌寺院會計文書研究》，頁 402；姜伯勤，《唐五代敦煌寺戶制度》，（北京，中華書局，1987），頁 258～259。

㉓ 都司倉請便牒都是 1 石以上的借貸，消費借契如表 5-6 所示，僅 2 件借數不足 1 石。

㉔ 唐耕耦，〈敦煌寺院會計文書殘卷的剖解與綴合〉，收入：《敦煌寺院會計文書研究》，頁 199～213。

㉕ 郝春文，《唐後期五代宋初敦煌僧尼的社會生活》，（北京，中國社會科學出版社，1998），第 2 章。

㉖ 郎君為官人子女或貴族子弟，見：蔣禮鴻，《敦煌變文字義通釋》，（上海，上海古籍出版社，1997），頁 14～16；譚蟬雪，《敦煌歲時文化導論》，（臺北，新文豐出版公司，1998），頁 9。

㉗ 就歷代尺度而言，確有逐漸增大跡象，趙岡所列「各期田畝丈量尺度表」，可見其變動軌跡。唐代官方尺度，原本 1 疋為闊 1 尺 8 寸，長 4 丈（《通典》卷 6〈食貨·賦稅下〉），吐魯番出土庸調布 1 疋幅寬 55～56 厘米，折合 1 尺約 30～31 厘米，實測木尺則 1 尺約 29 厘米。唐後期的法定尺度有所改變，長慶初李翱建議兩稅法之幅廣加 1 寸，為 1 尺 9 寸（《李文公集》卷 9〈疏改稅法〉），而後周顯德三年（956）十月詔官絹每疋「其長依舊四十二尺」（《冊府元龜》卷 504〈邦計部·絲帛門〉），則不獨較唐前期加長 2 尺，且已正式實施有一段時日。十世紀敦煌文書所繪量絹尺圖，實測 1 尺在 30.5～32 厘米，1 疋絹的長寬面積要比唐前期規定多約 2.1 平方尺。唐五代尺度的變遷與實行狀況，大概亦可類推於斤兩制。有關之制度可參考：趙岡、陳鍾毅，《中國土地制度史》，（臺北，聯經出版公司，1982），頁 69～70；胡戟，〈唐代度量衡與畝里制度〉，《西北大學學報》（社會科學版）1980：4，頁 34～39；王炳華，〈吐魯番出土唐代庸調布研究〉，收入：《唐史研究會論文集》，（西安，陝西人民出版社，1983），頁 8～12、22；宋家鈺，〈敦煌貸絹契與量絹尺〉，收入：《英國收藏敦煌漢藏文研究》，（北京，中國社會科學出版社，2000），頁 166～168。

㉘ 油、麻折換資料見：姜伯勤，《唐五代敦煌寺戶制度》，頁 258～259；唐耕耦，〈八至十世紀敦煌的物價〉，收入：《紀念陳寅恪教授國際學術討論會文集》，（廣東，中山大學，1989），頁 532；又收入：《敦煌寺院會計文書研究》，頁 421。

㉙ 唐耕耦，〈關於敦煌寺院水磑研究中的幾個問題〉，收入：《敦煌寺院會計文書研究》，頁 474。

㉚ 淨土寺之實際利潤入或出貸斛斗數，可能較表中所計更多，如利潤入未統計在內，未收利息，利率有些較低，或文書未見到等，可參考：唐耕耦，〈敦煌寫本便物曆初探〉，收入：《敦煌吐魯番文獻研究論集》第 5 輯，頁 188～189；又收入：《敦煌寺院會計文書研究》，頁 407。

㉛ 西倉粟入最後補記的一筆有 4 人，至少可知有 67 人或筆。

㉜ 據自年新附入，西倉粟入有 152.2 石，但殘存的 67 筆總計 54.5 石，以此推算，西倉粟入約有 120 筆佚失。另外，西倉豆入計 29.4 石，豆入計 7.65 石，則西倉豆利潤入的筆數約是豆入 14 筆的 3.8 倍以上。

㉝ 齊陳駿，〈敦煌沿革與人口（續）〉，《敦煌學輯刊》1980：2，頁 69～70。

㉞ 姜伯勤曾據 S.1733 號背〈子丑寅年已前入麥麵豆曆〉，比較田收與利潤之比例。但該件文書甚殘，所知可能不足代表全年收入，故此處不擬引用。姜氏論點見：《唐五代敦煌寺戶制度》，頁 125～126。

㉟ 敦煌文書 P.3348 號背有一批天寶六載（747）十一、十二月河西豆盧軍軍倉收納糧粟麥牒，交付人許多可能是商人身分的行客，交付數量至少麥 50 碩，多至 200 碩，其中有 2 件還註明是預付匹段，則軍倉似以貸出匹段的方式，為行客提供資本。

㊱ 尺度變遷的問題，註㉗中有詳細討論，請參看。

㊲ 唐長孺，〈新出吐魯番文書簡介〉，收入：《山居存稿》，（北京，中華書局，1989），頁 313～314；張澤咸，《唐五代賦役史草》，頁 38～39；仁井田陞，〈吐魯番發見唐代の庸調布と租布〉，收入：《中國法制史研究－土地法・取引法》，（東京，東京大學出版會，1981），頁 251～261。

㊳ 盧向前，〈高昌西州四百年貨幣關係演變述略〉，收入：《敦煌吐魯番文書論稿》，（南昌，江西人民出版社，1992），頁 224～225。

㊴ 盧向前，同前文，頁 222～225。

㊵ 《吐魯番出土文書》（簡）二/101、109，（圖）壹/161、166。

㊶ 《吐魯番出土文書》（簡）二/207，（圖）貳/2。

㊷ 《吐魯番出土文書》（簡）四/193，（圖）貳/109。

㊸ 《吐魯番出土文書》（簡）四/193，（圖）貳/109。

㊹ 《吐魯番出土文書》（簡）七/441，（圖）參/517。

㊺ 《吐魯番出土文書》（簡）五/298，（圖）貳/320。

㊻ 《吐魯番出土文書》（簡）三/226～229，（圖）壹/400～403。

㊼ 《吐魯番出土文書》（簡）六/310，（圖）參/163。

㊽ 拙著，〈唐代和糴問題試論〉，《新史學》15：1，（2004），頁 82 及註 137。

㊾ P.2862 號背唐天寶年代燉煌郡會計牒的五穀時價，如與 P.3348 號背唐天寶四載（745）河西豆盧軍和糴會計牒之穀價相比，前者之粟、小麥、豌豆時價均較和糴估為高，但床之時價則稍低於和糴估。時價高於和糴估，和糴對百姓難有吸引力，和糴時抑配之可能性便增大。

㊿ 池田溫，《中國古代籍帳研究－概觀・錄文》，（東京，東京大學東洋文化研究所報告，1979），頁 448。市估是參照時價，由市司做成之公定市價，與時價多少有些誤差。關於市估之形成方式，可參考：池田溫，〈中國古代物價的一考察〉，《史學雜誌》77：1，（1968），頁 35，37～38；盧向前，〈唐代前期市估法研究〉，收入：《敦煌吐魯番學研究論文集》，（上海，漢語大辭典出版社，1991），頁 695～696；王永興，《敦煌經濟文書導論》，（臺北，新文豐出版公司，1994），頁 451～454。

○51 李錦繡，《唐代財政史稿》（上卷），（北京，北京大學出版社，1995），頁 40～41；荒川正晴，〈唐の對西域布帛輸送と客商の活動について〉，《東洋學報》73：3、4，（1992），頁 33～34。

㊼ 唐耕耦，〈八至十世紀敦煌的物價〉，收入：《紀念陳寅恪教授國際學術討論會文集》，頁 553；又收入：《敦煌寺院會計文書研究》，頁 459～460。

㊽ 唐耕耦，〈八至十世紀敦煌的物價〉，收入：《紀念陳寅恪教授國際學術討論會文集》，頁 536；又收入：《敦煌寺院會計文書研究》，頁 427～428。

㊾ 歸義軍賦役制度有官布，但品質遠低於絹、練、綿綾等物，高級絲織品的商稅，也大概是徵自往來外地的商人。有關討論見：雷紹鋒，《歸義軍賦役制度初探》，（臺北，洪葉文化公司，2000），頁 65～78，110～114。

㊿ 唐耕耦，〈八至十世紀敦煌的物價〉，收入：《紀念陳寅恪教授國際學術討論會文集》，頁 53738；又收入：《敦煌寺院會計文書研究》，頁 429。

㊽ 鄭學檬，〈十六國至麴氏王朝時期高昌使用銀錢的情況研究〉，收入：《敦煌吐魯番出土經濟文書研究》，（廈門，廈門大學出版社，1986），頁 296～317。

㊼ 《吐魯番出土文書》（簡）七/441，（圖）參/517。

㊻ 唐代金價時有變動，盛唐時最低，安史亂後金價上漲。但平時 1 兩約 5000～6000文，騰貴時約8000文，即大體上，金1斤在10萬錢上下。見：彭信威，《中國貨幣史》，頁323～326；加藤繁，〈唐宋時代之金銀價格〉，收入：《唐宋時代金銀之研究》，（香港，龍門書店，1970），第2卷，頁 62～84。

㊾ 如唐代的膏腴上田，或言「頃直千金」（《舊唐書》卷 65〈高士廉傳〉），或言「畝直千金」（《通鑑》卷 215 天寶六載條），相差達 100 倍。蓋其旨在喻價值甚高，未必代表實價。

⑥⓪ 日野開三郎，〈兩稅法と物價〉，頁 350～351。

⑥① 《舊唐書》卷 106〈王毛仲傳〉：「見李宣德矯捷善騎射，為人蒼頭，以錢五萬買之。」蒼頭亦奴婢之屬。《太平廣記》卷 372〈精怪部〉「張不疑」條：「不疑曰：度六萬之直者一人以示之。朱衣人曰：某價翔庳，各有差等。」是奴婢價格確然差別甚大。又，同條：「牙儈言，…今有一婢曰金釭，有姿首，最其所惜者，今貧不得已，將欲貨之。不疑喜，遂令召至，即酬其價十五萬而獲焉。」則奴價高低視其個人條件而異。又，卷 117〈報應部〉「劉弘敬」條：「求女奴資行，用錢八十萬，得四人焉。」人 20 萬也。

⑥② 日野開三郎，〈兩稅法と物價〉，頁 347～348。

⑥③ 唐耕耦，〈八至十世紀敦煌的物價〉，收入：《紀念陳寅恪教授國際討論會文集》，頁 549；又收入：《敦煌會計文書研究》，頁 452～453。

⑥④ 池田溫，《中國古代籍帳研究－概觀・錄文》，頁 452。

⑥⑤ 池田溫，同前書，頁 448～450。

⑥⑥ 池田溫，同前書，頁 448。

⑥⑦ 西州居宅多以步表示，與沙州情形不太相同。沙州房舍之價格與每尺平方單價可參考：池田溫，〈吐魯番・敦煌文書にみえる地方城市の住居〉，收入：《中國都市の歷史的研究》，（東京，刀水書房，1988），頁 168～188。

⑥⑧ 馮和法，《中國農村經濟資料》（上），（臺北，華世出版社，1978），頁 106。

⑥⑨ 關於一般租價之範圍，及預付租與後付租之關係，見：拙著〈唐代西州、沙州的租佃制〉（中），《大陸雜誌》87：5，（1993），頁 12～15。

⑦⓪ 拙著，同前文，頁 14。

⑦① 黃向陽，〈關於唐宋借貸利率的計算問題〉，《中國社會經濟史研究》

1994：4，頁 33～45。

⑫ 《吐魯番出土文書》（簡）六/591，（圖）參/300。

⑬ 《魏書》卷 114〈釋老志〉宣武帝永平四年（511）詔：「若收利過本，翻改初券，依律免之，勿復徵責。」似一本一利在唐以前已有之，且載諸律文，成為定規，只是未必被確實奉行。

⑭ 楊聯陞亦提及一本一利係負債不償時所作之處分，見：Lien-sheng Yang, *Money and Credit in China*,（Cambridge:Harvard University Press ,1952）,P.95.

⑮ 黃向陽亦有類似看法，見：〈關於唐宋借貸利率的計算問題〉，頁 37～38。

⑯ 《吐魯番出土文書》（簡）八/267，（圖）肆/121。

⑰ 開元年間公廨本錢廢置情形及施行狀況，可參考：拙著，〈唐代官本放貸初探－州縣公廨本錢之研究〉，收入：《第四屆唐代文化學術研討會論文集》，（台南，成功大學出版社，1999），頁 651～657；李錦繡，《唐代財政史稿》（上卷），（北京，北京大學出版社，1995），頁 721～729。

⑱ 小田義久編，《大谷文書集成》第二卷，（京都，法藏館，1990），頁 113。

⑲ 《新唐書》卷 55〈食貨五〉元和九年條：「起明年正月，收息五之一，號『元和十年新收置公廨本錢』。」此處的收息五之一，不是指利率，據《唐會要》93〈諸司諸色本錢下〉：「起元和十年正月已後，……其諸司所徵到錢，自今以後，仍於五分之中，常抽一分，留添官本。」由是可之所謂「收息五之一」，其實是指所徵到錢的五分之一留添官本。

⑳ 各種官本錢設置之用途，見：王永興，《敦煌經濟文書導論》，（臺北，新文豐出版公司，1994），頁 414～425；陳明光，《唐代財政史新論》，（北京，中國財政經濟出版社，1991），頁 112～120；李錦繡，《唐代財政史稿》（上卷），頁 721～740；拙著，〈唐代官本放貸初探〉，頁 639～667；又，〈唐代食利本錢初探〉，收入：《第五屆唐代文化學術研討會論文集》，（高雄，麗文文化公司，2001），頁 858～866。

㉑ 兩稅法時代物價與納稅法的變動情形，可參考：日野開三郎，〈兩稅法と物價〉，收入：《日野開三郎東洋史學論集》4《唐代兩稅法の研究・本篇》，頁 338～475。

㉒ 穀物無論借期早晚，一般用的是年利率，而非半年利或季度利。後者論點見：唐耕耦，〈唐五代時期的高利貸〉（下），《敦煌學輯刊》1986：1，頁 141。

㉓ 童丕，《敦煌的借貸》，（北京，中華書局，2003），附圖 2。

㉔ 王堯、陳踐，《敦煌吐蕃文書論文集》，頁 25～26。因這 2 件之各筆借數用克制，不列入本文之探討範圍。

㉕ 王堯、陳踐，《敦煌吐蕃文書論文集》，頁 54。

㉖ 池田溫比較吐魯番與敦煌二地宅舍後，認為前者是都市性格，後者是農村性格。見：〈吐魯番・敦煌文書にみえる地方城市の住居〉，頁 186～187。

㉗ 有學者指出乾封元年西州利率升至 15%，與該年鑄乾封泉寶，致通貨緊縮有關。據查，乾封泉寶鑄於乾封元年五月，該件借契訂於乾封元年四月，故利率上漲未必與鑄幣有關。上述說法見：余欣，〈唐代民間信用借貸之利率問題〉，《敦煌研究》1997：4，頁 149。

㉘ 〈王文歡訴酒泉城人張尾仁貸錢不還辭〉見：《吐魯番出土文書》（簡）六/527，（圖）參/269。陳國燦以「□□□拾文後□□錢貳文」一句，計其月利率為 20%，是西州之最高利率。但該句引文前有缺字，難以據此為準，且

訴狀的「准鄉法和立私契」，則在利率上似不應有獨異於常規的表現。陳氏
文見：〈唐代的民間借貸〉，收入：《敦煌吐魯番文書初探》，頁 233；又
收入：《唐代的經濟社會》，頁 185。

⑧ 余欣，〈唐代民間信用借貸之利率問題〉，頁 152。

⑨ 唐人廣為運用鄉法概念，如《通典》卷 2〈食貨・田制下〉：「寬鄉三易以
上者，仍依鄉法易給。」又，「每畝課種桑五十根以上，榆棗各十根以上，
三年種畢。鄉土不宜者，任以所宜樹充。」同書卷 6〈食貨・賦稅下〉制兩
稅法：「其雜折皆隨土毛，准當鄉時價。」《唐律疏議》卷 11〈職制律〉
「役使所監臨」（總 143 條）疏議：「其十五以下，七十以上，及廢疾，既
不任徒役，庸力可減正丁，宜準當鄉庸作之價。」《宋刑統》卷 18〈賊盜
律〉「殘害死屍」條准主客式：「諸蕃客及使蕃人宿衛子弟，欲依鄉法燒葬
者聽，緣葬所須亦官給。」

⑨ 律令中的「鄉法」，或許就擷取自地方上的「鄉原（元）」、「鄉原例」等
概念。「鄉」即「響」或「向」，乃從來、過去之意，由此發展出來的地方
習慣，即是鄉法。見：高橋芳郎，〈唐宋間消費貸借文書試釋〉，《史朋》
14 號，（1982），頁 1～8；謝和耐，〈敦煌賣契與專賣制度〉，收入：《法
國學者敦煌學論文選萃》，（蘭州，甘肅人民出版社，1993），頁 37。

⑨ 余欣，〈唐代民間信用借貸之利率問題〉，頁 149～150。

⑨ 穀物利率與貨幣利率的關係，劉翠溶、費景漢有相當詳細的說明與運算，見：
〈清代倉儲制度功能初探〉，《中研院經濟所經濟論文》7：1，（1979），
頁 4～6 及附錄二。

⑨ 立機即立機緤，是細緤，合粟麥 6 碩，較普通緤布品質好。立機緤的意義可
參考：曾良，《敦煌文獻字義通釋》，（廈門，廈門大學出版社，2001），
頁 92。

⑨ 另可參考：唐耕耦，〈唐五代時期的高利貸〉（下），頁 141。

⑨ 仁井田陞也有如是看法，見：《唐宋法律文書の研究》，頁 234。

⑨ 敦煌借契中有不少由寺院貸出，便物曆更主要是寺院的貸放帳冊，有關討論
可參考：拙著，〈從便物曆論敦煌寺院的放貸〉，收入：《敦煌文獻論集》，
（瀋陽，遼寧出版社，2001），頁 437～446。

⑨ 劉秋根，《中國典當制度史》，（上海，上海古籍出版社，1995），頁
249～251。

⑨ 劉秋根，《中國典當制度史》，頁 241。

⑩ 同前書，表一，頁 7～15。

⑩ 宋弟弟將一半土地交由他人耕種，而共借種子 2 漢碩，則顯然宋弟弟本人只
需借種子 1 漢碩，另 1 漢碩為共耕者所借，故契中言明秋季還債 4 漢碩，其
中 2 漢碩由宋弟弟歸還。

⑩ 拙著，〈唐代西州、沙州的租佃制〉（中），頁 12～15。

⑩ 前引文，頁 14。

⑩ 《吐魯番出土文書》（簡）四/120，五/57～58、59～60、62、84，七/271，
（圖）貳/68，貳/198、199、200、211，叄/427。

第六章

債務不履行之處分

　　唐代官府對民間借貸契約的訂定，基本上採尊重態度，公權力並不輕易介入，此種尊重私契的精神，在唐律令中表現出，《宋刑統》卷26〈雜律〉「受寄財物輒費用」條引唐〈雜令〉：「諸公私以財物出舉者，任依私契，官不為理。」正因為唐人對締結契約，有相當程度的自由，得依借貸雙方的協議，對欠負不還預做規範，故由其對債務不履行之處分方式，不獨可了解私法自治傾向被落實之程度，甚至可進而觀察其與律令制度、國家權力間的互動關係。

第一節　違限生利

　　債務不履行中最常見的一項處分方式，就是違限生利，亦即借方不能依約履行給付之義務所生之利息。此種利息的發生，只因借方過期不償，完全不問其因何不得償，或是否有不可抗力之原因，故為一準給付期，且兼具賠償與懲罰作用的生息法，此處名之為遲延利息。

　　唐代民間普行高利貸，借者既多因貧困而求貸，要想如期給付本利，可能也非易事。晚唐劉允章〈直諫書〉謂民有八苦，「私債徵奪」即其一也（《全唐文》卷804）。唐代制敕書中於民債久不能還，亦有所反映，如寶曆元年（825）敕：「京城內有私債經十年已上，曾出利過本兩倍，……勿為徵

理。」（《文苑英華》卷 423）長慶四年（824）制更曰：「遠年債負，事在參拾年以前，……空有契書者，一切不須為理。」（《宋刑統》卷 26〈雜律〉「受寄財物輒費用」條引）私債之頻繁與嚴重，應不獨只在京城內，各地城鄉，尤其是貧窮的農村裏，或可更以竇儼之「以債成俗」概言之。然債務人若不能如期還本利，將使貸主平白蒙受損失，於是遂於限外加徵遲延利息，以督促債務人儘快清償，並減少自己的損失。貸主設定之遲延利息，未必減於限內所計之借貸利息，如《太平廣記》卷 134〈報應部〉「劉鑰匙」條：

> 鄰家有殷富者，為鑰匙所餌，放債與之，積年不問，忽一日執券而算之，即倍數極廣，既償之未畢，即以年繫利，略無期限，送至資財物產，俱歸鑰匙，負債者怨之不已。

劉鑰匙放債與鄰家，無論雙方原來是否定有還期，從「償之未畢，即以年繫利，略無期限」思之，鄰家是後負擔的並非借貸利息，而是遲延利息。本甚殷富的鄰家竟至傾家蕩產，想來遲延利息甚為可觀。這雖是民間故事，代表性或許有限，但足以顯示唐朝社會上應該有此現象，而債務積年不得清償，遲延利息層層累加，可能較限內所計之借貸利息，更為深重、可怕。

　　傳統文獻中有關遲延利息的資料很少，出土文書於此適可補其不足，茲先就消費借貸券契之穀物類分析之。（表 6-1）

　　穀物類之遲延利息，西州無論是麴氏高昌期或唐前期，大抵皆以月息 10％計，在地方習慣上具延續性，但與借貸利息之一年一穫，以年計息，不太相同。沙州另有其鄉法，吐蕃期寺僧放貸雖然罕計借貸利息，但卻普遍徵取遲延利息，利率且高達 100％，只要借方違限不納，無問欠期長短，一律賠為倍數，寺僧甚至可奪其家資等物，平充欠直。就此而言，向寺僧

表 6-1　消費借貸券契穀物類遲延利息表

編號	年代	計息法	利率	備註
4	高昌延昌廿三年（583）	若不畢，壹斛麥價上生一斗。	10%/?	
15	高昌延和元年（602）	若過期□（不）償，壹月壹斛上生麥一斗。	10%/月	
16	高昌延和元年（602）前後	若過期 ▭ 斛上生麥一斗。	（10%/月）	
19	高昌延和五年（606）	□（過）月不償，一月壹斛麥上生 ▭	（10%/月）	20,21：「負罰生息依卷同」
22	高昌延和五年（606）	▭ 一月壹斛麥上生麥一	10%/月	
26	高昌延和十年（？）（611？）	若過月不，一月壹斛麥上生麥一斗。	10%/月	
27	高昌延和十年（611）	▭ 不上，壹斛生麥一斗。	10%/?	
50	唐（七世紀末～八世紀初）	若過月不了，一月壹斛上生利麥壹□	（10%/月）	
78	吐蕃某年（817-823）	如違限不還，其麥請陪。	（100%）	
79	吐蕃某年（817-823）	如違其限不還，其麥請陪伍碩陸斗。	100%	便兩碩捌斗
80	吐蕃某年（817-823）	如違時限，其麥請陪。	（100%）	
81	吐蕃某年（817-823）	如違時限，其麥請陪。	（100%）	
82	吐蕃某年（817-823）	如違其限，請陪為伍碩陸斗。	100%	便佛（帳）青麥貳碩捌斗，並漢斗
83	吐蕃某年（817-823）	如違，其麥請陪為肆漢碩。	100%	便麥兩漢碩

借貸實也冒著不小的風險，寺僧的慈善性似乎不如想像中的大。這種遲延利息在其他貸麥牒或藏文借契中亦可見，如北圖鹹字 59 號背丑年二月諸寺寺戶請貸都司倉種糧牒，其中開元寺、安國寺、靈修寺等數件之「如違（限）請陪（賠）」、「如違限不納，其斛斗請倍（賠）」，指的就是遲延利息。至於龍興寺等另外數件雖未註出，以同例推想，似也不應例外。藏文 P.T.1104 號論噓律卜藏借粟契：「到時不還，加倍」①，也同樣計取 100 ％的遲延利息。從各文書中所用之計息法觀察，時人所謂的「請陪」實即「請賠」，而其賠償數額適為原

表6-1　消費借貸券契穀物類遲延利息表（續）

編號	年代	計息法	利率	備註
84	吐蕃某年（817-823）	如違，其麥請陪為肆碩。	100%	便佛帳麥兩碩並漢鈄
85	吐蕃某年（817-823）	如違，其麥請陪伍碩貳鈄。	100%	便麥兩碩陸鈄並漢鈄
88	吐蕃卯年（823?）	如違限不還，其麥請陪為壹拾陸碩。	100%	便漢鈄與麥捌碩
89	吐蕃卯年（823?）	如違，任前陪納。	100%	見88
92	吐蕃卯年（823?）	如違限不還，其麥請倍。	（100%）	
93	吐蕃酉年（829?）	如違不納，其豆請陪。	（100%）	
94	吐蕃酉年（829?）	如違限不還，其麥請陪。	（100%）	
96	吐蕃子年（832?）	到時不還，或單獨出走，借一還二	（100%）	
97	吐蕃子年（832?）	如違，倍。	（100%）	
106	吐蕃未年（839）	如違限，倍。	（100%）	
109	吐蕃未年（839?）	如不還，其麥請陪。	（100%）	
113	吐蕃期	如依限不納，……其麥粟請倍。	（100%）	

說明：1. 本表據附表一製成。凡券契中計息法明確，或可推測出者，皆載入。
　　　2. 利率欄中，因原契所記有缺，據計法相近之其他各契推測出者，以括號表示；計法只言「請陪」、「請倍」、「倍」，依本文之分析而推測出利率者，亦附括號；但可由契中之借、還數確實計算出利率者，不用括號。
　　　3. 利率之時間單位，據計法之有無或缺載而定。

本之1倍，故亦是「請倍」。吐蕃期寺院之穀物借貸文書，有時也未必要求借方付遲延利息，如附表一的 86、87、100、101、102、103 等件即是，但貸方直奪欠者家財，仍不免予人強霸之印象。只是有些非宗教人士的放貸，既要付「倍稱之息」，又要付 100 ％的遲延利息，如 P.T.1101 號哈流流等借契：「狗年秋，仲秋望日以借一還二計息，……如到時不還，或借故抵賴，加倍償還。」②借者在面對此雙重壓力下，也只好兩害權衡，取其輕者了。

　　歸義軍期借契多屬絹帛類，其穀物借貸主要見於便物曆與入破曆、算會牒，當時寺僧之借貸利率雖然多提升至 50 ％，

不過卻難得看到有關遲延利息的記載，這是十世紀的寺僧貸主
刻意取消掉遲延利息，抑或一切比照成例辦理，不需於帳冊中
再註明，則尚待進一步證實。不過由壬申年的 1 件褐曆推想，
在該件 40 筆借貸記錄中，只於篇首載有「限至二月還，若不
還，掣奪家資」等語（附表三 148），而不將之逐一列於各筆
之下看來，似乎與借貸有關之規定，早已為約定俗成之慣例，
故除非是個別契約另供驗證之用，對放貸頻繁的寺僧帳冊而
言，實無著錄之必要。上述褐曆所載已甚罕見，其他未申明之
各件，亦未必不用同樣方式對待債務人。在掣奪家資上是如
此，在遲延利息上或許亦然。

　　貨幣類借貸文書本就不多，借契中有借貸利息者往往無遲
延利息，故有關之件數就更少了。

表 6-2　　消費借貸券契貨幣類遲延利息表

編號	年代	記息法	利率
39	唐麟德二年（665）	如違限不償錢，月別拾錢後生利錢壹文。	10 %/月
40	唐麟德二年（665）	還日別部，依上卷同。	10 %/月
64	唐大曆十五年（780）	□□ 不在□□倍徵	（100%）
71	唐建中七年（786）	如違限不付，每月頭分生利隨月。	?/月

說明：本表據附表一製成，利率由計息法算出。

　　前 2 例載於同一契約，有遲延利息而無借貸利息；第 3 例
有殘缺，僅推測可能收取遲延利息；第 4 例是該種借契中唯一
一件兼有 2 種利息者，但其借貸利率奇低，總計也只有 6.67%
（表 5-19），該例並未註明確實之遲延利率，僅曰：「每月頭
分生利隨月」，足見遲延利息似乎也有按月徵收之鄉法，貸方
可依習慣要求欠負者給付，不必再另行約定利率。比較例外地
是第 3 例，非但不依月計息，而且倍徵之法頗與表 6-1 穀類物

之遲延利息寫法相近，蓋該件為取錢還麥契，麥的計息法自然依當地穀物類之通例，並不足為怪。

絹帛類遲延利息與前兩類相較，也別有其特色。茲依先例表列借契之計息法如下。（表6-3）

西州各例明顯都是逐月計遲延利息，只是有的以原本不償而計息（1、2、38、41均無借貸利息），有的因息利不還而施罰（36）。借貸雙方於自行約定遲延利息外，還另有習俗可循，如：「月別依鄉法酬生利」（38）、「依月生利」（41），都不言明利數，即可證明之。沙州絹帛類的遲延利息大抵準鄉法給付，所謂「鄉城例」、「鄉原（元）例」、「鄉原（元）」、「鄉例」等都是同一義。表中有1件稱「絹利著梁都頭還」（152），而不言其數，想來用的也是鄉法。在遲延利息的時間單位上，從少數寫有「逐月」、「每月」生利之案例知（95、127、134、150），當地絹帛類亦盛行按月計遲延利息。表中最特別的是1件去瓜州鎮城的9人貸褐契（120），謂依「城皇（隍）格生利」。格來自制敕，為普遍遵行之大法③，此處的「城皇（隍）格」，有可能指控有二州六鎮或八鎮的歸義軍節度使所頒制敕或法規④，也有可能與民間懲惡佑善的城隍信仰有關⑤。如為前者，則歸義軍官中已訂有生息法或欠負處置法；如為後者，則憑藉的是宗教約束力對債務不履行者產生的威迫作用。但無論何者，該種表述法在唐代文獻或出土文書中，都是獨一無二的。

遲延利息發生於債務不履行時，債務人何時清償欠負，遲延利息便何時終止，因此如上述表三所見，遲延利息多採計月生息方式，連西州穀物類的遲延利息也不例外，蓋此種計息法隨欠負多少而按月催討，依償還情形可立即停止，既考慮債權人之利益，對債務人也不過苛，不失為具動機性與合理性的收

表 6-3　消費借貸券契絹帛類遲延利息表

編號	年代	記息法
1	高昌承平五年（506）	若過期不償，月生行布三張。
2	高昌義熙五年（514）	若過其（期）不償，一月生布壹丈。
36	唐龍朔元年（661）	其利若出月不還，月別罰練壹疋。
38	唐麟德二年（665）	到過其月不還，月別依鄉法酬生利。
41	唐麟德二年（665）？	若不上，依月生利。
95	吐蕃亥年（831？）	不還者，逐月生里（利）。
120	壬申年（912？）	若於限不還者，城皇（隍）格生利
121	己卯年（919？）	如若 ▢▢ 張闍梨，於鄉城例 ▢▢
125	辛巳年（921？）	若於限不還者，便著鄉元生利。
127	癸未年（923？）	於月還不得者，每月於鄉元生利。
128	甲申年（924或984）	若於限不還者，便看鄉元生利。
129	乙酉年（925）	若於限不還者，准鄉原例生利。
130	己丑年（929？）	若於時限不還者，便看鄉原生利者。
131	己丑年（929？）	若不還者，看鄉原生利。
133	甲午年（934？）	若違時限不還，於鄉元生利。
134	乙未年（935？）	若得壹個月不還絹者，逐月於鄉原生裏（利）。
137	乙未年（935？）	若不還者，看鄉元生利。
146	辛亥年（951）	若限滿不還者，又須利。
147	丙辰年（956）	若於限不還者，▢▢ 生利。
148	戊午年（958）	若於限不還者，便於鄉例生利。
150	甲子年（964？）	如若於時不還者，於看鄉元，逐月生利。
151	丙寅年（966）	若於時日不得還本絹者，准鄉元例生梨（利）。
152	辛未年（971？）	於限不還者，絹利著梁都頭還。
153	壬午年（982）	於看鄉元生利。
155	庚寅年（990？）	若於限不還者，看（下空）

說明：本表據附表一製成，利率因計息法較特殊，姑略去。

息法。至於吐蕃期穀物類的遲延利息，不問欠期長短，皆賠為倍數，大概是受穀物借率一年為準，倍息為常之影響。遲延利

息之實例雖然主要見於出土文書，但既然西北邊州各地均有，且及於不同物種，大概這早已是無分內地或邊區，為唐人行之已久的觀念，只是利率高低隨各契約或地方鄉情而異。

質押借貸遲延利息的問題，較消費借貸複雜些。在動產質方面，開元二十五年（737）〈雜令〉曰：「收質者非對物主，不得輒賣，若計利過本不贖，聽告市司對賣，有剩還之。」（《宋刑統》卷26〈雜律〉「受寄財物輒費用」條引）動產質通常要計借貸利息，但此處之「計利過本不贖」，非指質期內之利過於本，而是屆期不贖，至收質者另行處分質物間的期限。而所謂「利」，亦非指借貸利息，乃質期之外所計的遲延利息，只是後者之計息法可能同於前者。此遲延利息之目的，在催告出質人取贖之計算時間用，質權人未必實收之。當所計之遲延利息與本數相當，而出質人在經歷過這段緩衝期後仍不回贖，收質者便可在市司監督下，當著出質人之面，賣卻質物，抵償債務。

〈雜令〉規定的回贖辦法，欲以審慎周密的執行程序，維護出質者的權利，但民間實際運作上是否依樣行事，頗有疑問。出土文書中的動產質契，到期不贖後皆未見到「計利過本不贖」的那段緩衝期，質權人不是以100％的倍息示懲罰或賠償之意，就是伴隨著掣奪家資雜物之嚴厲手段，根本不待計利過本，就沒收質物，歸其所有，或將其賣出。出土文書諸例皆不合於〈雜令〉之程序，其以倍罰或掣奪論究債務人的遲延之責，相當苛刻，完全失去〈雜令〉制度設計之原意。從質權人所居之經濟優勢，及人民不願輕易驚動官府的心態，可以想見〈雜令〉何以未被切實遵行。邊區情形固然如此，類推及於中原各地，相信亦無大過。

不動產質（無占有質除外）雖然可於質期內使用收益質

物，不需計借貸利息，但逾期不回贖是否有催告期之類的設定，或是否計遲延利息，律令中即使無可徵驗，不過從少數殘存的實例推測，似乎存在著兩種不同的形式。魏徵子孫以故居質賣於人，更數姓，歷年載而不能贖，幸賴官中為之收贖（附表五 B 9、10、11）。若此宅屋設有催告期，也未免太長，不符稍事寬緩出質人備贖價之本旨，亦有損於收質人處分質物之權力，換言之，此類不動產質大概不設定催告期，回贖權是債務人永不消失的權力，因此也沒有「計利過本不贖」的問題。出土文書中〈呂住盈兄弟典賣土地契〉（附表四 B（1）1），只問誰有回贖資格，卻全未規範回贖方式與遲延之責，似亦與前例屬同一性質。

出質人的回贖若是一種義務，而非權利，則其過期不贖，就可能需計遲延利息。〈桓德琮典舍契〉：「向縣訴，桓德琮□（典）宅價錢，三月未得。」（附表四 B（2）1）質權人既申訴贖價三月未得，想來質期屆滿，出質人應依原先協定回贖才是，不宜以任何理由推拒。契文又曰：「今遣兩人和同，別立私契。其利錢，限至八月卅日付了，其贖宅價錢，限至九月卅日還了。如違限不還，任元隆宅，與賣宅取錢還足，餘乘任還桓琮。」顯然原契成立時，桓宅已交付質權人張元隆使用，張氏就不應再收借貸利息，故契中所謂的「利錢」，似指拖延不贖，彌補質權人損失的遲延利息。只是這類不動產質的回贖，是否亦按〈雜令〉設定實行質權的期限，似還無法從桓德琮的案例中得到證明。

人質的情形，部分與動產質有些相似，《韓昌黎集》文集卷7〈柳子厚墓誌銘〉：「其俗以男女質錢，約不時贖，子本相侔，則沒為奴婢。」此處的「約不時贖，子本相侔，則沒為奴婢」，蓋指屆期不贖後，待至本利相當，才沒為奴婢，其執

行程序，似仿於動產質的「計利過本不贖，聽告市司對賣」。
而質期已滿至沒為奴婢前所計之利，應是遲延利息。唯此期質
權人是兼收質物用益之利與遲延利息，或竟只以「子本相侔」
為計算寬緩期的時間標準，並不實收遲延利息，可能猶有斟酌
餘地。然出土文書於此似不能做進一步證實，因其皆未提及
「約不時贖」後之處分，這是否意味著邊州地區的人質沒有
「子本相侔」的回贖辦法，或不計遲延利息，值得深思。

　　質押借貸因有回贖問題，即使當事雙方議定遲延利息，也
只限於質權人處分質物前的那段緩衝期，不能如消費借貸在原
則上之可以無限累計。但如質借雙方不計遲延利息，則不是因
為出質人可永久保留回贖權，便是由於質期滿，質物立即遭受
質權人處分之故。不同形式的質借，在遲延利息上有各自不同
的因應之道，不同的資料來源與契約，也各有不同的處置之
法。在違限生利方面，無論法令如何規定，唐代民間還是在相
當程度上尊重自由締約的，這從其所呈現的多樣化面貌上，可
以印證之。

　　特殊形態的借貸，涉及遲延利息者大抵只有預雇型借貸與
賒買或賒賣型借貸。預租型借貸因佃人先付租價，本無遲延問
題，至於佃人擔心田主不交佃地，則於違約擔保中再論。互助
型借貸因無實例可申論，姑置之。預雇型借貸是雇主（貸方）
將工作酬勞，預先付給庸工（借方）的借貸。庸工若不能如期
以其勞力或工作物償還，自需賠償雇主的損失，承擔猶如遲延
利息的責任，這在附表六 B 某些契約中可以見之，如〈令狐
相□受雇上烽借銀錢契〉：「若不承了，讁銀錢十文。」（1）
就是限期內不能依約行事，所採取的罰則。至於消費借貸中常
見的以一罰二，也同樣出現於預雇型借貸，如吐蕃期的 2 件造
芘蘺、刘麥契（6、7），均用倍罰方式防止息工。因遲延而倍

罰也許已形成當地之常例，故有些契直接以「鄉原」名之，如〈賀胡子預取刈價契〉：「如若不刈，或有□□訖，依鄉原當還麥糅碩並漢斟。」（8）類似上述遲延利息的條款，並未見於一般按月付價或後付工價的雇庸契，於此更可見預雇型貸主防範血本無歸，所貸無所償的心思了。

　　賒買或賒賣型借貸的遲延利息，也只能從出土文書中略窺一二。附表六C的〈張潘堆賒賣草契〉：「如到高昌之日，不得草玖（拾）章者，還銀錢陸拾文。」（1）〈僧光鏡賒買釧契〉：「如過十月已後，至十二月勾填，更加貳拾尺。」從2契借數分別為銀錢 40 文、布 100 尺估算，其遲延利率各為 50％、20 ％。雖然僅有之例在計息方式、利率、時間單位上，與前文所論不盡相同，但這不也正顯示〈雜令〉所謂「諸公私以財物出舉，任依私契，官不為理」，被人們高度奉行著嗎？

第二節　家產或質物之抵償

　　債務積久不還，有損債權人利益，故唐政府允許以欠負者之家產來抵償，《文苑英華》卷 422 憲宗元和十四年（819）七月二十三日上尊號赦：

> 京城內私債，本因富饒之家，乘人急切，終令貧乏之輩，陷死逃亡。主保既無，資產亦竭，從擾公府，無益私家。應在城內有私債經十年已上，本主及原保人死亡，又無資產可徵理者，並宜放免。

私債之履行，不僅主、保本人要直接承擔責任，其各自之家產，尤為解決問題之關鍵。若家產已竭，無可徵理，則就算訴於公府，也無可如何，是以赦文以放免一途，了結債務糾紛。以家產抵償欠負，其實是中晚唐官私債務極常用的處分手段，

由詔書中之一再提及，應可想見其運用之普遍。對欠負官債者，如穆宗長慶元年（821）正月三日赦，「除檢責家產及攤徵原保外，如實無可納，宜聞奏疏理之」（《文苑英華》卷426）；文宗太和八年（834）疾瘵德音，亦於「囚繫多年，資產已盡」之欠負者，特所矜恤（同前書卷 441）。在私債方面，敬宗寶曆元年（825）正月七日、四月二十日連下赦書，放免京城內積債十年以上，出利過本2倍，主、保死亡，「並無家產者」（同前書卷 427、423）；懿宗咸通八年（867）五月德音，禁止拘繫舉欠人債，「無產抵當」者，俾使其有營生之計（《唐大詔令集》卷86）。所引各條中，涉及保人代償之處甚多，這部分留待後文再敘，此處擬先就本主之家產抵償論之。

私債之家產抵償多見於中晚唐，或許是因其時社會貧富愈趨兩極化，欠負者罄其所有仍不足以還納，才衍生出告官、囚繫等後遺症，引起中央政府的關注。然家產抵償債務的辦法，可能早在唐初即已有之，並訂入律文，使其成為處事通則，《唐律疏議》卷26〈雜律〉「負債強牽財物」（總399條）：

> 諸負債不告官司，而強牽財物，過本契者，坐贓論。

疏議曰：

> 謂公私債負，違契不償，應牽掣者，皆告官司聽斷。若不告官司而強牽掣財物，若奴婢、畜產，過本契者，坐贓論。

牽掣債務不履行者之財物，供抵當之用，律文雖無條款正面許可之，但細繹疏議：「違契不償，應牽掣者」，唐政府至少消極地不反對此種作法，只是欲對牽掣之程序或數量，做較明確的規範，以保障經濟弱勢的一方。律文只坐罪不告官司而強牽

財物過契者，其反面解釋即不告官司，若是牽挈財物未過債數，仍不科罪⑥。由此看來，唐律只原則鼓勵應牽挈者，採取告官聽斷的執行程序，但並未禁止債權人以自力救濟方式，私自扣押欠負者家資，故本條的真正用意，其實只在限制債權人挈奪超過債數之財物。唐〈雜令〉曰：「若違法積利，契外挈奪，及非出息之債者，官為理。」（《宋刑統》卷26〈雜律〉「受寄財物輒費用」條引）唐律要論訴的，就正是這種「契外挈奪」之贓。

　　律文於強牽財物，似只關注取財是否過本契，然如下引判例所見，債權人牽挈財物的方式，其實也是一大問題。《白居易集》卷67〈判〉：

　　　　得景負丁財物，丁不告官，強取財物，過本數。縣司以數外贓論之。不伏。

白氏擬判曰：

　　　　丁放利欲贏，景逋債未償；懷不忍而強取，姑務豐財，逞無厭之過求，豈非黷貨？情難容於強暴，法必禁以奪攘。以交易而求多，尚宜准盜；在倍稱而過數，孰謂非贓？若以律論，當從縣斷。

律文之強牽財物，以「過本契」者論贓，而此判例則曰「過本數，縣司以數外贓論之」。唐政府之計息方式採一本一利主義，並不禁止因本生利，故律文中的「過本契」，此處可能誤植為「過本數」，何況白氏判辭曰：「在倍稱而過數」，顯然債權人可以計利息，則縣司准予丁牽挈取財的部分，至少包含本數與合法利數。然而值得深思的是，縣司所謂的「數外贓」究竟以何數為準？白氏判辭責丁曰：「逞無厭之過求」，「在

倍稱而過數」，並贊同縣司的以贓論罪，這似乎意味著縣司在論究丁強牽過契之餘，事實上也在處分其「違法積利」。若果如此，唐令「任依私契，官不為理」的範圍，應只限於不與官方政令抵觸者，否則官府還是可能會追究的。

再者，白氏判辭中有：「情難容於強暴，法必禁以奪攘」，似乎律文之「強牽掣」或判例之「強取」，亦涉及「以威若力而取其財」的問題（〈賊盜律〉「強盜」（總 281 條））。然推原律意，所謂「強牽掣」，實指債權人未告官司聽斷，即以私力扣押欠負者財物⑦，而與威力取財的強盜行徑，不相關連。只是類此之允許自力救濟，極易產生債權人憑其財大氣粗之勢，或優越政治地位，凌逼威迫債務人的流弊⑧。《新唐書》卷 173〈裴度傳〉：「大賈張陟負五坊息錢亡命，坊使楊朝汶收其家簿，閱貸錢雖已償，悉鉤止，根引數十百人，列筆挺脅不承。」這雖然是在追討官本息錢，但地方豪強惡勢力，不乏與官府勾結或倚之為後盾者，這些人一旦債務不能回收，難保不出以強暴手段，脅迫取財。

不告官司強牽財物的另一弊端，在債權人可能毫不留餘地，連債務人必要的維生物件都牽掣一空，使其生活頓失依據，陷入絕境。律文對可牽掣之財物範圍，未作確切限定，只知包括奴婢、畜產之類。《唐會要》卷 83〈租稅上〉開元二十二年（734）五月十三日敕：「定戶之時，百姓非商戶，郭外居宅，及每丁一牛，不得將入貨財數。」計戶定稅之資產標準⑨，未必同於牽掣之財物標準，像定戶時不應籍牛為產，就與律文可以畜產抵債有出入。《唐律疏議》卷 13〈戶婚律〉「妄認盜賣公私田」（總 166 條）疏議：「地既不離常處，理與財物有殊。」回證「負債強牽財物」條，似乎律中允許牽取的「財物」，只限於動產⑩，土地宅舍等不離常處的不動產，

不在抵償範圍內。只是當債務人被逼急時，不動產照樣也得讓渡給債權人，如大中四年（850）正月制，謂豪富之家「承其急切，私勒契書」，令州縣痛懲之，「其地仍便勒還本主」（《唐會要》卷84〈租稅下〉），大概就包括強奪不動產抵債在內。另外，人身役力也可用以折債⑪，〈雜令〉曰：「家資盡者，役身折酬，役通取戶內男口。」（《宋刑統》卷26〈雜律〉「受寄財物輒費用」條引）表面上政府只許男口計庸當債值，然實際卻是妻女亦可典貼，良人視若奴婢般地被役使。再說，律文對財產的價值如何估算，是否有客觀的評定標準，被牽掣之物與債務間能否確然對等，也都未詳加考慮。以債務人所處之弱勢地位，即使債權人掣奪過本契，恐怕也無可奈何，就算是告官興訟，也不易舉證，難得真正討回公道。由此以見，本條律文相當欠缺保障債務人的積極用意，民間施行起來，必會衍生出許多不良後果。

欠債還錢物，本是天經地義的事。無錢物可還，而以家資什物抵充，實也無可厚非，故「負債違契不償」條的基本精神，並不失其公平性。只是唐代設計的償債制度，債權人既可不在官府監督下進行，自易任情與奪債務人之家產，故極易給人強凌弱，只利於債權人之印象，並在實質上破壞了應有的公平性⑫。

以家產抵償欠負，在出土文書中所見甚多，可見此法不僅實施於中原，亦在邊區一帶廣為流傳，只是隨著時代演變與地區習慣，顯現同中帶異的特色。

如表 6-4 所示，高昌在唐納入版圖以前，已普遍用此法處理債務不履行問題，可見牽掣家產以抵償欠負，早有其歷史淵源，且為中國之周邊國家所行用，只於唐律中初見較詳細的規定而已。唐前期除了龜茲各契殘缺過甚，情況較曖昧外，其他

表 6-4　消費借貸券契牽掣家產表

時代	麴氏高昌	唐　　前　　期				吐蕃期	歸義軍期
地區	高昌	西州	沙州	龜茲	于闐	沙州	沙州
件數	18	17	3	0	5	21	4

説明：凡附表一之券契中明載牽掣家資或據語法可推測出者，無論其原因與對象
　　　若何，皆記入表中。

西州、沙州、于闐等處似亦都有掣奪家產還債的習慣。然在此
共同性中，仍略可見其間之小異，如麴氏高昌期相當一致地慣
以「若前卻不償，聽抴家財」表示之，而時代相接，同在西州
的唐人，則語法上顯然沒有如此高度的一致性，如：「若延引
不還，聽掣家資雜物」、「前卻不還，任掣家資」、「如違限
不付，……拽取隨身家計」等。唐律中「掣」之用法，在唐政
府掌控下的西州，似正相應地在增長著。于闐留有牽掣家資的
5 件文書，最不尋常的是其中 2 件註明「有剩不追」（69、
70）。于闐各契時處大曆、建中年間，正是安史亂後，唐政府
內憂外患，自顧不暇之際，而貸方以強勢作為，悍然於契中聲
稱「有剩不追」，此不獨明白排拒唐律牽掣不得過本契之規
定，亦顯示此時此地，唐政府的權威在衰退中。

　　沙州借契綿延時間最長，亦最能反映地方習慣或鄉情之變
動。唐前期僅有的 3 件沙州借契，都有掣奪家產以償債之條
款，唯天寶十三載（754）的 2 件只以掣奪財物，用充欠直為
言（56、57），另件簽訂於廣德二年（764）的便衫契
（62），卻竟加上「有剩不追」一語。短短 10 年間，唐朝在
經歷安史亂的洗禮後，國家權力與法律效力已丕變若此，讓人
不能不對律令需以強勢政府為後盾，有更深切的體認。沙州自
陷蕃後，該地雖然大體承襲唐前期之鄉法，但也出現一些新的
變化，一是在掣奪家財前常註明：「仍任將契為領六（令

六）」（78、79、82、83、85、88），另一則如前述幾例，將
「有剩不在論限」視為貸方之權利（83、85）。前者「領六」
或「令六」，似即律令之意，而「仍任將契為領六（令
六）」，無異表明該契是有如官方認證過，具有法律效力之文
書⑬。唐律本許可債權人牽掣欠負者家產，〈雜令〉中官方亦
一再表示尊重私契之態度⑭，但此立場在吐蕃占據沙州後，是
否仍被新政權承繼，而無絲毫動搖，大概是民眾最關心的問
題。部分貸主為了保障自己切身利益，強化其對借方之約束
力，故在牽掣約定前附加「仍任將契為領六（令六）」之語，
企圖將私契提升至如律令之不可變易之地位。新舊政權交替之
際，固然會使某些人憂心忡忡，惟恐既得利益被劫奪，但另一
方面，這也正是一個可以乘著舊制鬆弛的機會，肆無忌憚地壓
迫弱者的時刻，像牽掣後申明「有剩不在論限」，不就正刻畫
著剝削者兇狠的嘴臉？

　　牽掣家資條款，沙州契約中原本似甚普遍，如表 6-4 所
示，唐前期的 3 件無一例外皆註明之，吐蕃期的 36 件中也有
21 件載入，但一入歸義軍期，42 件契約中僅 4 件有之，而且
其一是因「卿（輕）慢絹主」，所做的懲罰性掣奪（140），
亦與一般針對借方之欠負有所不同。還有 1 件契約的記載也很
獨特：「切（劫）脫（奪）家賞，別處典褐□用者」
（120），這裏的典褐用，與其說是債權人下一步處理所得家
賞的方式，無寧說是向債務人宣示其擁有該物所有權，並可自
由處分之。另外，以歸義軍期為主的便物曆，雖然同樣具有契
約功效⑮，但幾乎全未提及債務不履行之處分辦法，唯一例外
的是 1 件壬申年褐曆，篇首言明：「限至二月還，若不還，掣
奪家資。」（附表三 48）沙州民眾大幅改變牽掣家資的習慣，
是否因歸義軍政權擔心強勢的債權人，藉機攘奪欠負者家資，

才限制或廢掉唐律「負債強牽財物」條？這種想法一時雖無確切證據，但從前引數據看來，似乎不無可能。而這僅有的幾件掣奪案例，或許正代表著少數貸主對統治威權的挑戰。

　　信用借貸因無擔保品作抵，貸方自然把牽掣家產，當成逼使債務人履行義務的一種手段。質押借貸雖然也不免於以物償債，但因貸方手上握有質物，故此質物便順理成章的成為還付之資。唐代對於質物之抵償方式，一如其對牽掣家產的規範，在〈雜令〉中亦明訂之：

> 收質者，非對物主，不得輒賣。若計利過本不贖，聽告市司對賣，有剩還之。（《宋刑統》卷 26〈雜律〉「受寄財物輒費用」條引）

動產質通常訂有回贖期，期限愈短，資本流轉速度愈快，質權人獲益愈大。為了減少風險，避免積久不贖形成呆帳，質權人勢需處置屆期不贖者，以保障自己的權利。但對出質人而言，不能如期回贖，自有不得已的苦衷，未必是有心賴帳，如果質權人以高壓姿態脅迫之、搜括之，出質人可能也只有任其宰割，而全無招架之餘地。唐政府看透此點，在基於保護弱者，與維護質權人的心態下，制訂上述法規，以平衡雙方的利益。依〈雜令〉的規定，質權人（收質者）可以處分質物的時間，是在計利過本不贖之後，亦即出質人至限不贖，官府還許以寬緩期，不令質權人即行處分質物。即至本利均而出質人仍不能贖，官府才准質權人在其監督下，賣質物償債。寬緩期的設置，主要源於出質人不願失去質物的心理，如果質權人允其稍緩時日，湊錢取贖，也未嘗於己不利，至少可免除因不能即時變賣而虧損之情況⑯。

　　在處分質物的方式與程序上，從〈雜令〉「『聽』告市司

對賣」推敲，似乎告與不告皆隨質權人之意，官方的態度與牽掣家產相類，不做強制規定；而賣與不賣，亦聽憑收質者之意願，政府放任其為之，不加干涉。只是當收質者決定賣以償債時，政府為了維護出質人的權益，〈雜令〉一方面限制收質者「非對物主，不得輒賣」，另方面則要求其「有剩還之」。揆諸〈雜令〉之目的，不外防止收質者高價低報，故意隱漏剩餘不還。〈雜令〉要求質物價值超過債額時，收質者有返還超出部分之義務，但卻未明示質物價值不足抵償債額時，出質人該負何種責任。如果收質者只得就質物價金受償，則其自不能要求以其他方式補足差額，然若公私雙方均無此項限制或約定，或許〈雜律〉「負債強牽財物」條論究家產抵償債務的辦法，可適時發揮功能，讓收質者之債權得到更多保障。

　　質物之處理除了對賣一途外，唐律令中未再提示其他途徑，但不言可知的是，質權人既有出賣質物之權，即顯示他也應該可以擁有該質物之所有權，而不僅是占有而已，故質權人扣下質物而不賣，也是方法之一，這由載有不回贖處理法的動產質契裏可以看出。

　　據附表四A各例，單純的用質物抵償者有 3 件（1、2、5），只言掣奪家資者有 2 件（3、7），同時兼用兩種辦法者有 2 件（6、8）。在著錄質物抵償的 5 件中，債權人皆以没入之法處置，並非逕行於市場賣出，而 1 件提及「一任將買（賣）」的于闐契（1），也只在表現債權人的自由處分權，並非限定必須賣以折債。另外，吐蕃期 1 件質契的記載相當特別：「其車請不著領六，住寺收將」（2），「領六」即律令之意，似乎寺院為了防杜新政權繼受唐的的對賣法，影響其没入質物之意圖，故刻意聲明「不著領六」，以排除律令的干擾。質契除了用没收質物抵償欠負外，其不足者，債權人還可

用掣奪家資法，得到補償，這大概是契約中兼載 2 項之用意所在。至於僅言掣奪家資，而未涉及質物抵債之 2 件，債權人未必真的漠視擔保品的抵押效用，反倒可能因其視收取質物為當然，而不以為有約定之必要。

　　唐政府規定的不回贖處理辦法，相當強調執行程序的重要性，以維護出質人的權利，但民間實際運作上卻未必如是。以前文提到的〈雜令〉「計利過本不贖」言之，出土文書中的動產質契全未見到「計利過本不贖」的那段緩衝期，少數言及違限不納者，除以 100%的倍息示懲罰或賠償之意外，通常也不待計利過本，質權人就沒收質物，歸其所有（2、3、5、6、8）。上述諸例皆不合於〈雜令〉之程序，由於人民未必願意拖延至利過其本才處理質物，也未必願意驚動官府大駕，在市司面前對賣質物，因此可以想見政府保護出質人的各種方式，並沒有被切實遵行。邊區情形固然如此，類推及於中原各地，相信亦無大過。

　　不動產質的抵償問題，傳統文獻與出土文書中所見不多，由魏徵子孫質賣故居（附表五 B 9、10、11），與呂住盈兄弟典賣宅地（附表四 B（1）1、2）等案例推測，回贖如為出質人的權力，則質權人在可以轉質，無損於自己利益下，自不能借口出質人不回贖，任意牽掣其財產。反之，若回贖是出質人的義務，則如〈桓德琮典舍契〉（附表四 B（2）1），質權人於出質人過限不贖時，可賣出質物以償債。值得注意的是，桓德琮事件發生於貞觀二十二年（648）河南縣，質權人在訴請官府裁斷後，「與賣宅取錢還足，餘乘（剩）任還桓琮（出質人）」，而與〈雜令〉規定的「聽告市司對賣，有剩還之」，在做法上極其相似。由此以見，關於質物抵償的〈雜令〉，或許早在唐初即已訂定，而不必待至開元年代[⑰]；在執行成效上，

至少中原地區確曾依循之，不能全視為具文。無占有質因質物未事先移轉，本無回贖問題，故債務不履行時，質權人只能考慮牽掣出質人之家產，或就移轉來的質物作抵，但雙方可能需在償付次序與得否沒入質物上，另有約定或默契（附表四B（3）1、2）。

　　以良人質債原為社會問題之產物，非法令所許可，因此無論質權人如何處分人質，其實都於法無據，不是因賣之抵債，觸犯〈賊盜律〉「略人略賣人」（總292條），就是因私自扣押，違反〈雜律〉「以良人為奴婢質債」（總400條），除非質債者本身就是奴婢⑱。但人質既已成為民間習慣，一般在面對踰約不贖時，大致皆以沒入錢主之家為常規，如《舊唐書》卷160〈柳宗元傳〉：「柳州土俗，以男女質錢，過期則沒入錢主。」同卷〈韓愈傳〉：「袁州之俗，男女隸於人者，踰約則沒入出錢之家。」人質過期不能贖，兩地錢主皆未賣之抵債，只將其沒入家中，私下留置。畢竟，掌握人質的勞動力，就是彌補質權人損失的最好方法。

　　出土文書中的人質契，回贖期訂得最詳細地是〈趙僧子典男契〉：「限至六年，其限滿足，容許修（收）贖，若不滿之時，不喜（許）修（收）贖。」（附表四C3）這大概是為保護債權人役使人質之權益，不欲令債務人太早回贖，所設的限期。另件〈吳慶順典身契〉：「比至還得物日，不許左右。」（3）契中雖未見約定回贖期，然從文意推測，債務人至期必需回贖，如不能回贖，人質還是得隸於債權人。有1件典身殘契透露依約回贖的情形：「但辦得絹□□歸家。」（1），似乎是回贖後，人質就被放歸家。只不知逾期不贖時是否如中原習俗，旋即將人質沒入債權人家中使役？

　　在特殊形態的借貸方面，預租型佃人因已先付租價，又是

貸方，不可能被牽掣家產，而約束田主另有違約罰，通常也不採貲財抵償方式⑲。至於其他幾種借貸，債務人在未履行義務時，便有可能被掣奪家產。可惜今日所見實例，僅預雇型借貸稍可為證，如〈令狐善奴便刈價麥契〉：「如違，一任掣奪家資雜物牛畜等。」（附表六　B7）。中原律令與地方慣例對借貸行為的影響，應該也反映在特殊形態的借契上。

　　為了逼使債務人早日償還，維護債權人利益，牽掣家產、收取質物，及其他處分方式，既可以並行不悖地同時運用，亦可以各自單獨存在。以消費借貸券契為例（附表一），同時載有違限生利與牽掣家產二款者，麴氏高昌期有 6 件（4、15、16、19、22、27），唐前期有 5 件（38、39、40、50、71），吐蕃期有 15 件（78、79、80、82、83、85、88、92、93、94、96、97、106、109、113），歸義軍期有 2 件（120、146）。其中，吐蕃期除了可能因限內多不計息，而相對地於限外要求較多樣化的履約保證外，官府漠視民間締約行為，人民需靠私契保障自己權益，以及強勢債權人藉機掠取財物，似乎都是該期契約強制條款較多的原因。然不宜忽略的是，形式化的契約只能代表部分實情，其他未著錄牽掣條款，或未事先如此約定的借貸，並不見得就不用強力攘奪，或願意有剩還之，類似五坊使楊朝汶的橫暴行為，大概也曾發生在民間追討債務上吧！

第三節　債務擔保

　　為確保締約雙方履行義務，債權人、債務人通常於立約之初，設定擔保條款，以維護各自之權益。有關之擔保事項，大體分為四類：留住保證、恩赦擔保、瑕疵擔保與違約罰。

一、留住保證

　　當事人欠負不償，由關係人代輸，是唐代相當普遍的概念。官方事務如逃戶租庸、官稅務、或食利本錢，官府在徵納不得時，往往勒令近親鄰保代出。私人債務雖無如上強制攤徵之弊，然債權人亦同樣要求特定之親人或保人代償，如代、德間，崔衍之不肖弟郜每多取子母錢，而使其主以契書徵負於衍（《舊唐書》卷 188〈孝友崔衍傳〉）。文宗時，有自神策左軍出為鄜坊者，所借軍中資錢未償而卒，乃徵於卒者之子（同前書卷 52〈后妃下〉）。另外自憲宗元和十四年（819）至敬宗寶曆元年（825）間的數度赦免京城內私債，「本主及原保人死亡，並無家產者」，或「主保既無，資產亦竭」者（《唐會要》卷 88〈雜錄〉、《文苑英華》卷 422、423），也都是貸方訴請借方關係人代納之明證。

　　債務保人的概念，於今可知，最早出現於秦律，《睡虎地秦墓竹簡》〈工律〉：「邦中之繇（徭）及公事官（館）舍，其叚（假）公，叚（假）而有死亡者，亦令其徒、舍人任其叚（假）。」⑳這是讓借貸官物的經手舍人或同繇役之徒眾，做為債務的擔保人㉑。秦律多是與國家間的債務擔保關係，漢簡中則出現私人債務的保人，如居延漢簡原編號 282・5 號簡：「終古燧卒東郡臨邑高平里古勝，……賈賣九稷曲布三匹，……任（住）者同里徐廣君。」㉒賈賣即賒賣，並非錢貨同時兩訖。《周禮》〈地官・大司徒〉：「使之相保。」鄭玄注：「猶任也。」由是知賈賣簡中的任者，就是為債務人擔保債務的㉓。然保人制度的法制化，尤其是債務保人概念的具體成形，還是在唐代。

　　《唐律疏議》卷 25〈詐偽律〉「保任不如所任」（總 386條）是對各類保人的行為做原則性規範，而《宋刑統》卷 26〈雜律〉「受寄財物輒費用」條引唐〈雜令〉則更針對債務保

人的責任，做出明確指示：

　　　如負債者逃，保人代償。

保人或保任一詞不僅正式出現在法制文書中，債務擔保的時機
與方式，〈雜令〉也有清楚規範，因此債務保人制度有可能全
面推行於唐代。

　　由〈雜令〉可以推知，債務保人是指與債權人事先約定，
或得債務人委託與債權人同意，在債務人逃亡而不履行債務
時，為之代行償負責任的第三者。如〈雜令〉所示，債務保人
償債的前提是「負債者逃」，並非只要債務人欠負，就被要求
清償。而其另層涵義則是，只要負債者不逃，無論其是否有償
債能力，保人原則上都無需代償。易言之，債務保人擔保的是
債務人的行為，其目的在防止債務人逃走，促其勇於面對債
務，而非與債務人負同一義務㉔。債務保人也與一般的質押擔
保不同，他不必預為交付人或物權充擔保，而只以自己的資力
與信用，向債權人提出保證。由於唐代債務保人的主要功能，
在消極地不使「負債者逃」，故中田薰、仁井田陞等名之為
「留住保證」，以與富積極性，欠負即償的「支付保證」區別
之㉕。

　　就唐代有關公私債務之史料所見，〈雜令〉中之「逃」，
可能取義較廣，還包括債務人之死亡在內，如憲宗元和十四年
（819）上尊號赦：「應在城內有私債經十年已上，本主及原
保人死亡，又無資產可徵理者，並宜放免。」（《文苑英華》
卷422）文宗太和八年（834）疾愈德音：「在京諸司諸使食利
錢，……其有人户逃死，攤徵保人，其保人納利計兩倍已上
者，其本利亦並放免。」（《文苑英華》卷441）前例應在本
主逃、死後，債務負擔才落在保人身上；後例則明白點出保人

的留住責任，實含債務人的逃避與死亡兩方面㉖。

　　現存的唐代法制文書，雖然不能證明「負債者逃」亦指債務人死亡，但以唐令為藍本的日本養老令，在說明「如負債者逃避，保人代償」時，卻出現如下之註解㉗：

　　　謂依律，雖負人身死，保人亦代償。

或許這種想法正襲自唐〈雜令〉，為唐人如何執行該條，下一註腳。此外，《周禮》〈秋官・朝士〉：「凡屬責者，以其地傅而聽其辭」鄭注：「屬責，轉責使人歸之，而本主死亡，歸受之數相抵冒者也。」唐人賈公彥疏曰：「本主死亡者，轉責者或死或亡也。」賈疏雖為鄭注釋義，相信其中也多少存有唐代的影子，或根本就據唐代情形申論，而可為〈雜令〉所謂之「逃」，實包含死與逃兩種情況，再添一旁證。

　　留住保證制度的設計，對債權債務關係的穩定，社會經濟的發展，都有相當程度的影響。對債權人而言，在第三人擔保債務人不逃亡，以及逃亡後還有第三人代償的雙重措施下，使債權人利益得到深密周全的保障。債權人既無庸擔心欠負收不回，自可放心大膽的放債，而使有需要的人或經濟弱勢者，因適時得到舒解，致生活得以維持，社會經濟也能順當運作，故債務保人的運用，同樣有益於債務人之借債。該項保證制度，看似加諸保人許多義務，其實整個債務的重心，還是放在債務人身上，並非讓保人有欠即償，直接承擔債務壓力，因為保人主要負的是留住責任，所以這個制度還是很顧及保人的權益㉘。

　　唐代的債務保人主要負的是留住保證，如其留住無效，依〈雜令〉規定，需為債務人代償，亦即保人要承擔民事上的責任。現今留存的各類債務契約，常見「身東西無，仰保人代償」等語，就是最好的證明。然保人在民事責任之外，還可能

要接受刑事處罰。《唐律疏議》卷 25〈詐偽律〉「保任不如所任」（總 386 條）：

> 諸保任不如所任，減所任罪二等。

疏議曰：

> 保任之人，皆相委悉，所保既乖本狀，即是不如所任，減所任之罪二等。

本條規範的保人不僅指債務保人，此處只就債務保人論之。疏議認為，保人因與債務人熟識，才使債權人放心地同意進行債務關係，如今債務人逃走，顯示保人所保不實，未善盡認證之責，有違當初立狀之本旨，故應科其不如所任之罪。由是亦可知所謂「保任不如所任」，在保人未能留住債務人時即發生作用，不必等到不能代償時才產生效力。

債務保人的法律責任實包括民、刑兩部分，前者乃為逃亡的債務人償債，後者因其不如所任而處刑。但這兩項法律責任，未必同時加諸保人身上。以各類債務契約論之，幾乎僅見〈雜令〉「負債者逃，保人代償」之相關條款，卻未見與〈詐偽律〉「保任不如所任」條有關之規定，這說明民間債務期望的是保人自行代償，而不願動輒以刑責威迫，債權人只有在保人不履行義務，訴請官府裁決，以保自身利益時，「保任不如所任」條才會被考量運用。就此而言，債務保人的刑事責任，應屬告訴乃論性質，除非債權人主動提起訴訟，否則官府不會率然介入。由於「保任不如所任」條採取的是不告不理原則，所以只要該項糾紛不進入司法程序，保人就只需負擔代償責任，而不必受刑罰懲處。

債務保人之處刑，應減所任之罪二等，亦即依負債者之刑

責，以減二等論。〈雜律〉「負債違契不償」（總398條）負債者罪止徒一年，則保人不能留住債務人，據前引「保任不如所任」條，最高合杖九十。另外，保人為債務人代償，卻不能履行義務時，又可能依「負債違契不償」條之負債者身分科處。對保人施以夏楚，反而會因其傷病，無法加緊籌措經費，以致無益於債權，但官府依然定此條律文，其目的大概欲借刑罰恫赫，使保人不敢不盡心留住債務人，或不敢不代逃死之負債者償債。唯用刑法逼使保人遵守擔保事項，終有連坐之要素在其中㉙。

　　留住保證強調的是「負債者逃，保人代償」，但保人是否真在債務人逃死後，即由其代償，似仍有疑議。為了防止債務人的惡意避債，也由於家族共產制的實施，故債務人逃走後，保人並未立即被要求履行義務，債權人通常會先向債務人的共產親求償，而其家財也成為債權人索償之來源。前引崔衍為其弟還債，固然本於友愛之情，但出為郎坊者之子被徵及，則有父債子償的意味。類似情形亦同樣反映在官債務中，《樊川文集》卷13〈上鹽鐵裴侍郎書〉：「監院多是誅求，一年之中，追呼無已，至有身行不在，須得父母妻兒錮身驅將，得錢即放，不二年內，盡恐逃亡。」說得正是拘繫近親，用求鹽利。《張司業詩集》卷7〈山頭鹿〉：「貧兒多租輸不得，夫死未葬兒在獄，旱日熬熬炙野岡，禾黍不熟無獄糧。」則是怨歎親人為官稅而枉死或下獄，自己卻一籌莫展。由此看來，債務人的近親即使非法定程序下的保人，似也在習慣上承當保證責任，而且這個習慣至遲在西漢已出現，《居延漢簡甲乙編》273・12號簡：「☐石十石，約至九月羅，必以即有物故，□責家中見在者。」又，玉門花海漢代烽燧遺址出土簡牘77・J・H・S：6號簡：「□賣皂布複褌，即不在，知責家□」㉚。所

謂「物故」、「不在」，即指債務人逃、死。而「責家中見在
者」、「知責家」，實際就是讓家屬承擔債務。近親替償是否
如一般保人，採留住保證制度，尚難確證，而從崔衍的例子觀
察，事實上未必如此，但上舉各條不乏言及父亡、夫死、或身
行不在，似乎親人被要求償債，也常發生在債務人逃死之後。

　　無論法理上債務人是否立有保人，也無論債務人所立的保
人是否包含親人在內，一旦債務人欠付不償，至少其共產親的
償付次序，優先於任何其他人。因為保人原則上只負留住責
任，在債務人未逃死前，本無代償義務，故債權人只能以牽掣
債務人家產的方式抵債，或其家資盡者，通取戶內男口役身折
酬，甚至逼使債務人典賣妻子、田宅。只是當這些辦法用盡，
而仍不足以折抵時，債權人是否會捨債務人，而要求負留住責
任的保人代償，則可能要視債權人個別之威勢而定。再者，即
使債務人逃死，保人仍不必先於其共產親代償，《宋刑統》卷
26〈雜律〉「受寄財物輒費用」條引唐憲宗元和五年（870）
十一月六日敕：

> 　　應諸色人中，身是卑幼，不告家長，私舉公私錢物等，多有
> 此色。子弟凶惡，徒黨因之交結，便與作保，舉諸司及刑要家錢
> 物，同為非道破用。家有尊長，都不知委。及徵收本利者，便東
> 西。保人等即稱舉錢主見有家宅莊業，請便收納，喧訴相次，實
> 擾府縣。今後如有此色，舉錢無尊者同署文契，推問得實，其舉
> 錢主在與不在，其保人等並請先決貳拾，其本利仍令均攤填納，
> 冀絕姦計。

卑幼不告家長而私舉錢物，及至徵收本利，便東西逃避。保人
雖負留住責任，然由「即稱舉錢主見有家宅莊業，請便收納」
來看，習慣上，債務人之共產親仍需先以家財來抵當，而非即

令保人代償。類似情形亦出現在官債務中，《册府元龜》卷507〈邦計部・俸祿三〉憲宗元和十一年（816）九月東都御史台奏納息利：

> 正身既歿，子孫又盡，移徵親族旁食。無支族，散徵諸保。保人逃亡，或所隸代納。

在償付次序上，此條説得相當清楚，即債務人逃死後，保人還有債務人之共產親可為緩衝，不必逕為之代納。唯文中言及的移徵親族旁食或支族，是因其在共產親範圍內，故有此義務，抑或官府憑藉威力，有親即徵，強行連引所致，則尚難證明。

　　前引元和五年敕另一宜申述的，是敕文注意到保人隱蔽實情，不當為保的後遺症。由於保人將風險轉嫁舉主家人，不獨使舉主家長受累甚深，也徒增債權人徵收本利時之困擾。為了加重保人的認證責任，減少訴訟喧擾，並保障債權債務雙方的利益，敕文於「舉錢無尊者同署文契」的案例，要求無問「舉錢主在與不在」，保人均應受民、刑罰責。此類規定顯然與〈雜令〉：「負債者逃，保人代償。」保人只負留住保證，不太相同，亦即保人不待舉錢主逃死，只要所保不當，便有償付之責。這種保證形態，並非典型的支付保證，因其實施理由是作保行為有瑕疵，而非債務人不能償付，故保人被決杖、令均攤，有懲罰之意味在內。然就保證條件不只限於「負債者逃」而言，元和敕應對傳統留住保證觀念，具衝擊作用，這或許是過渡到支付保證的一個契機。

　　出土文書於私債負擔保責任者，有很清楚的描述。表6-5且依消費借貸券契所述，按各時間段落，整理表列其代償情形。

　　保證條件「身東西不在」等語，「東西」即東奔西逃，逃

表 6-5　消費借貸券契留住保證表

時代	保證條件	保人
麴氏高昌期	身東西 身東西不在	婦兒：4、5、6、8、9、12、15、16、18、19、20、21、22、25、26、27、32 特定人：2、13
唐前期	身東西不在 身東西沒落者 東西逃避	妻兒：38 保人（收後）：43、49、53、62、65、71 妻兒及保人（收後）：34、36、37、39、40、42、44、46、50、54 倍徵：64
吐蕃期	中間身不在 身東西不在	保人：78、79、80、83、84、85、87、88、93、94、96、97、101、102、103、106、108、109 保人妻弟、父、弟、子：82、92、100、111 特定人：92 依契陪徵：86
歸義軍期	身東西不平善 身故東西不在 道上不平善 不平善者，路上死者	口承人：126 口承男：128、129、134、137、148、149、153 口承弟：131、138、139、146、147 口承人兄：140 兄、弟：121、144 家妻：151 著九人賠償者：120

說明：1. 凡附表一中據語法可推測出者皆列入，表中編號即契號。但保人稱銜不明者，從略。

　　　2. 表中之保証條件，只列具代表性的數種，其他未列者，只在字句間稍有出入，但意義上並無差別。

　　　3. 契中無保証條件或殘缺不明者，契末署名欄雖有保人，亦不計入。若契中有保證條件與保人，契末署名欄另有其他保人，則依情況分別計入。

避不在之義，是唐人的慣用語[31]。由表中之保證條件知，保人只在本主（借用人）不在、逃亡、沒落或身故時，才需負擔償付義務，亦即保人只擔保債務人的行為，而不與債務人負同一債務[32]。在這一點上，借契與〈雜令〉相同，用的都是留住保

證制度。應注意的是，以債務人逃死為保證條件，在時間上溯及唐以前，在地域上遍於邊區各處，可說此觀念早有其歷史淵源，不待唐代即已出現，前引秦律：「叚（假）而有死亡者」，及鄭注：「本主死亡」，或許與之有某種牽連也未可知。

表 6-5 中保人的身分與稱銜，並不具高度一致性，而是因時因地而異。麴氏高昌期的保人，有 2 例未寫明其與被保人的關係，但從保人姓名、身分判斷，應與債務人同為道友或出家人。本期其他各例的保人皆為借用人之婦兒。該種身分在唐前期的西州亦不少見，只是多改稱為妻兒。但二者不同的是，高昌券書幾乎皆「仰婦兒償（上）」，唐前期則於妻兒之外，大量引入其他可能非屬近親的保人。這說明吐魯番地區的立保習慣在逐步演化中，麴氏高昌期的債權人通常直接找欠負者家屬要債，而唐代西州的債權人為了要讓自己得到更多保障，乃要求擴大立保範圍，不再只限債務人的近親家屬，但或許也因此讓債務保人的概念得到突破性進展。表中唐前期西州借契頻見「收後」或「收後保人」之用語㉞，其他相關文書則極少用此稱呼。而且即使契文中用「收後」或「收後保人」，契末署名欄仍為「保人」字樣。顧此異名，正顯示保人是在負債者逃亡，債權人「收」其家財或妻兒役力抵償仍不足之「後」，才負起償還餘債之責的。唐前期契約的來源多元化，敦煌、庫車、和闐也各有 1 契載有保人條款（62、65、71），可見債務保人的擔保作用，普遍得到唐王朝各地人們的肯定與重視。

民間債務契約以維護雙方當事人的權益為目的，受政權變動的影響應該不大，這從限蕃後的沙州依然慣用保人條款，可以得到證明。但較特別的是，雖然吐蕃期契約署名欄仍多親屬保人㉟，其契中保證條款卻較少像其他各期契約那樣，直接將

親屬身分列出，難道此期保證條款所指保人習於包含親屬在內？歸義軍期的保人多改稱為「口承人」，口承乃允諾、許下、承認之意，本非保人的專用別名⑱，或許因為保人也允諾承擔一定契約義務，遂亦稱之為「口承人」。但由表中之保人欄觀察，該種稱呼似只出現在十世紀，故可能是歸義軍期之區域性現象，未必通行於全國各地。此期口承人的身分仍以債務人的近親家屬為多，大致無殊於一般借契之趨勢。

其他類型的借貸，亦同樣反映如上情形：

表 6-6　質押借貸與特殊形態借貸留住保證表

時代	保證條件	借貸類型	保人	出處
麴氏高昌期	身東西無	預租型	婦兒：1	附表六 A
唐前期	身東西不在	不動產質	妻兒保人：1 妻兒：2	附表四 B（3）
	身東西不在	預租型	保人：8	附表六 A
	身東西不在	賒買或賒賣型	妻兒及保人：1	附表六 C
吐蕃期	身東西不在 到時不在	動產質	保人男：2 保人：3、5、6	附表四 A
	身東西不在	預雇型	保人：6、7	附表六 B
歸義軍期	身東西不在	動產質	保人：7 口承人：12	附表四 A
	病疾瘡出病死 身東西不平善	人質	兄：3、5	附表四 C

說明：本表從附表四、附表六中據語法可推測出者製成。設定之條件參表 6-5 的說明。

不同時期、不同借貸類型的保證條件，大體皆屬留住保證，可見這是十世紀以前中國及周邊地區用得最普遍的保證方式⑲。表 6-6 中保人的身分與稱銜，有其時代與區域特色，與表 6-5 的情形頗為相似。較引人注意的是，歸義軍期一件大中十二年（858）的動產質契（附表四 A7），未用十世紀常見的

「口承人」，而隨同吐蕃期之例，名之為「保人」，這似乎顯示九世紀後半的沙州，正處在一個新舊政權交替，與民間習慣轉型的時刻。另外，契中的保證條款未著明保人稱銜者，時或可於署名欄見之，如〈趙僧子典男契〉為保的「兄」，署名欄則清楚寫出是「只（質）典口承兄」（附表四　C3）。而預租型的數件借契，契中雖無保證條款，契末確有保人署名，而且多是母、妻、弟等近親（附表六 A4、5、6、10）。

　　唐代的債務保人屬留住保證，償債壓力雖不似支付保證大，不過終究承擔不少風險，釋拾得詩曰：「為他作保見，替他說道理，一朝有乖張，過咎全歸你。」（《全唐詩》卷807）由於「保任不如所任」要科罪，另外還有民事上的責任，是以若非與被保人有休戚與共的關係，多不願貿然投入，無故受累。王梵志詩曰：「無親莫充保，無事莫作媒，雖失鄉人意，終身無害災。」（《王梵志詩校注》卷 4〈無親莫充保〉）借契中負留住保證者以近親為主，王梵志詩亦強調非親不為保，可見親人不失為債務人最常考慮的擇保對象。表 6-5保證條件的保人，妻兒兄弟等常並稱，難以進一步釐清保人親屬的成分，如改以契末署名欄的保人來觀察，或可予人更清楚的認識。就附表一歸納所得，保人為父、母者各有 1 件（53、82），為兄者有 2 件（97、128），為弟者有 6 件（92、101、104、131、138、139），為妻者有 1 件（41），為男者有 9 件（36、37、43、84、93、94、106、108、130），為女者有 2 件（43、49）。這些親屬中，最多的是以妻子兒女為保，其次才是兄弟為保，以父母為保者相當少見。蓋父母年事已高，能不擾及，最好避免之。央託同輩兄弟為保，頗能符合利害與共，關係近密之立保要旨，故件數還算不少。至於以妻子兒女為保，是否意味著這類保人是過渡到傭工、典身、奴婢之跳

板,很令人關切。唐人本有同居共財的觀念,父母在及居喪中,子孫原則上不可別籍、異財[38]。上述為保之親人多數是妻兒、兄弟等近親,雖然吾人不易從契中推知債務人與其兄弟等是否仍為共財親,但最起碼的,債務人之妻兒無由與其分財異居。在家族財產制下[39],身為家長的債務人既已無力償付,則除了典妻賣子一途外,可能也別無他法,何況像有些保人男的年齡只13、14歲(84、94),動產質契中更有1件只8歲(附表四 A2),這些人未及中男,國家尚不賦予賦稅義務,依常情也只依附父母生活,可見其為家庭償債的方式,是在未來歲月中,憑藉役力或身體,為父還債,這或許也是保人男的件數遠多於保人妻、女之因吧!

保人的身分除了以親屬為主體,其實還呈現多樣化現象,如〈鄭海石舉錢契〉(42)被保人與保人之一是同鄉關係,〈蘇某舉錢契〉(73)與〈羅賢信貸絹契〉(138)的保人都具官方身分,〈龍興觀道士楊神岳便麥契〉(57)、〈靈圖寺僧神寂便麥契〉(85)與〈馬其鄰便麥契〉(88)、〈吳瓊岳便粟契〉(106)等,借者或是僧道身分,或向寺觀借貸,自然不免順道邀僧道具保。直接標出鄉人為保的例子雖不很多,但官人或僧道,以及其他註出身分之保人,大概不是與被保人住居相鄰近,就是與之為素所熟悉的知交,甚至也可能是關係稍遠的親戚。總之,責保由血緣向地緣、朋友關係發展,應是極普遍而自然的。

同樣是消費借貸的敦煌便物曆,據池田溫的分析,保人大致也以親族為主[40]。便物曆小額借貸的趨勢尤其明顯,多少反映了債務人的貧困化,要為如此貧困的人擔保債務,風險極大,可能就在無人願保,逼不得已的情形下,出現另種具保形式,亦即處境相似的小民,為求借貸方便,只好相互為保,暫

度難關,如附表三〈某寺公廨麥粟出便與人抄錄〉(15)中的曹保晟與游懷潤,李安六與鄧安久,王安君與杜寺主;〈翟法律出便與人名目〉(47)的鄧集子與杜不勿,就都是債務人互保。

在保證條款中,偶然有些例子似乎不是由保人承擔債務,而是由債務人或其家屬來負責。表 6-5 有 3 件在保證條件後言明:「倍徵」、「依契陪徵」、「著九人賠償者」。前兩件的債務人既已逃、死,又未提到保人,當然是向債務人的家屬,要求以其家財償債。末件的情形較為特殊,可能是一件連保同借的的借貸契約。這種具保形式在TⅢ315 號廣德三年(765)交河縣請舉常平倉粟牒中也見到⑪。5 件文牒中,B件是 1 人借貸,邀集 5 人共保;A、C、D、E 各件則為保頭 1 人帶保內 4 人,各自借貸,又互為保人的連保同借牒。表 6-5「著九人賠償」的借貸契約,亦是 9 人各自借貸,又互相保證的連保同借形式,易言之,這 9 人既是債務人,也同時是其他債務人的保人。此外,北圖鹹字 59 號背有六件請便牒⑫,五件的借者間是否互負連帶責任,文牒中看不出來,僅靈修寺寺戶團頭帶領頭下戶的一件,文牒中有:「依時進國自勾當輸納」一語,似乎團頭獨力承擔下所有團內寺戶的債務。就此而言,向常平倉請粟的保頭,與向都司請便的團頭,其擔保債務的方式與責任未必相同。

保人既有代償之可能,則其具保之形式與人數,亦將影響債務分擔方式。唐代保數以 5 人為限,唐律「保任不如所任」條疏議曾舉「五人同保一事」之例,而日本令:「凡須責保者,皆以五人為限。」⑬或可印證唐代也有這樣的規定。唐代官方事務的保人確無超過 5 人者,消費借契署名欄之保數,一般則只有 1～2 人,3 人以上者並不多見⑭。在債務分擔上,如

為1人之單保，或像前件請便牒之團頭自勾當輸納，則保人理應獨自承擔下各欠負者及其共產親遺留之債務。如為數保人對同一債務之連保，就像借契所見2保人以上各例，各保人可能仿照TⅢ315號廣德三年（763）請舉常平倉粟牒B件官府之問語：「能代均納否？」原則上採共同負擔，平均分攤的方式。但如保人間有故，其他保人未必不負連帶責任，仿自唐令的日本令於此提供了一些線索：「若二人共保，而一人身死者，亦一人全償，不可折死人之分。」⑥是則其他保人有故，餘保仍有連帶的償付責任⑥。在連保同借方面，由於各債務人之借數並不相同，如某債務人逃避不納，保人的代輸法依A件答語為：「所有保內欠少，並請代納」，E件答語為：「均攤代納」，則知保人之償付並不依各人所借比例攤還，而是保人間負連帶責任，平均分攤欠負總額，以增強擔保之效力。

二、恩赦擔保

　　恩赦在傳統觀念裏，被認為是布德施惠的善政，但在實際施行中，卻可能損及另一方的權益。以借貸關係為例，恩赦就似乎不為債權人所喜，而考慮另訂擔保條款排除之。此於出土文書中可見數起，如消費借貸券契（附表一）：

　　　〈鄭海石舉錢契〉：「公私債負停徵，此物不在停限。」（42）

　　　〈曹茂晟便豆契〉：「中間或有　恩赦，不在免限。」（93）

　　　〈陰海清便麥粟契〉：「中間如有　恩赦，不在免限。」（100）

　　　〈趙明明便豆契〉：「如後有恩赦，不在免限。」（101）

不動產質附買回條件之買賣契亦有2件（附表四B（1））：

〈呂住盈兄弟典賣土地契〉：「恩赦流行，亦不在論理。」
（1）

〈呂住盈兄弟租賣舍契〉：「或有恩（敕）流行，並不在論
理。」（2）

預租型借契有 1 件（附表六 A12）：

〈令狐法性租地取絹契〉：「有　恩赦行下，亦不在語說之
限。」

消費借契除第 1 件為唐前期外，餘 3 件皆屬吐蕃期，而買回契
約 2 件與預租型借契已至十世紀歸義軍期。貸方對恩赦之停徵
或放免有所顧忌，在不同的時段與地區裏都可發現，顯見這項
政策對人民權益確有影響，不能等閒視之。

恩赦對債務的法律效力，〈雜律〉中已有規定，「負債違
契不償」（總 398 條）疏議：

若更延日，及經恩不償者，皆依判斷及恩後之日，科罪如
初。

負債不償，本應同時負民、刑責任。唯期間若會赦，由疏議的
「經恩不償者」，依「恩後之日，科罪如初」判斷，債務人的
刑責在赦期內是可原免的，但債務仍需備償。其經恩不償者，
則據赦後所違日數，論刑如初[47]。易言之，本條恩赦雖然影響
債務人之處刑，但並不影響債權人之求償權力。

唐代詔敕偶而可見停徵或放免私債的恩赦，其與律中原
則，多少有些出入。在停徵方面如高祖武德六年（623）〈勸
農詔〉：

其有公私債負，及追徵輸送所至處，且勿施行。（《全唐文》卷2）

玄宗開元二十三年（735）五月〈緩逋賦詔〉：

如聞關輔蠶麥，雖稍勝常年，百姓所收，才得自給，若無優假，還應艱弊，……其公私債負，亦宜停徵。（《冊府元龜》卷147〈帝王部·恤下二〉）

德宗貞元元年（785）十一月〈冬至大禮大赦制〉與二年（786）〈優恤畿內百姓並除十縣令詔〉：

公私債負，容待蠶麥熟後徵理（收）。（《陸宣公集》卷2、4）

文宗開成三年（838）正月二十四日〈淄青蝗旱賑恤德音〉：

公私債負，一切停徵，至麥熟，即任依前徵理，及准私約計會。」（《文苑英華》卷436）

唐代一般所謂的停徵⑱，只在還期上做較彈性的處理，並非免除債務人應履行之義務，所謂「熟後徵理」、「准私約計會」，即債務人於赦期後，還是要按契約原定數額與方式償還。斯坦因一件殘文書云：「恩赦雖且停納，於後終擬徵收。」⑲就做了最清楚的說明。至於恩赦的限期如何決定，從上述各例看，似待豐收之後，債務人有償付能力時，再行還納，此則略異於律中恩赦有程期者之計法。據〈名例律〉「略和誘人等赦後故蔽匿」（總35條）：

即有程期者，計赦後日為坐。

疏議曰：

> 此等赦前有違，經恩不待百日，但赦出後日仍違程期者，即
> 計赦後違日為坐。

因負債不償而獲罪者，於會赦後，應依契約原定限期，迅速辦
理還債事宜⑤。疏議中的「經恩不待百日」，是各任事類之有
程期者，而不似略和誘等罪以赦書到後百日為限。前引各條停
徵私債的恩赦，縱然為人主之量情處分，其效力亦可破律⑤，
故其於債權人之影響，不得不格外注意。

　　恩赦停徵私債，多待蠶麥熟後徵理，只是農事借貸多屬一
年期，當年農畢不能還，待來年熟後徵理，豈不使債權人已融
通的資金形成呆帳，無法在適當時機再用益，以創造更多財
富。何況來年是否豐收，債務人是否會以未熟為借口而再拖
欠，以及其間之利息該如何計算等，都為原先協議憑添許多變
數。這種期限上的寬緩，使契約關係處於很不穩定的狀態，債
權人也不得以牽掣家產等方式來彌補損失，故政府照顧貧弱欠
負者的這項德政，反而可能成為債權人的負擔。為了不使恩赦
改變契約效力，處於經濟優勢地位的貸方，不免設想用恩赦擔
保條款，排除政治因素的干擾，繼續強制債務人還債，以保障
自身利益。前引唐前期西州〈鄭海石舉錢契〉，擔保的正是停
徵私債，大概債權人就是針對可能之不利而預為之計。然亦由
該契推知，至遲在高宗乾封元年（666）以前，政府已不止一
次地頒佈過有關之恩赦，民間才會有此對應之道，應該不是只
有武德六年的那一次停徵詔（前引〈勸農詔〉）。

　　「負債違契不償」條與停徵恩赦，均無終止債務的意圖，
但詔敕另有放免私債的恩赦，如憲宗元和十四年（819）七月
二十三日上尊號赦：

> 應在（京）城內有私債經十年已上，本主及原保人死亡，又
> 無資產可徵理者，並宜放免。（《文苑英華》卷422）

敬宗寶曆元年（825）正月七日敕與同年四月二十日冊尊號赦：

> 應京城內有私債經十年已上，曾出利過本兩倍，本（部）主
> 及原（元）保人死亡，並無家產者，宜令台府勿爲徵理。（《唐
> 會要》卷88〈雜錄〉、《文苑英華》卷423）

元和、寶曆間的放免私債出現在中晚唐，與沙州陷蕃後的幾件消費借契，在時間上若合符節。唐的統治威權此時已不及於沙州，這是否意味著吐蕃王朝亦有類似恩赦，頗耐人玩味。由元和、寶曆之放免情形看，恩赦範圍只限於京城內，而且都是積欠經年，主保死亡，且無可徵理者，放免條件算是相當嚴苛[52]，對債權人的衝擊可能不會太大。只是這畢竟是以政治力量，介入並消滅債之關係，債權人即使日後發現債務人或保人仍有財產，也不可要求其償還，故這對債權人還是不利的。基於防範未然的心理，債權人在契約中列入恩赦擔保條款，便成了一種自保之道。

唐前期西州各類契約，並不常見恩赦擔保條款，但吐蕃期與歸義軍期的沙州契約，除了上列各類借契外，買賣契中所見尤多[53]，連賣地、賣舍樣文中都著錄排除條款。買賣一般是錢貨兩訖，不應再發生債務問題，大概因買方擔心標的物的產權爭議，或壓良為奴的買賣不合法，官府處分時會傾向維護原主（賣方）權益[54]，才特別附加恩赦擔保條款。然無論如何，只要居經濟優勢地位的債權人，覺得恩赦行下會侵害自己的利益，就有可能逼使弱勢債務人，於契約中訂下排除條款。至於唐前期契約中這類條款不常出現，究竟是因為停徵或放免恩赦

較少頒下，對債權人影響小，是以罕見排除行為，還是因為前期恩赦多准律中原則進行，故債權人無需另立擔保條款，則因資料不足，一時難以斷定。不過由晚唐五代中原政權免除私債之恩赦，與吐蕃期，特別是歸義軍期民間私契之恩赦擔保條款，同時相對應地增多推想㊿，中原政令即使不及於西北邊州，沙州節度使也可能會倣效中原頒佈放免恩赦，北圖劍字 98 號背〈丁丑年（977？）金銀匠翟信子等三人狀並判詞〉是一件借貸糾紛訴狀，就起因於節度使施行的一項恩赦：

> 1. 金銀匠翟信子、曹灰子、吳神奴等三人狀
> 2. 右信子等三人，去甲戌年緣無年糧
> 3. 種子，送於都頭高康子面上寄
> 4. 取麥參碩，到舊年秋翻作陸碩
> 5. 共陸碩內填還納壹碩貳斗，亥
> 6. 年翻作玖碩陸斗。於丙子年秋填
> 7. 還內柒碩陸斗，更餘殘兩碩。今年
> 8. 阿起大慈悲，放其大赦，矜割舊年
> 9. 宿債。其他家乘兩碩，不肯矜放。今信子
> 10. 依理有屈，伏望　阿郎仁恩，特賜
> 11. 公憑裁下處分。
>
> （判詞）
> 12. 其翟信子等三人，若是宿債
> 13. 其兩碩矜放者。

唐律「負債違契不償」條之恩赦，並不免除債務人之債務，中晚唐所見之放免私債，條件限制亦甚嚴。但此處歸義軍節度使之恩赦，卻完全不考慮債務人欠負的原因，或其是否全無還債能力，就「矜割舊年宿債」，放免所有欠負。該種恩赦比起元

和、寶曆間的放免規定，實在寬鬆太多，也因此相對於民間債務關係的衝擊，要比唐代大得多，洪邁《容齋三筆》卷9「赦放債負」條嘗論宋代大赦免債事曰：「遂有方出錢旬日，未得一息，而并本盡失之者，人不以為便。」赦免私債之弊，於焉可見。

平心而論，唐律是稟持著尊重契約的精神而恩赦，在盡量不損及債權人的前提下，僅施予債務人小惠。歸義軍此例則不然，它改變借貸雙方之原有約定，站在債務人的立場，免其宿債，但也自然會致債權人於不利之地位。總之，前者在維護契約自由精神與私法自治原則上，非後者所能及；後者在保護經濟弱勢，減少貧富差距上，亦非前者能望其項背。或許正因為統治者放免私債具有高度的任意性，太忽略債權人的利益，是以債權人在訂定契約時，加入恩赦擔保條款，以為自救與對抗之道⑯。

遺憾地是，我們無法知道翟信子等與高康子間的借貸契約是否訂有恩赦擔保條款，如果沒有，則高康子的不肯矜放，全憑地是威逼強取，而在節度使阿郎裁斷後，身為都頭的高康子可能也不敢再有異議。反之，如果契約中訂有排除恩赦的條款，而債務人翟信子等還是告官訴理，則不禁讓人對恩赦擔保條款的效力，甚至契中所有不符官府規定之條款的效力，持著懷疑的態度。姑不論唐〈雜令〉的「任依私契，官不為理」能體現到什麼程度，此案例終究顯示官府權威仍高於民間私契。

三、瑕疵擔保

借貸關係發生時，還可能引起瑕疵擔保的問題。如一方所交付之物，在品質或效用上有缺陷，則交付者應負物之瑕疵擔保責任；如該物之權利有欠缺，致受取者不得順利用益或留置，則交付者應負權利瑕疵擔保責任。唐代的借貸類型相當複

雜，其中，信用借貸之貸與物、質押借貸之質物、預租型借貸
之佃地、預雇型借貸之受雇人、賒買或賒賣型借貸之出賣物
等，都不無涉及這兩種擔保的機會。雖然傳統文獻中罕見瑕疵
擔保的案例，〈雜律〉「買奴婢馬牛不立券」（總422條）也
只限於物之瑕疵擔保，但唐人於交易時既已興生瑕疵擔保的概
念，便難以否定其於借貸時不會出現類似想法。大體上，物之
瑕疵擔保與權利瑕疵擔保，最常出現在買賣券契，此原非本文
之討論範圍，只因其與各類借契多少有些牽連，故略申述之。

麴氏高昌期的券書，無論是買田宅或奴婢，經常附有權利
瑕疵擔保條款。此一加諸出賣人之義務，其實早在漢代即已有
之[57]，只是物之瑕疵擔保條款，到唐代才見於契約中，這可能
與動產交易較多，及「買奴婢馬牛不立券」條之製訂有關。以
下姑舉一例，略見其意，唐高宗咸亨四年（673）〈杜隊正買
駝契〉[58]：

> 4.……若駝有人寒盜恩佲（認名）
> 5.者，一仰本主及保人酬當，杜悉不知。叄日
> 6.不食水草，得還本主。……

「寒盜」即盜取之意[59]，「恩佲」就是認名。「寒盜恩佲」是
指所買物之財產權出了問題，被第三人認係其人所有，致買方
之權益受損。為了防止上述情況發生，於是買方要求賣方應保
證第三人不得對買賣標的物，主張任何權利，亦即賣方需負權
利瑕疵擔保責任[60]。但如不幸，賣方對該物之權利防禦失敗，
依此例「一仰本主及保人酬當」推測，賣方之作為，應不外在
確認物之財產權、替換無瑕疵物、賠償買方、解除契約、或減
免價金等數法中，與買方達成協議。一般而言，唐代的債務保
人只負留住保證責任，此處的保人卻與債務人之逃死無關，他

除了要協助認證產權，必要時可能還需為本主償付代納。

在物之瑕疵擔保方面，本例「叁日不食水草，得還本主」，似是仿於「買奴婢馬牛不立券」條而來，疏議曰：

> 買奴婢馬牛駞騾驢等，……若立券之後，有舊病，而買時不知，立券後始知者，三日內聽悔。三日外無疾病，故相欺罔而欲悔者，市如法，違者笞四十。若有病欺，不受悔者，亦笞四十。

賣方於所賣物應負瑕疵擔保責任。設定擔保之期限不長，只立契後 3 日內，目的在維護交易的信用與安定。至於擔保的效果，疏議既曰「聽悔」，即可聽買主解除契約[61]，但也不強制雙方解約，易言之，買主還可要求損害賠償、減少價金、或另行交付無瑕疵物等方式來處理。賣方若確實隱匿瑕疵，欺瞞買主，且不受悔者，笞四十。反之，買主亦不得於 3 日外，物無疾病而故相欺罔，欲據以解除契約[62]。前引買駝契之「叁日不食水草」，旨在觀察所買駝是否有舊病[63]，而「得還本主」，正與「聽悔」之意不謀而合。〈雜律〉該條被民間確實奉行，於此可見一端。

上述兩種瑕疵擔保，甚少見於所收集之各類借貸契約，唯不動產質附買回條件之 2 件，或許因質物之價值高，出質之時間久，又需移轉產權，與一般短期借貸或出質不同，故需以較縝密的思慮，設定擔保條款，防止日後可能有的糾紛。〈呂住盈兄弟典賣土地契〉（附表四 B（1）1）：

5. ……自賣餘後，任令狐 □□□□

6. 有。住盈阿鸞二人，能辯修（收）瀆（贖）此地來，便容許 □□□□

7. 兄弟及別人修（收）瀆（贖）此地來者，便不容許修

（收）瀆（贖）。

〈呂住盈兄弟租賣舍契〉（附表四B（1）2）：

> 6.……自賣已後，
> 7.若中閒有兄弟及別人諍論此舍來者，一仰口承☐☐☐
> 8.二人面上取並鄰舍充替。……

前件在排除呂住盈、阿鸞之外的其他人有收贖權，此雖非嚴格的權利瑕疵擔保，要之，亦在確認土地所有權之歸屬。後件在要求口承人等（或包括原物主）若不能對抗第三人，應另取鄰近產權無瑕疵者來充替，以補償債權人的損失。

這兩件擔保條款中，爭論產權之他方，有可能就是典賣主的兄弟，是以契中特別註明之，以防範其追奪產權。類似情形在預租型借契中亦可見，如〈令狐法性租地取絹毯契〉（附表六A12）：

> 10.……更親姻及別稱忍（認）主記者，一仰保人
> 11.祗當，鄰近覓上好地充替。……

在家族財產制下，卑幼不得家長同意，不可擅自質舉及賣田宅。但卑幼若違法質舉賣，被親族察覺並追奪時，政府的立場是：

> 若不相本問，違而輒與及買者，物即還主，錢沒不追。
> （《宋刑統》卷26〈雜律〉「受寄財物輒費用」條引唐〈雜令〉）

也就是質舉賣物還於本主之家，而出資者之財物則沒官。法律如此規定，不免使出資者深感欠缺保障。為了維護自身權益，

故於權利瑕疵擔保條款中，強調質舉賣者對親族的追奪之責，其自保的心態是很可理解的，而這無非是官方政策性的支持家族財產制，才迫使出資者想出這樣一種補救辦法。

兄弟姻親等爭論產業，唐代不乏其例，如元和五年（810）、長慶二年（822）敕都言及子弟私舉公私錢物，與保人等妄指莊園，致親族喧訴相次，各關係人對簿公堂[54]。二敕尤其嚴懲濫加指注的保人，蓋謂其應負認證不實之責。上述各例不動產的轉移，要保人於產權發生爭議時，另覓無瑕疵之宅地，想來也是因為保人未盡產權查證之責，故以是項條款約束之。

四、違約罰

契約的訂定應以誠信為原則，書面要約已較口頭承諾更具法律約束力。但為了確保契約之履行，當事雙方時而在契約中加入違約罰條款，以預防並避免毀約行為的發生[65]。在各類型借契中，麴氏高昌期普遍載入此一條款，且有定型化的趨勢，如：「券成之後，各不得返悔，悔者一罰二入不悔者。」但同屬一地，時代相接的唐前期西州借契，卻似未全然承襲該種慣例，僅預雇型借契中有 2 件（附表六 B3、4）[66]，顯然違約罰督促履約的作用，西州地區的唐人並未高度重視。此不獨借契如此，其他租、雇、賣契之情形亦頗類似。

違約罰只有在一方悔約時才發生效力，從「悔者一罰二入不悔者」，明白標示「罰」的字眼知，這是對不履約者之懲罰，是一種私的制裁，不過其中可能也包含賠償另一方損失的意思在內。違約罰是同時約束當事雙方的條款，無論契中所見其他項目，貸方如何以強權凌逼借方，造成經濟地位的實質不平等，但只要雙方願意在契中列入該項，就至少表示已達成形式上的平等。違約罰在唐前期西州契中，出現頻率遠低於麴氏

高昌契，這是否反映唐平高昌後該地法律觀念的改變，頗引人
注目。中國的法律文化深受儒家思想的影響，重德禮，尚信
義，既已要約，便不輕易反悔，如果締約雙方都不認為有訂違
約罰的需要，自然不必在契約中附載此款。但換個角度來說，
契約中既有各項約束債務人的條款，借方又對財務的需求非常
急迫，悔約不借的可能性相當低，而居於經濟優勢的貸方，財
大氣粗，連悔約受罰，這種稍稍約制自己的條款都不願承諾，
這或許是另種唐代西州契少見違約罰的原因。再有一種情形
是，唐政府對悔約行為，另有條制規定，故當事人無需費心，
只要準法處斷即可，這在下文歸義軍期借契中，似可尋得這樣
的跡象。

　　沙州各類借契，吐蕃期各件皆無違約罰，但雇契、買契等
仍可見之⑩，蓋時人亦非無防範悔約的想法。歸義軍期借契的
違約罰較吐蕃期為多，不過還不算非常普遍，其寫法與處罰方
式也不似麴氏高昌期的規格化，如：

　　　　〈沈延慶貸練契〉：「共對到面平章，更不許先悔，先悔者
罰麥伍斗，充入不悔人。」（附表一 127）

　　　　〈某人貸絹殘契〉：「兩共對面 ☐☐ 為定，准格不許。」
（附表一 157）

　　　　〈呂住盈兄弟典賣土地契〉：「不許休悔者 ☐☐ 綾壹疋，
充入不悔人。」（附表四 B（1）1）

　　　　〈奴子租地借粟參契〉：「☐定以後，不許休 ☐☐ 罰☐叄
石，充入不☐之人。」（附表六 A11）

　　　　〈令狐法性租地取絹毯契〉：「一定已後，兩共對面平章，
更不休悔。如先悔者，罰送納入官。」（附表六 A12）

特別值得注意的是〈某人貸絹殘契〉的「准格不許」，此處的

「格」若指政府所製條格，則歸義軍官方是不容許任意悔約
的。S.1946 號宋太宗淳化二年（991）〈韓願定賣女契〉：
「兩共面對商儀為定，准格不許　悔。如若先悔者，罰樓綾壹
疋，仍罰大羯羊兩口，充入不悔人。」也顯示格令禁止之意，
而當事人另將自行約定的罰則，附載於後。違約罰在一般情形
下，由悔約的一方將罰物交給履約的另一方，但有時也例外地
將罰物交付官府，像〈令狐法性租地取絹毯契〉就是如此，這
似乎隱約透露出文中的「准格不許」，並非訂約人信口之語，
而是原本於官府之條格。由是可知，歸義軍政府確有保障契約
履行的積極意圖，只是違約是否處罰，或其處罰之數量、物種
若何，交付何人，似皆無限制，完全尊重締約人的協議。從上
引各例來看，有些違約罰並未提及所罰數量，而列出者，也與
借數或抵押品價值頗不相當，然則違約罰的性質，旨在懲罰違
約行為，並不以賠償對方損失為目的❽。然而，當一方悔約，
且依數給付時，違約罰的效力可能及於解除契約，因為各契約
中並未見到他方得請求強制執行之條款❾。

第四節　告官處分及其他

　　上述各種督促履行債務的方式，如果不能順利落實，或執
行中出現爭議與歧見，唐人在其進入訴訟程序前，通常會先經
歷一段鄉里調解過程，而未必立即告官興訟，採取法律行動。

　　傳統社會自古即有興訟不如止訟，聽訟不如無訟的觀念，
《周禮·地官》中的「調人」，並不真正負責司法判決，其職
主要在調解民間紛爭以諧和之⑩。只是政府的調停功能與時淡
化，漢代的嗇夫尚屬解決爭訟的鄉官，而三老、父老則為負教
化之任，不具正式身分的調人⑪。降及隋代，民間爭議在未訴
請官司裁斷前，可能曾經也有政府所設，類似調人的鄉官，

《隋書》卷 42〈李德林傳〉：「（蘇）威又奏，置五百家鄉正，即令理民間辭訟。德林以為，本廢鄉官判事，為其里閭親戚剖斷不平。今令鄉正專治五百家，恐為害更甚。」鄉官非司法機構，所謂判事，蓋指調停仲裁也。

　　唐於貞觀年間亦置鄉長，唯不旋踵即省廢（《通典》卷 33〈職官·鄉官〉），所存之鄉制，有耆老一人，亦曰父老，以耆年平謹者任之，但不見諸書載其職權，與里正、坊正、村正等有具體負責事項大不相同，豈鄉老具古代調人之遺意，為褪去官方色彩之民間調人歟？大中二年（848）正月因逃戶田宅多被所由與鄰人計會，遂制曰：「從今已後，如有此色，勒鄉村老人與所由並鄰近等同檢勘分明，分析作狀，送縣入案。」（《唐會要》卷 85〈逃戶〉）此處的鄉村老人，可能即包括前所述的耆老、父老在內，或許因其為地方上有德望之人，平時民眾即倚之調處事理，故此際政府特別借重之，以協助認證或裁斷所由與鄰近之處分是否平允，有無損及逃戶利益。《舊唐書》卷 192〈隱逸陽城傳〉：「隱於中條山，遠近慕其德行，多從之學。閭里相訟者，不詣官府，詣城請決。」陽城以學行為人景仰，其排難解紛，息訟止爭，所潛自發揮的調人功能，似讓閭里百姓覺得比赴官廳裁決，還更公正，更值得信賴。同書卷 188〈孝友元讓傳〉：「鄉人有所爭訟，不詣州縣，皆就讓決焉。」《新唐書》卷 162〈李建傳〉：「鄉人爭鬥，不詣府而詣建，平決無頗。」唐政府雖未設置如《周禮》的調人之官，但鄉村老人或閭里高士，都曾以非制度化的民間調人身分，弭爭執於無形，化戾氣為祥和，去除了不少告官興訟的機會。

　　然而，當借貸雙方不能私下和解，又不能借由調人達成協議時，訴諸官府公論是非，成為最不得已的解決途徑，亦維繫

社會秩序與正義的最後一道防線。

　　唐代對民間借貸糾紛，似採告訴乃論原則，即使詔敕時而要求官府涉入私債事務，嚴予處分不守公法的放債者，然基本上，官府既不逕行干預或推問人民私事，也不於當事人舉告事項之外，別求他罪。高宗咸亨五年（674）〈王文歡訴酒泉城人張尾仁貸錢不還辭〉[72]：

1. ⬜⬜ 酒泉城人張尾仁 ⬜⬜
2. ⬜⬜ 件人去咸亨四年正月內立契，⬜
3. ⬜⬜ 銀錢貳拾文，准鄉法和立私契，⬜⬜
4. 拾文後⬜⬜錢貳文。其人從取錢已來，⬜⬜
5. ⬜⬜ 索，延引不還。酒泉去州 ⬜⬜
6. ⬜⬜ 來去常日空歸。文歡 ⬜⬜
7. ⬜⬜ 急，尾仁方便取錢人 ⬜⬜

高昌縣人王文歡因酒泉城人張尾仁貸錢不還，致其往返催索不得，故狀訴縣司，期能促其還錢。原契應即同墓出土的〈張尾仁舉錢契〉（附表一44），由此2件推測，借貸月息似為10％，頗合於表5-19貨幣類利率之一般情況，且契約之內容、形式與常契無異，蓋即狀中所言「准鄉法和立私契」也。唐在開元以前，尚未見到法定民間利率之例（附表七），僅長安元年（701）敕禁止負債出舉，「法外生利」（《唐會要》卷88〈雜錄〉）。西州鄉法月息皆遠高於唐初官本利率，此或許就是所謂的「法外生利」。可惜該訴狀後之判詞已佚，不明官府於延引不還問題之外，是否還追訴王文歡「法外生利」之罪。以訴狀敢寫出利息，且聲明依鄉里習慣行事判斷，官府似不會無端生事才對。〈斷獄律〉「依告狀鞫獄」（總480條）：

> 諸鞫獄者，皆須依所告狀鞫之。若於本狀之外，別求他罪
> 者，以故入人罪論。

本條旨在宣示不告不理原則，令官司依當事人所訴之事推問[73]。
然疏議另有但書：「若因其告狀或應掩捕搜檢，因而檢得別罪
者，亦得推之」，則告狀中附載之他事，仍有可能成為官司檢
得之別罪。唯王文歡是原告，官司自然不得以其告狀，別求其
法外生利之罪，除非監臨主司特意「舉牒，別更糾論」（同上
引）。不過這樣做的可能性相當低，因為郡縣官僚不乏放債
者，其身不正又如何敢正人乎？於是「依告狀鞫獄」條的不得
別求他罪，自然成了官司得過且過的借口。何況唐代實施官吏
迴避本籍制度，地方官身處涖任之境，自以尊重地方人情土俗
為要[74]，不便故違鄉法舊例，因此就算王文歡真有「法外生利」
之嫌，想來也不會另行舉牒糾論。

　　唐政府於民間舉借行為，秉持著「任依私契，官不為理」
的原則。所謂「官不為理」，非指官方全不介入民間借債問
題，而是對私契的訂定採取不干涉的態度。但借貸雙方發生糾
紛，如違法積利、契外掣奪等，照樣還是「官為理」的（《宋
刑統》卷26〈雜律〉「受寄財物輒費用」條引唐〈雜令〉）。
前引數條放免私債的恩赦，及金銀匠翟信子狀、王文歡訴狀
等，還有一件和闐出土的傑謝百姓為典物不還，乞官府追徵處
分牒[75]，就都是債權人或債務人為欠負或宿債放免之事，提請
官府裁決，亦即官府既尊重民間私契的內容，對於不履行契約
的行為，也會在必要時介入處理[76]。民間私契常有「官有政法，
人從私契」的慣用語，從鄉法生利明明高於官方法定利率，而
官府仍視若無睹，不加禁制或懲處思之，國家法律一方面保障
人民的自由締約權，另方面，人民也要求官府尊重私契的法律

地位。然而，借貸雙方若為債務興訟，則官之政法就會介入人民私契，因為〈雜令〉明言：「若違法積利，契外掣奪，及非出息之債者，官為理。」顯然，私契並未獨立於國家法律之外，政法也需維護契約的履行。只是除非當事人提起告訴，官府是不會主動干涉契約內容及其執行的，這說明唐政府既尊重人民締約之自由意志，也在進入訴訟程序後，仲裁因債務引起的糾紛。

由於借貸事務是告訴乃論，無論契約內容是否符合律令規定，只要無人告訴，官司並不會主動積極地去察辦。不過唐政府為了保障經濟弱勢，使其不受剝削，甚至不惜以獎勵糾告之法，防堵可能有的漏洞。《宋刑統》卷26〈雜律〉「受寄財物輒費用」條引唐〈雜令〉：

> 諸出舉，兩情和同，私契取利過正條者，任人糺告，本及利物並入糺人。

唐代雖然允許人們自由締約，但仍不許可契約內容背離制度規範。此處的「取利過正條」，指的就是私契議定的利率超過詔令一再申禁的標準。或許政府擔心借方屈從於豪強壓力，不敢提出告訴，因而想以利誘，鼓勵非當事人或其相關者，糺告貸方的「取利過正條」。只是這種不限舉告者身分，欲借社會集體力量，共同遏止高利貸泛濫的作法，究竟有多大實效，在史料中還看不出來。

唐政府雖然允許人們自由締約，卻又任人糺告取利過正條者，顯然政府的立場是，私契如與政令抵觸，只要有人興訟，官府還是會依法裁斷，並不聽憑私契之違法約定。這個原則從律文、詔敕中可以得到證明，如〈雜律〉「買奴婢牛馬不立契」（總 422 條）疏議曰：「令無私契之文，不準私券之

限。」說明私契與律令扞格時，一以律令為準。長慶、會昌年間連下數赦，規定戶稅由典權人承當，並曰：「本主贖日，不得更引令式，云依私契徵理，以組織貧人。」（附表五 B13、14、15）所謂「更引令式」、「依私契徵理」，可能指得就是〈雜令〉的「依任私契，官不為理」。民間典權人想要藉著政府尊重私契的宣示，排除赦書的干擾，而這也遭致赦書全力防堵，重申政府立場。從契約內容上看，官、民之間的確存在著許多差異，「官有政法，人從私契」，反映百姓心中是把私契與政法視為不相對待的敵體，方其締約時，為了免於日後發生糾紛，債權人用鄉法、牽掣財物、恩赦擔保、有剩不還等條款保護自我權益，抗拒國家法律⑦，相對地，官府即或不主動取締違法契約，但對已受理的案件，在正常情況下，還是會依制論處，按律判決⑱。換言之，政府只給予人民相對地契約自主權，其限度以契約內容不違政法為原則，否則只要有人提起告訴，人民私下間的約定就可能會因政法介入而廢止或改變。

私契與國法間的抗衡，最引人注目地，其實是代表地方習慣的鄉法違於律令時。鄉法雖具因地制宜的特性，唐政府在受田、庸價、稅務雜折等方面亦許其自行其是⑲，但仍不應踰越政策規範。嚴格說，政府制度下所謂的「鄉法」，其實仍屬國法的範疇，與純粹的民間習慣仍有不同，後者只是一地的「小傳統」，為當地民眾所創造、擁有和信奉，並據以安排其生活。由於鄉民自信鄉法具有某種合法意識，因此他可以採取小社會所公認的方式維護自己的權益⑳。通常情況下，地方習慣如不明顯違背道德教化，地方官多半會自覺地尊重當地的風土人情。只是當契約以鄉里慣例為後盾，而該鄉法既有違於法制條格，亦悖於社會善良風俗，甚至難脫剝削榨取之嫌時，就正是國家公權力與地方習俗、民間私意間互相角力的時刻。柳宗

元革良人質債，没入錢主的柳州土俗，正是伸張公權力的例
子。翟信子等請求矜放宿債案，如果原契載有恩赦擔保條款，
則沙州歸義軍節度使判借方可免宿債，就不啻是對債權人，甚
至是對恩赦擔保條款的當頭棒喝。由此推想，除非百姓忍氣吞
聲，不提告訴，否則即便所告合於鄉法，該種地方習慣也未必
通得過政令的檢視。然其前提是，官吏不曲法循私，任情好
惡，若似王梵志詩所言：「官喜律即喜，官嗔律即嗔，總由官
斷法，何須法斷人。」（《王梵志詩校注》卷 3〈天理為百
姓〉）則一切良法美意，皆歸枉然。

如上所論，政府或許可以強制力，抑壓有違政令之民契或
鄉法，但敢於告官的經濟弱勢者可能不會多，而官府的判決只
有益於個案，能否就此扭轉地方上的惡俗，還大成問題，是以
當百姓無力告官時，似只能聽從豪強擺佈，依契行事，或任憑
鄉法，循其舊習⑧。像唐政府嚴禁違法生利，以良質債等，就
幾無實效可言，民間依然我行我素。故就算百姓告官時，官府
能依法裁斷，但也不能就此保證政令能確實貫徹於基層或民
心。

借貸糾紛雖屬細微末事，卻可能因傳喚兩造及關係人，致
各方往返頻繁，牽連甚廣，曠日費時。為了不使訴訟影響農業
生產，唐代始明確規定受理期限⑧。《宋刑統》卷 13〈戶婚
律〉「婚田入務」條引唐〈雜令〉：

> 謂訴田宅、婚姻、債負，起十月一日，至三月三十日檢校，
> 以外不合。若先有文案，交相侵奪者，不在此例。

如此受訴期，或許不盡合於各種作物之農閒月份，然已可表達
政府不欲以尋常訴訟，延誤農民生計的心意。不過就實際訴訟
狀況觀察，似未必皆合於上述期限。阿斯塔那 61 號墓出土，

高昌縣追訊畦海員賃牛或借牛事案卷，就記為麟德二年（665）五月⑧；P.3854 號背客尼三空請追徵負麥牒，則上於大曆七年（772）九月。前者由坊正奉帖追送畦海員到官，恐怕中間已數有往覆，遷延了不少時日；後者由判詞「先狀徵還，至於延引」及「追過對問」來看，一場官司不會那麼快就了結的。由是可知，〈雜令〉之檢校期被依循的程度頗有可疑，只要借貸糾紛先立文案，或一方認為權利被侵奪，上述限期就不發生效用，官府既可繼續訊問下去，百姓亦可再提申訴，其結果或許竟導致如周世宗顯德四年（957）七月甲辰詔所言：「每至農月，貴塞訟端。」（《舊五代史》卷 117〈周書世宗紀〉）不僅突破民事受理期之規定，還可能因訟事而延誤農時。

借貸糾紛的訴訟程序，應與一般獄訟制度無二，在審理方面，亦採發地審理、分級審判、逐級上訴等制度⑭。唐律中與借貸直接相關的罪名，一是「負債違契不償」（總 398 條），一是「負債強牽財物」（總 399 條）。前者罪止徒一年，後者坐贓論，罪止徒三年。百姓所犯若情節單純，地方或京城系統，杖罪以下初審即可自決，徒罪以上則分別報至州府或刑部核決⑮。官人終審權的層級雖然較高，但依然以杖罪、徒罪為申覆標準⑯。懿宗咸通八年（867）五月十八日詔：「舉便欠負，未涉重條。」（《文苑英華》卷 441）由律中罪刑看，確是如此。負債不償百疋以上合徒一年，這大概只有巨富豪強之刻意賴債，才會到這個數量，一般升斗小民的借貸，甚且不滿處罰下限的一疋之數，換言之，欠負數不滿一疋的債務，根本不會以「負債違契不償」條論處，而且債務人就算欠負一疋以上，本條除了加上刑事責任外，也不能保證債務人備償，於是牽掣家財等辦法便成為債權人的求償之道，這也是「負債強牽財物」條製定的原因。至於〈雜令〉諸條與借貸有關，或違法

積利等項而律無罪名者，應該以〈雜律〉「違令」（總 449
條）來定罪，但最多也不過笞五十。這樣看來，與借貸相關的
論刑確實是很輕的，而審理過程，一般由縣司斷定，不必似
流、死重罪之層層上報。

借貸當事人若經斷不服，徒罪以上可要求發給不理狀，持
狀向上級投訴，杖罪以下雖不可⑧，然如《唐會要》卷 60〈御
史台〉大中元年（847）四月御史台奏：「公私債負及婚田兩
競，……如已經本司論理不平，即任經台司論訴。」似乎於
縣、州府、尚書省、三司之四級上訴制外⑧，另有御史台為申
訴管道，以濟司法之窮⑨。對於冤抑莫伸之案件，當事人或其
親屬還可向皇帝直訴⑩，大曆十四年（779）七月理匭使崔造
奏：「亡官失職，婚田兩競，追理財物等，……三司不理，然
後合投匭進狀。」（《唐會要》卷55〈匭〉）追理財物或非軍
國重事，卻可息民怨，平冤情，而深受皇帝重視，故特設此非
常上訴管道。至於其他直訴方式⑨，想來亦一體適用於債負問
題，不會特別排除之。

在官府的審訊過程中，契約是決斷事理的重要依據。《周
禮》〈秋官・士師〉：「凡以財獄訟者，正之以傅別、約
劑。」傅別、約劑分別是借貸、買賣的券書，古來凡與財物有
關的民事糾紛，官府早知憑藉券書，止訟息爭。唐人的借貸行
為，政府並不強制立約，但民間為了避免日後引發爭端，還是
以契約或在帳册上簽押等方式，約束雙方當事人。今日所見借
契，契末不乏「署名為信」、「畫（獲）指為記」、「押字為
定」等語，就是欲由簽名指押的認證作用，確立借貸關係⑨。
便物曆上雖未見類似聲明，然借方之簽押，便已代表最切實之
約記。另外，契末的「恐人無信，故立此契，用為後驗」，或
「恐後無憑，立契為驗」等語，則顯示立契以後，一切皆以之

為憑信，不可輕言悔改，來日有故，亦據此以為效驗。為進一步強化契約的證明功能，契中通常立有保人或知見，以見協議之達成，或備不時之需。正因為契約的締結，經過審慎的過程，周密的思慮，故一旦訟案發生，官府往往依契約辨定事由。《太平廣記》卷172〈精察部〉「趙和」條：

> （東鄰）以莊券質於西鄰，……至期，……備財贖契，先納八百緡，……期明日以殘資換券。所隔信宿，且恃通家，因不徵納緡之籍。明日，齎餘鏹至，遂為西鄰不認，且以無保證，又乏簿籍，終為所拒。東鄰訴冤於縣，縣為追勘，無以證明。宰邑謂曰：「誠疑爾冤，其如官中所賴者券，乏此以證，何術理之。」

東鄰回贖，因無保證與簿籍，遂為西鄰所欺；官中即使疑有冤情，卻苦無證據，亦不得置西鄰於法。簿籍是書面契約，比口頭承諾來的信而有徵，像唐律有關借貸各條，就直言依契為憑，如〈雜律〉「負債違契不償」（總398條）以「違契」為科罪之標準，「負債強牽財物」（總399條）以「過本契」為處刑之根據，均可見契約對借貸糾紛之裁斷，有決定性的影響。

　　傳統時代民事訴訟之另一特色，在對需負民事責任者，同時處以刑事處分⑧。以唐律直接與借貸相關的「負債違契不償」（總398條）論之，債務人除了需備償之外，官府還依其所欠數與違日數，施以夏楚，蓋懲罰其失信於債權人，威嚇其盡快還償，免得增加債權人損失，並借此以警傚尤，讓社會大眾畏而不敢犯。其他相關各條如「受寄物輒費用」（總397條）、「負債強牽財物」（總399條）、「以良人為奴婢質債」（總400條）等，亦無不動之以刑。與刑責相並而生的，是對債務人之囚繫，《唐大詔令集》卷86〈咸通八年五月德音〉：

　　　　舉便欠負，未涉重條。如聞府縣禁人，或緣私債，及錮身以
　　監禁，遂無計營生，須有條流，俾其存濟。自今日以前，應百姓
　　舉欠人債，如無物產抵當，及身無職任請俸，所在州縣及諸軍
　　司，須寬與限期，切不得禁錮校料，令其失業。

借貸刑責雖不重，但債務人若不得以其家資抵償，通常會被視
如待罪之身，而遭府縣諸司禁錮。方其一旦身陷囹圄，則一切
營生之計頓停，非唯家中妻小無人照顧，欲還欠負更是遙遙無
期。其甚者或且如白居易所言：「父死，繫其子，夫久繫，妻
嫁，債無償期，禁無休日。」（《新唐書》卷 119〈白居易
傳〉）[94]其苦楚憂怨，莫此為甚。

　　僧道的借貸糾紛，官司之處理方式是否一如上述，仍有可
議處。依本文第三章所論，佛教經律是允許以三寶財物出貸取
息的，而事實上，無論傳統文獻或出土文書，皆可證不少僧道
在從事放債生利事業。唐政府對僧道出舉的態度若何，律令中
未見相關規定，倒是以唐〈道僧格〉[95]為藍本的日本〈僧尼
令〉[96]，有如下條款：

　　　　凡僧尼不得私畜園宅財物，及興販出息。（註引《古記》
　　云：「出息，謂無利借貸者不禁也。」又引〈道僧格〉：「物償
　　糺告人。案沒入寺家，為眾僧物也。」又引朱云：「不得出息
　　者，若違，當違令罪者。」）（《令集解》卷8〈僧尼令〉「不
　　得私畜條」）

日〈僧尼令〉禁止出息之債，但不禁無息放貸，未知唐〈道僧
格〉是否亦採類似看法。該條所引唐〈道僧格〉：「物償糺告
人。」與前引〈雜令〉：「諸出舉，……取利過正條者，任人
糺告，本及利物並入糺人。」在語義上頗為雷同，似乎〈道僧

格〉也有關於出舉的規定，日〈僧尼令〉才會在論及出息問題時，於註釋中引用之。然僧俗各有其處分財產的方式，寺院或僧尼財物，原則上是不准流入俗界的，或許也因此被糾告者之財物，不依〈雜令〉償糾告人，而改入寺家為眾僧物。

僧道違反出息規定，依〈僧尼令〉引朱云，知日方於該條所犯由國家法律處斷，而不依佛教內律。唐代情形若何，僧道是否亦適用於唐律中與借貸相關之其他條款，現有史料雖無可證，但至少從復原之〈道僧格〉中，略知其處刑方式異於俗界[⑰]：

> 道士女冠僧尼，犯徒以上，送官司，依常律推斷，許以告牒當徒一年，若有餘罪者，依律科斷。如犯百杖以下，每杖十，令苦使十日。如苦使條制外，復犯罪不至還俗者，令三綱量事科罰，被罪之人，不得告本寺觀三綱及徒眾事故。

此條與日〈僧尼令〉「准格律條」極為相似，而日令另曰：「凡僧尼有犯准格律。」註云：「其格律者，元為俗人設法，不為僧尼立制，是以稱准也。」（《令集解》卷8）由復原之〈道僧格〉看，唐代的宗教刑法，大體按犯罪之種類與輕重，以三種方式論處，即或依唐律科罪，或據道僧格處斷，或準教團內規行事[⑱]。僧尼犯十惡或一般刑案，依唐律推勘；違犯僧團規範，〈道僧格〉懲以還俗、苦使之罰；其他國法未約束者，皆由佛教戒律來處理[⑲]。僧道如犯借貸事項，當准格律用凡人法科斷，只是處刑上，徒以上許以告牒當徒一年，杖以下別用苦使代替。其附論者，日〈僧尼令〉「有私事條」：「凡僧尼有私事訴訟，來詣官司者，權依俗形參事。」為借貸事告官或被告之唐代僧道，其亦為俗形，稱俗姓名，以對官司歟？

債務不履行之處分，除了上述各方式外，還有下列幾種值得介紹：

1. 放免債務

　　如前所分析，官方之停徵或免除私債，不是因條件過苛，於債務人無實利，就是損及債權人，而欲以擔保條款排除之。故官方的這類作法，僅有恤民的象徵意義，卻不易討好債權債務雙方。在放免私債上，若是出於債權人之主動，則債務人通常受益較大。此種債務之免除，早在先秦時代已有之，如孟嘗君使馮驩收債於薛，馮驩燔券而捐之，即是著例（《史記》卷75〈孟嘗君傳〉）。他如漢高祖微時所賒酒債，酒家常折券棄債（《漢書》卷1〈高帝紀上〉）；南朝宋顧覬之誘其子出債券，燒之而語負者不須還（《宋書》卷81〈顧覬之傳〉）；北魏盧義僖以年成不熟，乃燔契書，放免先所貸穀（《魏書》卷47〈盧義僖傳〉）。無論債權人拋棄債權的原因是什麼，總以銷燬券契為其附帶行動，以示放免之決心。

　　唐代私人放免借債之例不多，所見者如《新唐書》卷147〈盧群傳〉：

> 群嘗客於鄭，質良田以耕。至是則出券貸直，以田歸其人。

盧群典質田地，於本主尚未回贖前，即歸其券書，還其土地，寬貸其典價，放免其債務。有此仁心善行，又不在乎利益損失者，社會上或許不太多，但抱持慈悲之心的寺觀，有此義舉的機率，應比一般大眾略高些。敦煌文書 P.2838（1）號唐中和四年（884）上座比丘尼體圓等算會牒破用部分，緣磑、槽、油樑破及他故，連續矜放債務數筆； P.2049 號背（2）後唐長興二年（931）淨土寺算會牒破曆，亦矜放梁戶油一斗；S.4116號庚子年（940?）報恩寺分付康富盈見行羊籍算會憑：「其算羊日牧羊人說理矜放羔子二口為定。」S.4452（2）號後晉開運三年（946）某寺見存曆，為都師造簀一年辛苦，故矜放直歲

麥粟。這些例子即使未必與借貸有關，但善門既可為此而開，又何妨不多體恤一點真有困難的借用人呢？便物曆中已有勾銷號，而利率明顯低於同件其他各筆者，其所欠部分，就有可能被放免了（附表三 15、24 ）。

2. 寬延期限

官府債負有時以停徵為手段，寬延百姓交納之期限，待蠶麥熟後再徵理。民間債務似乎也有類似情形。債主對無力如期償還者，無論是本諸悲憫體恤之心，抑或萬般無奈地讓其拖欠，有時也不得不寬延期限，等債務人籌措到財物再還債。雖然史料中未直接看到借貸雙方欠負展期之約定，但只要借方過期不還，除非貸方立即以牽掣家財等方式處分，否則就只好再議還期，繼續催討。另外在相關的告官訴辭裏，也依稀看到寬延期限的蹤影，如前引王文歡訴辭：「其人從取錢已來，□□□索，延引不還。酒泉去州，□□□來去常日空歸。」大概王文歡一次索取不得，便會和張尾仁約定某日再來，次次索取不得，忍無可忍，才會告官興訟。又如敦煌文書 P.3854 號背〈唐大曆七年（ 772 ）客尼三空請追徵負麥牒並判詞 〉：「右件人先負上件麥，頻索付，被推延。去前日經□□狀，蒙判追還，至今未蒙處分。」判曰：「先狀徵還，至今延引，公私俱慢，終是頑狠，追過對問。」負麥者一再推拖不還，當然有可能如判詞所言是「頑狠」之輩，就像史料中述及的左神策軍吏李昱貸長安富人錢八千緡滿三歲不償，或右龍武大將軍李惎子貸迴鶻錢一萬餘貫不償那樣（附表二 23～25、34 ），但對絕大多數的升斗小民來說，延引不還，未必是有心賴帳，寬延期限，只是為了籌集債款。

延期償負在民間借貸行為中恐怕相當普遍，唐律裏已反映出這種情勢，〈 雜律 〉「負債違契不償」（ 總 398 條 ）疏議

曰：

> 若更延日，及經恩不償者，皆依判斷及恩後之日，科罪如
> 初。

本條特別指出「更延日」後科罪如初，固然顯示國家法律對欠
負問題具有最終之裁決權，卻也透露出延期償負似乎是借貸雙
方最常、最優先使用的處理方式，只有當債權人一再索還不得
時，才會提出告訴。至於官府的裁判，除依「負債違契不償」
條外，時而用錮身監禁之法威嚇債務人。該法原多用於欠負官
債者[60]，大概後來也延用到私債方面，如懿宗咸通八年（867）
五月德音言及百姓之舉欠人債，命「所在州縣及諸軍司，需寬
與限期，切不得禁錮校料，令其失業」（《唐大詔令集》卷
86）。此詔禁止官員因繫債務人，也點出寬與限期的原因是方
便其為營生之計，以籌謀債務。

　　3. 重訂契約

　　債權人寬延期限，仍未必能順利了結債務，尤其是唐政府
規定利不得過本一倍，又不得迴利為本，於是借貸雙方就欠負
部分重訂契約，成了再次確認債務，或規避法禁之簡單手段。
貞觀廿二年（648）〈桓德琮典舍契〉（附表四 B（2）1）是
一件在官府認證下重訂契約的範例：

> 1. 貞觀廿二年八月十六日，河南縣張□□ □──
> 2. 索法惠等人，向縣訴，桓德琮□宅價
> 3. 錢，三月未得。今奉明府，付坊正追向縣。
> 4. 坊正坊民，令遣兩人和同，別立私契。
> 5. 其利錢，限至八月卅日付了。其贖宅價
> 6. 錢，限至九月卅日還了。如違限不還，任

7. 元隆宅與賣宅取錢還足，餘乘任

8. 還桓琮。兩共和可，畫指為驗。

（下略）

別立私契的原因，終不外再立限期，讓桓德琮於期內贖付典價與遲延利息，並約定如違限不還，張元隆可賣宅折抵。從該契內容看，應與原契極為近似，也計遲延利息，也用典物抵償，但本契最不尋常地是，各款皆經官府認證，有了強而有力的法律效力與執行依據，而且官府並未因桓氏典價三月未還及張氏告官，便即動用「負債違契不償」條懲處欠負人，反而以調人的姿態，讓兩人和同別立私契。這個案例至少提示我們官府處理民事糾紛的方法，不都是僵化的依法裁斷，如能公正、有效的居中調處，照樣也可解決爭端，張、桓二氏之重訂契約，在現階段確有平息民怨的作用

民間債務問題不盡都會鬧進官府，私下協議後再擬新約，或許是更常見的作法，〈索豬苟欠麥質釧契〉（附表四 A11）就是這樣一個例子：「其秋只納得麥肆碩，更欠麥兩碩。直至十月，趂還不得，他自將大頭釧壹，只（質）欠麥兩碩。其麥後至十二月末納不就，便則……。」新契名為借貸，實由欠負部分做成，為了讓新契單純化，已了結的債務就此勾銷掉，而契約類型也由消費借貸轉為動產質。新、舊契間既有如此多的差異，舊契顯然已不適用，重訂新約乃勢所必然。另外像前引的〈丁丑年（977？）金銀匠翟信子等狀〉，自甲戌年借貸至此已滿三整年，這些舊年宿債如果只憑初時的一紙借契，很難詳實記錄期間的還欠情形與生息狀況，故不無可能就實際需要別立新契，哪怕只是簡化的欠條或借據，都可做為將來雙方論事的依憑。

重訂新契的另個目的，有時是為了規避法禁。因為唐政府堅持單利原則與一本一利主義，既不得利過於本，也不准迴利作本，債權人為了免於法外生利之嫌，遂重訂契約，將欠負或非法之息，迴入新契，以變通措施游走法律邊緣。這種行徑在民間可能相當不少，故文宗開成二年（837）八月二日敕：

> 今後應有舉放，……其利止於壹倍，不得虛立倍契，及計會未足，亦令翻契，迴利爲本，如有違越，壹任取錢人經府縣陳論。（《宋刑統》卷26〈雜律〉「受寄財物輒費用」條引）

文中的虛立倍契，翻契計息，指得大概就是藉由別立新契，遮掩法外生利之行。敕旨雖然聽任債務人就此向府縣提起告訴，而債務人真敢大膽陳論，甘冒將來無處借貸之風險者，應該不會多，故此敕只凸顯出問題的嚴重性與普遍性。

4. 保管義務

使用借貸的借用人，或質押借貸的質權人，對所取用之借物，或暫寄之質物，都因有返還原物之必要，故特別需盡善良管理人之注意，負保管義務。《太平廣記》卷79〈方士部〉「杜可筠」條：

> 有樂生旗亭在街西，……（杜可筠）詣樂取飲，值典事者白樂云：既已嚙損，即須據物賠前人。樂不喜其說。杜問曰：何故。樂曰：有人將衣服換酒，收藏不謹，致爲鼠嚙。

將衣服換酒，指的就是動產質。樂生所設旗亭，大約是規模不小的質借處，還有典事者專理之。該處因收藏質物不謹，致衣服為鼠嚙，由典事者所言：「即須據物賠前人。」知依慣例或約定，質權人於自己之不當保管，而毀損質物時，應付賠償責任，否則亦是未對出質人履行其債務。

借用人對借物的保全之責，史料中也有例子。《太平廣記》卷290〈妖妄部〉「諸葛殷」條：

> 揚子有一村嫗，詣知府判官陳牒云：夜來里胥借耕牛牽碑，誤損其足。

借牛牽碑若是無償，則為使用借貸；如其有償，應屬雇賃。無論那種情況，借者或雇賃者返還原物時，都應保證完好如初。揚子村嫗蓋為所借耕牛誤損其足，而里胥不肯賠償，故告官陳牒，請判里胥負其損失。是亦可證借用人於其用物，有保管義務。

5. 宗教制裁

借貸行為中，因對方不履行債務，而自身無力催討者，有時不採取上述任何一種自救或訴訟方式，而期望以宗教制裁力量，冀神明還其公道，懲罰負債者。《太平廣記》卷395〈雷部〉「史無畏」條：

> 與張從真為友，無畏止耕壠畝，衣食窘困，從真家富，乃為曰：弟勤苦田園日夕，區區奉假千縑貿易，他日但歸吾本。無畏忻然齎縑，父子江淮射利，不數歲已富。從真繼遭焚蕩，及罹劫盜，生計一空，遂詣無畏曰：今日之困，不思弟千縑之報，可相繼二、三百乎？聞從真言，輒為拒扞，報曰：若言有負，但執券來。從真恨怨填臆，乃歸庭中，焚香泣淚，詛之。……須臾，靈雨雷電兼至，霹靂一震，無畏遂變為牛，牛書腹下云：負心人史無畏。經旬而卒。

人們對犯罪之有無，事實之真偽，由全然乞靈於神判，到倚重於盟誓，甚而發展至以國家法律為制裁主體，無論那個階段，也無論政府或民眾，都無法完全排除對鬼神的依賴⑩。尤其如

前例張從真，好心未得好報，不僅生計一空，更遭史無畏無理悍拒，復以不得執券告官，只有懷著滿腔怨憤，向神明做泣淚控訴，並咒詛負債者的無情。該種訴諸宗教力量，期於報應不爽的制裁方式，相當普遍的為唐人接受，尤其明顯的反應在民間信仰中。

利用宗教權威震懾人心，結合轉世為畜奴，或入地獄受折磨等方式，使人不敢負債，或使負債者不敢不償，是佛教不斷灌輸人們的觀念⑩，《法苑珠林》卷 71〈債負篇〉、《釋門自鏡錄》卷下各段故事，就一再傳述這樣的想法。另外，敦煌變文《廬山遠公話》遠公曰：「緣貧道宿世曾為保見，有其債負未還，欲得今世無冤，合來此處計會。」又曰：「今債已常（償）了，勿致疑。從今已後，更不復作苦。勸門徒弟子欠債，直須還他。」⑩也在借由俗講，宣揚宿債不了，永受苦難的思想。將債負與宗教制裁牽連在一起，或許不能如法律制裁那樣，發揮立竿見影的效果，但其運用人心敬畏鬼神的弱點，視債負如罪孽，也未嘗不會對有意賴債者，產生幾許警惕作用。

註釋

① 王堯、陳踐譯註，《敦煌吐蕃文書論文集》，（成都，四川民族出版社，1988），頁 16。

② 王堯、陳踐譯註，《敦煌吐蕃文獻選》，（成都，四川民族出版社，1983），頁 54～55。

③ 關於格的構成，可參考：劉俊文，《唐代法制研究》，（臺北，文津出版社，1999），頁 135～147。

④ 張氏、曹氏歸義軍期所控州、鎮之變化，學者頗多討論，馮培紅做了些整理，可以參考：〈晚唐五代宋初歸義軍武職軍將研究〉，收入《敦煌歸義軍史專題研究》，（蘭州，蘭州大學出版社，1997），頁 150～156。

⑤ 唐代的城隍信仰已很普遍，但信仰中心主要在江南地區。歸義軍政權城隍信仰的情況不明。關於唐代的城隍信仰及城隍的功能，見：鄭土有、王賢森，

《中國城隍信仰》,（上海,三聯書店,1994）,頁28～50,96～101。

⑥ 戴炎輝,《唐律各論》,（臺北,成文出版社,1988）,頁646。

⑦ 同前註。

⑧ 陳國燦亦謂之為粗暴的強制行為。見:〈唐代的民間借貸〉,收入:《敦煌吐魯番文書初探》,（武漢,武漢大學出版社,1983）,頁267;又收入:《唐代的經濟社會》,頁213。

⑨ 關於唐代課稅定戶等的資產對象、標準與評定方式,日野開三郎有頗為細緻的討論,見:〈唐代兩稅法下における對象資產と賦稅の系列〉,收入:《日野開三郎東洋史學論集》4《唐代兩稅法の研究・本篇》,（東京,三一書房,1982）,頁162～173。

⑩ 小口彥太認為「負債強牽財物」條之財物,指的是動產。見:〈吐魯番發見唐代賃貸借・消費貸借文書について〉,《比較法學》10:1,（1975）,頁16～17。

⑪ 仁井田陞,《唐宋法律文書の研究》,（東京,東京大學出版會,1983）,頁289～290。

⑫ 仁井田陞認為,附有家產抵押規定的契約,貸方居優勢地位,不是平等的契約關係。堀敏一則反駁指出,有此規定者,可能也同時存在仁井田氏所謂有平等關係的違約罰,故不能就此認為附家產抵押的契約,破壞平等性。仁井田氏說法見:〈吐魯番發見の唐代租田文書の二形態〉,收入:《中國法制史研究－奴隸農奴法・家族村落法》,（東京,東京大學出版會,1981）,頁257～258;堀敏一,《均田制研究》,（臺北,弘文館出版社,1986）,頁323註③。

⑬ 唐耕耦將「領六」或「令六」釋為律令。那波利貞亦認為是在公的方面通用的證據書類。見:唐耕耦,《敦煌社會經濟文獻真蹟釋錄》第2輯,（北京,全國圖書館文獻縮微複製中心,1990）,頁85;那波利貞,〈燉煌發見文書に據る中晚唐時代の佛教寺院の錢穀布帛類貸附營利事業運營の實況〉,《支那學》10:3,（1941）,頁124。

⑭ 如《宋刑統》卷26〈雜律〉「受寄財物輒費用」條連引數條有關之唐〈雜令〉:「諸公私以財物出舉者,任依私契,官不為理。」又:「諸以粟麥出舉,還為粟麥者,任依私契,官不為理。」又:「諸出舉,兩情和同。」

⑮ 唐耕耦,〈敦煌寫本便物曆初探〉,收入:《敦煌吐魯番文獻研究論集》第5輯,（北京,北京大學出版社,1990）,頁167～168;又收入:《敦煌寺院會計文書研究》,（臺北,新文豐出版公司,1997）,頁382～384。

⑯ 劉秋根,《中國典當制度史》,（上海,上海古籍出版社,1995）,頁188。

⑰ 仁井田陞,《唐令拾遺》卷33〈雜令〉17,將該條定為開元二十五年令。

⑱ 出自和闐丹丹威克里的1件〈唐護國寺殘文書〉,中有:「維那僧大睿將本典婢契於 ▢▢▢▢ 」一語,可見確有以奴婢質債的情形。該文書見:陳國燦,《斯坦因所獲吐魯番文書研究》,（武漢,武漢大學出版社,1995）,頁559。

⑲ 預租契約束主、佃雙方的方式,應該大體為預租型借貸所沿用。關於預租契之約束特色,見:拙著,〈唐代西州、沙州的租佃制〉（下）,《大陸雜誌》87:6,（1993）,頁22。

⑳ 《睡虎地秦墓竹簡》,（北京,文物出版社,1990）,頁70～71。

㉑ 秦律債務擔保的問題可參考:栗勁,《秦律通論》,（濟南,山東人民出版

社，1985），頁 499～500。

㉒ 末句《居延漢簡甲乙編》為「住者」（北京，中華書局，1980），頁 201。此處姑從《居延漢簡甲編》，（北京，科學出版社，1959），頁 99。

㉓ 李均明，〈居延漢簡債務文書述略〉，《文物》1986：11，頁 35～41；宋杰，〈漢代官府與私人之間的債務關係〉，《首都師範大學學報（社會科學版）》1993：1，頁 57～58。

㉔ 中田薰，〈我古法に於ける保證及び連帶債務〉，收入：《法制史論集》卷1，（東京，岩波書店，1943），頁 129；仁井田陞，〈唐宋時代の保證と質制度〉，收入：《中國法制史研究－土地法・取引法》，（東京，東京大學出版會，1981），頁 500～501。

㉕ 中田薰，同前註，頁 122～130；仁井田陞，同前註，頁 500～506，又《唐宋法律文書の研究》（東京，東京大學出版會，1983），頁 299～307。

㉖ 債務人死亡，保人於其欠負，負代償責任，仁井田陞名之為「生存保證」。見：〈唐宋時代の保證と質制度〉，頁 504～506。

㉗ 《令義解》，（東京，吉川弘文館，1989），卷 10〈雜令〉「公私以財物」條，頁 337。

㉘ 拙著，〈唐代的債務保人〉，《漢學研究》16：1，（1998），頁 623。

㉙ 律令研究會編，《譯註日本律令》8《唐律疏議譯註篇四》，（東京，東京堂，1996），頁 87。

㉚ 《居延漢簡甲乙編》，頁 196；嘉裕關市文物保管所，〈玉門花海漢代烽燧遺址出土的簡牘〉，收入：《漢簡研究文集》，（蘭州，甘肅人民出版社，1984），頁 28。

㉛ 仁井田陞，《唐宋法律文書の研究》，頁 301～302。

㉜ 仁井田陞，〈唐宋時代の保證と質制度〉，頁 500～501。

㉝ 唐代至今尚未見典型的支付保證，文中提及的元和五年（810）十一月六日敕，也是在特定條件下，要求保人與債務人均攤填納。另外，買賣契約中有關權利瑕疵擔保的部分，偶然亦可見由保人負代償之責，此舉也與債務人逃、死無關。相關之討論見：拙著，〈唐代的債務保人〉，頁 66。

㉞ 有關之討論見：石田勇作，〈吐魯番出土「舉錢契」雜考〉，《駿台史學》78，（1990），頁 120～121。

㉟ 拙著，〈唐代的債務保人〉，頁 88～89 附表。

㊱ 蔣禮鴻，《敦煌變文字義通釋》，（上海，上海古籍出版社，1997），頁213。

㊲ 唐〈雜令〉之留住保證令文，亦為日本《養老・雜令》與安南《黎律》仿效。引文見：仁井田陞，《唐宋法律文書の研究》，頁 304。

㊳ 《唐律疏議》卷 12〈户婚律〉「子孫別籍異財」（總 155 條）與「居父母喪生子」（總 156 條）有原則性規定。但前條：「若祖父母、父母令別籍及以子孫妄繼人後者，徒二年；子孫不坐。」疏議曰：「但云『別籍』，不云『令其異財』，令異財者，明其無罪。」則是例外規定。

㊴ 學界對於家族財產制的看法不盡相同，如中田薰認為家族財產是公同共有，因家長教令權大，故可自由處分之。仁井田陞也持家族共產制的觀點，但認為父子間為不對稱之共有關係。滋賀秀三反對公同共有說，而刻意區別共同所有與同居共財兩個概念。大塚勝美則認為家祖專有意識與父子共產意識並存。戴炎輝從法律上看認係家族共財，從民間習慣上看則以為家產為直尊單

獨所有。上述説法分別見：中田薫，〈唐宋時代の家族共産制〉，收入：《法制史論集》卷 3，頁 1309～1336；仁井田陞，《中國身分法史》，（東京，東京大學出版會，1983），頁 435～443；仁井田陞著，林茂松編譯，《中國法制史新論》，（臺北，環宇出版社，1976），頁 109～115；滋賀秀三，《中國家族法の原理》，（東京，創文社，1981），頁 69～81；大塚勝美，〈中國傳統社會における「家」の構造〉，收入：《中國家族法論》，（東京，御茶水の書房，1985），頁 49～51；戴炎輝，《中國法制史》，（臺北，三民書局，1979），頁 214～215。

⑩　池田温，〈敦煌の便穀歷〉，收入：《日野開三郎博士頌壽記念論集－中國社會．制度．文化史の諸問題》，（福岡，中國書店，1987），頁 385。

⑪　Yamamoto Tatsuro, Ikeda On eds., *Tun-huang and Turfan Documents concerning Social and Economic History, III* contracts（A）（Tokyo:Toyo Bunko, 1987）n. 96, pp.34～35.

⑫　Yamamoto Tatsuro, Ikeda On eds., *Tun-huang and Turfan Documents concerning Social and Economic History, III contracts（A）*, n.291～296, pp.91～94.

⑬　《令義解》，收入：《新訂增補國史大系》，（東京，吉川弘文館，1989），卷 7〈公式令〉「須責保條」，頁 263。

⑭　拙著，〈唐代的債務保人〉，頁 71～72。

⑮　《令義解》卷 10〈雜令〉「公私以財物」條註釋，頁 337。

⑯　連保的債務分擔方式，此處稍修改原先的不負連帶責任之見解。原説法見：〈唐代的債務保人〉，頁 75。

⑰　戴炎輝，《唐律各論》，頁 645。

⑱　停徵與放免不同，前者在停期過後，仍要交納，後者則通常免除還付責任，但也有例外。停徵如《冊府元龜》卷 147〈帝王部・恤下二〉開元十二年（724）三月詔：「其有貸糧未納者，並停到秋收。」又，卷 502〈邦計部・常平〉元和六年（811）二月制：「元和二年四月賑貸，並宜停徵，容至豐年，然後填納。」又，卷 145〈帝王部・弭災三〉開成三年（838）十一月壬戌詔：「賑貸諸縣百姓，……並宜停徵，以俟來歲。」放免如《唐大詔令集》卷 68 開元十一年（733）南郊赦：「承貸百姓糧及種子未納者，並放免，不得卻徵。」《文苑英華》卷 436 宣宗大中六年（852）賑恤江淮百姓德音：「欠常平義倉斛斗，若終不可徵收，亦宜放免。」其例外如《冊府元龜》卷 147〈帝王部・恤下二〉開元十五年（727）四月詔：「諸色欠負等並放，候豐年以漸徵納。」

⑲　池田温，《中國古代籍帳研究－概觀‧錄文》，（東京，東京大學東洋文化研究所報告，1979），頁 346。

⑳　戴炎輝，《唐律通論》，（臺北，正中書局，1977），頁 339。

㉑　制敕與唐律之關連，及需要用制敕補充唐律之原因，可參考：戴炎輝，《唐律通論》，頁 10～11；劉俊文，《唐代法制研究》，（臺北，文津出版社，1999），頁 18～22；王立民，《唐律新探》，（上海社會科學院，1993），第 9 章。

㉒　關於中國史上公私債務免除的問題，加藤繁略有討論，但唐代部分所引實例不多，見：〈支那史上に於ける公私債務の免除〉，《史林》10：4，（1925），頁 1～18。

㉓　如：S.1475 號背（6）吐蕃未年〈安環清賣地契〉、S.3877 號背（2）唐乾寧

四年（897）〈張義全賣舍契〉、S.3877號背（4）唐乾寧四年（897）〈張義全賣舍契〉、S.3877號背（3）唐天復二年（902）〈曹大行迴換舍地契〉、ДX 1414號唐天復六年（906）〈劉存慶換舍契〉、S3877號背（7）唐天復九年（909）〈安力子賣舍契〉、S.3877號背（6）丙子年（916）〈阿吳賣兒契〉、S.1285號後唐清泰三年（936）〈楊忽律哺賣舍契〉、北圖乃字76號甲辰年（944）〈安員進賣舍契〉、P.3331號後周顯德三年（956）〈張骨子買舍契〉、P.3649號背（2）後周顯德四年（957）〈吳盈順賣地契〉、北圖生字25號背宋開寶八年（975）〈鄭醜撻賣舍契〉、S.1946號宋淳化二年（991）〈韓願定賣女契〉、P.4017號背年次不詳〈殘兒賣地契〉。樣文如：P.4017號〈賣地契樣文〉，S.5700號〈書儀－李家賣舍契〉。

(54) 人口或宅舍買賣契中有恩赦擔保條款的，通常前有排除親姻識認、爭論等聲明，大概為預防唐律「妄以良人為奴婢質債」（總400條）而設，也為杜絶如元和、長慶敕所謂「無尊者同署文契」造成之財產糾紛（《宋刑統》卷26〈雜律〉「受案財物輒費用」條引）。

(55) 五代除放私債的恩赦顯然增多，可與敦煌文書作一對應。另外，唐至宋恩赦資料多寡之演變情形，也可參考：仁井田陞，〈敦煌發見の唐宋取引法關係文書〉（二），收入：《中國法制史研究－土地法・取引法》，頁752～760。

(56) Valerie Hansen, *Negotiating Daily Life in Traditional China: How Ordinary People Used Contracts 600-1400*,（ New Haven: Yale University Press, 1995 ）, pp.590.

(57) 漢魏六朝之權利瑕疵擔保，多載於土地買賣文書中。見：仁井田陞，〈漢魏六朝の土地賣買文書〉，收入：《中國法制史研究－土地法・取引法》，頁442～443。

(58) 《吐魯番出土文書》（簡）七/389，（圖）參/485。

(59) 王樹枏以為是貧寒而為盜。金祖同釋「寒」為寒疾，「盜」則被盜。蔣禮鴻謂「寒盜」即「搴盜」，盜取也。王、金二説見：金祖同，《流沙遺珍》，（臺北，新文豐出版公司，敦煌叢刊初集，1985），頁284；蔣説見：池田温，〈吐魯番・敦煌券契概觀〉，《漢學研究》4：2，（1986），頁19註30。

(60) 關於權利瑕疵擔保，或追奪擔保之分析，亦可參考：謝和耐著，耿昇譯，〈敦煌賣契與專賣制度〉，收入：《法國學者敦煌學論文選萃》，（北京，中華書局，1993），頁11～12、20～23。

(61) 戴炎輝，《唐律各論》，頁685。

(62) 同上註。

(63) 擔保期限，西州契多依〈雜律〉「買奴婢馬牛不立券」條的規定，以三日為限，但沙州契則未必，如S.1946號宋淳化二年（991）〈韓願定賣女契〉：「其人在患，比至十日已後，不用休悔者。」就自行另做安排。

(64) 《宋刑統》卷26〈雜律〉「受寄財物輒費用」條引。另可參同書卷13〈户婚律〉「典賣指當論競物業」條所引宋代典賣質舉，子弟專擅，官府處分之情形。

(65) 余欣、楊際平等也探討契約中的違約條款，但其所指包含欠負掣奪與各種擔保事項，與本文所謂的違約罰，只論悔約行為不同。二氏説法見於：余欣，〈敦煌出土契約中的違約條款初探〉，《史學月刊》1994：4；楊際平，〈也談敦煌出土契約中的違約責任條款〉，《中國社會經濟史研究》1999：4。

⑥ 有關預租型借契之違約罰問題，可參考拙著〈唐代西州、沙州的租佃制〉（下）對預租契之分析。該文載：《大陸雜誌》87：6，（1993），頁22。

⑥ 如北圖鹹字59號背吐蕃寅年〈僧慈燈雇博士氾英振疊佛堂契〉、S.5820＋S.5826吐蕃未年〈尼明相賣牛契〉、S.1475號背（6）吐蕃未年〈安環清賣地契〉、S.1475號背（7）吐蕃寅年〈令狐寵寵賣牛契〉。

⑥ 余欣，〈敦煌出土契約中的違約條款初探〉，頁30～31。

⑥ 仁井田陞，《唐宋法律文書の研究》，頁123；余欣，〈敦煌出土契約中的違約條款初探〉，頁31。

⑦ 《周禮》的調人之官，及傳統社會調解糾紛的方式、程序、限度與意義，蕭公權有精闢的分析，見：〈調爭解紛－帝制時代中國社會的和解〉，收入：《釋園文錄》，（臺北，聯經出版公司，1983），頁91～152。

⑦ 嗇夫負責訴訟之事，主知民善惡，是官方性質的調人。三老非郡縣屬吏，不食官祿，但長吏委以教化之任；父老亦非官方人物，以德行、年齡、富貲等受人尊重。後二者皆以通達民情，可謂另種形態的調人。關於漢代鄉官職責，及三老、父老之性質，可參考：嚴耕望，《中國地方行政制度史》上編卷上《秦漢地方行政制度》，（臺北，中研院史語所專刊45，1961），頁245～251；杜正勝，〈古代聚落的傳統與變遷〉，收入：《第二屆中國社會經濟史研討會論文集》，（臺北，漢學中心出版，1983），頁242、246～247。

⑦ 《吐魯番出土文書》（簡）六/527，（圖）參/269。

⑦ 戴炎輝謂此條之不告不理原則，因有但書，只「徒具形式，毫無實效」。然劉俊文以為，此條意在防範鞫獄之官違反司法審判程序，導致深文羅織，故仍有其作用。二氏說法見：戴炎輝，《唐律各論》，頁783～784；劉俊文，《唐律疏議箋解》，（北京，中華書局，1996），頁2050。

⑦ 有關地方對鄉法俗例之態度，可參看：梁治平，《清代習慣法：社會與國家》，（北京，中國政法大學，1996），頁131～132。

⑦ 陳國燦，《斯坦因所獲吐魯番文書研究》，（武漢，武漢大學出版社，1995），頁540～541。

⑦ 唐律於債法持著國家干預原則，見：何勤華，〈《唐律》債法初探〉，《江海學刊》1984：6，頁88。

⑦ 人們訂約時為免日後興訟，常有各項違約條款。見：Hansen, Valerie. *Negotiating Daily Life in Traditional China: How Ordinary People Used Contracts, 600-1400*,（New Haven: Yale University Press, 1995），pp.44～46.

⑦ 唐政府對官吏的監督甚嚴，不僅要求其依法行政，更要求其依法辦案，這在唐律中可以反映出來。有關問題在制度層面之討論，可參考：錢大群、郭成偉，《唐律與唐代吏治》，（北京，中國政法大學，1994）。

⑦ 本書第五章註90。

⑧ 梁治平，《清代習慣法：社會與國家》，頁162～164。

⑧ 法制、習俗與道德之相互關係，仁井田陞亦有分析，但多舉近代社會的例子。見〈國家の法的規律と法慣習〉，收入：《中國法制史研究－法と慣習、法と道德》，（東京，東京大學出版會，1981），頁349～358。

⑧ 葉孝信，《中國民法史》，（上海，上海人民出版社，1993），頁317。

⑧ 劉俊文，《敦煌吐魯番唐代法制文書考釋》，（北京，中華書局，1989），頁537～539。

⑭ 關於案件之審理、判決及其他相關制度，劉俊文有相當詳盡的考證，見：〈唐代獄訟制度考析〉，收入：《紀念陳寅恪先生誕辰百年學術論文集》，（北京，北京大學出版社，1989），頁242～266。

⑮《唐六典》卷6〈刑部郎中員外郎〉條：「諸有犯罪者，皆從所發州縣推而斷之。在京諸司，則徒以上送大理，杖以下當司斷之。若金吾所獲，皆送大理。」注云：「犯罪者，徒已上，縣斷定，送州覆讞。……其大理及京兆河南斷徒及官人罪，並後有雪減，並申省司，審詳無失，乃覆下之。……若大理及諸州斷流以上，若除免官當者，皆連寫狀申省案覆，理盡申奏。」由是可知，地方系統杖罪以下，縣可自決，徒以上須報州覆理。京城系統，杖以下當司斷之，徒以上申省。

⑯《唐六典》卷18〈大理卿〉條：「凡諸司百官所送犯徒刑以上，九品以上犯除免官當，庶人犯流、死以上者，詳而質之，以上刑部，仍於中書門下詳覆。」註曰：「其杖刑以下則決之。」故知官人犯徒以上罪，須報大理寺，上刑部，並呈中書門下詳覆。

⑰《唐六典》卷6〈刑部郎中員外部〉條：「凡有冤滯不申，欲訴理者，先由本司本貫。或路遠而躓碍者，隨近官司斷決之。即不伏，當請給不理狀，至尚書省，左右丞為申詳之。又不伏，復給不理狀，經三司陳訴。」又，《唐律疏議》卷8〈衛禁律〉「私度及越度關」（總82條）：「被枉徒罪以上，抑屈不申，又使人覆訖，不與理者，聽於近關州、縣具狀陳訴，所在官司即準狀申尚書省，仍遞送至京。若無徒以上罪而妄陳者，即以其罪罪之。」則徒罪以上得發給不理狀上訴，杖罪以下雖不伏亦不可妄陳。參見：劉俊文，〈唐代獄訟制度考析〉，頁243。

⑱ 四級上訴制見《唐六典》卷6〈刑部郎中員外郎〉條（前註引文）。

⑲ 御史台的職權本在彈劾與監察，但唐代的御史台已可接受訴狀，具司法審判權。在四級上訴制中，御史台是三司之一，但在此之外，御史台可單獨為申訴機構。《通典》卷24〈職官六・御史台〉：「永徽中，崔義玄為大夫，始定受事御史，人知一日，劾狀題告人姓名或訴訟之事。」此處御史台所受狀及訴訟事，不與四級上訴制相干。又，《唐會要》卷60〈御史台〉大中元年（847）四月御史台奏：「公私債負及婚田兩競，且令於本司本州府論理，不得即詣台論訴。如有先進狀，及接宰相下狀，送到台司勘當，審知先未經本司論理者，亦且請送本司。如已經本司論理不平，即任經臺司論訴。」此亦御史台於承理逐級申覆的案件之外，另行接受州縣論理不平的訴狀。關於御史台的取得司法審判權，可參考：胡滄澤，《唐代御史制度研究》，（臺北，文津出版社，1993），頁76～90。

⑳《唐律疏議》卷24〈鬥訟律〉「邀車駕撾鼓訴事不實」（總358條）：「即親屬相為訴者，與自訴同。」是直訴可由親屬代行。

㉑ 其他直訴方式如上表、撾登聞鼓、立肺石下。見劉俊文，〈唐代獄訟制度考析〉，頁244。

㉒ 畫指、押字之源流與演變，顧炎武《日知錄集釋》卷28〈押字〉條有介紹，張傳璽〈中國古代契約形式的源和流〉一文中也有申述，收入：《秦漢問題研究》，（北京，北京大學出版社，1995），頁182～185。唐代契約文書中指押、手模、用印之方式與意義，可參考：仁井田陞，《唐宋法律文書の研究》，第一編，第3～5章；玉井是博，〈支那西陲出土の契〉，收入：《支那社會經濟史研究》，（東京，岩波書店，1943），頁335～338。署名、指

押也是反映社會階層與貧富差距的方式，可參考：Valerie Hansen, *Negotiating Daily Life in Traditional China: How Ordinary People Used Contracts, 600-1400*, p.67. 另外，出土文書中所見之契約，多是單方署名，由借者出執給貸方，但仍以當事雙方協議為基礎，見：高潮、劉斌，〈敦煌所出借貸契約研究〉，《法學研究》1991：1，頁 80～81。

㊾ 民刑不分，是傳統民法的重要特色之一，且自古已然。見：葉孝信，《中國民法史》，頁 31；胡留元、馮卓慧，〈從陝西金文看西周民法規範及民事訴訟制度〉，《考古與文物》1983:6，頁 77～78。

㊿ 白居易此處是為欠負官錢而遭囚繫者請命，所言雖不與私債相干，想來亦有暗合處。白氏奏狀原文見：《白居易集》卷 59〈奏狀二〉「奏閿鄉縣禁囚狀」。

㊄ 〈道僧格〉大致是在唐太宗時代，參考佛教戒律，並根據唐代刑法而製成，目的在確保僧尼對朝廷的馴服，同時限制僧尼參與世俗事務的範圍，見：史丹利・外因斯坦（Stanley Weinstein）著，釋依法譯，《唐代佛教－王法與佛法》，（臺北，佛光文化公司，1999），頁 29～36。

㊅ 日〈僧尼令〉與唐〈道僧格〉、及與國家刑法的關係，坂本太郎有概略說明，見：〈日唐令の篇目の異同について〉，收入：《律令制の諸問題》，（東京，汲古書院，1984），頁 252～253。

㊆ 本條引自：秋月觀暎，〈唐代宗教刑法に關する管見〉，《東方宗教》1954：4、5，頁 150。關於該條之復原方式，另詳：〈道僧格の復舊について〉，《歷史》（東北史學會編）第 4 輯。惜筆者未見該文。

㊇ 秋月觀暎，〈唐代宗教刑法に關する管見〉，頁 137～152。

㊈ 黃運喜，〈國法與戒律之間－唐代僧團律令分析〉，《獅子吼》31：11、12，（1992），頁 8。

⑩ 收繫禁錮欠負官債者，白居易在元和四年（809）〈奏閿鄉縣禁囚狀〉中已有痛切指陳（《白居易集》卷 59），而文宗大和八年（834）十二月〈曲赦京畿德音〉中始見下詔禁止囚繫欠負官物者（《唐大詔令集》卷 86）

⑩ 原始民族在自己智力不足判斷事理時，大體皆用神判。盟誓已非單一的求助於超自然神，而是神處罰發假誓的人，西周金文裏已見盟誓之法律約束力，削弱神的權威。但直到國家製訂法律，依法審判時，對於疑難不決的案件，有時仍祈求神助。故傳統時代的人們，似乎很難完全排除鬼神在審判上之影響。有關神判之例與方法，以及法律制裁之外還需借助神力，可參考：瞿同祖，《中國法律與中國社會》，（臺北，儷勉出版社，1978），頁 197～201；仁井田陞，〈民間信仰と神判〉，收入：《中國法制史研究－刑法》，（東京，東京大學出版會，1981），頁 676～702。關於周初神判思想的動搖，盟誓或誓審之運用，以及神判與誓審之比較，見：胡留元、馮卓慧著，《西周法制史》，（西安，陝西人民出版社，1988），頁 1～12，295～303，407～410。

⑩ 宗教思想將債務與罪孽的觀念融合在一起，謝和耐於此有所闡述，見：《中國五～十世紀的寺院經濟》，（臺北，商鼎文化公司，1994），頁 314～317。

⑩ 王重民等編，《敦煌變文集》，（北京，人民文學出版社，1984），頁 190～191；潘重規編，《敦煌變文集新書》，（臺北，文津出版社，1994），頁 1069～1070。

第七章

借貸之意義與影響

第一節　提供融資管道

　　借貸關係通常需賴信用才得成立，信用之取得與債務之承負實為一體的兩面，如何透過信用制度，使有借貸需要的人從金融市場中獲致資金，以利各類活動的進行，是自《周禮》賒貸傳統即注意的問題。然直到唐代，政府除了偶然針對特定地區或對象，給賜土地耕牛之外①，始終未規畫出一個常態的、健全的金融體系，以調節資金之供需，並暢其流。

　　唐代官方提供的融資管道，最重要的莫過於倉糧賑恤與賑貸。前者通常發生在災情嚴重，百姓最窮困無助時，故政府賑給穀物，百姓只受而不納；後者則多行之於小歉或倉儲量不足時，政府即使無意圖利，也要求回收穀物②。二者都由官方提供物資，有調節民間資金匱乏的作用，但前者與其說是一種融資管道，不如視為社會救濟措施；後者雖然具有融資意義，缺點卻甚多，舉其要者有：一、官倉出貸以救荒為主，此乃消極性作為，民眾充其量只能被動地接受，不能隨其需要地主動請求，故終究難脫救濟性質。少許百姓請貸的例子，官府可能要求計息、責保③，條件似頗嚴苛。二、賑貸數量每人或每戶約給米 1～3 石，當戶人多亦不過 5 石④，如此數量只能暫緩百姓的燃眉之急，未必合於其實際需求。而且就算是開元二十年

（732）起的常態性出貸，也只以貧戶為限⑤，如何能解決一般百姓的困頓。三、賑貸物種多屬穀物類，目的以生活消費或種子供給為主，難以應付各式借貸用途，尤其無法幫助債務龐大的百姓，處理欠負。四、賑貸程序繁複，無論是前期的先奏後給，或天寶以後的先給後奏，地方官常怯於處分，委卸開倉責任，失去救乏的時效性與急迫性⑥。五、賑貸需償還，百姓請貸還要付息，官吏懼不得回收而承擔罪責，故不敢輕易開倉貸出，如後周世宗顯德六年（959）淮南飢，上命以米貸之，或曰：「民貧，恐不能償。」（《通鑑》卷294）該種顧忌，想來亦可類推於唐代。六、賑貸不依需要發給，在官吏與富豪勾結下，任其妄加佔用，此於宣宗大中六年（852）四月戶部奏中可見端倪：「請委所在長吏，差清強官勘審，……先從貧下不濟戶給貸訖，……不得妄有給與富豪人戶。」（《唐會要》卷88〈倉及常平倉〉）這樣的融資管道，不僅資金的供給面與需求面相差太過懸殊，官方貸放的條件、程序、方式、心態，也都有可議處，是以倉糧賑貸所能發揮的融資效果，相當有限。

和糴是唐政府用加錢收糴法，與民間兩和交易，徵集穀物的方式。其目的原本在籌措政府財源，供給邊軍糧用，其後功能也延伸向平價、備荒等方面⑦。敦煌文書中有一種名為交糴的措施，可能是相關人員假和糴之名，少報多收，獲取羨餘的手段⑧，但交糴穀物的來源，似與融資有所牽連。P.3348 號背天寶六載（747）十一、十二月河西豆盧軍倉收納交糴粟麥牒11 件，每人的交糴數少說50 碩，100 碩以上者有9 筆，包括2筆為200 碩。交糴者的身分，14 人次中7 成以上是行客，其中2 人還註明「預付疋段」。行客係往來於邊州，從事穀物販運的行商⑨。豆盧軍倉所收取的軍糧，部分就是由商人處購買來

的。而由預付疋段方式進行的交易，其實靠得是一種商業信用，即軍倉先預付疋段，讓行客周轉牟利，至期再填還穀物。由此交換過程中發生的信貸行為，也可說是商業融資。只可惜交羅為隱欺手段所掩蔽，軍倉人員未察覺這些數量龐大的貸放，對經濟可能產生的作用。而且，交羅只偶然運用預付之法，多數情形還是兩和交易，可以說借由預付疋段來融通資金的案例並不普遍，故其影響當甚微小。

公廨本錢、食利本錢等雖然是貨幣類的官本放貸，惜其只為官府斂財的工具，幾乎全然不能視為一種融資管道，而遭抑配捉錢的人戶，則常有破家之患。《册府元龜》卷 506〈邦計部・俸祿二〉開元六年（632）七月崔沔議州縣官月料錢狀：「頃以州縣典吏，併捉官錢，收利數多，破產者眾。……富戶既免其徭，貧戶則受其弊，傷人刻下，俱在其中。」《舊唐書》卷 149〈沈既濟傳〉亦曰：「當今（德宗）關輔大病，皆為百司息錢，傷人破產，積於府縣。」以官本月息最低的 4% 計，年猶需納 48% 的利錢，承擔此役者若不諳生財之道，豈會不受重困？唐人於商利動輒曰得其倍直，乃至十倍、百倍⑩，但這可能是大賈之巨額利潤，一般商販或許如司馬遷所言：「貪賈三之，廉賈五之」，「佗雜業不中什二」（《史記》卷 129〈貨殖列傳〉）。楊聯陞認為「三之」是一年利潤為本錢的三分之一，「五之」是五分之一，即什二之利⑪，其他雜業之蠅頭小利則不足二成。以此商利比於官本息錢，當可了解崔沔所謂：「收利數多，破產者眾」，誠非虛語了。

官府的放貸事業，不是融資功能欠缺，就是根本不以融資為目的，對於民間汲汲有借貸需要者而言，自不能不轉向他處尋求奧援。文中所論的民間放貸者，無論是寺觀或僧道，是百姓或官人，也無論以個別方式為之，或漸發展出組織形態，重

要的是，它較官方提供更多元化的融資管道，更便利的借貸途
徑，更有選擇性的周轉來源。即使貸方不具慈善性質，純以營
利為目的，而借方依然可按照自己希望的類型，所欲使用的原
因，及其需要數量，與貸方達成協議。這期間或許因彼此經濟
力量強弱有別，社會地位相差懸殊，使借方飽受刁難，為重利
或苛刻條件所苦，但畢竟他還有可資商借之處，有討價還價之
餘地，有鄉里習慣可憑，有契約文書為據，比起期待不確定的
倉糧賑貸，看惡形惡狀的衙吏臉色，似乎還要穩當些，也有保
障些。

　　嚴格說，由於唐政府不了解金融體系對國計民生的重要，
甚至還可能將其與高利貸做了錯誤的聯想，因此並未考慮去建
構制度，健全資本市場，讓有需要者在無虞剝削，管道暢通
下，得到幫助。民間業者雖然填補了政府空缺的職責，但如文
中所顯示的，其所扮演的貸放角色，仍僅止於個人的、小區域
的、習慣性的出借方式，離專業的、跨地區的、制度化的程度
還甚遠，故民間借貸業在調節金融上，儘管有舉足輕重的分
量，有不可抹殺的貢獻，卻因其規模有限，利率過高，以消費
性貸出為主，政治用途偏多[12]，而在促進經濟發展，活絡金融
市場上，其功用還是不宜太過高估。

　　民間提供的融資管道，或許不足，也有缺陷，然而它的存
在價值實不容忽略。《太平廣記》卷 134〈報應部〉「童安
玗」條：「初甚貧窶，與同里人郭琪相善，琪嘗假借錢六、七
萬，即以經販，安玗後遂豐富。」又，卷 395〈雷部〉「史無
畏」條：「從真家富，乃為曰：弟勤苦田園日夕，區區奉假千
緡貨易。……無畏忻然齎緡，父子江淮射利，不數歲已富。」
這些都是經由借貸而取得商販資本，並擺脫貧困，因而致富的
實例。借貸之原因殊多，然最有迫切需要的，當是為生活愁

苦，斤斤於數石米粟的小民，這類小額借者，往往只需周轉於一時，以解急困，未必已至山窮水盡的地步，故此際若有人適時伸出援手，所資不多，便可助其度過難關。《宋會要輯稿》〈食貨〉37 徽宗崇寧二年（1103）七月九日條戶部奏：

> 湖北提舉司申：縣鎮不及萬戶處，雖非商旅往來興販之地，除市易務不須置外，卻有井邑翕集，兼在僻遠，正民間緩急難得見錢去處，欲乞依舊存留抵當庫。

抵當庫是宋代的公營質庫⑬，正為百姓緩急需錢時的取給之處。湖北提舉司乞留抵當庫，正可反映融資管道不能不有。《朱文公集》卷 16〈奏救荒事宜狀〉：

> 浙東諸州，例皆荒歉，……典質則庫戶無錢，舉貸則上戶無力，……是以細民無所仰給，狼狽急迫，至于如此。

浙東荒歉已甚，物資極度匱乏，糧價上漲的結果，市面銀根緊縮，其於借貸的直接衝擊是，典質戶與舉貸主因不能順利回收資金，並受預期看壞心理的影響，既不願、也無力再貸出餘錢，而使原本從其仰給，喘息度日的小民，頓失所託，竟至無可如何，狼狽不堪之境。由宋代之例可見，融資之途暢通與否，關係民生甚鉅，而經濟景況與借貸間，亦有極密切的牽連。

以唐代災荒頻仍思之，發生類似上述之情形，是非常可能的，而小民是否有可資借取之處，就成為其能否延續家庭生機之命脈。如其幸而能得濟助，則即使是墮入以債養債的網羅中，只要不再有其他因素使之惡化，也還是能勉強支撐下去，尚不致淪落到典賣妻子、宅舍之絕境。故消費性小額借貸的順暢進行，其實是防止家庭破碎，維繫社會安定的一道安全瓣。

然而，愈是貧困者，愈難掌握自己的未來，任何風吹草動，都會使已經危如累卵的生活狀況，受到嚴厲摧殘。如其不幸遭逢災荒，稅賦又不得減免，貸主因其前債未了，或明知其無力償付，而不願甘冒風險，再予借貸時，其所能採取的非常手段，不是質典妻子、宅舍，就只有逕行賣斷。但此二法或不免製造人倫悲劇，或使人走投無路，成為游民逃戶，其影響所及，非唯借者一方而已，若此形勢由點而面，趨於普遍，則亦不利於經濟生產與財政稅收，其甚者，將演變為社會亂源，進而危及政治的穩定。因此，借貸問題雖然看似不起眼的小事，但若融資管道不暢通，或資金不足，通貨收縮，使有需要的人不能得其周轉，則所引發的連鎖後果，或許會嚴重得令人難以想像。

借貸之進行，亦取決於供給資金之貸方的態度。前引朱熹〈奏救荒事宜狀〉：「典質則庫戶無錢，舉貸則上戶無力」，融資之途關閉，除了導因於經濟蕭條，貸主確無可運用之游資外，另一重要原因則是，貸主擔心借者賴債，資金血本無歸。換言之，有利可圖，才是一般貸主願意提供資金的真正動機。韓愈論城外百姓以雜物糴鹽曰：「鹽商利歸於己，無物不取，或從賒貸升斗，約以時熟填還，用此取濟，兩得利便。」（《韓昌黎集》文集卷8〈論變鹽法事宜狀〉）鹽商賒貸，既使利歸於己，也使百姓不失物用，借貸關係就在雙方各取所需，互得其益的情況下達成。糴鹽可以賒貸，則類推於其他物用，或唐代的不同時段，想來似亦無大過。南宋《袁氏世範》卷3〈假貸取息貴得中〉條：「假貸錢穀，責令還息，正是貧富相資，不可闕者。」由袁采語氣看來，富者獲取息利，正為促其出貸的一大誘因。蓋人性之常，鮮有不炫於厚利，務於積聚財富的。至若以善心體恤貧者，全然不持營求之意的，應該不會多。

融資管道暢通，受惠者不僅只是借方，貸方獲益似乎更大，這從其經營觸角伸向各業發展，即知高利貸資本亦有助於商業資本、生產資本的增大。《舊唐書》卷78〈高季輔傳〉謂公主之室、勳貴之家：「放息出舉，追求什一。」就是公侯靈活周轉息利與商利，以快速累積資本，創造財富。昭義節度使劉從諫署買人子為牙將，「使行賈州縣，所在暴橫沓貪，責子貸錢，吏不應命，即愬於從諫。」（《新唐書》卷214〈藩鎮劉從諫傳〉）則從諫亦得商利與子貸錢交互匯注之益處。戶部侍郎判度支張平叔請限制商人為諸軍使「把錢捉店，看守莊磑」，以求影庇（《韓昌黎集》文集卷8〈論變鹽法事宜狀〉）。顯然，把錢出貸對邸店經營與莊園、碾磑事業，不無好處。此外如絹行舉錢，肆舖、旗亭質物，也都是可以連通各類資本，輾轉擴充營業的實例。因此，當貸方覺得資金活絡寬鬆，沒有不易回收之風險時，舉放出息，以利滾利，又何樂而不為？

在借貸行為中，表面上看，貸方居經濟優勢，以強者姿態，對借方予取予求，但事實上，借貸雙方有著互相依存的微妙關係，貸方之所以全力護衛自己的利益，就是怕借方對其造成反壓力。《全唐文》卷72文宗大和五年（831）六月〈禁與蕃客交關詔〉：

> 頃來京城內衣冠子弟，及諸軍使，並商人百姓等，多有舉諸蕃客本錢。歲月稍深，徵索不得，致蕃客停滯市易，不獲及時。方務撫安，須除舊弊，免令受屈。

唐政府原不准官人、百姓與蕃客交關（〈衛禁律〉「越度緣邊關塞」（總88條））。如今，諸人舉蕃客本錢而不償，是否因其自恃強力，欺其身處異國，固不可知，然蕃客徵索不得的

結果，已使資金枯竭，不獲及時補充，並連帶波及其他交易，亦陷入停頓。由是可知，貸出財物能否順利回收，貸方必須仔細評估，如其稍一不慎，所有心血可能都化為烏有。對數量不大的欠負，貸方或可由他處補償之，或可自行吸收之，尚不致影響其放貸之意圖與能力。然若不償者眾，或累計數額超過其能負擔的限度時，貸方不是因為不堪虧損，無利可圖，不得不終止放貸行為，就是同時引致相關各業的資金亦調度困難，而面臨更大的財務危機。

融資管道暢通，非獨有利於借貸雙方，亦有助於財經發展與政治社會的安定。從總體經濟的觀點看，融資的作用在促進資金快速流轉，擴大資本與貨幣市場，進而帶動利率下降，刺激投資意願，以恢復或加強各類生產，使人力、物力皆得充分利用。唐代的民間借貸，農村裏以小額的、消費的為主，城市裏雖然不乏數量不小的奢侈性與非經濟用途的借貸，但真正屬於投資性者，似乎不太多。這樣的借貸規模與性質，在提昇財政、經濟水準上，或許成效有限，但仍相信在某種程度上，能夠發揮調節農村金融，穩定農業生產，安定農業社會的作用；而城市中的不在地主（absentee landlord），在吸收利息、地租、稅賦後，亦可轉化為發展工商業的資金⑭。故無論農民或工商業者，也無論個別家庭或國家經濟，莫不對借貸有所依賴。

借貸其實是一種具有風險性的經濟活動，政治形勢的變化，對之影響尤深。如似唐前期之政局波動不大，人民各歸本業，因而生產力擴張，資金趨於寬鬆，貸方在回收風險小，所獲利潤高的情況下，自然願意出貸。反之，如在動盪不安的安史亂期或晚唐變局，人民四散逃亡，百業俱歸蕭條，其荒歉及不得融資之情形，可能比之朱熹〈奏救荒事宜狀〉之描述，猶

有過之而無不及。在借方因生產破壞而無力償付，貸方亦憂心資金迴轉不易，不免緊縮信用時，就算一方願以質物作抵，另一方也未必肯冒損失資金之風險，留取無用之破舊雜物。類似情形在物價低落，生產力萎縮的兩稅法時代，應該也會出現，只是程度上有所差別，引發的原因也不全屬政治性而已。

　　文獻資料與出土文書中，雖然不易確切反映出借貸與個別家庭，乃至與社會經濟、國家安定間有著何種互相牽引的關係。但不容否認的是，穩定的農村金融，就是鞏固政權的基石，否則即使城市工商繁榮，消費膨脹，也是畸形的、表象的。一旦生產與消費嚴重失衡到無可挽救的地步時，逃亡、變亂等問題，便將如燎原之勢，燃遍帝國的每個角落。

第二節　剝削榨取與敗壞吏治

　　借貸固然能提供融資管道，但其引發的負作用也相當不少，究其本源，主要在借者之迫於困弊，無可選擇，與貸方的乘其所急，因勢榨取。《文苑英華》卷422元和十四年（819）七月二十三日上尊號赦：

> 京城內私債，本因富饒之家，乘人急切，終令貧乏之輩，陷死逃亡，主保既無，資產亦竭。……應在城內有私債經十年已上，本主及原保人死亡，又無資產可徵理者，並宜放免。

類此之積債情形，相信不獨發生於京城內，其他城鎮、農村亦應有之。借者之貧乏，縱有其因，然「宿豪大猾，橫恣侵漁，致有半價倍稱，分田劫假，於是棄田宅，鬻子孫，蕩然逋散」（同前書卷434〈放京畿丁役及免稅制〉），則是強凌弱產生的嚴重後果。故富饒之家的乘人急切，非僅抵銷掉借貸之融資功能，還導致主保陷死破家，其影響之深遠，令人不能小覷。

　　對於富饒之家的巧取豪奪，唐政府非不知其危害之甚，除了要求地方官主動查緝，也鼓勵民眾檢舉告發。以最顯著的利率問題言之，唐〈雜令〉：「取利過正條者，任人糺告。」（《宋刑統》卷26〈雜律〉「受寄財物輒費用」條引）開成二年（837）八月二日敕，如有放貸違越生利，「壹任取錢人經府縣陳論」（同前條引）。揆其用意，當在盡量減低借貸之弊，以保障經濟弱勢者不受剝削。然而即使如此，借者可能仍有許多顧忌，不敢輕言告訴，也不敢隨意賴債⑮，宋人李元弼《作邑自箴》卷6〈勸諭民庶牓〉頗能道出個中原委：

　　　　欠債人戶，亦不得昏賴失信，須防後來闕乏，全藉債主緩急接濟。

貧戶常靠借貸度日，豈能輕易開罪債主。失信拖欠，已然慮有後患，若是動輒上告，既未必能懲治得了強項的債權人，恐怕還為自己造下惡因，日後再無人願意貸與之。以是唐政府所用的舉告之法，究竟有多大效果，頗讓人存疑。

　　借貸問題中最為人詬病，亦官府一再重申禁令的，就是高利貸。唐代民間利率之居高不下，已如前論，復以利上生利，迴利作本，重重徵收等計息法，將益增借用人之負擔。官收公廨本錢之利雖曰「不得更過壹倍」（《宋刑統》卷26〈雜律〉「受寄財物輒費用」條引唐〈雜令〉），然由數次放免無可徵納者觀之，元舉人納利五倍、十倍以上者也大有人在（《唐會要》卷93〈諸司諸色本錢下〉）。官家唯聚斂是務，公然違背法令約束，自身已不能為民表率，又如何去說服或要求百姓不取過本之利？

　　對大多數倚賴消費性借貸的農民來說，其周轉的主要目的在生活與賦稅，而不是為改良生產條件，或保證再生產之正常

進行，故農民在貧窮與高利的雙重壓縮下，要想擺脫債負，過著自給自足的生活，甚而將借貸轉為農業資本，可說難上加難。陸贄於此有很深刻的體認，其於〈均節賦稅恤百姓第五〉中曰：「幸逢有年，纔償逋債；斂穫始畢，糧糧已空；執契擔囊，行復貸假；重重計息，食每不充。」（《陸宣公集》卷22）就將借貸只能暫時應急，農民需靠以債養債的方式，苟延殘喘的情景，生動而悽慘地描繪出來。其實，農村中的高利貸問題，亦同樣困擾著城市中的小民，懿宗即位赦文即指出：「京城內富饒之徒，不守公法，厚利放債，損陷飢貧，前後累有敕文約勒，非不丁寧，無良者都不遵守，致貧乏之人，日受其弊。」（《全唐文》卷85）貧乏之人為厚利剝削，縱然救得了一時困急，也終究是剜肉補瘡，為弊日深，難以真正只享其利，不受其害。

　　無論是消費性借貸或投資性借貸，除非借者於生產事業中獲取之利潤，或其他方面之所得，高過其應支出之利息，才有可能使自己免受不斷挹注之苦，否則借貸將如一個無底洞，逐步蠶食借方家產，直到吸乾榨光為止。阿斯塔那4號墓出土的高宗乾封三年（668）三月〈張善憙舉錢契〉（附表四B（3）1）、總章三年（670）二月具預租型借貸性質的〈左憧憙夏菜園契〉⑯、與同年三月〈張善憙舉銀錢契〉（附表一43），都是張善憙在短短3年間，向同一貸主之借貸，由其借數自初時的銀錢20文，至兩年後連續兩個月間借大麥16斛與銀錢40文⑰，及以預租方式出佃，欠負時用田園作抵來看，張善憙的債務負擔似乎愈來愈沈重，也愈來愈急迫，竟不得不動用農家最珍貴的土地資源，來借貸或擔保⑱。

　　均田制下原則禁止土地買賣，土地兼併常是透過高利貸來進行⑲，前引乾封三年（668）〈張善憙舉錢契〉：「將中渠菜

園半畝,與作錢質。」是冒著無力償付,土地被移占的危險在借貸。或許由於民間假各式不動產質,為實質占有的情形日益普遍,故玄宗開元二十五年(737)令:「諸田不得貼賃及質,違者財沒不追,地還本主。」(《通典》卷2〈食貨二‧田制下〉)即欲明白阻絕各種迂曲兼併土地的方式。自均田制廢弛後,豪強更可肆無忌憚地為所欲為,宣宗大中四年(850)正月制:「豪富之家,尚不恭守,皆是承其急切,私勒契書,……須議痛懲,其地仍便勒還本主。」(《唐會要》卷84〈租稅下〉)此處的「承其急切,私勒契書」,自然包括借貸不得償之強質土地在內。當借者連基本的維生憑藉都已失去時,偌大債務恐怕也只有任其繼續惡化下去,在長久無力回贖的情況下,質與賣、占的分際便變得相當模糊。

因資用短缺而向人借貸,已很令人同情,但有時貸方不存矜恤之心,反欲借機剝削,或強逼債務,宋人李元弼於其所用伎倆,有如下描述,《作邑自箴》卷6〈勸諭民庶牓〉:

> 放債人戶,切須饒潤取債之人,輕立利息,寬約日限,即不得計套貧民,虛裝價錢,質當田產,及強牽牛畜,硬奪衣物動用之類,準折欠錢。

徵諸唐代情景,貸方亦不外以高利盤剝、現付利息、低估質價等法套住貧民,或以質當田產、掣奪家資等方式折充欠負,與李元弼的觀察頗相吻合。唯債權人設下的逼債網羅尚不止此,如迴利作本、重訂券書、加收遲延利息等,都是在利息上大作文章;要求立恩赦擔保,似有挑戰法制,並向債務人示威的意思;要保人負留住責任,尤其是迫其以妻兒為保,則除了會連累他人,還可能使妻兒淪為人質,或被貨賣。文宗太和八年(834)〈令百姓收贖男女詔〉所言之饑歉後編戶男女「多為

諸道富家，並虛契質錢。」（《全唐文》卷72）既為虛質，其言外之意豈不就如實賣？宣宗大中九年（855）〈禁嶺南貨賣男女敕〉謂南方之俗，貧民「貨賣男女，姦人乘之，倍討其利，……窘急求售，號哭踰時。」（《唐大詔令集》卷109）則不無可能亦將久質不得贖，或立保抵債之質，併視為貨賣。債權人乘人之危，無所不用其極的逼債法，已使債務人步步走向傾家蕩產、骨肉離析之途，而告官之後的久繫不得還，無疑將製造更多家破人亡的悲劇。

以借貸為媒介的經濟掠奪，隨著社會貧富差距的增大而愈演愈烈[20]。當百姓的貧窮化日甚一日，生產資料與勞動力一一被占奪，生產者被迫成為依附者時[21]，此不獨直接導致農業生產萎縮，工商經濟衰退，政府財政惡化，還因弱者的積怨不平，對社會道德與司法正義的失去信心，而動搖其安於現狀，順服現行權威的意念。如形勢一旦發展至如此不可收拾的地步，則一切不可預知的可怕後果，將不旋踵而至矣！

因借貸引發的陷死、破家、逃亡等問題，在階級分化較明顯的中晚唐時代，經常出現於詔敕或君臣議論中，這顯示人心的失望不滿瀕臨極限，社會充斥著動盪不安的危機，故統治者不得不正視之，期能平抑或緩和此一現象。相對於政經情勢較穩定的唐前期，除了有關借貸之律令規定，或禁止高利放債之敕旨，較多見於文獻資料中外，政府似還不太覺得其於政治社會已產生若何衝擊。其實，只要造成借貸的原因不消失，借貸行為就不會絕跡，而借貸利率若居高不下，或債權人不改其凶狠的逼債手段，借貸對個別家庭的影響就不會減輕。只是當百姓愈有消費性借貸需要，以及無力償付之情形愈加普遍時，借貸於財政經濟的壓力，對政治社會的腐蝕作用，便相應的加重加強。雖然，借貸問題的嚴重程度，所涉及層面的深度與廣

度，不易於史料與出土文書中，見出時代之演變軌跡，但從上
述之推論中，似仍知其可與唐世之治亂興衰，相互對照。

　　為求職赴任的借貸，一旦借者順利升進仕途，遂其所願，
便大可假權借勢，壓迫所屬為之還債，而與一般經濟用途之借
者，常為自行籌措債務所苦，不太相同。《新唐書》卷 171
〈高瑀傳〉：

> 自大曆後，擇帥悉出宦人中尉，所輸貨至鉅萬，貧者假貸富
> 人，既得所欲，則椎骨膏血，倍以酬息，十常六七。

廣輸重賂以求美職，至鎮之後則刻削下民，為之償債。典選者
既不能忠於職守，為民擇官，又豈能冀望賄賂者務於撫存，以
養廉自守？故此類借貸必會降低官吏素質，而直接受害的，則
是百姓福祉與清廉吏治。類似官吏舉債之弊，在赴任者身上亦
可見之，《唐會要》卷 92〈內外官料錢下〉武宗會昌元年
（ 841 ）條：

> 選人官成後，皆于城中舉債，到任填還，致其貪求，罔不由
> 此。……戶部各借兩月之數，……所冀初官到任，不滯息債，衣
> 食稍足，可責清廉。

吏治敗壞種因於其到官之前，一切債負皆轉嫁於其所部之民，
如此官吏既敢漠視法禁，放膽侵漁，大概也不會在息債已了之
後，旋即改頭換面，以廉慎自任。俸祿薄而不均，亦是造成官
非其人，不盡心任事之要因，《白居易集》卷 64〈策林三〉
「使官吏清廉」：

> 臣伏見今之官吏，所以未盡貞廉者，由祿不均而俸不足也。
> ……如此則必冒白刃，蹈水火而求私利也。況可使撫人字物，斷

獄均財者乎？

獄訟與財稅正是官吏的兩大要務，若其因受賄而曲斷事理，或額外苛徵，不厭索求，都將敗壞吏治，引起民怨。政權之穩定與否，繫乎民心之向背，如地方官普遍不能掌握基層民心，則國家之危亂將不遠矣！

為求職赴任之借貸，有企求權勢的一面，有人心貪婪的私慾，也有制度設計不周之處。這些因素自始即存在唐代，而這類借貸也應終唐之世皆有之，只是中晚唐貪污納賄之風於時為烈，資料中亦反映較多而已。

官吏自行放貸求利，最是污染政治之源，太宗時高季輔即指陳公主之室、勳貴之家的「放息出舉，追求什一」，「有黷朝風，謂宜懲革」（《舊唐書》卷 78 本傳）。玄宗天寶九載（750）十二月敕，要求對郡縣官吏「共為貨殖，竟交互放債侵人，互為徵收，割剝黎庶」之行徑，嚴加處分（《唐會要》卷 69〈縣令〉）。德宗即位赦書，對王公百官於「坊市之內，置邸鋪販鬻，與人爭利」，頗加撻伐（《冊府元龜》160〈帝王部．革弊〉）。武宗會昌五年（845）正月三日南郊赦，則命御史台訪察禁斷衣冠華胄之「私置質庫樓店，與人爭利」（《文苑英華》卷 429）。上引數例中，官吏放債幾乎均與工商營利相並而生，亦即高利貸資本與工商資本常結合在一起。唐政府本禁官人「自執工商，家專其業」（《唐六典》卷 2〈吏部郎中員外郎〉），亦禁諸王公主等「在市興販及邸店沽賣出舉」（《唐令拾遺》卷 33〈雜令 22〉），蓋即擔心官人染於廛肆之習，錙銖分毫之末，而忘先聖致理之意，有違公正平允之行。褚遂良請廢諸司令史捉公廨本錢，就是怕官商不分之弊，腐化吏治，其言曰：「此人習與性成，慣於求利，苟得

無恥，豈蹈廉隅？」（《通典》卷35〈職官・祿秩〉）官人縱
然不身自經營沽販出舉，但只要涉於其中，自有資本，就難免
不有求利之心，而吾人亦不能期其以清廉自許。

　　官吏除了可挾其政治威權，剝削百姓，敗壞吏治，還可憑
其龐大資本，形成與民間產業的不公平競爭。這些擁有高利貸
資本與工商資本的官吏，再加上職分田、口分田等，及其侵
奪、購買來的土地資本，極易發展為兼具地主、商人、高利貸
主多重身分的大資本家。這幾種資本彼此間的互相轉化㉒，並
藉著政治力量的推動、扶持㉓，將輕而易舉的壟斷產業，控制
市場，使小農、小商販無力與之競爭，而導致生產力衰退，購
買力減弱㉔。故官僚資本過大，實有害於整體經濟的發展，
《唐六典》卷3〈戶部郎中員外郎〉條：「工商之家不得預於
士，食祿之人不得奪下人之利。」政府明文禁止官人營利，大
概就是怕其倚官勢而奪下人之利。不過如前文所論，官吏為高
利貸主，甚或亦是工商業主的情形還是相當不少，其於吏治與
民生之不利影響，是可以推知的。

　　一般而言，放貸者多居經濟優勢地位，常乘機剝削弱者，
或以強力逼債。但對於貸給官人的債主來說，高壓手法可能施
展不開，其所面臨的頭痛問題，竟是官人的故意賴債。《舊唐
書》卷154〈許孟容傳〉：

> 神策吏李昱假貸長安富人錢八千貫，滿三歲不償。孟容遣吏
> 收捕械繫，剋日命還之。……立命中使宣旨，令送本軍，孟容繫
> 之不遣，……乃執奏曰：「……錢未盡輸，昱不可得。」……自
> 此豪右斂跡，威望大震。

像許孟容這樣剛正不懼，敢攖禁軍虎威，並拒不奉詔的，畢竟
不多。在其威迫下，囂張的軍吏才不得不還錢。類似情形如右

龍武大將軍李甚之子，貸回鶻錢一萬餘貫不償，為回鶻所訴，大概是驚動到文宗皇帝，才得為其訴理（《舊唐書》卷 133〈李晟傳〉）。這些官人以勢力強取，致貸方不敢不借，以勢力拒還，貸主亦無可如何。若是所借數量尚小，貸方猶可以其財力自行吸收之，如其不然，則可能累及貸方破產倒閉。文宗太和五年（831）〈禁與蕃客交關詔〉：「如聞頃來京城內，衣冠子弟、及諸軍使、並商人百姓等，多有舉諸蕃客本錢。歲月稍深，徵索不得，致蕃客停滯交易，不獲及時。」（《全唐文》卷 72）似乎就是針對李甚事件而下的詔書。由蕃客之徵索不得，停滯交易思之，巨額賴債已造成債權人的慘重損失。上述二例都是在拖延甚久，適巧遇到正直能臣，或被皇帝知悉的情況下披露出來，但相信還有更多事例是被隱沒了的，唐義淨《根本說一切有部毗奈耶》卷 22〈出納求利學處〉：

> 諸尊告曰：不應共彼而作出息，復共富貴者而為出息，索物之時，恃官勢故，不肯相還。

連佛教典籍都借尊者之口，告誡寺院應小心貸予官人或有財有勢者，可見恃官勢不還，應非偶見特例，而是社會上放貸者之共同心聲。

　　與富貴人家常相連繫的借貸，通常是數量龐大，用於個人享樂的奢侈性借貸。這類借貸多因轉化為奢侈性消費，自市場購得所需之物品與服務，故對刺激商品經濟，擴大市場依存度，多少有些幫助。然而，其所帶起的奢侈風氣，及富貴人家彼此仿效，互比高下的心理，一則直接衝擊儒家崇儉抑奢的觀念，再則使貧富不均的現象明顯化，而導致社會益向憤怨、畸形，甚或「窮斯濫矣」的危險境地逼近。另方面，當奢侈性借貸的高額利息，同樣壓得富貴人家喘不過氣來時，借者不是故

意賴債不還，就是轉而加強對勞動者的剝削榨取。前者對社會秩序、對債權人的影響，已如上述；後者則將加速破壞生產力，使經濟益趨不穩定㉕。

由於官人有著令人又羨又懼的政治地位，做起事來較無權無勢的平民方便許多，也因此讓不少放貸者心動，希望倚之以為護身符。如《舊唐書》卷 135〈程异傳〉：「時王叔文用事，由逕放利者皆附之。」就是欲倚王叔文威權，增大自己對債務人之脅迫力量。至於打著官人名號為之放債或收債者，則難保其不狐假虎威，《新唐書》卷 214〈藩鎮劉從諫傳〉：「賈人子獻口馬金幣，即署牙將。使行賈州縣，所在暴橫杳貪，責子貸錢，吏不應命，即愬於從諫。欲論奏，或遣客游刺，故天下怨怒。」賈人子替從諫放債，傲然逼使從諫屬吏從之貸，蓋欲為之賺取高額息利也。此種行為，自然會招致受害者之怨怒。同書卷 113〈徐有功傳〉：「時博州刺史琅邪王沖，責息錢於貴鄉，遣家奴督斂，與尉顏餘慶相聞知，奴自市弓矢還。……會沖坐逆誅，……侍御史魏元忠謂：『餘慶為沖督償、通書，合謀明甚。』」王沖之家奴與尉顏餘慶為之督斂息債，不僅王沖有假公濟私之嫌，顏餘慶似乎亦想借此攀附，而家奴竟將收債之事委於縣尉，自市弓矢以還，則其平日對債務人頤指氣使之狀，亦隱然可見。

放貸在宗教界也相當盛行，尤其是寺營放貸，除了一如俗界提供百姓融資管道外，時而還因福田思想，或為避免社會動亂，及由此產生的物質危機，而以無息或低利貸出方式，期能贏得聲譽，展現宗教慈善性與社會救助之意㉖。遺憾的是，當寺院醉心於各類放貸事業，忘情於土地投資及碾磑、油樑經營時，利欲腐化其心志，貪念使其墮落，於是寺院內階級分化日顯，因私財而有貧富之別，且僧侶素質日低，為蔭庇而投托之

偽濫僧益多⑫。會昌毀佛既然主要基於財經原因，故將其視為佛教寺院階級化、世俗化已極嚴重之指標，似亦未嘗不可，而放貸對於寺院勸化功能衰退，過於重視營利目的上，尤有重要影響。

註釋

① 清木場東，《帝賜の構造－唐代財政史研究（支出編）》，（福岡，中國書店，1997），頁 723～728。

② 拙著，〈唐朝官倉出貸芻議－兼論常平倉的糴糶法〉第三節。（武漢大學主辦，《中國三至九世紀歷史發展暨唐宋社會變遷國際研討會》宣讀論文，2004，9。）

③ 如TⅢ315 號廣德三年（765）二月交河縣請舉常平倉粟牒。見：Tatsuro Yamamoto and On Ikeda eds. *Tun-huang and Turfan Documents concerning Social and Economic History ,Ⅲcontracts（A）*, no.96, pp.34-35.

④ 《冊府元龜》卷 105～106〈帝王部·惠民〉中多引賑貸數量。可參考：張弓，《唐朝倉廩制度初探》，（北京，中華書局，1986），頁 119～122、130；拙著，〈唐朝官倉出貸芻議－兼論常平倉的糴糶法〉第三節。

⑤ 《冊府元龜》卷 105〈帝王部·惠民一〉二月辛卯制：「自今已後，天下諸州，每置農桑，令諸縣審責貧戶，應糧及種子，據其口糧，貸義倉，至秋熟後，照數徵納。」

⑥ 清木場東，《帝賜の構造－唐代財政史研究（支出編）》，頁 707～719；拙著，〈唐朝官倉出貸芻議－兼論常平倉的糴糶法〉第三節。

⑦ 拙著，〈唐代和糴問題試論〉，《新史學》15：1，（2004），頁 57～69。

⑧ 同上註，頁 48～57。

⑨ 池田溫，〈敦煌の流通經濟〉，收入：《講座敦煌》3《敦煌の社會》，（東京，大東出版社，1980），頁 325、340 註 96；荒川正晴，〈唐代敦煌に於ける糴買について〉，《早稻田大學大學院文學研究科紀要》別冊 8（1982），頁 195。

⑩ 唐人言商利，一般應有定數，《太平廣記》卷 355〈鬼部〉「僧珉楚」條：「復問何謂掠剩，曰：凡吏人賈販利息，皆有數常，過數得之，即為餘剩，吾得掠而有之。」唐代商利常數，或許如文中司馬遷所言，但能獲取暴利者，也有不少例，如《異苑》卷 10：「晉陵曲阿揚輓，財數千萬，三吳人多取其直為商賈治生，輒得倍直。」《王梵志詩校注》卷 2〈興生市郭兒〉：「意盡端坐取，得利過一倍。」《元積集》卷 23〈估客樂〉：「所費百錢本，已得十倍贏。」《太平廣記》卷 138〈徵應部〉「齊州民」條：「漸習商估，數年之內，其息百倍。」

⑪ 楊聯陞，〈原商賈〉，收入：余英時著，《中國近世宗教倫理與商人精神》，（臺北，聯經出版公司，1987），序，頁 8～9。

⑫ 楊聯陞亦認為國史上之短期借率高，消費用途多，且非經濟因素之累積資金

亦多。見：Yang Lien - sheng, *Money and Credit in China*,（Cambridge:Harvard University Press, 1952），pp.7-9.

⑬ 曾我部靜雄，〈宋代の質屋〉，《社會經濟史學》21：5、6，（1955），頁 54～57。

⑭ 傳統城市裏非生產人口多，其財富來源主要是地租、稅賦、利息等剩餘勞動之轉換形式。城市商業的發達，多因剩餘物之流通，較少基於商品經濟的發展，故傳統城市以消費性商業為特點。關於傳統的城鄉關係，城市市場的狹隘性，可參考：周殿杰、張鄰，〈論唐代經濟結構中的市場因素〉，《中國社會經濟史研究》1989：1，頁 2～4、7；吳承明、許滌新編，《中國資本主義發展史》卷1，（臺北，谷風出版社，1987），頁 892～900。

⑮ 唐耕耦認為借方賴債的可能性低，因其關乎個人信用、興論譴責、以及債權人的報復手段。見：〈敦煌寫本便物曆初探〉，收入：《敦煌吐魯番文獻研究論集》第5輯，（北京，北京大學出版社，1990），頁168；又收入：《敦煌寺院會計文書研究》，（臺北，新文豐出版公司，1997），頁 383～384。

⑯ 《吐魯番出土文書》（簡）六/428～429，（圖）參/222。

⑰ 〈左憧憙夏菜園契〉之租價其實分 3 次給付，總章三年立約時先給大麥 16 斛，至秋又給 16 斛，四年再與銀錢 30 文。

⑱ 張善憙之例又見：陳國燦，〈唐代的民間借貸〉，收入：《敦煌吐魯番文書初探》，（武漢，武漢大學出版社，1983），頁 255～257；又收入：《唐代的經濟社會》，（臺北，文津出版社，1999），頁 201～205；唐耕耦，〈唐五代時期的高利貸〉，《敦煌學輯刊》1986：1，頁 148；Valerie Hansen, *Negotiating Daily Life in Traditional China: How Ordinary People Used Contracts, 600-1400*,（New Haven: Yale University Press, 1995），pp.35-39.

⑲ 盧開萬，〈唐前期西州地區高利貸盤剝下均田百姓的分化〉，《敦煌學輯刊》1984：1，頁 104～105。

⑳ 池田溫，〈敦煌の便穀曆〉，收入：《日野開三郎博士頌壽記念論集》，（福岡，中國書店，1987），頁 386。

㉑ 高利貸者之壓迫，對債務人之不利影響，可參考：唐耕耦，〈唐五代時期的高利貸〉，頁 149～150。

㉒ 地主、商人、高利貸者的三位一體，及三種資本相互間的轉化方式，可參考：吳承明、許滌新編，《中國資本主義發展史》卷1，頁 900～908。

㉓ 官僚資本與官商間之互通情形，見：姚大中，《中國世界之全盛》，（臺北，三民書局，1983），頁 330～335；日野開三郎，《日野開三郎東洋史學論集》17《唐代邸店の研究》，（東京，三一書房，1992），頁 90～92。

㉔ 唐代官僚蓄積之方式、用途與影響，見：鈴本俊著，王懷中譯，〈唐代官僚蓄積之研究〉，《食貨半月刊》4:8，（1936），頁 9～26。

㉕ 陳衍德，〈試論唐後期among性消費的特點〉，《中國社會經濟史研究》1990：1，頁 15～20；又，〈唐後期奢侈性消費的社會影響〉，《中國社會經濟史研究》1991：2，頁 15～20。

㉖ 道端良秀，〈佛教寺院と經濟問題〉，收入：《唐代佛教史の研究》，（京都，法藏館，1957），頁 442～443；童丕，《敦煌的借貸》，（北京，中華書局，2003），頁 128～129。

㉗ 黃敏枝，《唐代寺院經濟的研究》，（臺北，台大文史叢刊，1971），第5章；那波利貞，〈中晚唐時代に於ける偽濫僧に關する一根本史料の研究〉，

收入：《龍谷大學佛教史學論叢》，（東京，富山房，1939），頁129～156。

第八章

結論

　　借貸現象普遍存於唐代民間社會，它以多樣化的面貌，提供給需要融通資金的人們，其中以消費借貸與質押借貸兩種形態用得最廣泛，前者無擔保品，是貸與人對借用人的信用放款，唐人多名之為舉、貸、便；後者需有擔保品，借用人可抵押服用器物等動產、土地宅舍等不動產，甚或妻兒兄弟等人身來借貸，時人慣以質典稱之。唐代沒有定型化的借貸形式，為了達成借貸的目的，只要雙方私下議定，即便採取預租、預雇、互助、賒買或賒賣等特殊形態，亦無不可。如此複雜多變的借貸類型，人們可依資金需求的數量大小與急切程度，及自己所擁有的資源，隨宜選用最適切的方式向貸與人周轉。雖然其中有些類型，借用人要冒著失去生產資料或骨肉親情的風險，但對暢通融資管道而言，無疑仍有幫助。

　　社會上有龐大的借貸需求，自然也顯示當時存在著不少具經濟實力的放貸者。唐政府原本禁止官人放債出舉，而事實上，連清資官都未能免俗，更何況是貴戚之家，或以橫暴著稱的諸軍使。富商大賈貲力雄厚，對於獲益高的逐利機會，當然不會放過，也是重要的放債之家。然而農村社會中通常可見的貸出者，多是與借方有地緣關係的鄉里鄰人，或人情往來較密切的親故知交。除了這些個人放貸者，唐代民間還有專營貸出的機構，最典型的就是從事質押借貸的質庫，最特殊的則是佛

教寺院。佛教允許僧尼以私財施貸,也允許寺院以三寶物迴轉求利。雖然唐朝內地可能因放貸之家多,寺院又不以放貸為經營寺產的主要方式,而只留下散見的放貸記錄,但晚唐五代的沙州地區,佛教受到統治者扶持,寺院融資出貸,濟助民生,安定社會的功能遂凸顯出來。而一個個區域性的放貸中心,使當地的佛教寺院成為相當特殊的貸出機構。

　　不同身分或社會階層的借者,往往有各自的借貸原因,未可一概而論。就傳統史料與出土文書所見,最需要靠借貸維生的,就是一般百姓,其中尤以農民占絕對多數。唐代的小農家庭常有土地不足之患,即使日用開銷已盡量壓縮,仍未必能應付高額的賦稅支出與必要的生活需求,因此每到青黃不接時節,農民常為糧食缺乏而發愁,敦煌契約常見闕乏糧食的借貸,大概就是在這種背景下衍生。只是農民借貸的數量與方式,將隨其乏少程度而異,陸贄所謂「人小乏則求取息利,人大乏則賣鬻田廬」,其甚者則將男女典貼於人。借貸穀物金錢或出質服物用品,一般數額不大,尚不致動搖農家根本,但典質不動產或子女,需將質物交付債權人,若日後債務人無力籌集大筆回贖款項,則極易造成失去物業或骨肉分離之後果。當社會上有愈來愈多的農民,因生活消費或賦稅而匱乏,甚至急切間用很不利的類型來借貸時,就意味著貧富差距現象擴大,流民逃戶問題惡化,這無疑是政權穩定性的警訊。

　　唐代的投資性借貸似不如消費性借貸多,此與社會結構以小農家庭為主,鮮有餘力從事生產投資有關。但不是說農民階層不需有資本借貸,像種子牛具等經營資本,就是最常見的農業性投資借貸。唐代較引人注目的資本借貸其實表現在商業方面。唐代商業發達,肆鋪林立,絲路道上據點眾多,商旅往來頻繁,商人為籌措經營資本兼及旅宿費用,或為應付各式人等

交際應酬的酒本費用，無論行商坐買或經營規模大小，都不妨有借貸的需要，而朝向金融業發展的質庫、櫃坊等機構，可能也承擔放款業務。此外，借貸文書中有些手工業師傅或專技工人，因缺少手上工物或製造費用，也須靠借貸讓工作得以進行。隨著社會經濟的發展，投資性借貸應有不小的成長空間，只是有些資本借貸有時難與消費借貸判然分畫，因為借貸目的看似在從事生產活動，實則借者已至糧盡債廣的地步，如再無工作養家活口，將更陷悲慘之境，這在農民或工人階層較為顯著。

借貸人口中較特殊地，是九、十世紀的敦煌文書中出現不少僧尼借貸者。雖然唐代寺院已趨世俗化，僧尼經濟地位已有高下之別，生活困頓者也需借貸維生，但相較於內地僧尼的「不耕而食，不織而衣」，並保有相當程度的蠲免特權，敦煌僧尼無論在家或住寺，都要自謀生計，並承受不輕的稅役負擔，這應是當地僧尼借貸情況較多的原因。敦煌地區有獨特的歷史背景與地理環境，儘管其與內地在借貸問題上有相因襲之處，但仍各自表現在不同時空情境下的特色。

唐代官場也發展出相當特殊的借貸文化，官人或欲求官者，即或財力雄厚，依舊可能求假於人，其金額甚且頗巨。官場借貸的原因常與求職赴任有關，諸如為求高位而借貸賄賂費用，為赴考或候選而假貸旅宿費用、干謁訪求費用，為赴任、充使而舉取行旅、排場費用，途中還可供作貿易資本。唐後期官人俸祿太薄，也借便以養家活口。一般而言，官吏的生活總比貧困農民好些，但仍不免因特殊需求而負債，此情景更顯示借貸問題是個跨越官民兩途，僧俗兩界，從地方鄉里、農村百姓，漫衍向上流階層、城居人士的社會現象，其涉及層面之廣，普及性之高，令人訝異！

　　唐人借貸物種中，以農家最需要的穀物類占最大宗。穀物借貸通常以一年為期，借、還之高峰期，與粟、麥等作物生長、收成的農業時序相配合，以春借秋還為典型特徵。從借貸之數量上看，一次以相當於粟 1 石或 3 石以下的小額借貸為主，只能供五口之家一旬或一月之糧。但也正因為這樣的數量甚微，不足以讓生活艱困的百姓熬過漫長的等待收割期，於是小額多次借貸便成為農村中的另種特色，它不會讓借者覺得旦夕間即背負太多債務，又因放貸者多為鄉里親鄰，或如敦煌寺院之具慈善性，地既近便且不致無故刁難，所以急需急借，急借急用，不失為對自己最有利的借貸方法。農民靠穀物借貸維持生計，這項融資管道暢通與否，實牽繫著農村經濟的命脈。

　　城市、官場或工商業的借貸物種似以貨幣類為主，西北地區也有不少絹帛類的實例。這兩類借貸都沒有太明顯的季節性變化，並非春借秋還的類型，貨幣借貸以月數計還期，尤具機動性。貨幣、絹帛類借貸通常屬中高價位的借貸，其中，商業投資、官吏賄賂、奢侈消費，多用大量之貨幣借貸，而遠行者有時喜用輕便易攜、價值不菲的絹帛來借貸。這說明借貸者會考量自己所處情境與所需數量，選取最適宜的物種或方式，滿足各種目的的借貸需求。

　　唐代的金融體系內，不是沒有官方放貸機構，只是這個機構僅為政府斂財的工具，並不為民眾提供一般性的融資服務，於是龐大的民間借貸市場，就要由民間金融體系來負責。這種雙元性金融體系，自然醞釀出落差極大的官民兩套利率系統，由於官方法定利率參入太多政治考量與政策目的，大幅壓低利率水準，反而未必能像民間利率，反映更多整體經濟情勢與貨幣供需關係。唐代民間借貸活動盛行，雖然利率因時空背景不同，城鄉地區差距，物種性質歧異，而有起伏變化，但貸與人

本身的財力與心性，及其對借貸風險的評估，也對利率高低有決定性的影響。相較於官方之法定利率，民間的高利貸問題顯得相當嚴重，如貨幣利率常在月息 10% 以上，約是法定利率的兩倍；而穀物借率慣用倍稱之息，也是農民沉重的負擔。民間借貸利率的高居不下，或許正是貧窮百姓以債養債，難以自拔的重要原因。

借者不能如期償債或回贖，便發生債務不履行的問題，債權人追討債務的方式可有多種，如：繼續計遲延利息，掣奪債務人之家產或質物來抵償，要求債務人之共產親或保人承擔債務，與債務人協議替換有瑕疵之物或財產權等。然而，債務問題如果不能順利解決，借貸糾紛最後只好訴諸法律行動。唐人的借貸行為多以書面形式訂定，官府裁決時，依據契約內容論處。只是民間的私下約定時而抵觸國法，債權人倚其強勢不免蔑視法禁的存在，像違法積利、契外掣奪、恩赦擔保、有剩不還、良人質債等都顯然有違政令。唐政府雖然尊重人民的締約自由，但也不容國法尊嚴受到踐踏，尤其一再申禁法外生利，正顯示強力壓制非法行為的決心。然而，唐政府執行公權力的成效，不僅與國家力量的強弱相關，更繫於官吏是否主動積極地取締違法，以及債務人是否敢告官，並做充分舉證。只要這其中的一個環節未能適切配合，社會上違令貸予，故違求償的情形就難以遏止，而債權人壓迫者的角色，或鄉里惡俗對債務人的制約，就只能任其在借貸關係中持續下去。

借貸是一個利弊參半，極具爭議性的問題。在提供融資管道上，它具有不可或缺的價值，但在高利貸或各種逼債手法上，則又倍受批評。總之，借貸牽動的層面深廣，小之於個人生活與家庭存續，大之於經濟發展、吏治清廉與社會安定，都會受其影響。

　　唐代民間的借貸問題，由於資料的局限，很難說各特色皆無分時空，具有高度的一致性與普遍性，何況敦煌文書多屬沙州陷蕃後及五代時期史料，總與唐代情景有些許落差。然傳統文獻傳達的法制概念與政策取向，正是出土文書所欠缺的；而出土文書揭示的個別契據與實際案例，則是傳統文獻無法提供的。這兩類資料的互相補益，才使本書能跨越地域樊籬與時間限界，並由官商階層深入農村基層，為民間借貸問題勾勒出一個最全面、最完整的形貌。

附表一

消費借貸券契總表

編號	立券契年代	券契名稱	文書號	出土地點	出處
1	高昌承平五年(506)正月八日	〈道人法安弟阿奴舉錦券〉	75TKM 88:1(b)	吐魯番	吐(簡)一/181-182，吐(圖)壹/88，TTⅢA36/15
2	高昌義熙五年(514)四月四日	〈道人弘度舉錦券〉	75TKM 99:6(b)	吐魯番	吐(簡)一/189-190，吐(圖)壹/95，TTⅢA37/16
3	高昌和平元年(551)三月二日	〈某人舉疊、錦券〉	60TAM326:01/4	吐魯番	吐(簡)五/151，吐(圖)貳/249，TTⅢA38/16
4	高昌延昌廿三年(583)四月十四日	〈道人忠惠等八人舉麥券〉	新疆文物展覽特刊(1954年5月)目錄第八號	吐魯番	TTⅢA39/16
5	高昌延昌廿六年(586)前	〈麴鼠兒從□污子邊舉粟券〉	60TAM326:01/7，01/8	吐魯番	吐(簡)五/157-158，吐(圖)貳/251，TTⅢA99/36
6	高昌延昌卅(?)三年(593?)	〈郭天護舉錢券〉	大谷4886	吐魯番	TTⅢA40/16-17
7	高昌延昌卅七年(597)前	〈趙阿頭六舉錢券〉	72TAM153:35(a)	吐魯番	吐(簡)二/339，吐(圖)壹/284，TTⅢA62/23
8	高昌延昌卅七年(597)前後	〈某人舉錢殘券〉	72TAM 153:42	吐魯番	吐(簡)二/340，吐(圖)壹/284，TTⅢA63/23
9	高昌延昌卅七年(597)前後	〈陽某舉錢殘券〉	72TAM 153:44	吐魯番	吐(簡)二/342，吐(圖)壹/285，TTⅢA64/23
10	高昌延昌卅八年(598)前	〈某人舉麥殘券〉	60TAM313:09/1-1	吐魯番	吐(簡)二/350，吐(圖)壹/289，TTⅢA42/17
11	高昌延昌卅八年(598)	〈趙眾養等七人合貸殘券〉	60TAM313:09/1-2	吐魯番	吐(簡)二/351，吐(圖)壹/289，TTⅢA43/17
12	高昌延昌卅八年(598)前後	〈某人舉麥殘券〉	60TAM313:09/2(a)	吐魯番	吐(簡)二/352，吐(圖)壹/289，TTⅢA60/22
13	高昌延和元年(602)二月□日	〈張寺主元祐舉錢券〉	64TAM 34:12、14	吐魯番	吐(簡)三/2-3，吐(圖)壹/302，TTⅢA44/17-18

14	高昌延和元年(602)三月	〈隗某舉麥殘券〉	64TAM 34:10/1	吐魯番	吐(簡)三/4，吐(圖)壹/303，TTIII A45/18
15	高昌延和元年(602)三月卅日	〈□□宗從左舍子邊舉大麥券〉	64TAM 34:10/2	吐魯番	吐(簡)三/5，吐(圖)壹/303，TTIII A46/18
16	高昌延和元年(602)前後	〈良顒相從左舍子邊舉麥券〉	64TAM 34:11	吐魯番	吐(簡)三/6，吐(圖)壹/304，TTIII A47/18-19
17	高昌延和元年(602)前後	〈左舍子從良顒相邊貸布券〉	64TAM 34:11	吐魯番	吐(簡)三/6，吐(圖)壹/304，TTIII A47/18-19
18	高昌延和元年(602)前後	〈□□胡從左舍子邊舉財物殘券〉	64TAM 34:13	吐魯番	吐(簡)三/7，吐(圖)壹/305，TTIII A48/19
19	高昌延和五年(606)二月廿日	〈隗簸其等五人分舉大麥合券〉	60TAM321:01/1，01/2	吐魯番	吐(簡)三/14 -15，吐(圖)壹/308，TTIII A49/19
20	高昌延和五年(606)二月廿日	〈某奴取麥券〉（附）	60TAM321:01/1，01/2	吐魯番	吐(簡)三/14 -15，吐(圖)壹/308，TTIII A49/19
21	高昌延和五年(606)二月廿日	〈某人舉麥券〉（附）	60TAM321:01/1，01/2	吐魯番	吐(簡)三/14 -15，吐(圖)壹/308，TTIII A49/19
22	高昌延和五年(606)二月廿三日	〈嚴申祐等六人分舉大麥合券〉	60TAM321:1/5	吐魯番	吐(簡)三/16-17，吐(圖)壹/309，TTIII A50/19-20
23	高昌延和五年(606)二月廿三日	〈某人舉麥券〉（附）	60TAM321:1/5	吐魯番	吐(簡)三/16-17，吐(圖)壹/309，TTIII A50/19-20
24	高昌延和五年(606)二月	〈某人舉銀錢券〉	60TAM321:01/4	吐魯番	吐(簡)三/18，吐(圖)壹/310，TTIII A51/20
25	高昌延和五年(606)七月廿日	〈某人舉錢殘券〉	60TAM321:01/3	吐魯番	吐(簡)三/19，吐(圖)壹/310，TTIII A52/20
26	高昌延和十年(?)(611？)	〈□延懷等二人舉大小麥券〉	60TAM320:13/1～13/4-1	吐魯番	吐(簡)三/42，吐(圖)壹/322，TTIII A53/20
27	高昌延和十年(611)二月一日	〈田相保等八人舉大小麥券〉	60TAM320:13/2，13/3，13/4	吐魯番	吐(簡)三/44-45，吐(圖)壹/322，TTIII A54/20-21
28	高昌義和三年(616)四月廿一日	〈酉瓶子等四人舉粟麥券〉	86TAM386:21-2	吐魯番	柳 58
29	高昌義和三年(616)前後	〈舉銀錢、粟殘券〉	86TAM386:21-1	吐魯番	柳 67
30	高昌義和三年(616)前後	〈舉粟殘券〉	86TAM386:21-5	吐魯番	柳 68
31	高昌延和十九年(620)正月十二日	〈寺主智□舉麥粟券〉	60TAM339:50/2	吐魯番	吐(簡)三/215，吐(圖)壹/396，TTIII A55/21

32	高昌某年二月廿日	〈趙某舉麥殘券〉	64TAM 25:12	吐魯番	吐(簡)三/338，吐(圖)壹/459，TTⅢA61/22-23
33	唐貞觀十六年(642)前後	〈趙□意舉麥契〉	67TAM 78:39	吐魯番	吐(簡)四/119，吐(圖)貳/68，TTⅢA92/33
34	唐顯慶五年(660)三月十八日	〈張利富舉錢契〉	64TAM 4:38	吐魯番	吐(簡)六/404-405，吐(圖)參/209，TTⅢA68/24-25
35	唐顯慶年前後	〈趙某等三人舉錢契〉	69TAM 137:1/5	吐魯番	吐(簡)六/174，吐(圖)參/89，TTⅢA70/25
36	唐龍朔元年(661)八月廿三日	〈龍惠奴舉練契〉	64TAM 4:34	吐魯番	吐(簡)六/408-409，吐(圖)參/211，TTⅢA69/25
37	唐麟德二年(665)正月廿八日	〈卜老師舉錢契〉	67TAM 363:9	吐魯番	吐(簡)七/526-527，吐(圖)參/568，TTⅢA72/26
38	唐麟德二年(665)八月十五日	〈趙醜胡貸練契〉	64TAM 4:36	吐魯番	吐(簡)六/412-413，吐(圖)參/213，TTⅢA73/26-27
39	唐麟德二年(665)十一月廿四日	〈張海歡白懷洛貸銀錢契〉	64TAM 4:53	吐魯番	吐(簡)六/414-415，吐(圖)參/214，TTⅢA74/27
40	唐麟德二年(665)十一月廿四日	〈白懷洛貸錢契〉（附）	64TAM 4:53	吐魯番	吐(簡)六/414-415，吐(圖)參/214，TTⅢA74/27
41	唐麟德二年(665)?	〈張海歡母替男酬練契〉（附）	64TAM 4:53	吐魯番	吐(簡)六/414-415，吐(圖)參/214，TTⅢA74/27
42	唐乾封元年(666)四月廿六日	〈鄭海石舉錢契〉	64TAM 4:39	吐魯番	吐(簡)六/417-418，吐(圖)參/216，TTⅢA76/27-28
43	唐總章三年(670)三月十三日	〈張善憙舉錢契〉	64TAM 4:41	吐魯番	吐(簡)六/430-431，吐(圖)參/223，TTⅢA78/28-29
44	唐咸亨四年(673)正月廿五日	〈張尾仁舉錢契〉	64TAM 19:45，46	吐魯番	吐(簡)六/525，吐(圖)參/268，TTⅢA80/29
45	唐咸亨五年(674)五月	〈某人舉錢契〉	60TAM 330:26/4-1，26/4-2	吐魯番	吐(簡)六/455，吐(圖)參/234，TTⅢA82/30
46	唐儀鳳二年(677)九月五日	〈卜老師舉銀錢契〉	67TAM 363:7/2	吐魯番	吐(簡)七/529，吐(圖)參/569，TTⅢA83/30
47	唐高宗朝之末	〈杜歡舉錢殘契〉	65TAM 40:33	吐魯番	吐(簡)六/585，吐(圖)參/297，TTⅢA84/30
48	唐高宗朝之末	〈杜定□舉錢殘契〉	65TAM 40:30	吐魯番	吐(簡)六/586，吐(圖)參/297，TTⅢA85/30-31
49	周長安三年(703)二月廿七日	〈曹保保舉錢契〉	64TAM 35:15	吐魯番	吐(簡)七/453-454，吐(圖)參/524，TTⅢA89/32

50	唐（七世紀末～八世紀初）二月五日	〈嚴禿子并妻男貸麥契〉	Ast.Ⅲ.4. 079(b), 081, M313, OR8212-569	吐魯番	TTⅢA91/32-33，陳 277-278
51	唐開元六年(718) 六月	〈竹顯匃貸粟契〉	TAM240:1/1-2(a)	吐魯番	吐(簡)八/97-98，吐(圖)肆/47，TTⅢA(補)8/162
52	唐開元六年(718)	〈某人貸粟殘契〉	TAM240:1/1-3(a)	吐魯番	吐(簡)八/99，吐(圖)肆/48，TTⅢA(補)9/163
53	唐開元八年(720)九月五日	〈麴懷讓舉青麥契〉	72TAM 184:6	吐魯番	吐(簡)八/287，吐(圖)肆/130，TTⅢA93/33
54	唐開元(?)九年(721?)	〈借麥殘契〉	TAM 240:1/5	吐魯番	吐(簡)八/103-104，吐(圖)肆/49，TTⅢA(補)11/163
55	唐開元年間	〈道士梁玄忠便錢契〉	72TAM 184:8(b)	吐魯番	吐(簡)八/295，吐(圖)肆/135，TTⅢA(補)12/163
56	唐天寶十三載(?)(754?)	〈道士楊神岳便粟契〉	P.4053 背	敦煌	真 2/76，沙 85
57	唐天寶十三載(754)六月五日	〈龍興觀道士楊神岳便麥契稿〉	P.4053	敦煌	真 2/77，沙 82-83
58	唐天寶大曆年間	〈某人舉貸契〉	73TAM506:04/ 28	吐魯番	吐(簡)十/314，吐(圖)肆/585
59	唐某年（八世紀前半）□月廿七日	〈劉□達舉麥契〉	大谷 1036	吐魯番	大谷 I /7，TTⅢA94/33
60	唐某年（八世紀前半）三月	〈某人借麥殘契〉	Yut.014 OR8212-618 M364	吐魯番	TTⅢA95/34，陳 436
61	唐某年（八世紀前半）	〈某人於北庭舉契〉	大谷 8060	吐魯番	TTⅢA97/35-36
62	唐廣德二年(764)五月廿九日	〈王巖等三人便衫契〉	ДХ2157 背	敦煌	沙 632-633
63	唐大曆十五年(780)四月十二日	〈李明達便麥粟契〉		庫車	TTⅢA237/74
64	唐大曆十五年(780)四月廿八日	〈梅捺取錢契〉	S.9464 背	和闐	英藏*
65	唐大曆十六年(781)三月廿日	〈楊三娘舉錢契〉	大谷 8047	庫車	真 2/137，TTⅢA238/74
66	唐大曆十六年(781)五月	〈某人舉錢契〉	大谷 8048-54	庫車	TTⅢA239/74-75
67	唐大曆十六年(781)六月廿日	〈米十四舉錢契〉	大谷 8056	庫車	TTⅢA240/75
68	唐大曆十六年(?)(781?)	〈某人舉錢契〉	大谷 8055	庫車	TTⅢA241/75
69	唐大曆十七年(782)閏正月	〈霍昕悅便粟契〉	D.Ⅶ.4.a CHa.10. S.5871	和闐	真 2/138，TTⅢA247/76，陳 544-545
70	唐建中三年(782)七月十二日	〈馬令莊舉錢契〉	D.Ⅶ.2 CHa.5. S.5867	和闐	真 2/140，TTⅢA249/77，陳 546-547
71	唐建中七年(786)七月廿日	〈蘇門悌舉錢契〉	Hoernle.3. CHa.3.	和闐	TTⅢA250/77，陳 538-539

72	唐建中七年(786)十月五日	〈薩波斯略舉錢契〉（附）	Hoernle.3. CHa.3.	和　闐	TTⅢA250/77，陳 538-539
73	唐建中八年(787)四月廿日	〈蘇某舉錢契〉	D.Ⅶ.3.d CHa.9. S.5869	和　闐	真 2/141，TTⅢA251/78，陳 548-549
74	唐貞元六年(790)	〈某人舉錢殘契〉	S.5862	和　闐	TTⅢA252/78
75	唐貞元年間	〈某人舉錢殘契〉	D.Ⅶ.4b.4e CHa.11,14 S.6967、S.6971	和　闐	TTⅢA253/78，陳 561-562
76	（八世紀下半）	〈某人舉錢殘契〉	D.Ⅶ.3b CHa.7. S.6972	和　闐	陳 560
77	（八世紀下半）	〈某人殘契〉	大谷 1505	庫　車	大谷 I/72，TTⅢA245/76
78	吐蕃某年(817-823)四月十五日	〈沙州寺戶嚴君便麥契〉	S.1475 背(10)	敦　煌	真 2/85，沙 126-127，TTⅢA303/96
79	吐蕃某年(817-823)二月十四日	〈靈圖寺僧神寶便麥契〉	S.1475 背(11)	敦　煌	真 2/86，沙 117-118，TTⅢA304/96
80	吐蕃某年(817-823)四月廿二日	〈靈圖寺人戶索滿奴便麥契〉	S.1475 背(12)	敦　煌	真 2/87，沙 128，TTⅢA305/97
81	吐蕃某年(817-823)四月廿二日	〈僧惠眼便麥契〉（附）	S.1475 背(12)	敦　煌	真 2/87，沙 128-129，TTⅢA305/97
82	吐蕃某年(817-823)二月一日	〈靈圖寺僧義英便麥契〉	S.1475 背(13)	敦　煌	真 2/88，沙 115-116，TTⅢA306/97
83	吐蕃某年(817-823)三月廿七日	〈趙脚脚便麥契〉	S.1475 背(14)	敦　煌	真 2/89，沙 122，TTⅢA307/97-98
84	吐蕃某年(817-823)三月廿七日	〈使奉仙便麥契〉（附）	S.1475 背(15)	敦　煌	真 2/89，沙 124，TTⅢA308/98
85	吐蕃某年(817-823)三月六日	〈靈圖寺僧神寂便麥契〉	S.1475 背(16)	敦　煌	真 2/90，沙 119-120，TTⅢA309/98
86	吐蕃某年(817-823)三月六日	〈靈圖寺僧惠云便麥契〉（附）	S.1475 背(16)	敦　煌	真 2/90，沙 121，TTⅢA310/98
87	吐蕃丑年(821?)十二月廿八日	〈曹先玉便小麥契〉	北京歷史博物館	敦　煌	真 2/104，沙 101-102，TTⅢA297/94
88	吐蕃卯年(823?)二月十一日	〈馬其鄰便麥契〉	S.1475 背(17)	敦　煌	真 2/91，沙 103-104，TTⅢA298/94
89	吐蕃卯年(823?)二月十一日	〈靈圖寺僧義英便床契〉（附）	S.1475 背(18)	敦　煌	真 2/91，沙 105，TTⅢA299/94-95
90	吐蕃卯年(823?)二月十一日	〈僧神寶便麥契〉（附）	S.1475 背(18)	敦　煌	真 2/91，沙 105，TTⅢA299/95
91	吐蕃卯年(823?)二月十一日	〈僧神寶便青麥契〉（附）	S.1475 背(18)	敦　煌	真 2/91，沙 105，TTⅢA299/95
92	吐蕃卯年(823?)四月十八日	〈翟米老便麥契〉	S.1475 背(19)	敦　煌	真 2/92，沙 109-110，TTⅢA300/95
93	吐蕃酉年(829?)三月一日	〈曹茂晟便豆契〉	S.1475 背(5)	敦　煌	真 2/83，沙 111-112，TTⅢA301/95

94	吐蕃酉年(829?)十一月	〈張七奴便麥契〉	S.1475 背(8)	敦　煌	真 2/84， 沙 113-114， TTⅢA302/95-96
95	吐蕃亥年(831?)二月廿七日	〈某人貸布契〉	S.5244	敦　煌	TTⅢA333/105， 沙 174
96	吐蕃子年(832?)二月前	〈夏孜孜便麥契〉	P.T.1297	敦　煌	集 16
97	吐蕃子年(832?)二月廿三日	〈孫清便粟契〉	P.T.1297 背 P.4686	敦　煌	真 2/78，沙 130， TTⅢA311/98-99
98	吐蕃子年(832?)三月廿八日	〈僧寶積便豆契〉（附）	P.T.1297 背 P.4686	敦　煌	真 2/78，沙 130， TTⅢA311/98-99
99	吐蕃子年(832?)四月二日	〈氾金藏便豆契〉（附）	P.T.1297 背 P.4686	敦　煌	真 2/78，沙 130， TTⅢA311/98-99
100	吐蕃寅年(834?)二月	〈陰海清便粟契〉	P.3444(1) +P.3491(2)	敦　煌	真 2/106， 沙 131-132， TTⅢA312/99
101	吐蕃寅年(834?)四月五日	〈趙明明便豆契〉	P.3444 背(2)	敦　煌	真 2/80， 沙 133-134， TTⅢA313/99
102	吐蕃寅年(834?)六月	〈鉼興逸便麥契〉	P.2502 背(2)	敦　煌	真 2/81，沙 135， TTⅢA314/100
103	吐蕃寅年(834?)七月六日	〈宗縈奴貸麥契〉	P.2502 背(1)	敦　煌	真 2/81，沙 137， TTⅢA315/100
104	吐蕃巳年(837?)二月六日	〈僧廣惠憧便粟契〉	P.2686(2)	敦　煌	真 2/96，沙 142， TTⅢA318/101
105	吐蕃巳年(837?)二月六日	〈王清便麥契〉	P.2686(3)	敦　煌	真 2/96，沙 144， TTⅢA319/101
106	吐蕃未年(839)四月三日	〈吳瓊岳便粟契〉	P.3730 背	敦　煌	真 2/105，沙 148， TTⅢA320/101
107	吐蕃未年(839)四月四日	〈龍華子便毅契〉（附）	P.3730 背	敦　煌	真 2/105，沙 148， TTⅢA320/101
108	吐蕃未年(839)五月十一日	〈吳瓊岳便豆契〉（附）	P.3730 背	敦　煌	真 2/105，沙 148， TTⅢA320/101
109	吐蕃未年(839?)四月五日	〈張國清便麥契〉	S.4192 背	敦　煌	真 2/79， 沙 150-151， TTⅢA321/101
110	吐蕃□酉年九月十五日	〈宋德子借布契〉	敦煌遺書散錄 0251	敦　煌	**
111	吐蕃期	〈游意奴便麥契〉	ДХ1374	敦　煌	真 2/135，沙 154， TTⅢA323/102
112	吐蕃期	〈某人便麥殘契〉	S.3437 背	敦　煌	真 2/132，沙 158， TTⅢA324/102
113	吐蕃期	〈某人便麥粟契〉	P.2842(5)	敦　煌	真 2/133，沙 156， TTⅢA325/103
114	唐咸通八年以前（～867）	〈某人便粟契〉	P.3666 背	敦　煌	真 2/131，沙 165， TTⅢA330/104
115	唐咸通八年以前（～867）	〈王弁子便粟契〉	P.3666 背	敦　煌	真 2/131，沙 165， TTⅢA330/104
116	唐咸通八年以前（～867）	〈永康寺僧石悉(?)便粟契〉	P.3666 背	敦　煌	真 2/131，沙 165， TTⅢA330/104
117	唐咸通八年以前（～867）	〈劉常清便粟契〉	P.3666 背	敦　煌	真 2/131，沙 166， TTⅢA330/104
118	唐咸通八年以前（～867）	〈劉常安便粟契〉	P.3666 背	敦　煌	真 2/131，沙 166， TTⅢA330/104

119	唐天復九年(909) 十二月二日	〈杜通信便粟麥契〉	北圖收字 43 號背	敦　煌	真 2/257，沙 162，TTⅢA328/103
120	壬申年(912?)十月廿七日	〈黑流住等九人貸褐契〉	ДХ1313	敦　煌	沙 634
121	己卯年(919?)五月九日	〈馬軍某男海宜貸絹契〉	ДХ1303＋ДХ6708	敦　煌	TTⅢA335/105，沙 175-176
122	己卯年(919?)八月三日	〈唐興盛貸疋帛契〉	P.3649 背	敦　煌	TTⅢA336/105，沙 227
123	己卯年(919?)六月六日(附)	〈李仏奴貸物契〉	P.3649 背	敦　煌	TTⅢA336/106，沙 227
124	辛巳年(921?)二月十三日	〈康不子貸絹契〉	P.2633 背	敦　煌	真 2/113，沙 179，TTⅢA338/106
125	辛巳年(921?)四月廿日	〈郝獵丹貸絹契〉	P.2817 背	敦　煌	真 2/113，沙 180，TTⅢA339/106
126	癸未年(923?)三月廿八日	〈王㪍敦貸絹契〉	北圖殷字 41 號	敦　煌	真 2/114，沙 181，TTⅢA340/106
127	癸未年(923?)四月十五日	〈沈延慶貸練契〉	北圖殷字 41 號	敦　煌	真 2/115，沙 183，TTⅢA341/106-107
128	甲申年(924 或 984)五月二十二日	〈曹延延貸絹契〉	S.766 背(3)	敦　煌	真 2/117，沙 234，TTⅢA364/113-114
129	乙酉年(925)五月十二日	〈張保全貸絹契〉	ДХ1377	敦　煌	真 2/136，沙 185，TTⅢA342/107
130	己丑年(929?)十二月十三日	〈陳仏德貸褐契〉	S.4445(2)	敦　煌	真 2/118，沙 187，TTⅢA343/107
131	己丑年(929?)十二月廿三日	〈何顧德貸褐契〉	S.4445(1)	敦　煌	真 2/118，沙 188，TTⅢA344/107
132	庚寅年(930?)四月(五月?)九日	〈曹員昌貸疋帛契〉	P.4093 背	敦　煌	TTⅢA345/107，沙 190
133	甲午年(934?)八月十八日	〈鄧善子貸絹契〉	P.3124	敦　煌	真 2/109，沙 194，TTⅢA346/108
134	乙未年(935?)三月七日	〈就弘子貸絹契〉	P.4504 背(5)	敦　煌	真 2/110，沙 197，TTⅢA348/108
135	乙未年(935?)正月一日	〈靈圖寺僧善友貸絹契〉	P.4504 背(6)	敦　煌	真 2/110，沙 196，TTⅢA347/108
136	乙未年(935?)六月十六日	〈索勝全換馬還絹契〉	ДХ2143	敦　煌	俄藏*
137	乙未年(935?)八月七日	〈張定住貸絹契〉	P.3603 背	敦　煌	TTⅢA 350/ 108 - 109，沙 201
138	辛丑年(941?)四月三日	〈羅賢信貸絹契〉	P.3458	敦　煌	真 2/119，沙 203-204，TTⅢA351/109
139	辛丑年(941)十月廿五日	〈買彥昌貸絹契〉	P.3453	敦　煌	真 2/120，沙 205-206，TTⅢA352/109
140	壬寅年(942)二月十五日	〈龍鉢略貸絹契〉	P.3627 背	敦　煌	真 2/121，沙 207-208，TTⅢA353/110
141	壬寅年(942)二月十五日	〈龍鉢略貸疋帛契〉(附)	P.3627 背	敦　煌	真 2/121，沙 208，TTⅢA353/110
142	後晉天福八年(943)二月廿日	〈燉煌鄉百姓貸絹契〉	上博 49AV(3)	敦　煌	沙 210
143	乙巳年(945)六月五日	〈徐留通便絹殘欠契〉	P.3004	敦　煌	真 2/122，沙 211-212，TTⅢA354/110

144	戊申年(948)四月十六日	〈徐留通兄弟欠絹契〉	P.3472	敦 煌	真 2/123，沙 213，TTⅢA355/110-111
145	（十世紀中）	〈索奴奴便物契〉	ДХ1270	敦 煌	沙 169
146	辛亥年(951)四月十八日	〈康幸全貸絹契〉	P.2504 背(2)	敦 煌	真 2/124，沙 215，TTⅢA356/111
147	丙辰年(956)三月廿三日	〈三界寺僧法寶貸絹契〉	P.3051 背	敦 煌	真 2/125，沙 217，TTⅢA357/111
148	戊午年(958)六月十六日	〈康員進貸絹契〉	P.3501 背(9)	敦 煌	真 2/126，沙 219，TTⅢA358/111
149	辛酉年(961)九月一日	〈陳寶山貸絹契〉	S.5632	敦 煌	真 2/127，沙 221-222，TTⅢA359/112
150	甲子年(964?)三月一日	〈氾懷通兄弟貸絹契〉	P.3565	敦 煌	真 2/128，沙 224，TTⅢA360/112
151	丙寅年(966)三月十一日	〈索清子貸絹契〉	新德里國家博物館	敦 煌	TTⅢA361/112-113，沙 225-226
152	辛未年(971?)四月二日	〈梁保德取斜褐還絹契〉	S.4884	敦 煌	真 2/129，沙 228，TTⅢA362/113
153	壬午年(982)七月廿日	〈某甲貸絹契〉	S.766 背(1)	敦 煌	真 2/130，沙 232，TTⅢA363/113
154	辛巳年(982?)	〈金光明寺僧保真貸紅繒契〉	S.5652	敦 煌	沙 230
155	庚寅年(990?)四月六日	〈鄭繼溫貸帛練契〉	P.4093	敦 煌	真 2/134，沙 192
156	年代不詳 年代不詳	〈孔安信借綵契〉	ДХ1322	敦 煌	TTⅢA(補)20/166-167，沙 235
157	年代不詳	〈某人貸絹殘契〉	P.2119 背	敦 煌	真 2/133，沙 239，TTⅢA367/114
158	年代不詳	〈吳山子借麥契〉	敦煌遺書散錄 0252	敦 煌	**
159	年代不詳	〈安雨莫借粟殘契〉	S.11599AB	敦 煌	TTⅢA332/105，沙 171
160	年代不詳	〈杜某貸絹殘契〉	S.5881	敦 煌	TTⅢA365/114，沙 241
161	年代不詳	〈張萬千貸絹契〉	S.4901 背	敦 煌	TTⅢA366/114，沙 237
162	年代不詳	〈成君子便豆契〉	S.8350 背	敦 煌	沙 172
163	年代不詳	〈某寺倉司出便豆契〉	S.10607	敦 煌	沙 173
164	年代不詳	〈就弘慶貸絹契〉	S.11359	敦 煌	沙 240

說明：

1. 本表依年代先後排列，凡年代難以確定者，據相關文書或諸家考証判斷之。
2. 為節省篇幅，本表所列券契名稱，盡量不帶鄉里、官職、身分等稱衡。
3. 凡數人合貸，同立一契者，只列一號；如為各有所貸之互貸契，則分列二號；如契後附載他貸，各契獨自成立，則各依其性質，分別歸類與立號，但附載之各契，皆於券契名稱後加註（附）字，以供判識。
4. 凡與消費借貸契直接相關，且其作用與之相同之文書，亦視同消費借貸契，列入表中。
5. 本表資料出自收集較完整之書，凡零星載錄或單篇論著引及者，從略。
6. 為便於讀者檢索查閱，本表所列卷冊號頁數，皆屬釋文部分。如無釋文，只有照片或圖版者，出處後加＊號。如無照片、圖版或釋文，只有存目者，出處欄加＊＊號。
7. 中國國家圖書館已在做畫所藏敦煌文書編號的工作，但因目前離出齊全書尚遠，新舊編號多數無從對照，故此處仍用千字文號。
8. 出處代號：
   吐（簡）＝《吐魯番出土文書》（簡編本）（冊／頁）

吐（圖）＝《吐魯番出土文書》（圖錄本）（冊／頁）
大谷＝《大谷文書集成》（卷／頁）
真＝《敦煌社會經濟文獻真蹟釋錄》（輯／頁）
TTⅢA ＝ *Tun-huang and Turfan Documents concerning Social and Economic History*, Ⅲ contracts, (A)
（號／頁）
沙＝《敦煌契約文書輯校》（頁）
陳＝《斯坦因所獲吐魯番文書研究》（頁）
柳＝《新出吐魯番文書及其研究》（頁）
集＝《敦煌吐蕃文書論文集》（頁）
英藏＝《英藏敦煌文獻》
俄藏＝《俄藏敦煌文獻》

附表二

傳統文獻消費借貸用語表

編號	年　　　代	用　語	內　容　摘　要	出　處	備註
1	太　宗	貸息出舉	公侯勳戚之家，邑人俸稍足以奉養，而貸息出舉，爭求什一。	新 104/4011	
2	太　宗	放息出舉	今公主之室，封邑足以給資用，勳貴之家，俸祿足以供器服，乃戚戚於儉約，汲汲於華侈，放息出舉，追求什一。	舊 78/2702	
3	武　則　天	假、舉	（郭元振）家嘗送資錢四十萬，會有縗服者叩門，自言「五世未葬，願假以治喪。」元振舉與之，無少吝。	新 122/4360 -4361	
4	武　則　天	息　錢	時博州刺史琅邪王沖，責息錢于貴鄉。	新 113/4189	
5	武　則　天 (長安元年 (701) 十一月十三日敕)	出　舉	負債出舉，不得週利作本，並法外生利，仍令州縣，嚴加禁斷	會 88/1618	
6	玄　宗	子　貸	簿其（太平公主）田貲，璆寶若山，督子貸，凡三年不能盡。	新 83/3652	
7	玄　宗	息　錢	籍（太平）公主家，財貨出積，珍物侔於御府，廄牧羊馬，田園息錢，收之數年不盡。	鑑 210/6685	
8	玄　宗	丐　貸	（楊國忠）嗜飲博，數丐貸于人，無行檢，不為姻族齒。	新 206/5846	
9	玄　宗 (開元三年 (715) 五月敕)	舉　放	（封家）不得因有舉放，違者禁身聞奏。	會 90/1644	
10	玄　宗 (開元十五年 (727) 七月廿七日敕)	放　債	應天下諸州縣官，寄附部人興易，及部內放債等，並宜禁斷。	會 88/1618	
11	玄　宗 (開元十六年 (728) 二月癸未詔)	舉放、舉	比來公私舉放，取利頗深，……自今已後，天下私舉質，宜四分收利，官本五分取利。	冊 159/1924 會 88/1618 全 30/401	
12	玄　宗 (開元二十年 (732) 二月辛卯制)	倍　息	貧下之人，農桑之際，多闕糧種，咸求倍息，致令貧者日削，富者歲滋。	冊 105/1260 文 23/317	
13	玄　宗 (天寶九載 (750) 十二月敕)	放　債	郡縣官寮，共為貨殖，竟交互放債逼人。	會 69/1217	
14	玄　宗	息　錢	守禮以外支為王，……常負息錢數百萬。	新 81/3592	

15	代 宗	倍 稱	宿豪大猾，橫恣侵漁，致有半價倍稱，分田劫假。	英 434/2654	
16	代 宗 (大曆十二年 (777)四月)	乞 貸	制俸祿，厚外官而薄京官，京官不能自給，常從外官乞貸。	鑑 225/7242	
17	德 宗 (貞元三年 (787))	舉 質	胡客留長安久者，或四十餘年，皆有妻子，買田宅，舉質取利，安居不欲歸。	鑑 232/7493	
18	德 宗 (貞元十年 (794))	假	（陸贄疏）今督收迫促，……有者急賣而耗半直，無者求假費倍。	新 52/1356	
19	德 宗 (貞元十年 (794))	息利、貸	（陸贄疏）人小乏則取息利，大乏則鬻田廬，斂穫始畢，執契行貸。	新 52/1357	
20	德 宗	子母錢	李氏所生子邠，每多取子母錢，使其主以契書徵負於（崔）衍，衍歲為償之。	舊 188/4935	
21	德 宗	貸、舉	會里人鄭俶，欲葬親，貸於人無得。（陽）城知其然，舉縑與之。	新 194/5569	
22	順 宗	放 利	時王叔文用事，由逐放利者皆附之。	舊 135/3737 -3738	
23	憲 宗	貸	左神策軍吏李昱貸長安富人錢八千緡，滿三歲不償。	鑑 238/7666 新 162/5000 -5001	
24	憲 宗 (元和四年(809)九月)	假 貸	神策吏李昱假貸長安富人錢八千貫，滿三歲不償。	舊 154/4102	
25	憲 宗 (元和四年 (809) 九月)	假	左神策吏李昱，假長安富人錢八千貫，三歲不償。	會 67/1187	
26	憲 宗 (元和五年 (810) 十一月敕)	舉	中外官有子弟凶惡，不告家長，私舉公私錢。	會 88/1618 冊 612/7350	
27	憲 宗 (元和七年 (812)五月)	便	諸司諸使等，或有便商人錢，多留城中，逐時收貯積藏私室，無復流通。	冊 501/6002	
28	憲 宗 (元和十三年 (818))	息錢、貸	大賈張陟負五坊息錢亡命，坊使楊朝汶收其家簿，閱貸錢雖已償，悉鉤止，根引數十百人，列籍挺脅不承。	新 173/5213 鑑 240/7753 舊 170/4420 會 52/910	
29	憲 宗	丐 貸	（王孝女）單身披髮徒跣纏裳抵涇屯，日丐貸，護二喪還，葬於鄉。	新 205/5827	
30	穆 宗 (長慶三年 (823) 十二月)	息 利	緣百姓厚葬，……或結社相資，或息利自辦，生業以之皆空。	會 38/697	
31	穆 宗	貸 舉	（楊於陵曰：）又有閭井送終之唅，商賈貸舉之積，江湖壓覆之耗，則錢焉得不重，貨焉得不輕？	新 52/1360	
32	文 宗 (大和元年 (827))	倍稱之息、貸	自大歷以來，節度使多出禁軍，其禁軍大將資高者，皆以倍稱之息，貸錢於富室，以賂中尉，動踰億萬。	鑑 243/7854	
33	文 宗	假 貸	自大歷後，擇帥悉出宦人中尉，所輸貨至鉅萬，貸者假貸富人	新 171/5193	
34	文 宗	子 貸	（李甚）恣為豪侈，積債至數千萬，其子貸迴鶻錢一萬餘貫不償，為迴鶻所訴。	舊 133/3686 冊 628/7536	

35	文　宗 (大和五年(831) 六月)	舉	如聞頃來京城內衣冠子弟，及諸軍 使，並商人百姓等，多有舉諸蕃客本 錢。	文 72/937	
36	武　宗 (會昌元年 (841)二月)	舉債、借、 息債	選人官成後，皆于城中舉債，到任填 還，……其今年河東隴州邠坊邠州新 授比遠官，……戶部各借兩月，…… 所冀初官到任，不滯息債。	冊 508/6092 -6093 會 92/1668 舊 18 上/590	《舊唐 書》作 會昌二 年二月 丙寅
37	武　宗	子　貸	使行賈州縣，所在暴橫者貧，責子貸 錢，吏不應命，即愬于（劉）從諫。	新 214/6015	
38	宣　宗 (大中元年 (847)四月)	息　利	至如婚姻兩競，息利交關，凡所陳 論，皆合先陳府縣。	會 60/1046	
39	懿　宗 (大中十三年(859) 十月九日)	利、放債	如聞京城內富饒之徒，不守公法，厚 利放債，損陷饑貧。	英 420/2573 文 85/1111	
40	懿　宗 (咸通八年(867)五月 十八日)	舉便、舉	舉便欠負，未涉重條，……自今已 前，應百姓舉欠人債，……所在州縣 及諸軍司，寬與期限，切不得禁錮校 料，令其失業。	英 441/2695 文 85/1106 詔 86/492	
41	僖　宗 (乾符二年(875)赦)	舉　債	近來以年，節度觀察使或初到任，或 欲除移，是正二月百姓飢餓之時， ……此時無不兩倍三倍，生生舉債， 至典賣男女，以充納官。	文 89/1164 詔 72/404	
42	僖　宗 (乾符二年(875)赦)	舉　債	處分關節，取受本身值財，素來貧 無，亦多舉債。	詔 72/404 文 89/1164	

說明：
1. 同一事件之各種資料，如主要用語相同，即使所述之文字略異，亦列於同一條中，但引文出自首列於出處者。如主要用語不同，則分條各別列出，以資比較。
2. 如資料之語義模糊，不能確定為消費借貸；或性質雖屬消費借貸，而只用無關於特定辭例之尋常語句敘述；或可能包含其他種借貸與債務關係者，皆不列入表中。
3. 一事數見於多種資料，如其一可能與本表所論有關，但從他種資料得知非屬本範圍內者，亦不列入。
4. 一事於一書中多處重出，只列最完整的一處為代表，其他各處從略。
5. 《全唐文》、《文苑英華》以詔敕部分為主，其非詔敕部分者從略。
6. 出處代號：新＝《新唐書》，舊＝《舊唐書》，鑑＝《資治通鑑》，冊＝《冊府元龜》，
　　　　　　會＝《唐會要》，詔＝《唐大詔令集》，文＝《全唐文》（詔敕部分），
　　　　　　英＝《文苑英華》（詔敕部分）

附表三

沙州便物曆總表

編號	年　　代	便物曆名稱	文書號	出　　處
1	吐蕃子年	〈便麥粟曆〉	S.6235	真 2/202
2	吐蕃子年	〈悉的心兒宅等便蘇曆〉	S.11454C(1)	英藏*
3	吐蕃午年	〈貸布酒豆曆〉	S.2228 背	真 2/203 註
4	〔九世紀前期〕	〈解女於大雲寺等貸黃麻曆〉	S.2228	真 2/203
5	〔九世紀前期〕	〈劉二貸麥曆〉	S.2228 背	真 2/203 註
6	吐蕃期	〈便黃麻曆〉	S.11284	英藏*
7	吐蕃期	〈法力等便黃麻曆〉	S.11288	英藏*
8	〔九世紀後期〕	〈孔再成等貸麥豆本曆〉	P.2953 背	真 2/246
9	〔九世紀後期〕	〈效穀鄉請付粟黃麻床等曆〉	ДХ1408	真 2/278
10	〔九世紀〕	〈僧法慶福行等貸粟曆〉	ch0047	真 2/204
11	庚辰年(920)正月二日	〈僧金剛會手下斗具數曆〉	S.1781	真 2/205
12	辛巳年(921?)六月十六日	〈社人拾人於燈司倉貸粟曆〉	沙州文錄補	真 2/206，社 479-480
13	癸未年(923 或 983)三月十四日	〈便粟算會曆〉	S.3405 背	真 2/236
14	甲申年(924 或 984)二月四日	〈諸家上欠便物和償負名目〉	ДХ2956	俄 1983/556，真 2/275
15	戊子年(928)六月五日	〈某寺公廨麥粟出便與人抄錄〉	P.3370	真 2/207-208
16	庚寅年(930?)二月三日	〈寺家漢不勿等貸褐曆〉	S.4445 背	真 2/209
17	乙未年(935?)十一月廿日	〈社司出便物與人名目〉	S.8924B	社 482
18	癸卯年(943?)二月十三日	〈張金剛奴等便粟豆曆〉	P.4635	真 2/210
19	甲辰年(944)二月後	〈淨土寺東庫惠安惠戒手下便物曆〉	P.3234 背	真 2/212-215
20	甲辰年－丁未年(944-947?)	〈李闍梨出便黃麻麥名目〉	S.8443A－H	真 2/216-221
21	乙巳年(945?)前後	〈社加(家)女人便麵油曆〉	P.4635	真 2/211，社 484-485，TTIV A275/126
22	乙巳年(945?)前後七月一日	〈社司付社人麵曆〉	P.3102 背	社 487-488，TTIV A242/104
23	丙午年(946)正月三日	〈張慈奴等便粟麥曆〉	S.6045	真 2/222
24	丙午年(946)正月九日	〈金光明寺僧慶戒出便黃人名目〉	S.4654 背	真 2/223
25	丁未年(947)二月五日	〈兵馬使高員信等便麥黃麻曆〉	S.6303	真 2/224

26	戊申年(948)正月五日	〈令狐盈君等貸便麥曆〉	S.4060 背	真 2/225
27	己酉年(949)二月十四日	〈就良晟等便麥粟豆曆〉	S.4060	真 2/226
28	庚戌年(950?)前後	〈便物曆〉	S.11333	英藏*
29	庚戌年(950?)	〈便物曆〉	S.11333 背	英藏*
30	〔十世紀中期〕	〈張仙寧等便粟曆〉	P.2680 背	真 2/234
31	〔十世紀中期〕	〈馬定奴等便麥粟黃麻曆〉	P.3959	真 2/229，社 489-490，TTIV A274 /125-126
32	〔十世紀中期〕	〈程押衙等付入麥粟曆〉	P.3273	真 2/230，社 492
33	〔十世紀中期〕	〈欠麥曆〉	P.3273 背	真 2/257，社 492
34	〔十世紀中期〕	〈令狐骨子等便麥曆〉	S.6469 背	真 2/247
35	〔十世紀中期〕	〈出便斛斗與馬留信等名目〉	S.9996	英藏*
36	〔十世紀中期〕	〈劉婆等便黃麻曆〉	S.9996 背	英藏*
37	辛亥年(951?)正月二十九日	〈善因願通等柒人將物色折債抄錄〉	P.3631	真 2/227
38	辛亥年(951?)二月九日	〈張再住等便黃麻曆〉	ДХ1344	俄 1983/546，真 2/263
39	辛亥年(951?)五月	〈便粟名目〉	ДХ1278a	俄 1983/545，真 2/262
40	辛亥年(951?)	〈法意等便粟曆〉	北圖秋字 26 號背	真 2/259
41	甲寅年－乙卯年(954-955?)	〈大乘寺百姓李恆子等便粟曆〉	ДХ1416+ДХ3025	俄 1983/547，真 2/265
42	丁巳年(957?)二月一日	〈董再德出便麥與人名目〉	S.10279+S.10273	英藏*
43	戊午年(958)九月九日	〈靈圖寺倉出便與人名目〉	S.5873 背+S.8658	真 2/228
44	己未年(959 或 899)二月十日	〈社人便黃麻曆〉	P.3108 背	社 493-494
45	己未年(959?)二月十七日	〈某寺貸油麵麻曆〉	S.5845	真 2/231
46	辛酉年(961?)二月九日	〈僧法成出便與人抄錄〉	北圖露字 41 號背	真 2/259
47	甲子年－乙丑年(964-965)	〈翟法律出便與人名目〉	P.2932	真 2/232-233
48	壬申年(972)正月廿七日	〈褐曆〉	S.4884 背	真 2/235，TTIV A268/117
49	癸酉年－己卯年(973-979)	〈曹赤胡等還便黃麻曆〉	ДХ1451	俄 1983/549，真 2/273
50	庚辰年(980?)三月十四日	〈浪歌保便麥曆〉	S.5465	真 2/238
51	辛巳年(981)十二月十三日	〈周僧正於常住庫借貸油麵物曆〉	S.6452	真 2/239-241
52	辛巳年－壬午年(981-982)	〈付酒本粟麥曆〉	S.6452	真 2/243
53	壬午年(982)正月四日	〈諸人於淨土寺常住庫借貸油麵物曆〉	S.6452	真 2/242
54	壬午年(982)二月十三日	〈淨土寺常住庫內黃麻出便與人名目〉	S.6452	真 2/244
55	壬午年(982)三月六日	〈淨土寺庫內便粟曆〉	S.6452	真 2/245
56	丁亥年(987?)四月三日	〈長史米定興於顯德寺倉借借週造麥曆〉	S.5945	真 2/237
57	口亥年三月廿日	〈骨子等便黃麻青麥曆〉	ДХ1387	俄 1983/546，真 2/264
58	〔十世紀〕	〈顧戒等付貸人粟豆黃麻曆〉	S.5064	真 2/251
59	〔十世紀〕	〈顧戒等付入麥粟豆黃麻曆〉	P.3112	真 2/252
60	〔十世紀〕	〈便麥曆〉	S.8402	英藏*
61	〔十世紀〕	〈楊老宿等貸粟麥曆〉	S.11360D(1)	英藏*

62	年代不詳	〈羿生等便麥粟曆〉	P.4542	真 2/247
63	年代不詳	〈氾伯達等便麥粟曆〉	P.3964 襯紙(1)	真 2/248
64	年代不詳	〈張骨兒等便麥曆〉	S.7589	真 2/249
65	年代不詳	〈公廨司出便物名目〉	S.7963 背	真 2/250
66	年代不詳	〈便豆粟曆〉	P.5021	真 2/253
67	年代不詳	〈(便)粟豆曆〉	P.4058	真 2/254
68	年代不詳	〈便麥等曆〉	P.2161	真 2/255
69	年代不詳	〈某寺貸換油麻曆〉	P.4913	真 2/256
70	年代不詳	〈付得本利麥粟曆〉	P.4814	真 2/257
71	年代不詳	〈便物曆〉	北圖岡字 42 號背	真 2/260
72	年代不詳	〈李行者等便粟麥曆〉	北圖重字 24 號背	真 2/260
73	年代不詳	〈白醜子便豆曆〉	北圖光字 8 號背	真 2/261
74	年代不詳	〈張和君等便物曆〉	北圖荒字 50 號背	真 2/261
75	年代不詳	〈丑兒左右欠缺他人名目〉	北圖秋字 66 號背	真 2/261
76	年代不詳	〈程富奴等便王都頭倉斛斗曆〉	ДХ2971	俄 1983/550，真 2/277
77	年代不詳	〈張衍雞等便粟麻曆〉	ДХ6017	俄 1983/550，真 2/267
78	年代不詳	〈王曹七等便粟曆〉	ДХ6697+ ДХ6714	俄 1983/551，真 2/268
79	年代不詳	〈李闍梨等便粟麥曆〉	ДХ10269	俄 1983/551，真 2/269
80	年代不詳	〈王懷達等便粟麥曆〉	ДХ10270a	俄 1983/552，真 2/270
81	年代不詳	〈鄧鄉官等便黃麻麥曆〉	ДХ10282	俄 1983/553，真 2/271
82	年代不詳	〈便斛斗曆〉	ДХ10272	俄 1983/554，真 2/272
83	年代不詳	〈便斛斗曆〉	ДХ11080	俄 1983/554，真 2/272
84	年代不詳	〈曹光奴等便粟麥曆〉	ДХ10270b	俄 1983/555，真 2/274
85	年代不詳	〈吳留德等便豆曆〉	ДХ1418	俄 1983/548，真 2/266
86	年代不詳	〈黑眼子等便地子倉麥曆〉	ДХ1432+ ДХ3110	俄 1983/548，真 2/276
87	年代不詳	〈王法律出便於人名目〉	ДХ1449	俄 1983/549，真 2/273
88	年代不詳	〈便麥麻曆〉	ДХ11B	俄藏*
89	年代不詳	〈保德等付入粟豆麻曆〉	北圖新 68138	唐 381-382
90	年代不詳	〈索醜奴便麥曆〉	S.8647	英藏*
91	年代不詳	〈退渾便物人名目〉	S.8692	英藏*
92	年代不詳	〈出便麥與□住子等名目〉	S.9463AB	英藏*
93	年代不詳	〈出便麻粟與郭平水等名目〉	S.9927A	英藏*
94	年代不詳	〈出便物與氾善祐等名目〉	S.10277+ S.10290+ S.10274	英藏*
95	年代不詳	〈出便斛斗與人名目〉	S.10276	英藏*
96	年代不詳	〈安苟兒便黃麻憑〉	S.8812 背	英藏*
97	年代不詳	〈出便斛斗與令狐晟等名目〉	S.10512	英藏*
98	年代不詳	〈便物曆〉	S.10512 背	英藏*

99	年代不詳	〈便種子麥抄〉	S.10649	英藏*
100	年代不詳	〈出便麥與高孝順等名目〉		英藏*
			S.10848	
101	年代不詳	〈便物曆〉	S.11285	英藏*
102	年代不詳	〈貸便及買油曆〉	S.11308	英藏*

說明:

1. 本表之資料取材、編排方式、出處代號,皆見附表一之說明。

2. 本表所引北圖新字號的編號(89),可能轉引處排版有誤,姑存之。

3. 出處代號未見附表一者為:

　　唐＝唐耕耦,〈敦煌寫本便物曆初探〉,收入:《敦煌寺院會計文書研究》
　　　　(頁　)

　　社＝《敦煌社邑文書輯校》(頁　)

　　TTIVA ＝ *Tun-huang and Turfan Documents concerning Social and Economic History*, IV She Associations and Related Documents, (A)(號／頁　)

　　俄＝《КИТАЙСКИЕ ДОКУМЕНТЫ ИЗ ДУНЬХУАНА》(1983 ／頁　)

附表四

質押借貸券契總表

A.動產質

編號	立券契年代	券契名稱	文書號	出土地點	出處
1	唐大曆年間	〈許十四典牙梳犖錢契〉	D.Ⅶ.3.a Cha.6. S.5872+5870	和闐	真 2/139, TTⅢA248/76-77, 陳 542-543
2	吐蕃卯年(823?或835?)正月十九日	〈武光兒典車便麥契〉	P.3422 背	敦煌	真 2/93, 沙 139-140, TTⅢA316/100
3	吐蕃巳年(837?)二月六日	〈普光寺人户李和和典鑯便粟契〉	P.2686(1)	敦煌	真 2/96, 沙 141, TTⅢA317/100
4	吐蕃蛇年春	〈宋弟弟典牛借種子契〉	P.T.1115	敦煌	文 55-56
5	吐蕃期	〈沙彌海恩典布袋借青稞契〉	P.T.2127	敦煌	集 27
6	吐蕃期	〈曹清奴典鑯便麥豆契〉	S.1291(2)	敦煌	真 2/95, 沙 152-153, TTⅢA322/102
7	唐大中十二年(858)四月一日	〈孟憨奴典鏵釜便麥粟契〉	P.3192 背	敦煌	真 2/108, 沙 159, TTⅢA326/103
8	唐咸通八年以前(67)	〈張他没贊典驢便粟麥契〉	P.3666 背	敦煌	真 2/131, 沙 166, TTⅢA330/104
9	唐咸通八年以前(67)	〈李榮一典裙便粟契〉	P.3666 背	敦煌	真 2/131, 沙 167, TTⅢA330/104
10	唐咸通八年以前(67)	〈王太嬌典種金便粟契〉	P.3666 背	敦煌	真 2/131, 沙 167, TTⅢA330/104
11	乙丑年(905?)三月五日	〈索豬苟欠麥質釧契〉	S.5811	敦煌	真 2/112, 沙 161, TTⅢA327/103
12	癸未年(923?)五月十六日	〈彭順子質典裙便麥粟契〉	北圖殷字 41 號	敦煌	真 2/116, 沙 164, TTⅢA329/103

B.不動產質

(1)附買回條件之買賣

編號	立券契年代	券契名稱	文書號	出土地點	出處
1	宋太平興國七年(982)二月廿日	〈呂住盈兄弟賣典土地契〉	S.1398(2)	敦煌	真2/13,沙35,TTⅢA283/89
2	宋太平興國七年(982)	〈呂住盈兄弟賣租舍契〉	S.1398(3)	敦煌	真2/14,沙37,TTⅢA284/89

(2)占有質

編號	立券契年代	券契名稱	文書號	出土地點	出處
1	唐貞觀廿二年(648)八月十六日	〈桓德琮典舍契〉	72TAM204：18	吐魯番	吐(簡)四/269-270,吐(圖)貳/152,TTⅢA66/24
2	庚辰年(920?)六月十三日	〈張幸端典地貸絹契〉	P.2161(1)	敦煌	TTⅢA337/106,沙177
3	後周廣順三年(953)十月廿二日	〈龍章祐兄弟質典土地契〉	S.466	敦煌	真2/30,沙339-340,TTⅢA375/117-118

(3)無占有質

編號	立券契年代	券契名稱	文書號	出土地點	出處
1	唐乾封三年(668)三月三日	〈張善憙舉錢契〉	64TAM4：40	吐魯番	吐(簡)六/422-423,吐(圖)參/219,TTⅢA77/28
2	唐總章三年(670)三月廿一日	〈白懷洛舉錢契〉	64TAM4：37	吐魯番	吐(簡)六/432-433,吐(圖)參/224,TTⅢA79/29

C.人質

編號	立券契年代	券契名稱	文書號	出土地點	出處
1	後梁貞明六年(921)一月廿四日	〈典身契〉	ДХ1409	敦煌	沙637-638
2	辛巳年(921?)五月八日	〈何通子典男契〉	北圖餘字81號	敦煌	真2/52,沙348,TTⅢA424/131
3	乙未年(935?)十一月三日	〈趙僧子典男契〉	P.3964	敦煌	真2/50,沙349-350,TTⅢA425/131
4	癸卯年(943?)十月廿八日	〈吳慶順典身契〉	P.3150	敦煌	真2/51,沙351-352,TTⅢA426/131-132

編號	立券契年代	券契名稱	文書號	出土地點	出處
5	壬午年(982)二月廿日	〈郭定成典身契〉	S.1398(1)	敦煌	真 2/53，沙 353，TTIII A429/132-133

說明：

1.本表之資料取材、編排方式、出處代號，皆見附表一之說明。

2.出處代號未見附表一者為：文＝〈敦煌吐蕃文獻選〉(頁)

附表五

傳統文獻質押借貸用語表

A.動產質

編號	年　　　代	用語	內　容　摘　要	出　　處	備　註
1	高　宗	質	母徐氏教其父書，每遣（歐陽）通錢，蔬云：「質汝父書迹之直。」	舊 189 上 /4947	
2	玄　宗 （先天二年（713））	質庫	籍其（太平公主）家，財貨山積，珍奇寶物，侔於御府，馬牧羊牧田園質庫，數年徵斂不盡。	舊 183/4740	
3	玄　宗 （開元十六年（728） 二月癸未）	質	自今已後，天下私舉質，宜四分收利，官本五分收利。	冊 159/1924 文 30/401	
4	德　宗 （建中三年（782） 四月）	質	僦櫃納質，積錢貨，貯粟麥等，一切借四分之一。	舊 135/3715 鑑 227/7326 新 52/1352 冊 510/6114	
5	德　宗 （建中三年（782） 四月）	質庫	取僦櫃質庫法拷索之。	舊 12/332	
6	德　宗 （建中三年（782） 四月）	質舍	僦匱質舍貿粟者，四責其一。	新 223 下 /6353	
7	德　宗 （建中四年（783））	質	涇原兵反，大譟長安市中日：「不奪爾商戶僦質。」	新 52/1353 舊 135/3716	
8	德　宗 （貞元三年（787））	質	李泌知胡客留長安久者，或四十餘年，皆有妻子、買田宅，舉質取利。	冊 232/7493	
9	德　宗 （貞元十三年 （797））	典賣	綱維乾俊等典賣承前敕賜御衣。	冊 52/579	
10	德　宗	質	常以木枕布衾質錢，人重其（陽城）質，爭售之。	新 194/5570	
11	德　宗 （貞元末）	質	五坊小兒張捕鳥雀於閭里者，皆為暴橫，……留蛇一囊為質，日：「……今留付汝，幸善飼之，勿令飢渴。」	鑑 236/7610-1 冊 160/1929	
12	武　宗 會昌五年（845）正月 三日敕	質庫	如聞朝列衣冠，或代承華冑，或在清途，私置質庫樓店，與人爭利，今日以後，並禁斷。	英 429/2628 文 78/1019	

B.不動產質

編號	年　　代	用語	內　容　摘　要	出　　處	備　註
1	武　則　天（大足元年（701）正月）	貼	李嶠諫曰：「……天下編戶，貧弱者眾，亦有傭力客作以濟糇糧，亦有賣舍貼田，以供王役。」	會 49/857 舊 94/2994	〈舊唐書〉在長安末年
2	玄　　宗（開元二十三年（735）九月）	典貼	天下百姓口分永業田，頻有處分，不許買賣典貼。	冊 495/5927 文 30/409	
3	玄　　宗（開元二十五年（737））	貼債（質）、質	諸田不得貼債（質）及質，遭（違）者財沒不追，地還本主。若從遠役外任，無人守業者，聽貼債（質）及質。其官人永業田及賜田，欲賣及貼債（質）者，皆不在禁限。	冊 495/5928	括號內為〈通典〉卷2〈食貨二·田制下〉之引文
4	玄　　宗（天寶十一載（752）十一月乙丑）	典貼	如聞王公百官及富豪之家，比置庄田，恣行吞併，莫懼章程。……爰及口分永業，違法賣買，或改籍書，或云典貼，致令百姓無處安置。	冊 495/5928 文 33/438	
5	肅　　宗（上元元年（760）十二月）	典貼	應典貼庄宅店舖田地碾磑等，先為實錢，典貼者令還以實錢贖。先以虛錢，典貼者令虛錢贖。	冊 501/5999 -6000 會 89/1625	
6	代　　宗（寶應元年（762）九月）	貼買	客戶旨住經一年已上，自貼買得土地，有農桑者，……勒一切編附為百姓差科。	冊 486/5812 會 85/1560	〈唐會要〉誤作寶應二年
7	德　　宗	典質	（盧群）先寓居鄭州，典質良田數頃，及為節度使至鎮，……令召還本主。	舊 140/3834	
8	德　　宗	質	（盧）群舊客于鄭，質良田以耕。至是則出券貸直，以田歸其人。	新 147/4762	
9	憲　　宗（元和四年（809）閏三月）	質、質賣	魏徵玄孫稠質錢甚，以故第質錢於人……出內庫錢二千緡贖賜魏稠，仍禁質賣。	鑑 237/7657 -7658	
10	憲　　宗（元和四年（809）三月）	質賣	上覽貞觀故事，嘉魏徵諫諍，……訪其子孫及故居，則實賣更數姓，析為九家矣。上愍之，出庫錢二百萬贖之，以賜其孫，……禁其質賣。	會 45/810 冊 141/1711	
11	憲　　宗	典貼	淄青節度使李師道進絹，為魏徵子孫贖宅，（白）居易諫曰：「……子孫典貼，其錢不多，自可官中為之收贖。」	舊166/4343-4	
12	憲　　宗（元和八年（813）十二月）	貼典	應賜王公、公主、百官等莊宅、碾磑、店舖、車坊、園林等，一任貼典貨賣，其所緣稅役，便令府縣收管。	舊 15下/448 會 89/1622	
13	穆　　宗（長慶元年（821）正月三日）	典	應天下典人庄田園店，便合祇承戶稅，本主贖日，不得更引令式，云依私契徵理，以組織貧人。	英 426/2612 文 66/869	
14	敬　　宗（寶曆元年（825）正月七日）	典	應天下典人庄園店地，便合祇承戶稅，本主贖日，不得更引令式，云依私契徵理，組織貧人。	英 427/2616 文 68/893 詔 70/394	

編號	年　　代	用語	內　容　摘　要	出　　處	備　註
15	敬　宗 （寶曆元年（825）四 月二十日）	典貼	應天下典貼得人庄田園店等，便合祗 承戶稅，本主收贖之日，不得引令式 及言私契，組織貧人。	英 423/2591 全 68/897	
16	武　宗 （會昌五年（845）正 月三日）	典賣	本州百姓弟子，才霑一官，及官滿後 移住鄰州，兼於諸軍諸使假職便稱衣 冠戶，……其本鄉家業，漸自典賣， 以破戶籍。	英 429/2628 文 78/1019	
17	武　宗 （會昌五年（845）正 月三日）	典貼、 典賣	其有稱未逃之時，典貼錢數未當本價 者，便於所典買人戶下，據戶加稅， 亦不在劫（卻）收索及徵錢之限。	英 429/2628 文 78/1019	
18	僖　宗 （乾封二年（875））	貼	差重丁大戶充倉督子弟主管，……每 一量覆，欠折轉多，主掌之人，貼家 竭產。	詔 72/403 文 89/1164	

C.人質

編號	年　　代	用語	內　容　摘　要	出　　處	備　註
1	德　宗 （貞元四年（788） 九月）	質	鄭浪，德宗時為度支山南東道巡院， 真（貞）元四年九月坐乾沒財物，徵 擾平人，質其妻女，歲鬻士類。	冊 511/6127	
2	憲　宗	質賣	（李彙）遷涇原節度使，罷軍中雜 徭，出奉錢贖將士質賣子，還其家。	新 136/4590	
3	憲　宗	質	柳人以男女質錢，過期不贖，子本 均，則沒為奴婢，（柳）宗元設方 計，悉贖歸之，尤貧者令書傭，視直 足相當，還其質。已沒者，出己錢助 贖。	新 168/5142 舊 160/4214	
4	文　宗 （太和八年（834）二 月）	質	蘇州大水，飢歉之後，編戶男女多為 諸道富家，並虛契質錢。……如蘇湖 等州百姓願贖男女者，官為詳理，不 得計衣食及虛契徵索。如父母已歿， 任親收贖。	冊 42/483 文 72/941	
5	宣　宗 （大中九年（855）閏 四月）	典買	如敢更有假託事由，以販賣為業，或 虜劫谿洞，或典買平民，潛出卷書， 暗過州縣，所在搜獲，據賊狀依強盜 論，縱逢恩赦，不在原宥之限。	詔 109/567 文 81/1055 會 86/1573	
6	僖　宗 （乾符二年（875））	典	（糴米）卑溼損傷，雀鼠折耗，…… 校料徵納主持軍將十餘軍，攤收累數 百家，或科決不輕，或資產蕩盡，典 男鬻女，力竭計窮。	詔 72/403 文 89/1163	
7	僖　宗 （乾封二年（875））	典賣	近年以來，節度觀察使或初到任，或 欲除移，是正二月百姓飢餓之時， ……此時無不兩倍三倍，生生舉償， 至典賣男女，以充納官。	文 89/1164 詔 72/104	
8	昭　宗 （天復元年（901））	典賣	良家血屬，流落他門，既遠家鄉，或 遭典賣。……典賣奴婢，如勘問本非 賤人，……其賣主并牙人等，節級科 決，其被抑壓之人，便還於本家。	詔 5/33 文 92/1200-1	

說明：本表之資料取材、引述方式、出處代號，皆見附表二之說明。

附表六

特殊型態之借貸券契總表

A.預租型借貸

編號	立券契年代	券契名稱	文書號	出土地點	出　　處
1	高昌延昌二十六年(586)前	〈麴鼠兒夏田借銀錢券〉	60TAM326：01/7，01/8	吐魯番	吐(簡)五/157-8，吐(圖)貳/251，TTⅢA99/36
2	唐貞觀二十三年(649)前後	〈范酉隆夏田借錢契〉	64 TAM10：35	吐魯番	吐(簡)五/78-9，吐(圖)貳/208，TTⅢA140/48
3	唐顯慶四年(659)十二月廿一日	〈白僧定租田舉麥契〉	64TAM20：34	吐魯番	吐(簡)七/370-1，吐(圖)參/476，TTⅢA67/24
4	唐開元廿四年(734)二月	〈左小礼租田借麥契〉	大谷3107	吐魯番	TTⅢA175/58，大谷Ⅱ/26-27
5	唐天寶五載(746)閏十月十五日	〈呂才藝租田借錢契〉	書道博物館	吐魯番	TTⅢA177/59
6	唐天寶十三載(754)十一月十五日	〈何思忠租田借麥契〉	73TAM506：04/22	吐魯番	吐(簡)十/277-8，吐(圖)肆/568
7	唐天寶十三載(754)	〈韓伯輪租田借麥契〉	73TAM506：04/10-1	吐魯番	吐(簡)十/281，吐(圖)肆/570
8	唐至德二載(757)八月五日	〈竹玄過租田借麥契〉	73TAM506：04/6	吐魯番	吐(簡)十/284，吐(圖)肆/572，TTⅢA(補)15/164
9	唐至德二載(757)	〈韓伯揄租田借麥契〉	73TAM506：04/19	吐魯番	吐(簡)十/287-8，吐(圖)肆/574
10	唐乾元二年(759)或上元二年(761)九月八日	〈朱進明租田借麥契〉	64TAM37：21	吐魯番	吐(簡)九/154-5，吐(圖)肆/345，TTⅢA(補)16/165
11	唐天復元年(901)前後	〈奴子租地借粟麥契〉	S.3905背	敦煌	沙332
12	唐天復四年(904)八月十七日	〈令狐法性租地取絹毯契〉	P.3155背	敦煌	TTⅢA371/116，真2/26，沙327-8

B.預雇型借貸

編號	立 券 契 年 代	券 契 名 稱	文 書 號	出土地點	出　　處
1	唐永徽七年(656)七月十五日	〈令狐相□受雇上烽借銀錢契〉	60TAM337：11/2	吐魯番	吐(簡)五/111，吐(圖)貳/226，TTⅢA200/65
2	唐顯慶三年(658)十一月二日	〈白意歡受雇上烽借銀錢契〉	60TAM338：32/4-1	吐魯番	吐(簡)五/142，吐(圖)貳/244，TTⅢA201/66
3	唐總章元年以前(68)正月廿八日	〈解知德受雇上烽借銀錢契〉	60TAM326：01/1，01/2	吐魯番	吐(簡)五/164-165，吐(圖)貳/254，TTⅢA202/66
4	唐某年（七世紀後半）六月	〈李昭居受雇上烽借錢契〉	67TAM 93：27(a)，28(a)	吐魯番	吐(簡)七/272，吐(圖)參/428，TTⅢA(補)3/161
5	唐某年（八世紀中葉以前）	〈令狐海憧受雇上烽借錢殘契〉	69TAM139:2/2，2/4，2/5	吐魯番	吐(簡)九/227-228，吐(圖)肆/383
6	吐蕃卯年(823?)四月一日	〈張和子取造花蘿價麥契〉	S.6829背(4)	敦　煌	真2/82，沙107-108，TTⅢA377/118
7	吐蕃巳年(837?)二月十日	〈令狐善奴便刈價麥契〉	P.2964背	敦　煌	真2/94，沙146-147，TTⅢA379/119
8	吐蕃期	〈賀胡子預取刈價契〉	S.5998背	敦　煌	TTⅢA380/119，沙244
9	吐蕃期	〈王晟子預取刈價契〉	S.5998	敦　煌	TTⅢA381/120，沙246

C.賒買或賒賣型借貸

編號	立 券 契 年 代	券 契 名 稱	文 書 號	出土地點	出　　處
1	唐總章元年(668)六月三日	〈張潘堆賒賣草契〉	64TAM4:32	吐魯番	吐(簡)六/424-425，吐(圖)參/220，TTⅢA28/13
2	唐大中五年(851)二月十三日	〈僧光鏡賒買釧契〉	S.1350	敦　煌	真2/43，沙62，TTⅢA261/81-82
3	癸未年(923?)正月廿二日	〈郭法律賒買斜褐契〉	P.4803	敦　煌	真2/44，沙397，TTⅢA473/146

說明：
1. 本表之資料取材、編排方式、出處代號，皆見附表一之說明。
2. 互助型借契出土文書中未見，從闕。

附表七

傳統文獻借貸利息表

編號	年　　代	內　容　摘　要	出　　處	備　註
1	高　　祖（武德元年（618）十二月）	武德元年十二月置公廨本錢，以諸州令史主之，……所主才五萬錢以下，市肆販易，月納息錢四千文。	會 93/1675	
2	太　　宗（貞觀十五年（641））	復置公廨本錢，以諸司令史主之，……所主才五萬錢以下，市肆販易，月納息錢四千。	新 55/1395	
3	太　　宗（貞觀十五年（641））	諫議大夫褚遂良上疏曰：「……大率人捉五十貫已下，四十貫已上，……每月納利四千，一年凡輸五萬」	通 35/963會 91/1651册 505/6067	《唐會要》、《册府元龜》作十二年，有誤
4	高　　宗	天下置公廨本錢，以典史主之，收贏十之七。	新 55/1397	
5	唐　　初	州縣典史捉公廨本錢者，收利十之七。	新 55/1398	
6	唐　　初	唐初，州縣官俸，皆令富戶掌錢，出息以給之，息至倍稱，多破產者（胡註：唐初，在京諸司官及天下官置公廨本錢，以典史主之，收贏十之七。）	鑑 212/6734	
7	玄　　宗（開元六年（718）七月）	秘書少監崔沔議州縣官月料錢狀曰：「…五千之本，七分生利，一年所輸，四千二百，兼算勞費，不啻五千。」	會 91/1653册 506/6070新 55/1398	《册府元龜》作「五十之本」，有誤
8	玄　　宗（開元七年（719））	凡京司有別借食本（原註：……皆五分收利，以為食本。）	典 6/195	
9	玄　　宗（開元七年（719））	（原註：凡質舉之利，收子不得踰五分。）	典 6/195	
10	玄　　宗（開元十六年（728））	自今已後，天下私舉質，宜四分收利，官本五分收利。	册 159/1924文 30/401會 88/1618刑 26/413	
11	玄　　宗（開元十七年（729））	十七年制曰：「……藏鏹者，非倍息而不出。」	册 501/5996通 9/201文 23/316詔 112/582	
12	玄　　宗（開元十八年（730））	復置天下公廨本錢，收贏十之六。	新 55/1398～399會 93/1676	

編號	年　　代	內　容　摘　要	出　　處	備　註
13	玄　宗 （開元二十年（732） 二月辛卯）	如聞貧下之人，農桑之際，多闕糧 種，咸求倍息。	冊 105/1260 文 23/317	
14	玄　宗 （開元二十五年 （737））	諸公私以財物出舉者，……每月取 利，不得過陸分。	刑 26/412	
15	玄　宗 （天寶年間）	今有官本錢八百八十貫文，每貫月別 收息六十。	夏中/577	據錢寶琮考證，本 書成於代宗年間， 但該題反映的時代 係天寶期
16	代　宗 （永泰二年（776））	貸錢一萬貫，五分收錢，以供監官學 生之費。	舊 24/924	
17	代　　宗	宿豪大猾，橫恣侵漁，致有半價倍 稱，分田劫假。	英 34/2654	
18	德　宗 （建中二年（781））	（沈）既濟上疏論之曰：「……以他 司息利準之，當以錢二千萬為之本， 方獲百萬之利。」	舊 149/4036 -4037 會 26/508	
19	德　宗 （貞元元年（785））	其年十二月敕：六品以下，本州申中 上考者，納銀錢一千文，市筆墨朱膠 等者，元置本五分生利，吏不奏， ……並請敕停，依奏。	會 81/1504	
20	德　宗 （貞元三年（787））	上復問李泌以復府兵之策，對曰：「…… 又命諸冶鑄農器，麥種，分賜沿邊軍 鎮，……約明年麥熟倍償其種。」	鑑 232/7493 -7494	
21	德　宗 （貞元三年（787））	李泌知胡客久留長安者，……舉質取 利（胡註：舉者，舉貸以取倍稱之利 也。質者：以物質錢，計月而取其息 也。）	鑑 232/7493	
22	德　宗 （貞元十年（794））	至於徵收迫促，亦不料量，…有者急 賣而耗其半直，無者求假而費其倍 酬。	陸 12/114 新 52/1356	
23	德　宗 （貞元中）	蘇州海鹽縣有戴文者，家富性貪，每 鄉人舉債，必須收利數倍。	太 434/3523	
24	憲　　宗	吏胥共徵，官限迫蹙，遇兇年則 息利倍稱，不足以償債。	白 63/1311	
25	文　宗 （太和元年（817））	自大曆以來，節度使多出禁軍，其禁 軍大將資高者，皆以倍稱之息，貸錢 於富室。	鑑 243/7854 新 171/5193	
26	文　宗 （開成二年（837）八 月二日）	今後應有舉放，又將產業等上契取 錢，並勒依官法，不得五分以上生 利。	刑 26/414	
27	文　　宗	先是，有自神策兩軍出為方鎮者，軍 中多資其行裝，至鎮三倍償之。	舊 52/2201	
28	武　宗 （會昌元年（841）六 月	準長慶三年十二月九日敕：賜諸司食 利本錢，共八萬四千五百貫文，四分 收利，一年祇當四萬九百九十二貫 文。……於人戶上徵錢，皆被延引， 雖有四分收利之名，而無三分得利之 實。	會 93/1686 冊 508/6093	

編號	年　　代	內　容　摘　要	出　處	備　註
29	武　　宗 （會昌元年（841）六 月）	河中晉絳慈隰等州觀察史孫簡奏： 「……量縣大小，各置本錢，逐月四 分收利。」	冊 508/6093 會 93/1686	
30	僖　　宗 （乾符二年（875））	近年以來，節度觀察使或初到任，或 欲除移，是正二月百姓饑餓之時， ……此時無不兩倍、三倍，生生舉 債，至典賣男女，以充納官。	文 89/1164 詔 72/404	

說明：

1. 本表只列有息之資料，無息者略之。
2. 本表資料之引述方式參見附表二說明。
3. 出處代號附表二已有者，見該表說明，其未見者列之如下：
   　通＝《通典》，典＝《唐六典》，刑＝《宋刑統》，夏＝《夏侯陽算經》，陸＝《陸宣公集》，
   　太＝《太平廣記》，白＝《白居易集》

參考書目

一、正史

《史記》，台北，鼎文書局，新校標點本，1986。

《漢書》，台北，鼎文書局，新校標點本，1986。

《後漢書》，台北，鼎文書局，新校標點本，1975。

《三國志》，台北，鼎文書局，新校標點本，1974。

《晉書》，台北，鼎文書局，新校標點本，1979。

《宋書》，台北，鼎文書局，新校標點本，1979。

《南齊書》，台北，鼎文書局，新校標點本，1975。

《梁書》，台北，鼎文書局，新校標點本，1986。

《陳書》，台北，鼎文書局，新校標點本，1975。

《魏書》，台北，鼎文書局，新校標點本，1975。

《北齊書》，台北，鼎文書局，新校標點本，1975。

《周書》，台北，鼎文書局，新校標點本，1987。

《南史》，台北，鼎文書局，新校標點本，1981。

《北史》，台北，鼎文書局，新校標點本，1981。

《隋書》，台北，鼎文書局，新校標點本，1979。

《舊唐書》，台北，鼎文書局，新校標點本，1976。

《新唐書》，台北，鼎文書局，新校標點本，1976。

《舊五代史》，台北，鼎文書局，新校標點本，1978。

《新五代史》，台北，鼎文書局，新校標點本，1976。

二、其他史料

(1) 經部

《周禮》，台北，藝文印書館，十三經注疏本。

《禮記》，台北，藝文印書館，十三經注疏本。

《論語》，台北，藝文印書館，十三經注疏本。

《孟子》，台北，藝文印書館，十三經注疏本。

《段注說文解字》，台北，廣文書局，1969。

(2) **史部**

中國社會科學院考古研究所編，《居延漢簡甲乙編》，北京，中華書局，1980。

仁井田陞，《唐令拾遺》，東京，東京大學出版會，1983。

仁井田陞著，池田溫編集代表，《唐令拾遺補》，東京，東京大學出版會，1997。

王昶，《金石萃編》，台北，藝文印書館，石刻史料叢書。

王溥，《五代會要》，台北，九思出版社，1978。

王溥，《唐會要》，台北，世界書局，1974。

王鳴盛，《十七史商榷》，台北，大化書局，1977。

中國佛教協會編，《房山雲居寺石經》，北京，文物出版社，1978。

北京圖書館金石組、中國佛教圖書文物館石經組編，《房山石經題記彙編》，北京，書目文獻出版社，1987。

司馬光，《資治通鑑》，台北，世界書局，1974。

宋敏求，《長安志》，收入：平岡武夫編，《唐代的長安和洛陽・資料》（中譯本），上海，上海古籍出版社，1989。

李元弼，《作邑自箴》，上海，商務印書館，四部叢刊續編本。

李吉甫，《元和郡縣圖志》，北京，中華書局，1995。

李林甫等著，陳仲夫點校，《唐六典》，北京，中華書局，1992。

李燾，《續資治通鑑長編》，上海，古籍出版社，1986。

杜佑，王文錦等點校，《通典》（點校本），北京市，中華書局，1988。

周紹良編，《唐代墓誌彙編》，上海，古籍出版社，1992。

周紹良編，《唐代墓誌彙編續集》，上海，古籍出版社，2001。

明太祖敕撰，《大明律集解附例》，台北，學生書局，1970。

長孫無忌等撰，劉俊文點校，《唐律疏議》，北京，中華書局，
　　1993。

姚雨薌纂，《大清律例會通新纂》，台北，文海出版社，1987。

胡聘之，《山右石刻叢編》，台北，藝文印書館，石刻史料叢書。

徐元瑞著，楊訥點校，《吏學指南》，杭州，浙江古籍出版社，
　　1988。

徐松，《河南志》，台北，世界書局，1963。

徐松著，張穆校補，《唐兩京城坊考》，北京，中華書局，1985。

徐松纂輯，《宋會要輯稿》，台北，新文豐出版公司，1976。

馬端臨，《文獻通考》，文淵閣四庫全書史部政書類。

張鷟著，田濤、郭成偉校注，《龍筋鳳髓判校注》，北京，中國政法
　　大學，1996。

黑板勝美編，《令義解》，收入：《新訂增補國史大系》，東京，吉
　　川弘文館，1989。

黑板勝美編，《令集解》，收入：《新訂增補國史大系》，東京，吉
　　川弘文館，1989。

睡虎地秦墓竹簡整理小組，《睡虎地秦墓竹簡》，北京，文物出版
　　社，1990。

謝深甫，《慶元條法事類》，台北，新文豐出版公司，1976。

竇儀等撰，吳翊如點校，《宋刑統》，北京，中華書局，1984。

不著編者，《名公書判清明集》，北京，中華書局，1987。

　　⑶　子部

王文誥編，《唐代叢書》，台北，新興書局，1971。

王欽若等編，《冊府元龜》，台北，台灣中華書局，1972。

王應麟，《玉海》，台北，華文書局，1964。

王闢之著，呂友仁點校，《澠水燕談錄》，收入：《唐宋史料筆記叢
　　刊》，北京，中華書局，1981。

朱禮，《漢唐事箋》，台北，廣文書局，1976。

吳曾，《能改齋漫錄》，台北，木鐸出版社，1982。

李昉等編，《太平御覽》，台北，商務印書館，1968。

李昉等編，《太平廣記》，台北，文史哲出版社，1981。

李昉等編，《文苑英華》，台北，華文書局，1965。

李筌，《神機制敵太白陰經》，上海，商務印書館，叢書集成初編本。

李肇，《唐國史補》，收入：《唐國史補等八種》，台北，世界書局，1991。

封演著，李成甲校點，《封氏聞見記》，瀋陽，遼寧教育出版社，1998。

段成式，《酉陽雜俎》，台北，源流出版社，1982。

洪邁，《容齋隨筆》（點校本），上海，上海古籍出版社，1978。

范攄，《雲谿友議》，收入：《唐國史補等八種》，台北，世界書局，1991。

韋述，《兩京新記》，台北，世界書局，1963。

袁采，《袁氏世範》，上海，商務印書館，叢書集成初編本。

張鷟著，趙守儼點校，《朝野僉載》，收入：《唐宋史料筆記叢刊》，北京，中華書局, 1979。

圓仁著，顧承甫、何泉達點校，《入唐求法巡禮行記》，上海，上海古籍出版社，1986。

賈思勰著，繆啟愉校釋，《齊民要術校釋》，台北，明文書局，1986。

趙璘，《因話錄》，收入：《唐國史補等八種》，台北，世界書局，1991。

趙翼，《陔餘叢考》，台北，新文豐出版公司，1975。

劉熙，《釋名》，臺北，臺灣商務印書館，1979。

錢寶琮校點，《算經十書》，北京，中華書局，1963。

韓鄂著，繆啟愉校釋，《四時纂要校釋》，北京，農業出版社，

　　　　1981。

顧炎武，《日知錄集釋》，台北，世界書局，1968。

　　(4) 集部

文同，《丹淵集》，台北，商務印書館，四部叢刊正編本。

元結，《元次山集》，台北，河洛出版社，1975。

元稹，《元稹集》，台北，漢京文化公司，1983。

王梵志著，張錫厚校輯，《王梵志詩校輯》，北京，中華書局，
　　　　1983。

王梵志著，項楚校注，《王梵志詩校注》，上海，上海古籍出版社，
　　　　1991。

皮日休，《皮子文藪》，上海，上海古籍出版社，1981。

白居易，《白居易集》，台北，漢京文化公司，1984。

朱熹，《朱文公集》，台北，商務印書館，四部叢刊正編本。

杜甫著，楊倫注，《杜詩鏡銓》，台北，新興書局，1962。

杜牧，《樊川文集》，台北，九思出版社，1979。

宋敏求，《唐大詔令集》，台北，鼎文書局，1972。

李希泌主編，《唐大詔令集補編》，上海，上海古籍出版社，2003。

李德裕著，傅璇琮、周建國校箋，《李德裕文集校箋》，石家莊，河
　　　　北教育出版社，2000。

李翱，《李文公集》，台北，商務印書館，四部叢刊正編本。

皇甫湜，《皇甫持正文集》，台北，商務印書館，四部叢刊正編本。

柳宗元，《柳宗元集》，台北，漢京文化公司，1982。

張說，《張說之文集》，台北，商務印書館，四部叢刊正編本。

張籍，《張司業詩集》，台北，商務印書館，四部叢刊正編本。

陸贄，《陸宣公集》，杭州，浙江古籍出版社，1988。

彭定求等編，《全唐詩》，北京，中華書局，1960。

董誥等編，《全唐文》，台北，大通書局，1979。

劉禹錫，《劉禹錫集》，北京，中華書局，1990。

歐陽詹，《歐陽行周文集》，台北，商務印書館，四部叢刊正編本。

獨孤及，《毗陵集》，台北，商務印書館，四部叢刊正編本。

韓愈，《韓昌黎集》，台北，河洛出版社，1975。

顏真卿，《顏魯公文集》，台北，商務印書館，四部叢刊正編本。

蘇軾，《蘇東坡全集》，台北，河洛出版社，1975。

權德輿，《權載之文集》，台北，商務印書館，四部叢刊正編本。

三、佛教典籍

志磐，《佛祖統記》，大正藏 2035 號，49 冊。

唐臨著，方詩銘輯校，《冥報記》，北京，中華書局，1992。

智昇，《開元釋教錄》，大正藏 2154 號，55 冊。

道世，《法苑珠林》，台北，商務印書館，四部叢刊正編本。

道宣，《量處輕重儀本》，大正藏 1895 號，45 冊。

道宣，《廣弘明集》，大正藏 2103 號，52 冊。

道宣，《續高僧傳》，大正藏 2060 號，50 冊。

道宣，《四分律刪繁補闕行事鈔》，大正藏 1804 號，40 冊。

道誠，《釋氏要覽》，大正藏 2127 號，54 冊。

義淨，《根本說一切有部毘奈耶》，大正藏 1442 號，23 冊。

義淨，王邦維校注，《南海寄歸內法傳》，北京，中華書局，1995。

僧祐，《弘明集》，大正藏 2102 號，52 冊。

慧皎著，湯用彤校註，湯一玄整理，《高僧傳》，北京，中華書局，
　　1992。

懷信，《釋門自鏡錄》，大正藏 2083 號，51 冊。

贊寧，《大宋僧史略》，大正藏 2126 號，54 冊。

贊寧著，范祥雍點校，《宋高僧傳》，台北，文津書局，1991。

四、敦煌吐魯番文書

上海博物館編，《上海博物館藏敦煌吐魯番文獻》，上海，上海古籍
　　出版社，1992～1993。

上海圖書館、上海古籍出版社編，《上海圖書館藏敦煌吐魯番文

獻 》，上海，上海古籍出版社，1999。

中國科學院歷史研究所資料室編，《 敦煌資料 》第一輯，北京，中華書局，1961。

中國國家圖書館編，《 中國國家圖書館藏敦煌遺書 》，南京，江蘇古籍出版社，1999～ 。

中國敦煌吐魯番學會敦煌古文獻編輯委員會等編，《 英藏敦煌文獻 》，成都，四川人民出版社，1990～ 。

天津市藝術博物館、上海古籍出版社編，《 天津市藝術博物館藏敦煌文獻 》，上海，上海古籍出版社，1996～1998。

王重民等編，《 敦煌變文集 》，北京，人民文學出版社，1957。

王堯、陳踐編著，《 吐蕃簡牘綜錄 》，北京，文物出版社，1985。

王堯、陳踐編著，《 敦煌吐蕃文書論文集 》，成都，四川民族出版社，1988。

王堯、陳踐譯註，《 敦煌吐蕃文獻選 》，成都，四川民族出版社，1983。

王堯編著，《 吐蕃金石錄 》，北京，文物出版社，1982。

丘古耶夫斯基著，王克孝譯，王國勇校，《 敦煌漢文文書 》，上海，上海古籍出版社，2000。

北京大學圖書館，上海古籍出版社編，《 北京大學圖書館藏敦煌文獻 》，上海，上海古籍出版社，1995。

甘肅藏敦煌文獻編委會、甘肅人民出版社、甘肅省文物局等編，《 甘肅藏敦煌文獻 》，蘭州，甘肅人民出版社，1999。

沙知編，《 敦煌契約文書輯校 》，南京，江蘇古籍出版社，1998。

周紹良、白化文等編，《 敦煌變文集補編 》，北京，北京大學出版社，1989。

孟列夫主編，《 俄羅斯科學院東方研究所聖彼得堡分所藏敦煌漢文寫卷敘錄 》，上海，上海古籍出版社，1999。

武漢大學歷史系、中國文物研究所、新疆維吾爾自治區博物館等編，

《吐魯番出土文書》（圖錄本），北京，文物出版社，1992～1996。

武漢大學歷史系、國家文物局古文獻研究室、新疆維吾爾自治區博物館等編，《吐魯番出土文書》（簡編本），北京，文物出版社，1981～1991。

法國國家圖書館、上海古籍出版社編，《法國國家圖書館藏敦煌西域文獻》，上海，上海古籍出版社，1995～ 。

金祖同，《流沙遺珍》，台北，新文豐出版公司，敦煌叢刊初集，1985。

俄羅斯科學院東方研究所聖彼得堡分所等編，《俄藏敦煌文獻》，上海，上海古籍出版社，1992～ 。

施萍婷撰，敦煌研究院編，《敦煌遺書總目索引新編》，北京，中華書局，2000。

柳洪亮，《新出吐魯番文書及其研究》，烏魯木齊，新疆人民出版社，1997。

侯燦，吳美琳著，《吐魯番出土磚誌集注》，成都，巴蜀書社，2003。

唐耕耦、陸宏基編，《敦煌社會經濟文獻真蹟釋錄》，北京，全國圖書館文獻縮微複製中心，1986～1990。

浙藏敦煌文獻編委會編，《浙藏敦煌文獻》，杭州，浙江教育出版社，2000。

郭鋒，《斯坦因第三次中亞探險所獲甘肅新疆出土漢文文書：未經馬斯伯樂刊布的部份》，蘭州，甘肅人民出版社，1993。

陳國燦，《斯坦因所獲吐魯番文書研究》，武漢，武漢大學出版，1995。

彭金章，王建軍，敦煌研究院編，《敦煌莫高窟北區石窟》（三卷），北京，文物出版社，2000～2004。

敦煌文物研究所編，《敦煌莫高窟內容總錄》，北京，文物出版社，

1982。

敦煌研究院編,《敦煌莫高窟供養人題記》,北京,文物出版出版
　　社,1986。

黃文弼,《吐魯番考古記》,蘭州,蘭州古籍出版社,1990。

黃永武編,《敦煌叢刊初集》,台北,新文豐出版公司,1985。

黃永武編,《敦煌寶藏》,台北,新文豐出版公司,1981～1986。

寧可、郝春文輯校,《敦煌社邑文書輯校》,南京,江蘇古籍出版
　　社,1997。

榮新江,《英國圖書館藏(S.6981－13624)敦煌漢文非佛教文獻殘
　　卷目錄》,台北,新文豐出版公司,1994。

劉復,《敦煌掇瑣》,史語所專刊2,1991。

潘重規,《敦煌變文集新書》,台北,文津出版社,1994。

大淵忍爾,《敦煌道經・目錄編》,東京,福武書店,1978。

大淵忍爾,《敦煌道經・圖錄編》,東京,福武書店,1979。

小田義久,《大谷文書集成》(三卷),京都,法藏館,
　　1984～2003。

池田温、菊池英夫、土肥義和編,《スタイン敦煌文獻及び研究文獻
　　に引用紹介せられたる西域出土漢文文獻分類目錄初稿》(非佛
　　教文獻之部古文書類、寺院文書類),東京,東洋文庫敦煌文獻
　　研究委員會出版,1967。

唐代史研究委員會編,《吐魯番・敦煌出土漢文文書研究文獻目
　　錄》,東京,東洋文庫出版,1990。

Yamamoto Tatsuro, Ikeda On, Okano Makoto, Dohi Yoshikazu, Ishida
　　Yusaku eds, *Tun-huang and Turfan Documents concerning Social and
　　Economic History, I Legal Texts, II Census Registers, III Contracts,
　　IV She Associations and Related Documents, V Supplement.* Tokyo,
　　The Toyo Bunko, 1978-1980, 1984-1985, 1986-1987, 1988-1989,
　　2001.

Л. Н. Меньшикова. *ОПИСАНИЕ КИТАЙСКИХ РУКОПИСЕЙ ДУНЬ-ХУ АНСКОГО ФОНДА ИНСТИТУТА НАРОДОВ АЗИИ.* vol. 1, 2, Москва, 1963, 1967.

Л. И. ЧУГУЕВСКИЙ. *КИТАЙСКИЕ ДОКУМЕНТЫ ИЗ ДУНЬХУАН-А.* Москва, 1983.

貳、近人論著

一、中文部分（含譯著）

(1) 專書

仁井田陞著，林茂松編譯，《中國法制史新論》，台北，環宇出版社，1976。

王文，《中國典權制度之研究》，台北，嘉新文化基金會出版，1974。

王永興，《陳門問學叢稿》，南昌，江西人民出版社，1993。

王永興，《敦煌經濟文書導論》，台北，新文豐出版公司，1994。

王永興，《隋唐五代經濟史料彙編校注》，北京，中華書局，1987。

王立民，《唐律新探》，上海，上海社會科學院，1993。

王仲犖，《隋唐五代史》，上海，上海人民出版社，1984。

王仲犖，《𪩘華山館叢稿》，北京，中華書局，1987。

王素，《吐魯番出土高昌文獻編年》，台北，新文豐出版公司，1997。

王素，《高昌史稿·統治編》，北京，文物出版社，1998。

王素，《高昌史稿·交通編》，北京，文物出版社，2000。

王素，《敦煌吐魯番文獻》，北京，文物出版社，2002。

王景琳，《中國古代寺院生活》，西安，陝西人民出版社，1991。

王壽南，《唐代藩鎮與中央關係之研究》，台北，大化書局，1978。

王壽南，《隋唐史》，台北，三民書局，1986。

王震亞、趙熒，《敦煌殘卷爭訟文牒集釋》，蘭州，甘肅人民出版社，1993。

加藤繁，《中國經濟史考證》（中譯本），台北，華世出版社，1981。

加藤繁，《唐宋時代金銀之研究》（中譯本），香港，龍門書店，1970。

史丹利‧外因斯坦（Stanley Weinstein）著，釋依法譯，《唐代佛教－王法與佛法》，台北，佛光文化公司，1999。

平岡武夫，市原亨吉編，《唐代的行政地理》（中譯本），上海，上海古籍出版社，1989。

平岡武夫編，《唐代的長安和洛陽‧資料》（中譯本），上海，上海古籍出版社，1989。

平岡武夫編，《唐代的長安與洛陽‧地圖》（中譯本），上海，上海古籍出版社，1991。

白化文，《敦煌文物目錄導論》，台北，新文豐出版公司，1992。

全漢昇，《中國經濟史研究》，香港，新亞研究所出版，1976。

曲彥斌，《中國典當史》，上海，上海文藝出版社，1993。

池田溫，《中國古代籍帳研究》（中譯本），台北，弘文館出版社，1985。

池田溫著，孫曉林等譯，《唐研究論文選集》，北京，中國社會科學出版社，1999。

向達，《唐代長安與西域文明》，石家庄，河北教育出版社，2001。

羽溪了諦著，賀昌群譯，《西域之佛教》，上海，商務印書館，1933。

吳承明、許滌新編，《中國資本主義發展史》，台北，谷風出版社，1987。

吳章銓，《唐代農民問題研究》，台北，中國學術著作獎助委員會，1963。

呂思勉，《隋唐五代史》，台北，九思出版社，1977。

呂思勉，《讀史劄記》，台北，木鐸出版社，1983。

宋家鈺，《唐朝戶籍法與均田制研究》，鄭州，中州古籍出版社，1988。

岑仲勉，《隋唐史》，北京，高等教育出版社，1957。

李正宇，《敦煌史地新論》，台北，新文豐出版公司，1996。

李正宇，《敦煌歷史地理導論》，台北，新文豐出版公司，1997。

李甲孚，《中國法制史》，台北，聯經出版公司，1988。

李伯重，《唐代江南農業的發展》，北京，農業出版社，1990。

李經緯，《吐魯番回鶻文社會經濟文書研究》，烏魯木齊，新疆人民出版社，1996。

李劍農，《魏晉南北朝隋唐經濟史稿》，台北，華世出版社，1981。

李燕捷，《唐人年壽研究》，台北，文津出版社，1994。

李錦綉，《唐代財政史稿》（上、下卷），北京，北京大學出版社，1995、2001。

杜正勝，《編戶齊民》，台北，聯經出版公司，1990。

沈家本，《歷代刑法考》，北京，中華書局，1985。

汪潛編註，《唐代司法制度－唐六典選註》，北京，法律出版社，1985。

汪籛，《汪籛隋唐史論稿》，北京，中國社會科學出版社，1981。

林聰明，《敦煌文書學》，台北，新文豐出版公司，1991。

林咏榮，《中國法制史》，台北，三民書局，1980。

林咏榮，《唐清律的比較及其發展》，台北，國立編譯館，1982。

武建國，《均田制研究》，昆明，雲南人民出版社，1992。

姜伯勤，《唐五代敦煌寺戶制度》，北京，中華書局，1987。

姜伯勤，《敦煌社會文書導論》，台北，新文豐出版公司，1992。

姜伯勤，《敦煌吐魯番文書與絲綢之路》，北京，文物出版社，1994。

姜伯勤，《敦煌藝術宗教與禮樂文明》，北京，中國社會科學出版社，1996。

姜伯勤、項楚、榮新江等著，《敦煌邈真讚校錄并研究》，台北，新文豐出版公司，1994。

姜亮夫，《莫高窟年表》，上海，上海古籍出版社，1985。

姜錫東，《宋代商業信用研究》，石家庄，河北教育出版社，1993。

姚大中，《中國世界的全盛》，台北，三民書局，1983。

胡如雷，《隋唐五代社會經濟史論稿》，北京，中國社會科學出版社，1996。

胡留元、馮卓慧，《西周法制史》，西安，陝西人民出版社，1988。

胡滄澤，《唐代御史制度研究》，台北，文津出版社，1993。

唐長孺，《山居存稿》，北京，中華書局，1989。

唐耕耦，《敦煌寺院會計文書研究》，台北，新文豐出版公司，1997。

徐道鄰，《中國法制史論集》，台北，志文出版社，1975。

徐道鄰，《唐律通論》，台北，台灣中華書局，1966。

栗勁，《秦律通論》，濟南，山東人民出版社，1985。

郝春文，《唐後期五代宋初敦煌僧尼的社會生活》，北京，中國社會科學出版社，1998。

馬德，《敦煌工匠史料》，蘭州，甘肅人民出版社，1997

馬德，《敦煌莫高窟史研究》，蘭州，甘肅教育出版社，1996。

高明士，《日本古代學制與唐制的比較研究》，台北，學海出版社，1986。

高明士，《唐代東亞教育圈的形成》，台北，國立編譯館，1984。

郭鋒，《唐史與敦煌文獻論稿》，北京，中國社會科學出版社，2002。

張弓，《唐朝倉廩制度初探》，北京，中華書局，1986。

張晉藩，《中國法制史》，台北，五南出版社，1992。

張澤咸，《唐五代賦役史草》，北京，中華書局，1986。

張澤咸，《唐代工商業》，北京，中國社會科學出版社，1995。

張澤咸，《唐代階級結構研究》，鄭州，鄭州古籍出版社，1996。

張澤咸，《隋唐時期農業》，台北，文津出版社，1999。

梁治平，《清代習慣法：社會與國家》，北京，中國政法大學，1996。

陳明光，《唐代財政史新編》，北京，中國財政經濟出版社，1991。

陳祚龍，《敦煌文物隨筆》，台北，商務印書館，1979。

陳祚龍，《敦煌學要籥》，台北，新文豐出版公司，1982。

陳祚龍，《敦煌學海探珠》，台北，商務印書館，1979。

陳祚龍，《敦煌簡策訂存》，台北，商務印書館，1983。

陳國燦，《唐代的經濟社會》，台北，文津出版社，1999。

陳國燦，《敦煌學史事新証》，蘭州，甘肅教育出版社，2002。

陳國燦，《吐魯番出土唐代文獻編年》，台北，新文豐出版公司，2002。

陶希聖，《唐代土地問題》，台北，食貨出版社，1974。

陶希聖，《唐代寺院經濟》，台北，食貨出版社，1974。

陶希聖、鞠清遠，《唐代經濟史》，台北，商務印書館，1979。

堀敏一，《均田制研究》（中譯本），台北，弘文館出版社，1986。

章群，《唐代藩將研究》，台北，聯經出版公司，1986。

童丕（Éric Trombert）著，余欣、陳建偉譯，《敦煌的借貸：中國中古時代的物質生活與社會》，北京，中華書局，2003。

喬偉，《唐律研究》，濟南，山東人民出版社，1985。

彭信威，《中國貨幣史》，上海，上海人民出版社，1988。

曾良，《敦煌文獻字義通釋》，廈門，廈門大學出版社，2001。

曾華滿，《唐代嶺南發展的核心性》，香港，香港中文大學，1973。

湯用彤，《漢魏兩晉南北朝佛教史》、《隋唐佛教史稿》，收入：《湯用彤全集》，台北，佛光文化公司，2001。

馮和法，《中國農村經濟資料》，台北，華世出版社，1978。

黃敏枝，《唐代寺院經濟的研究》，台北，台大文史叢刊，1971。

楊廷福，《唐律初探》，天津，天津人民出版社，1982。

楊遠，《西漢至北宋中國經濟文化之向南發展》，台北，商務印書館，1991。

楊銘，《吐蕃統治敦煌研究》，台北，新文豐出版公司，1997。

楊際平，《均田制新探》，廈門，廈門大學出版社，1991。

楊聯陞，《國史探微》，台北，聯經出版公司，1983。

萬斯年輯譯，《唐代文獻叢考》，台北，商務印書館，1957。

雷紹鋒，《歸義軍賦役制度初探》，台北，洪葉文化公司，2000。

榮新江，《歸義軍史研究－唐宋時代敦煌歷史考索》，上海，上海古籍出版社，1996。

趙岡、陳鍾毅，《中國土地制度史論》，台北，聯經出版公司，1982。

趙岡、陳鍾毅，《中國經濟制度史論》，台北，聯經出版公司，1986。

劉俊文，《唐代法制研究》，台北，文津出版社，1999。

劉俊文，《敦煌吐魯番唐代法制文書考釋》，北京，中華書局，1989。

劉俊文，《唐律疏議箋解》，北京，中華書局，1996。

劉秋根，《中國典當制度史》，上海，上海古籍出版社，1995。

劉進寶，《敦煌文書與唐史研究》，台北，新文豐出版公司，2000。

蔣禮鴻，《敦煌變文字義通釋》，上海，上海古籍出版社，1997。

葉孝信等，《中國民法史》，上海，上海人民出版社，1993。

鄭土有、王賢淼，《中國城隍信仰》，上海，三聯書店，1994。

鄭玉波，《民法物權》，台北，三民書局，1980。

盧向前，《唐代西州土地關係述論》，上海，上海古籍出版社，2001。

盧向前，《敦煌吐魯番文書論稿》，南昌，江西人民出版社，1992。

盧英權，《作物學》，台北，國立編譯館，1994。

錢大群、郭成偉，《唐律與唐代吏治》，北京，中國政法大學出版社，1994。

錢大群、錢元凱，《唐律論析》，南京，南京大學出版社，1989。

戴炎輝，《中國法制史》，台北，三民書局，1979。

戴炎輝，《唐律通論》，台北，正中書局，1977。

戴炎輝，《唐律各論》，台北，成文出版社，1988。

謝和耐著，耿昇譯，《中國五～十世紀的寺院經濟》，台北，商鼎文化公司，1994。

謝重光，《漢唐佛教社會史論》，台北，國際文化事業公司，1990。

鞠清遠，《唐代財政史》，台北，食貨出版社，1978。

韓國磐，《唐代社會經濟諸問題》，台北，文津出版社，1999。

韓國磐，《隋唐五代史論集》，北京，三聯書店，1979。

瞿同祖，《中國法律與中國社會》，台北，傅勉出版社，1978。

譚英華，《兩唐書食貨志校讀記》，成都，四川大學出版社，1988。

譚蟬雪，《敦煌歲時文化導論》，台北，新文豐出版公司，1998。

嚴耕望，《中國地方行政制度史》上編卷上《秦漢地方行政制度》，史語所專刊45，1961。

嚴耕望，《唐史研究叢稿》，香港，新亞研究所，1969。

蘇瑩輝，《敦煌論集》，台北，學生書局，1969。

蘇瑩輝，《敦煌論集續集》，台北，學生書局，1983。

　(2) 論文

大澤正昭著，宋金文譯，〈唐代華北的主穀生產和經營〉，收入：劉俊文主編，《日本中青年學者論中國史》六朝隋唐卷，上海，上海古籍出版社，1995。

中國科學院考古研究所西安唐城發掘隊，〈唐長安城考古統略〉，《考古》1963：11。

仁井田陞著，汪兼山譯，〈唐宋之家族同產及遺囑法〉，《食貨半月刊》1：5，1935。

毛漢光，〈科舉前後（公元 600 年干 300）清要官型態之比較研究〉，收入：中央研究院國際漢學會議論文集編輯委員會編，《中央研究院國際漢學會議論文集》，台北，中央研究院，1981。

毛漢光，〈唐代蔭任之研究〉，《史語所集刊》55：3，1984。

毛漢光，〈敦煌吐魯番居民生存權之個案研究〉，收入：項楚、鄭阿財編，《新世紀敦煌學論集》，成都，巴蜀書社，2003；又收入：毛漢光，《中國人權史：生存權篇》，宜蘭，佛光人文社會學院，2004。

王永興，〈伯三三四八背文書研究〉，收入：中國敦煌吐魯番學會編，《敦煌吐魯番學研究論文集》，上海，漢語大辭典出版社，1991。

王仲犖，〈唐西陲物價考〉，收入：北京大學中國中古史研究中心編，《敦煌吐魯番文獻研究論集》第 5 輯，北京，北京大學出版社，1990。

王炳華，〈吐魯番出土唐代庸調布研究〉，收入：中國唐史學會編，《唐史研究會論文集》，西安，陝西人民出版社，1983。

王素，〈吐魯番所出高昌銀錢作孤易券試釋〉，《文物》1990：9。

王素，〈《吐魯番所出高昌銀錢作孤易券試釋》補說〉，《文物》1993：8。

王堯、陳踐，〈沙州唐人部落名稱表〉，收入：王堯、陳踐編，《敦煌吐蕃文書論文集》，成都，四川民族出版社，1988。

王曾瑜，〈從市易法看中國古代的官府商業和借貸資本〉，《大陸雜誌》85：1，1991。

王冀青，〈「英國博物院藏敦煌漢文寫本註記目錄」中誤收的斯坦因所獲和闐文書辨釋〉，《敦煌學輯刊》1987：2。

加藤繁，〈唐宋時代的莊園組織及其成為村落而發展的情況〉，收入：加藤繁，《中國經濟史考證》（中譯本），台北，華世出版社，1981。

史葦湘，〈世族與石窟〉，收入：敦煌文物研究所，《敦煌研究文集》，蘭州，甘肅人民出版社，1982。

甘懷真，〈唐代官人的宦遊生活－以經濟生活為中心〉，收入：中國唐代學會編，《第二屆唐代文化研討會論文集》，台北，台灣學生書局，1995。

全漢昇，〈中古自然經濟〉，收入：全漢昇，《中國經濟史研究》，台北，稻香出版社，1991。

全漢昇，〈唐代物價的變動〉，收入：全漢昇，《中國經濟史研究》，台北，稻香出版社，1991。

安忠義，〈吐蕃攻陷沙州城之我見〉，《敦煌學輯刊》1992：1、2。

池田溫，〈八世紀中葉敦煌的粟特人聚落〉，收入：劉俊文主編，章德勇等譯，《日本學者研究中國史論著選譯》第9卷，上海，上海古籍出社，1995。

池田溫，〈吐魯番・敦煌券契概觀〉，《漢學研究》4：2，1986。

池田溫，〈唐代西州給田制之特徵〉，收入：中國敦煌吐魯番學會編，《敦煌吐魯番學研究論文集》，上海，漢語大辭典出版社，1991。

何茲全，〈佛教經律關於寺院財產的規定〉，《中國史研究》1982：1。

何茲全，〈佛教經律關於僧尼私有財產的規定〉，《北京師範大學學報》1982：6。

余欣，〈唐代民間信用借貸之利率問題－敦煌吐魯番出土借貸契券研究〉，《敦煌研究》1997：4。

余欣，〈敦煌出土契約中的違約條款初探〉，《史學月刊》1997：4。

何勤華，〈《唐律》債法初探〉，《江海學刊》1984：6。

冷鵬飛，〈唐末沙州歸義軍張氏時期有關百姓受田和賦稅的幾個問題〉，《敦煌學輯刊》1984：1。

吳震，〈《吐魯番所出高昌取銀錢作孤易券試釋》補說〉，《文物》1993：8。

吳震，〈吐魯番出土的兩件唐人互佃契〉，《新疆社會科學》1987：2。

宋杰，〈漢代官府與私人之間的債務關係〉，《首都師範大學學報（社會科學版）》1993：1。

宋家鈺，〈S.5632：敦煌貸絹契與量絹尺〉，收入：宋家鈺、劉忠編，《英國收藏敦煌漢藏文獻研究－紀念敦煌文獻發現一百周年》，北京，中國社會科學出版社，2000。

李天石，〈敦煌吐魯番文書中的奴婢資料及其價值〉，《敦煌學輯刊》1990：1。

李均明，〈居延漢簡債務文書述略〉，《文物》1986：11。

杜正勝，〈古代聚落的傳統與變遷〉，收入：許倬雲、毛漢光、劉翠溶同編，《第二屆中國社會經濟史研討會論文集》，台北，漢學中心出版，1983。

沙知，〈般次零拾〉，收入：白化文等編，《周紹良先生欣開九秩慶壽文集》，北京，中華書局，1997。

汪籛，〈唐田令釋要〉，收入：汪籛，《漢唐文史漫論》，西安，陝西人民出版社，1986。

谷霽光，〈漢唐間「一丁百畝」的規定與封建占有制〉，收入：華世出版社編輯部編，《中國社會經濟史參考文獻》，台北，華世出版社，1984。

周東平，〈論唐代官吏的貪污罪〉，《中國社會經濟史研究》1993：4。

周殿杰、張鄰，〈論唐代經濟結構中的市場因素〉，《中國社會經濟

史研究》1989：1。

竺沙雅章，〈敦煌吐蕃期的僧官制度〉，收入：漢學研究中心編，
　　《第二屆敦煌學國際研討會論文集》，台北，漢學研究中心，
　　1991。

金維諾，〈敦煌窟龕名數考〉，收入：金維諾，《中國美術史論
　　集》，台北，明文書局，1984。

施萍婷，〈從一件奴婢買賣文書看唐代的階級壓迫〉，收入：沙知、
　　孔祥星編，《敦煌吐魯番文書研究》，蘭州，甘肅人民出版社，
　　1983。

胡留元、馮卓慧，〈從陝西金文看西周民法規範及民事訴訟制度〉，
　　《考古與文物》1983：6。

胡戟，〈唐代度量衡與畝里制度〉，《西北大學學報（社會科學
　　版）》1980：4。

胡戟，〈唐代糧食畝產量〉，《西北大學學報（社會科學版）》
　　1980：3。

唐長孺，〈均田制度的產生及其破壞〉，收入：華世出版社編輯部
　　編，《中國社會經濟史參考文獻》，台北，華世出版社，1984。

唐長孺，〈唐代的內諸司使〉（上、下），《魏晉南北朝隋唐史資
　　料》5、6，1983、1984。

唐長孺，〈唐貞觀十四年手實中的受田制度和丁中問題〉，收入：唐
　　長孺主編，《敦煌吐魯番文書初探》，武漢，武漢大學出版社，
　　1990。

唐耕耦，〈乙巳年（公元九四五年）淨土寺諸色入破曆算會牒稿殘卷
　　試釋〉，收入：中國敦煌吐魯番學會編，《敦煌吐魯番學研究論
　　文集》，上海，漢語大辭典出版社，1991。

唐耕耦，〈房山石經題記中的唐代社邑〉，《文獻季刊》1989：1。

唐耕耦，〈唐五代時期的高利貸〉，《敦煌學輯刊》1985：2，
　　1986：1。

高潮、劉斌，〈敦煌所出借貸契約研究〉，《法學研究》1991：1。

孫曉林，〈試探唐代前期西州長行坊制度〉，收入：唐長孺主編，《敦煌吐魯番文書初探》，武漢，武漢大學出版社，1990。

秦明智，〈關於甘肅省博物館藏敦煌遺書之淺考和目錄〉，收入：敦煌文物研究所編，《1983年全國敦煌學術討論會文集－文史‧遺書編（上）》，蘭州，甘肅人民出版社，1987。

郝春文，〈隋唐五代宋初傳統私社與寺院的關係〉，《中國史研究》1991：2。

郝春文，〈歸義軍政權與敦煌佛教之關係新探〉，收入：白化文等編，《周紹良先生欣開九秩慶壽文集》，北京，中華書局，1997。

馬世長，〈地志中的「本」和唐代公廨本錢－敦博第五八號卷子研究之二〉，收入：王重民等著，《敦煌吐魯番文獻研究論集》，台北，明文書局，1986。

馬德，〈10世紀中期的莫高窟崖面概觀－關於《臘八燃燈分配窟龕名數》的幾個問題〉，收入：段文傑主編，《1987年敦煌石窟研究國際討論會文集》（石窟考古編），瀋陽，遼寧美術出版社，1990。

馬德，〈沙州陷蕃年代再探〉，《敦煌研究》總第5期，1985。

張弓，〈唐五代的僧侶地主及僧侶私財的傳承方式〉，《魏晉南北朝隋唐史資料》11，1991。

張弓，〈唐五代時期的牙人〉，《魏晉隋唐史論集》第1輯，1983。

張亞萍、娜閣，〈唐五代敦煌的計量單位與價格換算〉，《敦煌學輯刊》1996：2。

張傳璽，〈中國古代契約形式的源和流〉，收入：張傳璽，《秦漢問題研究》，北京，中華書局，1995。

張蔭才，〈吐魯番阿斯塔那左憧憙墓出土的幾件唐代文書〉，收入：沙知、孔祥星編，《敦煌吐魯番文書研究》，蘭州，甘肅人民出

版社，1983。

張澤咸，〈唐代的客戶〉，收入：華世出版社編輯部編，《中國社會經濟史參考文獻》，台北，華世出版社，1984。

張澤洪，〈唐代道觀經濟〉，《四川大學學報》（哲社版）1993：4。

曹仕邦，〈從宗教與文化背景論寺院經濟與僧尼私有財產在華發展的原因〉，《華岡佛學學報》8期，1985。

梁豐，〈從房山〝石經題記〞看唐代的邑社組織〉，《中國歷史博物館館刊》10，1987。

連劭名，〈漢簡中的債務文書及"貰"賣名籍〉，《考古與文物》1987：3。

陳英英，〈敦煌寫本諷諫今上破鮮于叔明、令狐峘等請試僧尼不許交易書考釋〉，收入：王重民等著，《敦煌吐魯番文獻研究論集》，台北，明文書局，1986。

陳衍德，〈試論唐後期奢侈消費的特點〉，《中國社會經濟史研究》1990：1。

陳衍德，〈唐後期奢侈性消費的社會影響〉，《中國社會經濟史研究》1991：2。

陳國棟，〈有關陸楫「禁奢辨」之研究所涉及的學理問題〉，《新史學》5：2，1994。

陳國燦，〈《敦煌社會經濟文獻真蹟釋錄》評介〉，《九州學刊》5：4，1993。

陳國燦，〈對未刊敦煌借契的考察〉，《魏晉南北朝隋唐史資料》5，1983。

陳寅恪，〈元白詩中俸料錢問題〉，收入：陳寅恪，《陳寅恪先生論文集》，台北，三人行出版社，1974。

陳慶英，〈從敦煌出土帳簿文書看吐蕃王朝的經濟制度〉，收入：藏學研究論叢編委會編，《藏學研究論叢》3，拉薩，西藏人民出

版社，1991。

陸慶夫，〈從焉耆龍王到河西龍家〉，收入：鄭炳林編，《敦煌歸義軍史專題研究》，蘭州，蘭州大學出版社，1997。

陸慶夫，〈略論粟特人與龍家的關係〉，收入：鄭炳林編，《敦煌歸義軍史專題研究》，蘭州，蘭州大學出版社，1997。

陶希聖，〈唐代官私貸借與利息限制法〉，《食貨月刊》復刊 7：11，1978。

章群，〈唐代的安、康兩姓〉，收入：黃約瑟編，《港台學者隋唐史論文精選》，西安，三秦出版社，1990。

堀敏一著，韓昇譯，〈唐代田地的租賃和抵押的關係－從租佃契約到典地契的諸形態〉，《中國社會經濟史研究》1983：4。

曾毅公，〈北京石刻中所保存的重要史料〉，《文物》1959：9。

森慶來著，高福怡譯，〈唐代均田法中僧尼的給田〉，《食貨半月刊》5：7，1937。

程喜霖，〈試釋唐蘇海愿等家口給糧帳〉，《敦煌學輯刊》1985：2。

馮培紅，〈晚唐五代宋初歸義軍武職軍將研究〉，收入：鄭炳林主編，《敦煌歸義軍史專題研究》，蘭州，蘭州大學出版社，1997。

馮培紅，〈關於唐代孔目司文書的幾個問題〉，《遼寧師範大學學報（社科版）》1997：1。

黃正建，〈S.964V 號文書與唐代兵士的春冬衣〉，收入：宋家鈺、劉忠編，《英國收藏敦煌漢藏文獻研究》，北京，中國社會科學出版社，2000。

黃正建，〈敦煌文書與唐五代北方地區的飲食生活〉，《魏晉南北朝隋唐史資料》11，1991。

黃向陽，〈關於唐宋借貸利率的計算問題〉，《中國社會經濟史研究》1994：4。

黃盛璋，〈敦煌漢文與于闐文書中龍家及其相關問題〉，收入：國立
　　中正大學中國文學系所編，《全國敦煌學研討會》，嘉義，國立
　　中正大學出版，1995。

黃運喜，〈國法與戒律之間－唐代僧團律令分析〉，《獅子吼》
　　1992：11、12。

塚本善隆著，周乾榮譯，〈北魏之僧祇戶與佛圖戶〉，《食貨半月
　　刊》5：12，1937。

楊際平，〈也談敦煌出土契約中的違約責任條款〉，《中國社會經濟
　　史研究》1999：4。

楊際平，〈唐末宋初敦煌土地制度初探〉，《敦煌學輯刊》1988：
　　1、2。

楊際平，〈吐蕃時期沙州社會經濟研究〉，收入：韓國磐主編，《敦
　　煌吐魯番出土經濟文書研究》，廈門，廈門大學出版社，1986。

楊際平，〈現存我國四柱結算法的最早實例〉，收入：韓國磐主編，
　　《敦煌吐魯番出土經濟文書研究》，廈門，廈門大學出版社，
　　1986。

楊際平，〈麴氏高昌與唐代西州、沙州租佃制研究〉，收入：韓國磐
　　主編，《敦煌吐魯番出土經濟文書研究》，廈門，廈門大學出版
　　社，1986。

楊聯陞（楊蓮生），〈唐代高利貸及債務人的家族連帶責任〉，《食
　　貨半月刊》1：5，1935。

楊聯陞，〈科舉時代的赴考旅費問題〉，《清華學報》2：2，1961。

楊聯陞，〈原商賈〉，收入：余英時，《中國近世宗教倫理與商人精
　　神》，台北，聯經出版公司，1987。

萬庚育，〈珍貴的歷史資料－莫高窟供養人畫像題記〉，收入：敦煌
　　研究院編，《敦煌莫高窟供養人題記》，北京，文物出版社，
　　1986。

鈴木俊著，王懷中譯，〈唐代官僚蓄積之研究〉，《食貨半月刊》

4：8，1936。

嘉裕關市文物保管所，〈玉門花海漢代烽燧遺址出土的簡牘〉，收入：甘肅省文物工作隊、甘肅省博物館編，《漢簡研究文集》，蘭州，甘肅人民出版社，1984。

寧可、郝春文，〈北朝至隋唐五代間的女人結社〉，《北京師範學院學報》1990：5。

寧可、郝春文，〈敦煌社邑的喪葬互助〉，《首都師範大學學報》1995：6。

榮新江，〈公元十世紀沙州歸義軍與西州迴鶻的文化交往〉，收入：漢學研究中心編，《第二屆敦煌學國際研討會論文集》，台北，漢學中心出版，1991。

榮新江，〈唐五代歸義軍武職軍將考〉，收入：中國唐史學會編，《中國唐史學會論文集》，西安，三秦出版社，1993。

榮新江，〈通頰考〉，《文史》33 輯，1990。

齊陳駿，〈敦煌沿革與人口〉，《敦煌學輯刊》1980：1、2。

劉俊文，〈唐代獄訟制度考析〉，收入：北京大學中國中古史研究中心編，《紀念陳寅恪先生誕辰百年學術論文集》，北京，北京大學出版社，1989。

劉海峰，〈唐代俸料錢與內外官輕重的變化〉，《廈門大學學報（哲社版）》1985：2。

劉海峰，〈論唐代官員俸料錢的變動〉，《中國社會經濟史研究》1985：2。

劉翠溶、費景漢，〈清代倉儲制度功能初探〉，《中研院經濟所經濟論文》7：1，1979。

劉燕儷，〈試論唐玄宗時期的人口死亡現象－以墓誌銘為中心的探討〉，收入：《第四屆唐代文化學術研討會論文集》，台南，成功大學出版社，1999。

鄭炳林，〈唐五代敦煌手工業研究〉，收入：鄭炳林主編，《敦煌歸

義軍史專題研究 》，蘭州，蘭州大學出版社，1997。

鄭炳林、馮培紅，〈 唐五代歸義軍政權對外關係中的使頭一職 〉，收入：鄭炳林主編，《 敦煌歸義軍史專題研究 》，蘭州，蘭州大學出版社，1997。

鄭炳林、馮培紅，〈 晚唐五代宋初歸義軍政權中都頭一職考辨 〉，收入：鄭炳林主編，《 敦煌歸義軍史專題研究 》，蘭州，蘭州大學出版社，1997。

鄭學檬，〈 十六國至麴氏王朝時期高昌使用銀錢的情況研究 〉，收入：韓國磐主編，《 敦煌吐魯番出土經濟文書研究 》，廈門，廈門大學出版社，1986。

鄭學檬，〈 關於唐代商人與商業資本的若干問題 〉，《 廈門大學學報 》1980：4。

盧向前，〈 伯希和三七一四號背面傳馬坊文書研究 〉，收入：王重民等著，《 敦煌吐魯番文獻研究論集 》，台北，明文書局，1986。

盧向前，〈 唐代前期市估法研究 〉，收入：中國敦煌吐魯番學會編，《 敦煌吐魯番學研究論文集 》，上海，漢語大辭典出版社，1991。

盧開萬，〈 唐前期西州地區高利貸盤剝下均田百姓的分化 〉，《 敦煌學輯刊 》1984：1。

蕭公權，〈 調解紛爭－帝制時代中國社會的和解 〉，收入：蕭公權，《 迹園文錄 》，台北，聯經出版公司，1983。

賴建成，〈 佛制與唐律令對佛教徒的約制力－以毀謗三寶及盜毀三寶物為例 〉，《 獅子吼 》26：10，1987。

謝和耐著，耿昇譯，〈 敦煌賣契與專賣制度 〉，收入：謝和耐、蘇遠鳴等著；耿昇譯，《 法國學者敦煌學論文選萃 》，蘭州，甘肅人民出版社，1993。

謝重光，〈 略論唐代寺院、僧尼免賦特權的逐步喪失 〉，《 中國社會經濟史研究 》1983：1。

韓國磐，〈再論唐朝西州的田制〉，收入：韓國磐主編，《敦煌吐魯番出土經濟文書研究》，廈門，廈門大學出版社，1986。

韓國磐，〈也談四柱結帳法〉，收入：韓國磐主編，《敦煌吐魯番出土經濟文書研究》，廈門，廈門大學出版社，1986。

韓國磐，〈唐天寶時農民生活之一瞥〉，收入：沙知、孔祥星編，《敦煌吐魯番文書研究》，蘭州，甘肅人民出版社，1983。

瞿同祖著、劉紉尼譯，〈中國的階層結構及其意識型態〉，收入：段昌國等編譯，《中國思想與制度論集》，台北，聯經出版公司，1979。

羅彤華，〈漢代的民間結社〉，《大陸雜誌》82：6，1991。

羅彤華，〈鄭里廩簿試論－漢代人口依賴率與貧富差距之研究〉，《新史學》3：1，1992。

羅彤華，〈漢代分家原因初探〉，《漢學研究》11：1，1993。

羅彤華，〈唐代西州、沙州的租佃制〉（上中下），《大陸雜誌》87：4～6、88：1，1993～1994。

羅彤華，〈唐代的債務保人〉，《漢學研究》16：1，1998。

羅彤華，〈唐代的質借制度－以動產質為例〉，《東吳歷史學報》4，1998。

羅彤華，〈唐代官本放貸初探－州縣公廨本錢之研究〉，收入：《第四屆唐代文化學術研討會論文集》，台南，成功大學出版社，1999。

羅彤華，〈「同居」析論－唐代家庭共財性質之探討〉，《大陸雜誌》100：6，2000。

羅彤華，〈唐代食利本錢初探〉，收入：《第五屆唐代文化學術研討會論文集》，高雄，麗文文化公司，2001。

羅彤華，〈從便物曆論敦煌寺院的放貸〉，收入：中國敦煌吐魯番學會與北京首都師範大學編，《敦煌文獻論集－紀念敦煌藏經洞發現一百周年國際學術研討會論文集》，瀋陽，遼寧人民出版社，

2001。

羅彤華，〈歸義軍期敦煌寺院的迎送支出〉，《漢學研究》21：1，
　　2003。

羅彤華，〈唐代和糴問題試論〉，《新史學》15：1，2004。

羅彤華，〈唐朝官倉出貸芻議－兼論常平倉的糴糶法〉，武漢大學主
　　辦，《中國三至九世紀歷史發展暨唐宋社會變遷國際研討會》宣
　　讀論文，2004。

二、外文部分

(1) 專書

小野勝年，《入唐求法巡禮行記の研究》，京都，法藏館，1989。

大塚勝美，《中國家族法論》，東京，御茶水書房，1985。

仁井田陞，《中國法制史研究－土地法・取引法》，東京，東京大學
　　出版會，1981。

仁井田陞，《中國法制史研究－奴隸農奴法・家族村落法》，東京，
　　東京大學出版會，1981。

仁井田陞，《中國法制史研究－刑法》，東京，東京大學出版會，
　　1981。

仁井田陞，《中國法制史研究－法と慣習、法と道德》，東京，東京
　　大學出版會，1981。

仁井田陞，《中國身分法史》，東京，東京大學出版會，1983。

仁井田陞，《唐宋法律文書の研究》，東京，東京大學出版會，
　　1983。

仁井田陞著，池田溫等編，《唐令拾遺補》，東京，東京大學出版
　　會，1997。

天野元之助，《中國農業經濟論》，東京，改造社，1942。

日野開三郎，《唐代租庸調の研究》，福岡，久留米大學出版，
　　1974～1977。

日野開三郎，《日野開三郎東洋史學論集》3、4《唐代兩稅法の研

究》，東京，三一書房，1981～1982。

日野開三郎，《日野開三郎東洋史學論集》5《唐五代の貨幣と金
　　融》，東京，三一書房，1982。

日野開三郎，《日野開三郎東洋史學論集》7《宋代の貨幣と金
　　融》，東京，三一書房，1983。

日野開三郎，《日野開三郎東洋史學論集》17《唐代邸店の研究》，
　　東京，三一書房，1992。

日野開三郎，《日野開三郎東洋史學論集》18《續唐代邸店の研
　　究》，東京，三一書房，1992。

平岡武夫，《唐代の曆》，京都，同朋社，1985。

玉井是博，《支那社會經濟史研究》，東京，岩波書店，1943。

矢吹慶輝，《三階教の研究》，東京，岩波書店，1927。

榎一雄編，《講座敦煌》1《敦煌の自然と現狀》，東京，大東出版
　　社，1980。

榎一雄編，《講座敦煌》2《敦煌の歷史》，東京，大東出版社，
　　1980。

池田温編，《講座敦煌》3《敦煌の社會》，東京，大東出版社，
　　1980。

池田温編，《講座敦煌》5《敦煌漢文文獻》，東京，大東出版社，
　　1992。

池田温，《中國古代籍帳研究－概觀・錄文》，東京，東京大學東洋
　　文化研究所報告，1979。

池田温，《中國古代寫本識語集錄》，東京，大藏出版社，1990。

西村元佑，《中國經濟史研究－均田制度篇》，京都，京都大學東洋
　　史研究會出版，1986。

西嶋定生，《中國經濟史研究》，東京，東京大學出版會，1966。

那波利貞，《唐代社會文化史研究》，東京，創文社，1977。

周藤吉之，《唐宋社會經濟史研究》，東京，東京大學出版會，

1965。

竺沙雅章，《中國佛教社會史研究》，京都，同朋社，1982。

律令研究會編，《譯註日本律令》5～8《唐律疏議譯註》，東京，東京堂，1979～1996。

清木場東，《帝賜の構造－唐代財政史研究（支出編）》，福岡，中國書店，1997。

滋賀秀三，《中國家族法の原理》，東京，創文社，1981。

道端良秀，《中國佛教社會經濟史の研究》，東京，書苑，1985。

道端良秀，《唐代佛教史の研究》，東京，法藏館，1957。

Hansen, Valerie. *Negotiating Daily Life in Traditional China: How Ordinary People Used Contracts, 600-1400*, New Haven: Yale University Press, 1995.

Johnson, Wallace. *The T'ang Code*. vol.1. Princeton: Princeton University Press, 1979.

Twitchett, Denis C. ed. *The Cambridge History of China*, Vol.3, *Sui and T'ang China 589-906*, Part Ⅰ. New York: Cambridge University Perss, 1979.

Twitchett, Denis C. *Financial Administration Under the T'ang Dynasty*. New York: Cambridge University Press, 1963.

Yang Lien-sheng. *Money and Credit in China*. Cambridge:Harvard University Press ,1952.

(2) 論文

小口彥太，〈吐魯番發見唐代賃貸借・消費貸借文書について〉，《比較法學》10：1，1975。

山口瑞鳳，〈吐蕃支配時代〉，收入：榎一雄編，《講座敦煌》2《敦煌の歷史》，東京，大東出版社，1980。

坂本太郎，〈日唐令の篇目の異同について〉，收入：瀧川博士米壽記念會編，《律令制の諸問題》，東京，汲古書院，1984。

山本達郎，〈敦煌發見の消費貸借に關する一史料〉，《國際基督教大學アジア文化研究》11，1979。

土肥義和，〈歸義軍（唐後期、五代、宋初）時代〉收入：榎一雄編，《講座敦煌》2《敦煌の歷史》，東京，大東出版社，1980。

山根清志，〈唐代均田制下の百姓賣買について〉，收入：唐代史研究會編，《中國の都市と農村》，東京，汲古書院，1992。

中川學，〈唐代の客戶による逃棄田の保有〉，《一橋論叢》53：1，1965。

中田薰，〈我古法に於ける保證及び連帶債務〉，收入：中田薰，《法制史論集》卷1，東京，岩波書店，1943。

中田薰，〈唐宋時代の家族共產制〉，收入：中田薰，《法制史論集》卷3，東京，岩波書店，1943。

加藤繁，〈支那史上に於ける公私債務の免除〉，《史林》10:4，1925。

北原薰，〈晚唐五代の敦煌寺院經濟－收支決算報告を中心に〉，收入：池田溫編，《講座敦煌》3《敦煌の社會》，東京，大東出版社，1980。

石田勇作，〈吐魯番出土「舉錢契」雜考〉，《駿台史學》78，1990。

池田溫，〈丑年十二月僧龍藏牒〉，收入：山本博士還曆記念東洋史論叢編委會編，《山本博士還曆記念東洋史論叢》，東京，山川出版社，1972。

池田溫，〈中國古代物價の一考察〉，《史學雜誌》77：1、2，1968。

池田溫，〈中國古代の租佃契〉（上中下），《東洋文化研究所紀要》60、65、117，1973、1975、1992。

池田溫，〈吐魯番・敦煌文書にみえる地方城市の住居〉，收入：唐

代史研究會編，《中國都市の歷史的研究》，東京，刀水書房，1988。

池田温，〈契〉，收入：池田温編，《講座敦煌》5《敦煌漢文文獻》，東京，大東出版社，1992。

池田温，〈敦煌の流通經濟〉，收入：池田温編，《講座敦煌》3《敦煌の社會》，東京，大東出版社，1980。

池田温，〈敦煌における土地稅役制をめぐって〉，收入：《東アジア世界古文書の史的研究》，東京，刀水書房，1990。

池田温，〈敦煌の便穀歷〉，收入：日野開三郎博士頌壽記念論集刊行會編，《日野開三郎博士頌壽記念論集》，福岡，中國書店，1987。

池田温，〈開運二年十二月河西節度都押衙王文通牒〉，收入：鈴木俊先生古稀記念東洋史論叢編輯委員會編，《鈴木俊先生古稀記念東洋史論叢》，東京，山川出版社，1975。

西村元佑，〈高昌國および唐代西州の諸契約文書にみえる鄉名記載とその消長の意義について〉，收入：唐代史研究會編，《中國聚落史の研究》，東京，刀水書房，1990。

佐藤圭四郎，〈唐代商業の一考察〉，收入：加賀博士退官記念論集刊行會著，《加賀博士退官記念中國文史哲學論集》，東京，講談社，1979。

那波利貞，〈中晚唐時代に於ける偽濫僧に關する一根本史料的研究〉，收入：龍谷大學佛教史學會編，《龍谷大學佛教史學論叢》，東京，富山房，1939。

那波利貞，〈中晚唐時代に於ける燉煌地方佛教寺院碾磑經營に就きて〉，《東亞經濟論叢》2：2，1942。

那波利貞，〈正史に記載せられたる大唐天寶時代の戶數と口數との關係に就きて〉，《歷史と地理》33：1～4，1934。

那波利貞，〈唐天寶時代の河西道邊防軍に關する經濟史料〉，《京

都大學文學部研究紀要》1，1952。

那波利貞，〈燉煌發見文書に據る中晚唐時代の佛教寺院の錢穀布帛
　　類貸附營利事業運營の實況〉，《支那學》10：3，1941。

青山定雄，〈唐代の驛と郵及び進奏院〉，收入：青山定雄，《唐宋
　　時代の交通と地誌地圖の研究》，東京，吉川弘文館，1969。

秋月觀暎，〈唐代宗教刑法に關する管見〉，《東方宗教》4、5，
　　1954。

宮崎道三郎，〈賖と出舉〉，收入：中田薰編，《宮崎先生法制史論
　　集》，東京，岩波書店，1929。

宮崎道三郎，〈質屋の話〉，收入：中田薰編，《宮崎先生法制史論
　　集》，東京，岩波書店，1929。

根本誠，〈唐代の主要物資の價格に就いて〉，《史觀》65、66、
　　67，1962。

桑原隲藏，〈隋唐時代に支那に來住した西域人に就いて〉，收入：
　　桑原隲藏，《東洋文明史論叢》，東京，弘文堂書房，1934。

氣賀澤保規，〈唐代幽州の地域と社會－房山石經題記を手がかりと
　　して〉，收入：唐代史研究會編，《中國都市の歷史的研究》，
　　東京，刀水書房，1988。

荒川正晴，〈唐の對西域布帛輸送と客商の活動について〉，《東洋
　　學報》73：3、4，1992。

荒川正晴，〈唐代敦煌に於ける糴買について〉，《早稻田大學大學
　　院文學研究科紀要》別冊8，1982。

高橋芳郎，〈唐宋間消費貸借文書釋試－賠償利息文言をめぐっ
　　て〉，《史朋》14號，1982。

高橋繼男，〈唐後期における商人層の入仕について〉，《東北大學
　　日本文化研究所研究報告》17，1983。

清木場東，〈隋唐俸祿制の研究Ⅳ－俸料編2〉，《產業經濟研究》
　　27：1，1986。

陳國燦，〈 長安、洛陽よりリトゥルフアンに將來された唐代文書につ
　　いて 〉，《 東洋學報 》72：3、4，1991。

堀敏一，〈 唐宋間消費貸借文書私見 〉，收入：鈴木俊先生古稀記念
　　東洋史論叢編集委員會編，《 鈴木俊先生古稀記念東洋史論
　　叢 》，東京，山川出版社，1975。

曾我部靜雄，〈 宋代の質屋 〉，《 社會經濟史學 》21，1955。

曾我部靜雄，〈 孟子の稱貸と日唐の出舉 〉，《 日本歷史 》87，
　　1955。

道端良秀，〈 支那佛教寺院の金融事業－無盡に就いて 〉，《 大谷學
　　報 》14：1，1933。

鈴木俊，〈 唐の均田制度と敦煌戶籍 〉，收入：鈴木俊，《 均田、租
　　庸調制度の研究 》，東京，刀水書房，1980。

鈴木俊，〈 唐代丁中制の研究 〉，《 史學雜誌 》46：9，1935。

福井文雅，〈 道教と佛教 〉，收入：福井康順等監修，《 道教 》2
　　《 道教の展開 》，東京，平河出版社，1983。

塚本善隆，〈 信行の三階教團と無盡藏に就て 〉，《 宗教研究 》
　　（ 新 ）3：4，1926。

橫山裕男，〈 唐代の捉錢戶について 〉，《 東洋史研究 》17：2，
　　1958。

橫山裕男，〈 唐代月俸制の成立について 〉，《 東洋史研究 》27：
　　3，1968。

濱口重國，〈 官賤人の研究 〉，收入：濱口重國，《 唐王朝の賤人制
　　度 》，京都，京都大學東洋史研究會，1966。

濱口重國，〈 唐の地稅に就いて 〉，收入：濱口重國，《 秦漢隋唐史
　　の研究 》，東京，東京大學出版會，1966。

藤枝晃，〈 吐蕃支配期の敦煌 〉，《 東方學報 》（ 京都 ）31 冊，
　　1961。

藤枝晃，〈 敦煌の僧尼籍 〉，《 東方學報 》（ 京都 ）29 冊，1959。

Eberhard, Wolfram. "Notes on the Population on the Tunhuang Area." *Sinologica*, IV-2, 1955.

Eberhard, Wolfram. "The Leading Families of Ancient Tunhuang." *Sinologica*, IV-4, 1956.

Twitchett, Denis C ."Monastic Estates in T'ang China." *Asia Major*, New Series, vol.5, Part 2, 1956.

Twitchett, Denis C. "The Monasteries and China's Economy in Medieval Times." *Bulletin of the School of Oriental and African Studies*, vol.19, Part 3,1957.

唐代民間借貸之研究 ／ 羅彤華著. -- 初版. --
臺北市 ： 臺灣商務, 2005[民 94]
面： 公分.
參考書目：面
ISBN 957-05-1977-0（平裝）

1. 借貸－中國－唐(618-907)

562.9204   94007837

唐代民間借貸之研究

定價新臺幣 500 元

作　　　者	羅　彤　華	
責 任 編 輯	劉　佳　茹	
校 對 者	王　秀　玉	
美 術 設 計	吳　郁　婷	
發 行 人	王　學　哲	

出　版　者
印　刷　所　臺灣商務印書館股份有限公司
　　　　　　臺北市 10036 重慶南路 1 段 37 號
　　　　　　電話：(02)23116118 · 23115538
　　　　　　傳眞：(02)23710274 · 23701091
　　　　　　讀者服務專線：0800056196
　　　　　　E-mail：cptw@ms12.hinet.net
　　　　　　網址：www.cptw.com.tw
　　　　　　郵政劃撥：0000165 － 1 號
出版事業
登 記 證　：局版北市業字第 993 號

• 2005 年 6 月初版第一次印刷

版權所有 · 翻印必究

ISBN 957-05-1977-0（平裝）   02772000

讀者回函卡

感謝您對本館的支持，為加強對您的服務，請填妥此卡，免付郵資寄回，可隨時收到本館最新出版訊息，及享受各種優惠。

姓名：＿＿＿＿＿＿＿＿＿＿＿＿＿＿＿　　　性別：□男 □女

出生日期：＿＿＿年＿＿＿月＿＿＿日

職業：□學生 □公務（含軍警） □家管 □服務 □金融 □製造
　　　□資訊 □大眾傳播 □自由業 □農漁牧 □退休 □其他

學歷：□高中以下（含高中） □大專 □研究所（含以上）

地址：□□□＿＿＿＿＿＿＿＿＿＿＿＿＿＿＿＿＿＿＿
　　　＿＿＿＿＿＿＿＿＿＿＿＿＿＿＿＿＿＿＿＿＿＿＿＿

電話：（H）＿＿＿＿＿＿＿＿＿＿　（O）＿＿＿＿＿＿＿＿

E-mail:＿＿＿＿＿＿＿＿＿＿＿＿＿＿＿＿＿＿＿＿＿＿

購買書名：＿＿＿＿＿＿＿＿＿＿＿＿＿＿＿＿＿＿＿＿

您從何處得知本書？

　　□書店 □報紙廣告 □報紙專欄 □雜誌廣告 □DM廣告
　　□傳單 □親友介紹 □電視廣播 □其他

您對本書的意見？（A/滿意 B/尚可 C/需改進）

　　內容＿＿＿＿ 編輯＿＿＿＿ 校對＿＿＿＿ 翻譯＿＿＿＿
　　封面設計＿＿＿ 價格＿＿＿ 其他＿＿＿＿＿＿＿＿＿

您的建議：＿＿＿＿＿＿＿＿＿＿＿＿＿＿＿＿＿＿＿＿
　　　　　＿＿＿＿＿＿＿＿＿＿＿＿＿＿＿＿＿＿＿＿＿＿
　　　　　＿＿＿＿＿＿＿＿＿＿＿＿＿＿＿＿＿＿＿＿＿＿

臺灣商務印書館

台北市重慶南路一段三十七號　電話：（02）23116118・23115538
讀者服務專線：0800056196　傳真：（02）23710274・23701091
郵撥：0000165-1號　E-mail：cptw@ms12.hinet.net
網址：www.cptw.com.tw

100臺北市重慶南路一段37號

臺灣商務印書館　收

對摺寄回，謝謝！

傳統現代　並翼而翔
Flying with the wings of tradition and modernity.